21世纪全国高等院校财经管理系列实用规划教材

国际商务(第2版)

主　编　安占然
副主编　朱廷珺　于　倩　郭鹏辉

内 容 简 介

本书对国际商务中民族企业的国际化、企业走向世界后所遇到的跨国经营管理两大理论问题进行了系统的论述，由 9 章组成，具体分析企业跨国经营的模式及其动因和利益分配，国际商务环境，国际企业的竞争战略和组织结构及企业进入国际市场的战略选择，企业国际化运营中的生产与供应链管理、市场营销、财务管理、人力资源管理等问题。

为方便学生在自学时把握重点、拓展视野和深化研究，本书每章均从导入案例开始分析，给出了关键术语和综合练习，并通过专栏和案例等形式交代关键概念、时代背景、政策内容、争论焦点以及国际经营成功或失败的案例等。

本书可作为高等院校应用经济、工商管理相关专业的教学用书，也可供非经管类学生选修以及从事国际贸易、国际投资、跨国公司管理的工作者参考使用。

图书在版编目(CIP)数据

国际商务/安占然主编. —2 版. —北京：北京大学出版社，2015.2
(21 世纪全国高等院校财经管理系列实用规划教材)
ISBN 978-7-301-25366-3

Ⅰ.①国… Ⅱ.①安… Ⅲ.①国际商务—高等学校—教材 Ⅳ.①F740

中国版本图书馆 CIP 数据核字(2015)第 007918 号

书　　　名	国际商务(第 2 版)
著作责任者	安占然　主编
责任编辑	王显超
标准书号	ISBN 978-7-301-25366-3
出版发行	北京大学出版社
地　　　址	北京市海淀区成府路 205 号　100871
网　　　址	http://www.pup.cn　新浪微博：@北京大学出版社
电子信箱	pup_6@163.com
电　　　话	邮购部 62752015　发行部 62750672　编辑部 62750667
印　刷　者	三河市博文印刷有限公司
经　销　者	新华书店
	787 毫米×1092 毫米　16 开本　19.75 印张　456 千字
	2010 年 9 月第 1 版
	2015 年 2 月第 2 版　2015 年 10 月第 2 次印刷
定　　　价	39.00 元

未经许可，不得以任何方式复制或抄袭本书之部分或全部内容。
版权所有，侵权必究
举报电话：010-62752024　电子信箱：fd@pup.pku.edu.cn
图书如有印装质量问题，请与出版部联系，电话：010-62756370

21世纪全国高等院校财经管理系列实用规划教材
专家编审委员会

主 任 委 员 刘诗白

副主任委员（按拼音排序）

李全喜	颜爱民	于干千
曾　旗	朱廷珺	

顾　　　问（按拼音排序）

高俊山	郭复初	胡运权
万后芬	张　强	

委　　　员（按拼音排序）

陈嘉莉	程春梅	邓德胜
范　徵	冯根尧	冯雷鸣
黄解宇	李长江	李相合
李小红	刘志超	骆永菊
沈爱华	王富华	吴宝华
张淑敏	赵邦宏	赵秀玲

法 律 顾 问 杨士富

丛 书 序

我国越来越多的高等院校设置了经济管理类学科专业，这是一个包括理论经济学、应用经济学、管理科学与工程、工商管理、公共管理、农林经济管理、图书馆、情报与档案管理7个一级学科门类和31个专业的庞大学科体系。2006年教育部的数据表明，在全国普通高校中，经济类专业布点1518个，管理类专业布点4328个。其中除少量院校设置的经济管理专业偏重理论教学外，绝大部分属于应用型专业。经济管理类应用型专业主要着眼于培养社会主义国民经济发展所需要的德智体全面发展的高素质专门人才，要求既具有比较扎实的理论功底和良好的发展后劲，又具有较强的职业技能，并且又要求具有较好的创新精神和实践能力。

在当前开拓新型工业化道路，推进全面小康社会建设的新时期，进一步加强经济管理人才的培养，注重经济理论的系统化学习，特别是现代财经管理理论的学习，提高学生的专业理论素质和应用实践能力，培养出一大批高水平、高素质的经济管理人才，越来越成为提升我国经济竞争力、保证国民经济持续健康发展的重要前提。这就要求高等财经教育要更加注重依据国内外社会经济条件的变化，适时变革和调整教育目标和教学内容；要求经济管理学科专业更加注重应用、注重实践、注重规范、注重国际交流；要求经济管理学科专业与其他学科专业相互交融与协调发展；要求高等财经教育培养的人才具有更加丰富的社会知识和较强的人文素质及创新精神。要完成上述任务，各所高等院校需要进行深入的教学改革和创新，特别是要搞好有较高质量的教材的编写和创新工作。

出版社的领导和编辑通过对国内大学经济管理学科教材实际情况的调研，在与众多专家学者讨论的基础上，决定编写和出版一套面向经济管理学科专业的应用型系列教材，这是一项有利于促进高校教学改革发展的重要措施。

本系列教材是按照高等学校经济类和管理类学科本科专业规范、培养方案，以及课程教学大纲的要求，合理定位，由长期在教学第一线从事教学工作的教师编写，立足于21世纪经济管理类学科发展的需要，深入分析经济管理类专业本科学生现状及存在的问题，探索经济管理类专业本科学生综合素质培养的途径，以科学性、先进性、系统性和实用性为目标，其编写的特色主要体现在以下几个方面：

（1）关注经济管理学科发展的大背景，拓宽理论基础和专业知识，着眼于增强教学内容与实际的联系和应用性，突出创造能力和创新意识。

（2）体系完整、严密。系列涵盖经济类、管理类相关专业以及与经管相关的部分法律类课程，并把握相关课程之间的关系，整个系列丛书形成一套完整、严密的知识结构体系。

（3）内容新颖。借鉴国外最新的教材，融会当前有关经济管理学科的最新理论和实践经验，用最新知识充实教材内容。

（4）合作交流的成果。本系列教材是由全国上百所高校教师共同编写而成，在相互进行学术交流、经验借鉴、取长补短、集思广益的基础上，形成编写大纲。最终融合了各地特点，具有较强的适应性。

（5）案例教学。教材融入了大量案例研究分析内容，让学生在学习过程中理论联系实际，特别列举了我国经济管理工作中的大量实际案例，这可大大增强学生的实际操作能力。

（6）注重能力培养。力求做到不断强化自我学习能力、思维能力、创造性解决问题的能力以及不断自我更新知识的能力，促进学生向着富有鲜明个性的方向发展。

作为高要求，经济管理类教材应在基本理论上做到以马克思主义为指导，结合我国财经工作的新实践，充分汲取中华民族优秀文化和西方科学管理思想，形成具有中国特色的创新教材。这一目标不可能一蹴而就，需要作者通过长期艰苦的学术劳动和不断地进行教材内容的更新才能达成。我希望这一系列教材的编写，将是我国拥有较高质量的高校财经管理学科应用型教材建设工程的新尝试和新起点。

我要感谢参加本系列教材编写和审稿的各位老师所付出的大量卓有成效的辛勤劳动。由于编写时间紧、相互协调难度大等原因，本系列教材肯定还存在一些不足和错漏。我相信，在各位老师的关心和帮助下，本系列教材一定能不断地改进和完善，并在我国大学经济管理类学科专业的教学改革和课程体系建设中起到应有的促进作用。

2007 年 8 月

刘诗白　现任西南财经大学名誉校长、教授，博士生导师，四川省社会科学联合会主席，《经济学家》杂志主编，全国高等财经院校《资本论》研究会会长，学术团体"新知研究院"院长。

第 2 版前言

《国际商务》第 1 版问世的那一年，正值金融危机在全球肆虐之时。我国的开放型经济发展遭遇了前所未有的困难。然而，在短短的 4 年时间里，我国的改革开放事业又取得了新的伟大成就。我国的 GDP 总量在 2010 年首次超过日本，位列世界第二，仅次于美国。仅仅过去了 3 年，我国的 GDP 总量又达到了日本的两倍。2013 年我国的货物进出口总额已经超过了美国，成为世界第一大货物贸易进出口国。同时，我国吸引外资数量继续保持世界第二位。随着世界 500 强公司经营状况改善，全球投资与并购将会进一步增加，发展中国家逐渐成为资本追逐的角力场。这也启发我国企业，除了抢占本国市场之外，也应该积极向其他发展中国家开拓。联合国贸发会议 2014 年 6 月 24 日发布的《2014 世界投资报告》预测，全球 FDI 流向拐点将至，我国最快将于 2014 年成为 FDI 净流出国。这意味着我国企业国际化经营取得了历史性的进步。不过，冷静下来再看看其他数据，可能会激发起我们更强的使命感。2014 年 7 月 7 日《财富》杂志公布的世界 500 强企业中，我国上榜公司数量创纪录地达到 100 家。然而，两个主要特征引起我们的高度关注：一是我国上榜的国际大公司越来越多，但盈利能力没有同步提升，甚至还有不少上榜企业是亏损的；二是我国内地企业的国际化程度并不高，收入来源主要来自于国内。这些变化给我们培养国际商务人才的教学工作者提出了新的课题。

如今，金融危机之后的世界经济仍然处于调整和恢复期。然而，就在这几年，美国竭力推动"跨太平洋伙伴协定"（TPP）和"跨大西洋贸易与投资伙伴协定"（TTIP）谈判，为其保持世界经济霸主地位撑起两根支柱。WTO 的多边贸易体制将因此受到新规则的严重挑战，甚至可能面临被架空的危险，相应的商务规则将对我国产生重大的影响。这又给从事国际商务活动的企业敲响了警钟：必须重新学习国际商务规则，迎接新的挑战。

2012 年召开的党的十八大，全面分析了我国面临的形势和挑战，勾画了我国全面建设小康社会的宏伟蓝图。2013 年召开的十八届三中全会，提出了全面深化改革、发展开放型经济的战略举措。此外，建设新丝绸之路经济带、海上丝绸之路以及金砖国家经济合作等一系列战略，已经显示出强大的生命力和广阔的战略前景。

新形势、新任务、新举措，给国际商务人才培养工作提出了新的要求。对我们这个团队来讲，适时修订第 1 版教材，分析新形势，补充新思想、新规则和新案例，成为第 2 版的主要任务。

作为国际商务专业硕士生导师和国际商务本科专业教学一线教师，本教材的作者团队一直聚精会神、潜心钻研教材建设的新思想和新方法，广泛征求同行和学生的意见及建议，积极借鉴国外教材的经验，逐步形成本教材的特色。第 2 版就是我们团队近年来教研心得的结晶。

与第 1 版相比，第 2 版的主要变化有：第一，全书由第 1 版的 8 章调整为 9 章，独辟一章专门论述企业的国际竞争战略和组织结构；第二，调整了部分章节的位置和结构，融合了部分内容，更新了部分数据、案例，重新设计了综合练习题；第三，跟踪了国际商务领域的新问题、新理论和新方法。主要有：补充了新新贸易理论、天生国际企业、科技环境，增加了WTO、TPP、TTIP、中美双边投资协定谈判的新内容；增加了国际货币体系改革方面的新内容。通过上述努力，使第2版教材的体系更完整，结构更合理，主线更清晰，逻辑更严谨，能力训练更加贴近商务实践要求。

本书由9章构成，除导论外，大致分为4部分。第1部分（第1章和第2章）为国际商务的理论基础，主要论述企业参与国际贸易、对外投资的动因、国家竞争优势的来源，引导学生思考商务活动的意义和利益来源。第2部分（第3章）为国际商务环境，从国家层面介绍国际企业经营面临的经济、政治、法律、文化、科技等环境差异性及其对国际商务活动的影响。第3部分（第4章和第5章）为企业的国际竞争战略，主要阐述国际企业的竞争战略与组织结构、战略联盟、企业进入国际市场的影响因素和进入模式。第4部分（第6～9章）为国际企业的运营管理，重点论述国际化运营中的生产与供应链管理、市场营销、财务管理和人力资源管理等。

本书主要由兰州商学院国际经贸学院、工商管理学院、长青学院的教学团队合作完成，北京邮电大学经济管理学院的李宏兵博士后和郑州轻工业学院经济管理学院的田珍博士撰写了部分章节内容。兰州商学院国际经贸学院安占然教授担任主编，负责大纲设计和全书的定稿，朱廷珺教授、郭鹏辉副教授协助主编校对修改了部分章节内容，修订了各章的教学目标与要求、专栏、案例和练习题。各章节的编写者及著作权责任人如下：第1章：朱廷珺教授；第2章：郭鹏辉副教授、于宾博士；第3章：安占然教授、田珍博士；第4章：郭鹏辉副教授；第5章：安占然教授，田珍博士；第6章：李宏兵博士后、朱廷珺教授；第7章：陈刚副教授；第8章：于倩教授；第9章：荆炜副教授。

我们由衷地感谢同行的文献支持和精神鼓励，感谢第1版使用者提出的宝贵意见和建议。真诚地期待各位读者提出意见和建议，以便我们继续修订完善。

安占然
2014年11月

目 录

第1章 导论 1
- 1.1 国际商务活动的主体与模式 2
  - 1.1.1 国际商务活动的主体 2
  - 1.1.2 国际商务的模式 6
  - 1.1.3 国际商务与世界经济一体化 ... 8
- 1.2 国际商务学的研究对象与方法 ... 10
  - 1.2.1 国际商务学的基本课题 10
  - 1.2.2 如何学习国际商务学 11
- 本章小结 15
- 综合练习 16

第2章 国际商务的理论基础 20
- 2.1 企业参与国际贸易的动因 22
  - 2.1.1 国际贸易产生的原因、模式和结果 22
  - 2.1.2 企业参与进出口贸易的动因 28
  - 2.1.3 政府实行特定的贸易政策的原因 29
  - 2.1.4 企业对贸易政策变化的应对 34
- 2.2 企业对外投资的动因 35
  - 2.2.1 水平对外直接投资 35
  - 2.2.2 垂直对外直接投资 40
  - 2.2.3 对企业实践的启示 40
- 2.3 国家竞争优势的来源 43
  - 2.3.1 波特的钻石/菱形体系 43
  - 2.3.2 外部规模经济和集聚效应 ... 51
- 本章小结 53
- 综合练习 53

第3章 国际商务环境 57
- 3.1 经济环境 59
  - 3.1.1 经济环境的定义 59
  - 3.1.2 经济环境的主要指标 59
  - 3.1.3 区域经济一体化与多边贸易体制 61
  - 3.1.4 国际货币体系 68
  - 3.1.5 国际经济环境对企业国际商务活动的影响 72
- 3.2 政治与法律环境 74
  - 3.2.1 政治环境 74
  - 3.2.2 法律环境 77
  - 3.2.3 政治与法律制度差异对国际商务活动的影响 81
- 3.3 文化环境 82
  - 3.3.1 文化的定义和特征 82
  - 3.3.2 文化的要素 84
  - 3.3.3 文化差异对国际商务的影响 87
- 3.4 科技环境 89
  - 3.4.1 科技环境与科技政策 89
  - 3.4.2 科技环境对国际商务活动的影响 90
- 本章小结 93
- 综合练习 94

第4章 企业的国际竞争战略和组织结构 98
- 4.1 企业的国际竞争战略 100
  - 4.1.1 企业战略和价值创造 100
  - 4.1.2 企业面临的竞争压力 101
  - 4.1.3 企业国际竞争战略的选择 ... 103
- 4.2 战略联盟 106
  - 4.2.1 战略联盟的构建 108
  - 4.2.2 战略联盟的运作 109
- 4.3 国际企业的组织结构 112
  - 4.3.1 企业组织结构的概念 113
  - 4.3.2 企业战略与组织结构理论 ... 113
  - 4.3.3 国际企业的组织结构概述 ... 114
  - 4.3.4 国际企业的战略与协调 ... 117
  - 4.3.5 国际企业的战略与控制 ... 118
- 本章小结 119
- 综合练习 119

第5章　企业进入国际市场的战略选择 ……… 121

- 5.1 企业国际化的过程 ……… 123
  - 5.1.1 企业国际化过程的基本概况 ……… 123
  - 5.1.2 企业国际化过程的动因 … 127
  - 5.1.3 企业国际化过程的阶段 … 128
- 5.2 影响企业进入国际市场的因素 … 130
  - 5.2.1 影响企业进入国际市场的外部因素 ……… 130
  - 5.2.2 影响企业进入国际市场的内部因素 ……… 132
- 5.3 出口战略 ……… 135
  - 5.3.1 出口贸易模式的类型 …… 136
  - 5.3.2 出口贸易模式的优缺点 … 138
  - 5.3.3 出口贸易的交易管理 …… 139
- 5.4 契约安排 ……… 142
  - 5.4.1 许可证贸易模式 ………… 143
  - 5.4.2 特许经营贸易模式 ……… 144
  - 5.4.3 其他契约模式进入战略 … 145
  - 5.4.4 契约贸易模式的管理安排 … 148
- 5.5 投资战略 ……… 149
  - 5.5.1 采用投资战略的动机 …… 149
  - 5.5.2 投资战略的类型 ………… 155
  - 5.5.3 采用投资战略的利益分配 … 158
- 5.6 进入模式的比较与选择 ……… 161
  - 5.6.1 选择进入模式的常见方法 … 161
  - 5.6.2 影响企业进入模式选择的因素 ……… 162
- 本章小结 ……… 164
- 综合练习 ……… 164

第6章　企业国际化运营中的生产与供应链管理 ……… 167

- 6.1 生产地点选择 ……… 169
  - 6.1.1 国家因素 ……… 169
  - 6.1.2 技术因素 ……… 172
  - 6.1.3 内部异质化因素 ………… 174
  - 6.1.4 产品因素 ……… 174
- 6.2 货源决策 ……… 174
  - 6.2.1 全球生产中的供应链 …… 176
  - 6.2.2 企业自制的选择 ………… 178
  - 6.2.3 企业外购的选择 ………… 181
- 6.3 协调全球生产系统 ……… 182
  - 6.3.1 准时生产制 ……… 183
  - 6.3.2 组织协调 ……… 184
  - 6.3.3 信息技术支持 ……… 185
- 本章小结 ……… 186
- 综合练习 ……… 187

第7章　企业国际化运营中的市场营销 … 190

- 7.1 产品策略 ……… 191
  - 7.1.1 国际市场产品计划 ……… 192
  - 7.1.2 产品标准化与差异化策略 … 193
  - 7.1.3 产品系列的选择与适应性 … 195
  - 7.1.4 全球品牌管理 ……… 197
  - 7.1.5 国际产品生命周期与国际市场新产品开发 ……… 199
  - 7.1.6 国际市场产品线的管理与新产品的采用及推广 … 201
- 7.2 定价策略 ……… 204
  - 7.2.1 国际市场产品定价的影响因素 ……… 204
  - 7.2.2 跨国公司转移定价 ……… 207
  - 7.2.3 国际市场价格发展趋势 … 208
- 7.3 分销策略 ……… 209
  - 7.3.1 国际分销渠道的设计 …… 209
  - 7.3.2 国际分销渠道的管理 …… 211
- 7.4 广告策略 ……… 213
  - 7.4.1 国际广告的含义及发展趋势 ……… 214
  - 7.4.2 国际广告策略 ……… 215
  - 7.4.3 国际广告代理制度 ……… 218
- 本章小结 ……… 219
- 综合练习 ……… 219

第8章　企业国际化运营中的财务管理 … 221

- 8.1 会计核算标准的协调 ……… 224
- 8.2 外币财务报表的换算 ……… 225
  - 8.2.1 进行外币财务报表换算的原因 ……… 225
  - 8.2.2 外币财务报表的换算方法 … 226
- 8.3 环境报告 ……… 230
  - 8.3.1 企业环境报告的目的 …… 230

目 录

    8.3.2 企业环境报告的使用者及
          原则 …………………………… 233
    8.3.3 企业环境报告指南分析 … 234
    8.3.4 企业环境报告的内容 …… 235
    8.3.5 企业环境报告的模式 …… 237
8.4 国际税收 ………………………… 238
    8.4.1 经济全球化对国际税收的
          影响 …………………………… 238
    8.4.2 国际税收筹划 …………… 239
8.5 转移价格 ………………………… 242
    8.5.1 运用转移价格的目的 …… 243
    8.5.2 转移价格的表现形式 …… 248
8.6 外汇风险管理 …………………… 249
    8.6.1 外汇风险的含义 ………… 249
    8.6.2 外汇风险的类型 ………… 250
    8.6.3 外汇风险的估测和判断 … 251
    8.6.4 外汇风险对跨国运营企业的
          影响 …………………………… 253
    8.6.5 企业如何规避外汇风险 … 254
本章小结 ……………………………… 257
综合练习 ……………………………… 257

第9章 企业国际化运营中的人力资源
　　　管理 ………………………………… 262

9.1 企业国际化运营中的人力资源管理
    概述 ……………………………… 264
    9.1.1 经济全球化对人力资源
          管理影响的因素 ………… 264
    9.1.2 企业国际化运营中人力
          资源管理的特征 ………… 266
    9.1.3 企业国际化运营中人力
          资源管理的研究视角 …… 269
    9.1.4 企业国际化运营中人力
          资源管理的发展趋势 …… 273

9.2 企业国际化运营中的人力资源
    配置 ……………………………… 274
    9.2.1 国际人力资源的规划 …… 274
    9.2.2 企业国际化运营中的人力
          资源管理的招募与选拔 … 278
9.3 企业国际化运营中的人力资源培训与
    开发 ……………………………… 281
    9.3.1 各国人力资源培训与开发的
          特点 ……………………… 281
    9.3.2 跨国经营中的企业人力资源
          培训与开发分析 ………… 283
    9.3.3 国际人力资源培训与开发的
          操作 ……………………… 285
9.4 企业国际化运营中的绩效管理 … 285
    9.4.1 国际人力资源绩效管理的
          特点 ……………………… 285
    9.4.2 绩效管理系统的设计 …… 285
    9.4.3 绩效管理的方法与应用 … 286
9.5 企业国际化运营中的薪酬管理 … 288
    9.5.1 薪酬管理制度的制定原则 … 288
    9.5.2 国际人力资源薪酬管理的
          特征 ……………………… 288
    9.5.3 国际人力资源薪酬与激励的
          操作 ……………………… 289
9.6 企业国际化运营中的人力资源职业
    生涯管理 ………………………… 291
    9.6.1 国际人力资源职业生涯管理
          概述 ……………………… 291
    9.6.2 各国员工职业生涯管理的
          比较 ……………………… 291
    9.6.3 国际人力资源职业生涯
          管理的操作 ……………… 293
本章小结 ……………………………… 294
综合练习 ……………………………… 295

参考文献 ………………………………… 299

第1章 导 论

教学目标

本章为全书的导论,它简要阐述了国际商务的主体和模式,重点介绍跨国公司和国际直接投资的入门概念,引导学生理解国际商务学研究的基本课题,领会本课程跨学科、综合性较强这一特点的含义及其所需要的专业知识背景,掌握科学的研习方法。

本章技能要点

知识要点	能力要求	相关知识
国际商务主体	了解企业国际化经营的简要历程 掌握现代企业商务活动国际化、全球化的显著特征	跨国公司,母国,东道国 子公司,分公司,天生国际企业 世界投资报告
国际商务模式	了解国际贸易、对外直接投资 理解国际商务与世界经济一体化的关联性	FDI及其相关概念的含义 有效控制权 国际商务体制
国际商务学的基本课题	了解国际商务学的研究对象 掌握国际商务的四大课题	民族企业的国际化问题 企业走向世界后所遇到的跨国经营管理问题
研究方法	理解跨学科、综合性较强的含义 掌握历史唯物主义的方法论 理解思维方式和竞争意识的国际化	经济学、管理学、法学基础理论 "自省""田野观察"

国际商务(第2版)

导入案例

三星集团的国际化发展简史

我们身边的很多人都在使用三星手机,不少家庭的彩电使用的也是三星品牌的。为了领悟国际商务的要义、掌握企业国际化的路径及其规律,这里就从大家比较熟悉的三星集团的发展历程说起。

李秉哲于1938年在韩国大邱创立了三星。该公司最初是韩国一家食品出口商,向中国出口鱼干和面粉等商品。三星于20世纪50年代至60年代开始涉足其他业务,包括人寿保险和纺织。三星电子创立于1969年,最初生产电视机,它的首款黑白电视机于1970年面市销售。三星于20世纪70年代进入更多领域,包括石化。此外,三星也开始生产洗衣机、电冰箱和微波炉。三星集团逐渐成为韩国多元化经营的企业集团,自从20世纪60年代首先创立三星保险公司后,陆续开设新世界百货商店、全州制纸公司、三星电子、三星电机,并在韩国开展文化事业,包括韩国中央日报、东洋放送和成均馆大学等。20世纪70年代,三星积极发展机械、造船和建设等重工业,成立三星石油化学公司、三星重工、三星综合建设和韩国工程公司。三星引进日本技术,发展新型的电子事业,先后与日本的NEC、三洋电机和美能达等合作发展。三星在20世纪80年代大规模发展集成电路、半导体、电脑、生物工程和飞机零件等,引进美国英特尔的技术,以发展高科技产品,进军国际市场。20世纪90年代,三星的随机储存器(DRAM)在世界市场上已占一定的市场份额,可以媲美其他科技先进国家的产品。在2013年的拉斯维加斯消费电子展(CES)上,三星展示了电视机的未来发展。该公司全新的智能电视机能够分析有线电视或卫星电视公司提供的节目信息,并可以向用户推荐电视剧和电影。由于出色的营销和成功的产品,三星的智能手机销量已超过了所有竞争对手。此外,三星仍在销售各类电子设备和元件。只要是用电的设备,三星都有可能生产。

经过20世纪六七十年代的多元化发展,随着外部环境的变化,三星的发展战略从韩国本土转向国际化,在海外设立经营网点,实行特权转让和合作经营,逐步适应世界经济、政治、科技和竞争环境,力争世界第一。

如今的三星已是世界著名品牌企业,以至于美国科技博客Business Insider刊文称,过去几年中,三星成为科技行业最具权势、认可度最高的公司之一。业内人士甚至认为,三星能够与最重要的科技公司苹果、Facebook、微软、亚马逊和谷歌相提并论。

(资料来源:李航,《有效管理者:竞争优势》,中国对外经济贸易出版社,1998年,第185—192页;百度文库:三星集团发展史,2013-2-11, http://wenku.baidu.com/link?url。)

问题:

1. 企业国际化的路径有没有模式?
2. 为什么与三星同时代发展的企业许多都消失了?三星给中国的企业有什么启示?
3. 企业跨国经营涉及哪些问题?

1.1 国际商务活动的主体与模式

1.1.1 国际商务活动的主体

国际商务(International Business)活动不是新生事物,它的历史几乎与国家一样悠久。自从第二次世界大战之后,交通运输、信息技术、管理革命的发展以及多边贸易谈判的成功,极大地推动了世界经济一体化的进程,国际商务活动的深度和广度已远远超出了早期的跨越国界贩卖丝绸、香料、黄金及其他珍贵物料这些活动,其所要求的制胜条件和营销策略也远非传统"贱买贵卖"套取差价这类范畴所能涵盖的。

国际商务活动的主体主要是企业,但政府和国际机构也会参与到国际商务的交易当中。历史上的国际商务活动主要体现为各国国内的民族企业在相对独立、基本封闭的国内经济体系内生产经营;部分产品、原材料在国际市场上买卖,实现"互通有无,调剂余缺"这种低层次的国际化目标。如今的企业在全球范围内进行组织、采购、生产、营销以及其他增值活动。这些企业寻找国外客户,同国外商业伙伴达成合作关系。与过去相比,全球化时代的企业,尤其是跨国公司(TNC、MNE),更注重寻求国际市场机会,在全球范围内组织协调国际分工,其商务活动过程的国际化、全球化更加明显,而且更容易触及全世界几十亿人口的生活。毫不夸张地说,在购物、听音乐、看电影或者在网上冲浪这些日常生活中,享用来自世界各地的产品和服务,获得比国内产品更多的福利,都离不开国际商务;而这些连接生产与消费的国际商务活动,既有中小企业的参与,也有跨国公司在全球的运营。

跨国公司的定义与规模

联合国 1986 年印行的《跨国公司行为守则》(草案)中如是说:"本守则所使用的跨国公司一词系指由在两个或更多国家的实体所组成的公营、私营或混合所有制企业,不论此等实体的法律形式和活动领域如何;该企业在一个决策体系下运营,通过一个或一个以上的决策中心得以具有吻合的政策和共同的战略;该企业中各个实体通过所有权或其他方式结合在一起,从而其中一个或更多的实体得以对其他实体的活动施行有效的影响,特别是与别的实体分享知识、资源和责任。"①

根据上述定义,可以归纳出跨国公司的 3 个基本要素:①母公司控制下的多国经营实体;②统一决策体系下的共同战略和配套政策;③分享权利和分担责任。

理解跨国公司的定义需要注意的是:该定义排除了所有制和资产所有权形式,即不把它们作为定义跨国公司的要素。定义中所说的"实体",既指母公司,又指子公司和附属企业。在不特别指明的时候,"跨国公司"一词指包括母公司、子公司和附属企业的整体。

母公司被定义为通常以拥有股本金的方式来控制其本国以外国家的其他实体资产的企业。拥有联合企业 10%或以上普通股或表决权的股本金或非联合企业的等量资本金,通常被认为是控制这些企业资产的门槛值。② 国外分支机构可以是联合企业,也可以是非联合企业,其中居住在另一个国家的投资者拥有允许其在企业管理中享有持久利益的股份(对联合公司来说为 10%的股份,对非联合公司来说为等量资本金)。在《世界投资报告》中,子公司、附属企业和分公司统称为国外分支机构或分支机构。

---

① 这一定义起草于 1977 年,在吸收经济合作与发展组织(OECD)、欧洲共同体(EC)等有关文件中的说法,综合各种概念的优点的基础上,经过反复修订,于 1986 年印行。实际上,这一定义与联合国跨国公司中心于 1983 年编写的《三论世界发展中的跨国公司》(商务印书馆,1992 年版)第 170 页中提到的定义并无差异。

② 一些国家使用的股份值仍然不是 10%。例如,到 1997 年为止,拥有 20%及以上的股份在英国才是门槛值。UNCTAD,《2002 年世界投资报告》,中国财政经济出版社,2003 年,第 253、264 页。

子公司是指另一个实体直接拥有超过一半的股东表决权,有权指派或撤换大多数行政、管理和监督人员的设在东道国的联合企业。

附属企业是指投资者拥有或部分拥有的设在东道国的非联合企业,可以是以下任一情形:①外国投资者的常设机构或办事处;②外国投资者与一个或一个以上第三方的非联合合作企业或合资企业;③外国居民直接拥有的土地、建筑物(政府拥有的建筑物除外)以及/或者不可移动的设备和物品;④外国投资者在其本国以外的国家经营了至少一年的可移动设备(如船舶、飞机及油气开采设备)。

与FDI和跨国公司相关的概念还有母国和东道国。母国(Home Country)是指跨国公司最初发展和扩展业务的所在国,也是跨国公司对其世界经营活动实行最终控制的总部所在地,即使那里已不再是跨国公司最大的经营场所或不再是大多数股东的所在地。东道国(Host Country)是指跨国公司从事海外经营活动的所在国。国际机构或著名刊物在对跨国公司国籍进行报道时一般采用母国管辖权。

据联合国贸易与发展会议统计,截至2008年,全世界有近8.2万家跨国公司,其国外分支机构达81万家。一些跨国公司的年营业额达到三四千亿美元,超过世界上绝大多数国家的年度GDP规模,成为推动世界经济发展的重要力量和国际商务活动的主要组织者。

(资料来源:王林生,《跨国经营理论与实务》,对外贸易教育出版社,1994年,第1—12页;朱廷珺,《外国直接投资的贸易效应研究》,人民出版社,2006年,第1,33—36页;联合国贸易与发展会议,2009年的《世界投资报告》。)

在第二次世界大战以后,国际投资的快速发展和跨国公司的迅速成长,引起了联合国有关机构的高度关注。联合国贸易与发展会议(UNCTAD)(1993年以前是联合国跨国公司中心)始终致力于该领域的研究,并做出巨大推动作用。

1974年,联合国经济社会理事会通过决议,成立跨国公司专门委员会,并设立跨国公司中心作为该委员会的业务执行机构,负责搜集和整理有关跨国公司的情报资料,向发展中国家提供咨询服务等。跨国公司中心继联合国秘书处1973年编写《世界发展中的多国公司》之后,于1978年发表了《再论世界发展中的跨国公司》,接着,又于1983年发表了《三论世界发展中的跨国公司》,该报告的"前言"说,这是一项比前两个报告"更为全面的综合研究"。它以20世纪70年代中期世界经济开始进入一个日益变化莫测和动荡不定的新阶段为背景,以跨国公司经营活动的演变为线索,概述了跨国公司在世界经济发展过程中的作用和FDI在资本主义国家中的变化。报告讨论了下列四大问题:①发展中东道国、发达的东道国和母国对待跨国公司的政策以及有关跨国公司的国际规范;②跨国公司与东道国的工业化、贸易和技术转让之间的相互联系;③跨国公司在能源部门、非燃料矿物部门和农业部门的活动;④跨国公司合同安排的新趋势。自1991年以来,联合国贸易与发展会议发表的年度《世界投资报告》,对上一年FDI和跨国公司的发展动态及其对全球经济的影响做出主题性的报告。各年度报告的副标题几乎都提到跨国公司,或者以跨国投资贸易活动为主题,这足以证明跨国公司在国际商务中的影响力(见表1-1)。

表1-1 《世界投资报告》年度主题

年 份	主 题
1992	跨国公司:经济增长的引擎
1993	跨国公司与一体化国际生产
1994	跨国公司、就业与工作环境

续表

年 份	主 题
1995	跨国公司与竞争力
1997	跨国公司、市场结构和竞争政策
2000	跨国并购与发展
2002	跨国公司与出口竞争力
2005	跨国公司和研发国际化
2007	跨国公司、采掘业与发展
2008	跨国公司与基础设施的挑战
2009	跨国公司、农业生产和发展
2010	低碳经济投资
2011	国际生产体系中的非股权经营模式
2012	迈向新一代投资政策
2013	全球价值链:投资和贸易促进发展
2014	投资于可持续发展目标:一份行动计划

(资料来源:联合国贸易与发展会议,《世界投资报告》,历年。)

那么,是不是国际商务的主体一定是跨国公司级别的大体量企业呢?不是!所有的大企业都是由小变大的,只是具有国际化经营能力的企业大多是大企业。然而,这绝不是说小企业就不可以做国际业务。事实上,随着经济全球化的深入发展,渐渐涌现出一批所谓的"天生国际化"企业,即那些刚成立或成立不久就快速进行国际化的中小企业。它们在刚刚成立几年之内就主动利用现有资源开拓海外市场,以寻求和获得竞争优势,瞄准国际市场,主动采取措施实现海外市场销售占其全部销售收入相当大比重的目标。它们的出口前准备活动时段相当短,国际化过程根本不遵循阶段国际化模式,而是以一种完全不同以往的新型国际化模式出现。这种现象首先在市场规模较小的国家出现,现在已经在世界许多国家出现,并开始被学术界广泛关注和研究。

Chetty和Hunt(2004)以新西兰的4家采用"阶段国际化模式"的传统国际化中小企业与6家"天生国际化企业"为例进行深度分析。通过比较发现,天生国际化企业相对于传统国际化企业在以下几个方面具有其独特性:天生国际化企业以海外市场为重点,其创业者在相关海外市场具有广泛的经验,企业国际化的程度高且国际化的步伐快,国际市场的开拓与心理距离不相关。天生国际化企业认为快速和完全的国际化是企业获得价值优势的需要,集中产品/市场范围以便用专业化产品投入间隙市场,积极利用信息和沟通技术,快速形成外部合作关系网络,在企业设立之初就积极开展出口业务。[1]

---

[1] 资料来源:陈曦,胡左浩,赵平.我国的天生国际化企业特征与驱动力探寻——基于对江浙地区的四家中小型企业的跨案例比较研究[J].中国软科学,2009,4:125—139.

"天生国际企业"的大量涌现是一个令人兴奋的趋势,因为这表明任何公司,无论规模、年限或资源基础,都可以积极参与到国际商务中来。所以,人们需要重新审视那些认为只有大型跨国公司才是国际商务的主要参与者的传统观点。今天,在国际上发挥积极作用的公司中,"天生国际企业"和其他积极进行出口活动的中小企业已经占据了相当大的比例。虽然它们相对缺乏经验,财务资源有限,但这已不再妨碍它们在国外市场上取得成功。这一趋势和国际商务专业的大学生关系尤为密切,因为在他们积极追求国际事业的时候,中小企业会为他们提供许多新的就业机会。①

1.1.2 国际商务的模式

国际商务活动的模式有哪些?也就是说,企业是通过怎样的方式向世界各地的消费者提供产品和服务的呢?最直接的就是出口和进口,还有金融交易、直接投资。

任何企业国际化的第一步都是把自己的产品卖到国外。这既是一件最容易做的事情,又有可能是相当复杂的活动。企业不仅要适应不同客户的消费偏好,还要适应不同国家法律制度的要求,并且常常要用外语与外国人打交道,灵活地应对各种情况。由于各国的产品配售体系不尽相同,对企业来说,面对的问题大大超过了在国内经营的时候。当然,到一定阶段,企业还会遇到货币风险,企业迟早得应对相当复杂的金融交易,比如对冲、货币互换和期权。

企业发展到一定阶段,随着国内外环境的变化和发展战略的需要,企业将会从贸易转向对外直接投资(FDI),从而开始真正现代意义上的、更为复杂的跨国经营活动。

从经济国际化的历史来看,国际贸易的出现早于国际资本的形成,并曾表现为国际投资的先导。从自由资本主义初期一直到第二次世界大战前,由于受生产力水平的制约,各国间的经济关系主要表现为国与国之间的货物交换。当时国际贸易的目的在于追求比较利益。贸易在经济生活国际化中占据主导地位,贸易规模成为衡量各国生产力水平和国际竞争力的主要标志。当资本主义发展到垄断阶段时,发达国家资本积累的规模扩大了,形成了大量的过剩资本,从而开始了以货币资本输出为主要形式的资本国际运动。与此同时,以 FDI 为表现形式的生产资本的国际运动亦显现出来。第二次世界大战结束后,随着科学技术的迅猛发展,生产力水平获得了人类历史上前所未有的提高,从而为资本的跨国界流动提供了必要的物质前提和基础。资本的国际运动进入一个新的历史阶段,即由流通领域发展到生产领域,全部资本增值过程延伸到国界以外。虽然这时国际贸易、间接资本输出也在继续发展,但生产资本国际化的规模和速度更为突出,成为资本国际运动的主要动向。据联合国贸易与发展会议统计,在 1973—2002 年期间,FDI 的年流出量从 250 亿美元增加到 6 510 亿美元,2006 年达到 1.4 万亿美元,2008 年接近 1.7 万亿美元,金融危机之后有所下滑,2013 年达到 1.45 万亿美元。这些投资主要流入美国、中国、俄罗斯等经济体(见表 1-2)。

---

① 资料来源:[美]塔默·卡瓦斯基尔.国际商务[M].北京:中国人民大学出版社,2009,48.

表1-2　2013年对外直接投资流入最多的10个经济体　　　　　　　　　单位：亿美元

排　　名	国家/地区	2013年	2012年
1	美国	1880	1610
2	中国	1240	1210
3	俄罗斯	790	510
4	中国香港	770	750
5	巴西	640	650
6	新加坡	640	610
7	加拿大	620	430
8	澳大利亚	500	560
9	西班牙	390	260
10	墨西哥	380	180
	全球总流入量	1.45万	1.35万

（资料来源：联合国贸易与发展会议，《2014年世界投资报告》。）

专栏 1-2

与外国直接投资有关的几个重要范畴

中国学者常常习惯于把外国直接投资（Foreign Direct Investment，FDI）称作国际直接投资或者外商直接投资。其实，在英语文献中，FDI 既可指外向的对外直接投资（outward FDI），也可指内向的外国直接投资（inward FDI），如果不加以说明，往往容易产生歧义。按照中文的习惯，站在资本输入国的角度，FDI 常常被译作外国直接投资或外商直接投资；站在资本输出国的角度，FDI 译作对外直接投资。

FDI 的含义是什么？通俗地讲，FDI 就是"企业家在外国建立工厂进行生产或开设店铺从事营业"。在日本经济学家小岛清看来，这里所说的生产要素有其特殊性。他认为，"直接投资不单纯是资产的经营，而是伴有经营权即企业经营上的控制权的资本流动。为了取得经营权，必须握有全部股份或参加一部分的所有权"，"从经济学的角度，所谓直接投资应该理解为向接受投资的国家传播资本、经营能力、技术知识的经营资源综合体"。①

无论经济学家如何认识外国直接投资的性质，但大家比较认同这样一个基本性质：FDI 属于以增值为目的的、具有有效控制权的国际资本流动。国际货币基金组织（IMF，1985）在其《对外收支手册》中，将 FDI 定义为"在投资人以外的国家（经济）所经营的企业中拥有持续利益的一种投资，其目的在于对该企业的经营管理具有有效的发言权"。在联合国贸易与发展会议（UNCTAD）多年来发表的年度《世界投资报告》中，外国直接投资一直被定义为"一国（地区）的居民实体（对外直接投资者或公司）在其本国（地区）以外的另一国的企业（外国直接投资企业、分支机构或国外分支机构）中建立长期关系，享有持久利益，并对之进行控制的投资"。这一定义被各国广泛地采用。

---

① 小岛清. 对外贸易论（1981年日文第五版）[M]. 天津：南开大学出版社. 1987：419、421、422页。

理解FDI的定义需要注意的是：①外国直接投资意味着投资者对其他国家的企业居民的管理可施加显著的影响或者有效的控制，这种投资既涉及两个实体之间最初的交易，也涉及二者之间以及不论是联合的还是非联合的国外分支机构之间的所有后续交易，"有效控制权"除了可由持股比例来体现外，还可由投资者对海外企业经营资源的直接支配程度或者营销网络、市场及技术标准等来体现；①②进行外国直接投资的可以是商业实体，也可以是个人和政府。在现实经济中，FDI的主体主要是跨国公司；③直接投资的资本既可以来自资本输出国，也可以从受资国当地筹措或在第三国/国际金融市场上融资，投入的生产要素既可以是货币形态的资本，也可以是无形的知识资产；④"有效控制权"与享有"持久利益"是密不可分的，"持久利益"是目的，而"有效控制权"则是实现这一目的的手段。

在分析FDI的规模和影响时，常常用到FDI"流量"和FDI"存量"这两个概念。FDI流量包括由外国直接投资者向外国直接投资企业(直接或是间接通过其他关联企业)提供的资金或者外国直接投资者从外国直接投资企业所得到的资金。FDI有3个分项，即股权资本、利润再投资和公司内部借贷。股权资本是对外直接投资者购买的本国以外国家企业的股份；利润再投资包括未被分支机构以股息形式分配掉的直接投资者的利润份额(与直接股权成比例)或未汇回给直接投资者的利润，这些被分支机构留存的利润被用于再投资；公司内部借贷或公司内部债务交易是指直接投资者(母公司)与附属企业之间的资金借入与贷出。

FDI存量是属于母公司的资本和准备金(包括留存利润)份额的价值，加上分支机构对母公司的净负债。《世界投资报告》中使用的FDI流量和存量的数据并非如以上所定义的，因为这些定义常常并不适用于FDI的总量数据。例如，在分析FDI的地理和产业趋势与格局时，也许会使用基于批准的FDI的数据，因为由这些数据可以得到国别或产业层面的非总量数据。

(资料来源：朱廷珺. 外国直接投资的贸易效应研究[M]. 北京：人民出版社，2006：30—32.)

1.1.3 国际商务与世界经济一体化

经济一体化使得世界上所有国家的企业经营活动越来越多地呈现出国际化的特征，并相互影响、相互作用。上述所说的商品、服务的进出口，资金流动以及FDI这些国际商务活动，是连接世界经济一体化的主要纽带。事实上，这些活动都是企业国际化经营的主要形式。当企业发展到跨国公司这种规模时，它的影响力又进一步促进世界经济一体化的进程。跨国公司通过在世界各国设立的分支机构，把上述贸易、投资等活动的分工、协调、计划、管理在组织上联系了起来。

当然，如果没有国际商务的一系列制度安排，比如双边和多边公约、协议、地区性、国际性、经济组织的作用，国际经济生活就难以达到"冲突不断但大体有序"的状态，各类危机就会破坏全球的经济秩序，影响商务活动的正常开展。换句话说，良好的国际商务体制对于促进国际经营的健康发展具有不可替代的作用。从这个意义上讲，国际公约和组织等商务体制方面的因素也是世界一体化的重要联系纽带。

在人类进入21世纪以来，从"9·11"事件到由美国次贷危机引发的全球金融危机，导致全球经济衰退，所有的事件都以前所未有的速度从一国扩散至全球，其背后的主导因

---

① 各国法律对"有效控制权"的界定不统一。如美国商务部1965年规定，若某外国公司股权的50%由一群相互无关的美国人掌握或25%由一个有组织的美国集团拥有，或10%由一个美国人(法人)拥有，则对该公司的投资即可视为美国的国际直接投资；加拿大政府规定，当本国居民持有外国公司50%或更多的股权时，方可在原则上认为存在控制；IMF将这一比例定义为不低于25%。

素就是世界经济一体化。跨国公司的国际化地位是否受到什么影响？下面看看联合国贸易与发展会的一项调查数据。

专栏 1-3

金融危机与跨国公司的国际化地位

跨国公司在世界经济中发挥着重要作用，而且其作用还在日益扩大。但是，它们的国际化地位并没有使它们在近几十年来最严重的全球衰退中独善其身。UNCTAD 的《2009—2011 年世界投资前景调查》显示，从短期来看，跨国公司的 FDI 计划受到了全球经济和金融危机的影响。在以前的调查中，只有 40% 的公司表示受到了危机的影响，而在 2009 年的调查中，世界各地 85% 的跨国公司把投资计划的缩减归因于全球经济下滑的影响；79% 的公司直接归因于金融危机。经济和金融危机对整个行业包括公司个体均产生了严重影响，主要结果表现在利润下滑、撤资和裁员现象不断增加以及不得不开展企业重组等。UNCTAD 的初步预测显示，世界最大的跨国公司的国际化速度在 2008 年显著减缓，而它们的利润总额下降了 27%。

全球 FDI 发展前景在 2009 年依然黯淡，流量预计将下滑至 1.2 万亿美元。不过，FDI 流量有望从 2010 年开始缓慢复苏，上升至 1.4 万亿美元。在 2011 年获得发展的动力，届时其流量有望达到 1.8 万亿美元，基本达到 2008 年的水平。美国以及中国、印度、巴西和俄罗斯等新兴国家有可能成为未来 FDI 复苏的领头羊。对商业周期变化不太敏感，并且在需求稳定的市场中运营的行业以及拥有更大增长前景的行业有望成为推动下一轮 FDI 浪潮的生力军。

2008 年以及 2009 年上半年，尽管人们担心可能出现投资保护主义，但是 FDI 政策的总体趋势仍然是更加开放。其中包括降低 FDI 流动的障碍以及减少公司的收入税。以国家安全为由审查外国投资的趋势仍在继续，对采掘业的外国公司实施国有化的趋势也在继续发展，这在拉美一些国家表现得尤为明显。

联合国贸发会议认为，截至 2009 年，金融和经济危机还没有从本质上对 FDI 政策产生任何重大影响，因为 FDI 并不是这次危机爆发的根本原因。不过，针对危机出台的一些更为笼统的国家政策措施（例如国家紧急救助计划、经济刺激方案）有可能对 FDI 流量和跨国公司的运营产生间接影响。未来的关键问题是，一旦全球经济开始复苏，东道国将采取什么样的 FDI 政策。公共基金从重要产业中的撤离有可能为包括 FDI 在内的私人投资提供动力，这也有可能引发新一轮经济民族主义浪潮，即保护"民族企业"不被外国公司收购。国际投资协定（ⅡA）将会在确保国家投资体制的连贯性、稳定性和透明性方面发挥作用。

联合国贸易和发展会议（UNCTAD2014 年《世界投资报告》（World Investment Report））称，经历了 2012 年的大幅下滑之后，2013 年全球企业在新工厂和其他项目上的长期投资增长了 9%，至 1.45 万亿美元，预计 2014 年还将再增长 12.5%，至 1.6 万亿美元，2015 年有望增长至 1.7 万亿美元，2016 年则有望增长至 1.8 万亿美元。报告中称，全球外国直接投资领域又出现了谨慎乐观的情绪。

报告中称，无论是发达经济体、发展中和转型经济体，还是前苏联经济体，所有主要经济体组别的 FDI 流入都出现增长。经历了 2012 年主要由欧元区危机导致的大幅下滑之后，流入发达经济体的 FDI 去年增长 9%，至 5660 亿美元。2013 年流入转型经济体的 FDI 也大幅增长，达到 1080 亿美元。不过，流入富裕经济体的 FDI 占全球 FDI 总量的比例仍维持在 39% 的历史低位。相比之下，流入发展中世界的 FDI 去年达到创纪录的 7780 亿美元，占全球 FDI 的 54%。此外，FDI 的最大目的仍是中国和亚洲其他发展中经济体，这一地区在 2013 年吸引了 4260 亿美元 FDI。欧盟（EU）和北美都吸引了约 2500 亿美元 FDI。

（资料来源：联合国贸易与发展会议：2009、2014《世界投资报告》。）

1.2 国际商务学的研究对象与方法

1.2.1 国际商务学的基本课题

尽管国际商务活动的历史很悠久,但将国际商务活动作为整体研究对象的国际商务学,却是一门比较年轻的学科,与其相关的国际贸易、国际投资、企业管理学科相比,几十年的发展历程的确不能算长。

国内外文献比较一致的看法是,国际商务学研究的问题大致有两类:一是民族企业的国际化问题;二是企业走向世界后所遇到的跨国经营管理问题。这实际上是从企业成长历史的角度来分类的。如果把企业再细分为中小型企业和大型跨国公司,那么就会有4个具体的课题等待这门学科去研究,这就是:中小企业如何走向世界;中小企业在全球竞争中的策略和管理;大型跨国企业如何向更多的国家发展渗透;跨国公司体系在全球范围内的竞争与管理。当然,大家必须培养同时具有外向和内向两个角度看问题的习惯:企业走出去,比如首都钢铁公司去秘鲁开采铁矿,海尔去国外设立研究机构等都是从外向角度看走向世界;日本本田公司在中国广州合资生产轿车,摩托罗拉在天津生产手机等,也是中国企业走向世界的方式之一。但作为起源于西方发达国家以研究企业走向世界的国际商务学,遇到的课题主要是外向的。所以,国内外的国际商务学教科书都是从外向的角度展开讨论企业国际化问题的,本书也要遵从这一约定俗成的习惯。

接下来的问题是,从外向视角看,企业国际化过程中管理者面临的主要问题是什么。可以将其归纳为4类:①企业向国内还是国外发展,这涉及企业的发展方向问题;②向哪些国家发展,实际上就是目标市场的选择问题;③市场选择好之后,企业应以什么方式打入,出口还是FDI,这就是市场的进入战略问题;④如何管理企业的国外市场的业务,这就是国际经营业务的管理问题。

由上述分析可知,国际商务学研究的主要内容可概括为以下几方面。

(1)国际商务理论。主要回答:企业开展对外贸易、对外投资的动因与利益是什么?在怎样的情况下,企业从出口转向对外直接投资?国际竞争优势来源于哪里?

(2)国际商务环境。对于现代企业来说,经济全球化时代的真正来临意味着企业将会面临两项基本任务:保护本国市场和进军海外市场。这使得实施国际化经营战略成为其21世纪的新使命。对国际商务环境的充分了解是确定商务战略和成功地管理国际企业的先决条件。本书的一个鲜明特点是:不是单纯地、一般性地描述商务环境,而是要提升到理论层面,分析经济环境的国别差异、政治与法律制度差异、文化差异、科技环境差异对国际商务活动的影响,区域经济一体化以及世界货币体系对国际商务活动的影响。

(3)企业国际竞争战略和进入国际市场的战略选择。主要有企业国际化竞争的战略,战略联盟,组织结构;企业国际化过程的一般路径;影响企业进入国际市场的因素;具体商务模式(如出口战略、契约安排、投资战略);对进入模式进行比较与选择。如果公司在一国或多国获得成功,那么它会希望进一步扩展业务,从单纯依靠代理人和类似的中介机构发展为在那里从事直接的销售、市场、研发、设计、金融、管理和生产,并正式成立分支机构。这些问题,在下面的内容中将分别予以回答。

(4) 企业国际化运营中的生产管理。包括生产地点选择、货源决策、制造与外购(全球制造与供应链)、协调全球生产系统等重要课题。

(5) 企业国际化运营中的市场营销。从这一部分开始,本书就要讨论国际化经营中的几个具体策略问题。就营销问题而言,需要回答产品特性、分销与品牌化战略、沟通战略(国际沟通的障碍、推进和拉动战略、全球广告)、定价战略(价格差别、战略定价)、法规对价格的影响和新产品开发等一系列问题。

(6) 企业国际化运营中的财务管理。需要回答的基本问题有会计核算标准的协调、外币财务报表的换算、环境报告、国际税收、转移定价和外汇风险管理等。

(7) 企业国际化运营中的人力资源管理。一旦企业进入了多种可能性的组合阶段,那么它就要面对某些甚至所有问题。比如招聘员工的复杂性,因为他们来自不同的教育体制,具有不同的工作价值观,每个人的预期不同以及表达肯定或者否定的方式不同,甚至在表达快乐或不满的方式和程度上也不同,就更不用说团队在一起工作时的难度了。这显然涉及的是一个如何在多元文化的团队中工作的整合问题。另外一个难题是如何评估下属的工作表现(有些文化在评估时相对宽松,有些则相对严苛),比如外国人在中国公司中究竟可以升迁到哪一级别这样的具体问题。因此,这里需要回答包括人事管理策略、招募、培训与外派、薪酬、工作业绩评价等复杂的国际人力资源管理问题。

1.2.2 如何学习国际商务学

从上述问题可以看出,国际商务学是一门不折不扣的跨学科、综合性较强的学科,它涉及经济学、管理学、社会学、法律学等领域。尽管以前国际商务更多地是与国际贸易联系在一起,但在目前企业管理变革及全球化变革的影响下,国际商务则更多地与国际企业管理联系在一起。它是以全球商务营销为牵引,以全球贸易、国际投资、企业并购、组织控制以及战略性国际人力资源管理为主要研究方向的一个极富生命力、具有广阔发展前景的学科,其实用性不言而喻。目前,无论是传统的制造业还是新兴的服务业,对国际商务专业人才的需求正在变得越来越迫切。跨国经营的制造型和服务型公司,从事国际业务的金融机构,甚至相关政府部门都会产生对国际商务人才的需求。要学习好这门功课,需要具备良好的经济学基础,掌握科学的学习和研究方法。

1. 经济学、管理学和商法知识的储备

国际商务问题既涉及经济学知识,又涉及管理学知识,需要打牢专业基础知识。比如关于商务模式,首先要回答为什么企业选择出口或者投资,其动因是什么,利益是什么,这是微观经济学的一般原理,又是国际经济学主要回答的理论问题;贸易政策、投资政策的分析还会涉及福利经济学的知识和政治经济分析方法,需要提前做好准备。当企业进入国际化运营阶段以后,涉及的人、财、物管理,又需要运用财务管理学的基本原理和市场营销、人力资源管理以及与此相关的商法基础知识。因而打好专业基础显得无比重要,否则,可能会知其然而不知其所以然。这里还需要提醒各位同学的是,尽管国际商务是应用型很强的学问，但如果没有很扎实的理论基础和修养的话，一些决策的出发点、依据就很难吃准吃透。比如，关于贸易的实质，经济学家认为是对生产的替代；再比如，近年来经济学家研究国际直接投资与国际贸易的关系，FDI可以创造贸易，也可以替代贸易，深入挖掘这里边的道理，对国际商务决策具有重要的意义。

总之，应该记住全球公认的国际商务人才应该具备的理论素养：①是管理学基础，涵盖现代企业管理、战略管理、市场营销、全球（服务）营销管理、财务管理、人力资源管理等多方面的管理理论基础；②是经济学基础，涵盖国际贸易、国际投资、世界经济、国际金融等多方面的经济学理论基础；③是法学基础，涵盖国际商事组织法、国际货物买卖合同法、国际货运代理法律法规、国际物流法律法规、国际商务单证法律法规、对外贸易法律法规、海关法律法规、国际产品质量法、商品检验检疫法、电子商务法律法规、WTO规则等多方面的国际商法基础。国际商务人才素质和技能要求一览表见表1-3。

表1-3 国际商务人才素质和技能要求一览表

类　　型	主要技能
1. 国际商务调研技能	找到国外市场需求；确定自己在出口市场上的竞争优势；使用因特网；搜集数据；分析数据；发现国外对产品的需求；国外营销的政府规则和表格填制工作……
2. 国际贸易实务技能	能跟踪出现问题的货物；计算运费；使用货运代理和报关行；安排出口仓储；安排出口货物保险；安排出口装运（海运）；报关单表格的使用；集装箱运输的要求；安排铁路装运；了解原产地证书；出口包装；出口货物标签；自贸区协议原产地证书的规定……
3. 国际金融技能	能确定出口的外汇风险；能搜集和使用国外买方的信用信息；使用出口信用保险；使用远期合同进行外汇风险管理；能管理受阻资金；能使用价格调整条款管理外汇风险；能安排出口应收贷款贴现；熟悉政府保险和融资计划；能使用外汇期货；能确定最优的出口付款方式；知道如何加快资金周转；制作出口成本报表；制定出口资金预算；处理信用证、管理信用证；处理银行托收指令；安排履约保函……
4. 国际企业管理技能	企业国际化运营中的生产管理技能：生产地点选择、货源决策、制造与外购（全球制造与供应链）、协调全球生产系统、战略联盟与合作等；供应链管理；竞争优势；制订出口与经营战略计划；管理国际资产和风险；建设国际员工队伍；定义企业的出口与市场目标；外包运作；管理国际创新；有效地在外国文化环境中工作特别是跨文化管理（团队工作和领导力；能与同事发展并保持有效的关系、能在合作的环境中工作、了解自己和他人的工作风格、知道如何进行沟通、知道如何接受他人的观点、并落实在行动中并以适当形式给予赞扬、在团队环境中具有领导力、承认团队成员的长处并一起工作实现共同目标、道德与社会责任）；使用国外代理进入市场；使用战略伙伴进入市场；使用贸易公司进入出口市场；确定企业的国际化目标；管理代表处；人事管理：评估下属的工作表现、招募、培训与外派、制定薪酬、工作业绩评价等；财务管理：会计核算标准的协调、外币财务报表的换算、环境报告、国际税收、转移定价、外汇风险管理等……

续表

类 型	主要技能
5. 国际营销技能	能评价产品是否适合出口市场；制定综合出口营销计划；制定适应国外市场需求的促销计；获取目标市场规则的信息；获取制定竞争方案的信息；勾画潜在客户的情况；量化出口营销的额外成本；获取制定市场进入计划的信息；获取目标市场国家状况的信息；评价产品的适用性；进行基础的市场调研；各种定价方案；获得和解释目标市场的二手信息；有效利用国外贸易展销会；有效利用政府贸易代表团；通过政府获得出口机会；了解国际定价面临的困难；利用出口市场媒体推广产品……
6. 跨境投资技能	熟练掌握和应用：企业财务、财务会计、财务报表分析、股权定价和分析、固定收益证券定价和分析、金融衍生工具定价和分析、投资组合管理等；当地的法律法规、金融政策、会计制度，职业道德和执业准则等。
7. 综合商务技能	能够撰写商业计划书、可行性分析报告、企业业绩年度(季度)分析报告、国际市场价格分析、国际组织报告专题(综合)分析、企业调查报告、企业发展问题诊断、国家政策研判、国际商务法律纠纷案例剖析等。 懂得如何厘清债务，防范危机，应对主要贸易伙伴国内经济政策的溢出效应，熟练运用准入前国民待遇、负面清单规则等。
8. 职业理念和素养	社会主义核心价值观、商业道德、创新精神……

（资料来源：朱廷珺：《国际商务专业人才培养模式创新研究》，兰州商学院2013年度重点教学项目研究报告。）

2. 正确的方法论

首先要学会历史唯物主义的方法论。要学会从当时的历史条件看待过去的理论，历史虚无主义是不可取的。同时，要学会"自省"，即站在特定的角度，站在别人的角度理解别人的观点，这样有助于吸收前人理论的合理内涵；而不应盲目自大，甚至动辄批判和全盘否定别人的观点。

例如，从国际商务活动最原始、最基本的对外贸易方式看，不同时代的人就有不同的认识，即使一些认识现在看起来甚至是错误的。在资本原始积累时期，重商主义者过分夸大国际贸易尤其是出口的作用，就是一个典型。柯尔培尔认为，贸易是常年战争，谁的贸易占优势，谁就可以充当和平与战争的裁判者。托马斯·孟在《英国得自对外贸易的财富》最后一段说：国际贸易有许多利益，它是检验一个王国是否繁荣的试金石，是国家积累财富和富裕起来的唯一途径，其真正面目和价值是"国王的大量收入，国家的荣誉，商人的高尚职业，我们技艺的学校，我们需要的供应，我们贫民的就业机会，我们土地的改进，我们海员的培养，我们的王国的城墙，我们的财富的来源，我们的战争的命脉，我们的敌人所怕的对象"。不过，现代贸易保护主义似乎仍然是重商主义的翻版，大家对此应该有清醒的认识。

又如，德国历史学派先驱李斯特将古典经济学看作"英国的国民经济学"，并着手建立德国的国民经济学。他在《政治经济学的国民体系》的序言中说："如果作者是英国人，我几乎不会怀疑亚当·斯密理论的基本原理。之所以使作者在最近的许多匿名论文中，最后终于在一篇长文中，用我本人真名对斯密理论展开了批判，是由于祖国的实情，同时今天使作者有勇气将这本著作问世，主要也是由于德国的利害关系。"如果读过《国富论》和《政治经济学的国民体系》，相信大家会有自己的判断。

当然，理论联系实际更为重要。需要大家广泛阅读国内外企业国际化的材料，注意搜集和积累相关案例。同时，希望大家要养成"田野观察"的习惯，亲自到企业、商场以及政府机构调研，发现问题、分析问题并解决问题。

3. 培养分析形势、掌握政策的良好习惯

从事国际商务活动，是在国际政治经济的大背景下开展的，脱离形势盲目决策，是极其危险的，这也是教科书中专门开辟环境分析这一章的意义所在。要搞清楚我国和世界经济发展的趋势和阶段性特征，弄清经济增长的阶段性动力来源，深刻理解改革开放的重大意义、我国开放新格局的含义和中国梦的重大意义。这是培养学生理解国家宏观经济政策和外交政策、学会战略思维、危机管理和应对复杂局面的必修科目。

比如，金融危机爆发后的一系列国际峰会，各国或者利益集团在协调什么？什么问题是焦点？为什么历次峰会都拿中国说事？这些问题与大家从事的国际商务活动有多大关联？中国为什么要提出发展方式的转变？国家出台的各种政策，其导向是什么？作为训练有素的商务人才，都必须反反复复、认认真真地思考和分析，作出科学的判断，为决策提供有价值的建议。

4. 思维方式和竞争意识的国际化

在《财富》世界500强企业榜单中，2008年中国大陆地区仅占总数的5%，而美国占30.6%，日本、法国、德国、英国分别占12.8%、7.8%、7.4%、6.6%。中国三大石油公司营业额加起来还比不上埃克森美孚一家，中国需要加快培育具有国际竞争力的大公司，参与全球资源的配置。2014年7月7日《财富》杂志公布的世界500强企业中，中国上榜公司数量创纪录地达到100家(大陆91家)，占到20%。然而，两个主要特征引起人们的高度关注：一是中国上榜的国际大公司越来越多，但盈利能力没有同步提升，甚至还有不少上榜企业是亏损的；二是中国内地企业的国际化程度并不高，收入来源主要来自于国内。随着世界500强公司经营状况的改善，全球投资与并购将会进一步增加，发展中国家逐渐成为资本追逐的角力场。这也启发中国企业，除了抢占本国的市场之外，也应该积极向其他发展中国家开拓。占领国际市场，依靠的是科技和人才。这些变化给培养国际商务人才的教学工作者提出了新的课题，留给各位同学的使命也更加光荣，任务更加艰巨。

更为重要和现实的是，管理一个除了出口产品之外其他各项重要业务都在国内的中国公司，相对来说比较容易。而人们要在国际化的道路上继续走下去，就不仅仅是挑战越来越多，挑战的深度、相互关联度以及复杂程度也越来越大。从简单的产品出口开始，人们不得不面对出现在个体、团队、部门、分支机构乃至整个组织的层面上的挑战，甚至如瑞士银行组织发展部执行总监普拉布·古朴塔拉(Prabhu Guptara)所说，最终还与这个组织在整个政治大背景下的存在有关。

各国政治、经济、法律、文化背景差异非常大，如果没有国际化的思维方式，只固守自己的文化而不注意研究他国文化，很难驾驭来自世界各地的各类商业挑战，更难以捕捉到商业机会，获得更多的商业利益。

同时，还要提醒各位同学，处在这个全球化的时代，要学会如何从单纯的"贸易"概念转向"交易"的概念，彻底改变狭义理解商务的传统思维习惯。能够掌握并熟练处置：一单生意乃至一个地区市场的开发与拓展，企业成长过程中所面临的各种复杂环境的适应和积极应对，政府管理国际商务的制度设计和政策调整，各种企业病的防范与治理，国际商务纠纷的处置和案例推广，文化冲突的处置与跨文化管理等。

在商务课程上，教师应该有意识地培养和训练学生适应国际竞争、战胜竞争对手的信心和手段。从某种意义上说，这就是商科教师的历史使命，更是未来从事国际商务活动的同学们应该具备的素质。

 本章小结

  国际商务活动的主体主要是企业，但政府和国际机构也会参与到国际商务交易当中。与过去相比，全球化时代的企业，尤其是跨国公司，更注重寻求国际市场机会，在全球范围内组织协调国际分工，其商务活动过程的国际化、全球化更加明显，而且更容易触及全世界几十亿人口的生活。

  国际商务活动的模式主要有对外贸易、金融交易和对外直接投资。

  自1991年以来，联合国贸易与发展会议发表的年度《世界投资报告》，对上一年FDI和跨国公司的发展动态及其对全球经济的影响做出主题性的报告。各年度报告的副标题几乎都提到跨国公司，足以证明跨国公司在国际商务中的影响力。当企业发展到跨国公司这种规模时，它的影响力又进一步促进世界经济一体化的进程，跨国公司通过在世界各国设立的分支机构把上述贸易、投资等活动的分工、协调、计划、管理在组织上联系了起来。

  国际商务学研究的问题大致有两类：一是民族企业的国际化问题；二是企业走向世界后所遇到的跨国经营管理问题。这实际上是从企业成长历史的角度来分类的。如果把企业再细分为中小型企业和大型跨国公司，就会有4个具体的课题：中小型企业如何走向世界；中小企业在全球竞争中的策略和管理；大型跨国企业如何向更多的国家发展渗透；跨国公司体系在全球范围内的竞争与管理。

  国际商务学是一门跨学科、综合性强的学科，需要储备扎实的经济学、管理学和商法知识，掌握正确的方法论，培养分析形势、掌握政策的良好习惯，同时要拥有国际化的思维方式和竞争意识。

 关键术语

国际商务 跨国公司 对外直接投资 国际化 跨国经营 联合国贸易与发展会议 天生国际企业

综 合 练 习

1. 思考题：随着对外开放的不断扩大，中国经济实力的不断增强，中国进出口贸易规模的迅速扩大以及贸易结构的变革，未来国际市场竞争会越来越激烈和残酷。在国际产业转移、中国成为世界又一个制造中心、中国竞争力不断提升的关键历史时期，国际贸易保护主义不断翻新花样，针对中国的新型贸易壁垒措施越来越苛刻，外向型经济成分比较大的沿海地区在金融危机的冲击下，企业国际化遭遇了挫折。一些人反思外向型、国际化的道路。你是怎么看待这一问题的？这与企业国际化模式有没有关系？

2. 阅读以下材料，课后进一步查阅资料，在此基础上，给出更为准确的定义，并回答文后提问。

瑞士银行组织发展部执行总监普拉布·古朴塔拉(Prabhu Guptara)在一次演讲中说："在现阶段，很有必要界定一下几类公司的差异，它们分别是：国际贸易公司(International)，经营进出口业务但在本国以外没有投资(本国文化是其最重要的文化)；跨国投资公司(Multinational)，对外国投资但不进行产品统筹，而根据当地市场需求提供产品及服务(公司总部的指导思想仍然是本国文化，但在国外市场，通常是当地文化在发挥决定性的影响)；国际品牌公司(Global)，在很多国家投资并可能设有分支机构，各地市场都以同一个品牌进行产品销售的统筹(公司的主导文化也许源于本国文化，但同时大量吸收了外国的影响，在这里，重要的不是文化，而是产量、成本控制及效率)；环球公司(Transnational)，根据技术、法律、金融、商业及市场条件，对公司战略及运营进行不同程度的统筹、整合及本土化。有些业务的统筹可能是全球范围的，如购买、研发，而其他一些业务可能更加本土化，如包装、市场(很自然，在这样的企业里，可能没有主导文化，也可能只在公司精英层中才存在某种主导文化)。考虑到以上所有因素，中国公司进一步国际化的主要障碍，就是一种以中国为世界中心的态度，这种态度来自古代中国的历史和文化。"

问题：你认为他的定义准确吗？你是否同意他的观点？为什么？

3. 表1-4中内容是根据联合国贸易与发展会议发表的年度《世界投资报告》(1992—2006年)整理出来的，试结合中国利用外资的情况作动态的实证研究。同时，通过查阅资料回答表中若干概念的含义。

表1-4　FDI(跨国公司)对东道国经济增长的作用

FDI(跨国公司)因素	资本形成	技术外溢	贸 易
东道国	资本构成	生产率提高	贸易创造
	与当地公司的联系	新资本设备	结构升级
	改进效率	研究与开发	学习效应
		工业革新	
		经济增长	

4. 以下材料来自《2014年世界投资报告》的不同篇目，请结合第3章有关商务环境的新形势，思考以下问题：第一，发展中国家投资政策便利化给我国企业国际化经营带来哪些机会与挑战？第二，商科学生需要哪些能力？

第1章 导　论

(1) 联合国贸易和发展会议发布的《2014年世界投资报告》，将主题定为投资于可持续发展目标。报告称，从发展中国家流出的FDI也达到了历史最高水平。来自发展中经济体的跨国公司越来越多地收购发达国家设在发展中经济体的子公司。发展中和转型经济体对外投资达5530亿美元，占全球FDI流出量的39%，而这一比例在21世纪初只有12%。

(2) 2014年的《世界投资报告》着重对大型自贸区协定进行了分析。目前正在谈判的三大区域协议——跨太平洋伙伴关系协定(TPP)、跨大西洋贸易和投资伙伴关系协定(TTIP)和区域全面经济伙伴关系(RCEP)——在全球FDI流量中各自占到1/4甚至更多。

(3) 联合国可持续发展目标旨在推动全世界采取行动，2015—2030年，在减贫、粮食安全、人类健康和教育、缓解气候变化以及经济、社会和环境等方面制订并实现一系列具体的目标。

这些目标对所有发达国家和发展中国家都意味着巨大的投入。仅就发展中国家而言，预计每年的投资需求将在3.3~4.5万亿美元之间。

按照目前可持续发展目标相关部门的投资水平，发展中国家面临每年2.5万亿美元的资金缺口。公共资金不能满足可持续发展目标的全部需求。私营部门投资具有不可或缺的作用。

目前，私营部门参与可持续发展目标相关部门投资的水平相对较低。全球的银行、养老基金、保险公司、基金会及跨国公司的资金，只有一小部分投向可持续发展目标部门。在发展中国家，特别是最贫穷的国家(最不发达国家)，其参与水平更低。

贸发组织认为，使最不发达国家的私营投资增长率翻一番，即从每年8%增加到15%，是一个理想的目标。贸发组织特别建议，通过采取一整套有针对性的行动方案，将有助于为可持续发展私营投资形成一股"强大助推力"。

(4) 新一代投资促进便利化。这要求为实现可持续发展目标建立投资发展机构，为可持续发展目标相关行业提出、推销具备商业可行性的项目，进行招商引资并推动项目落地，建立面向可持续发展目标的鼓励机制。

重建投资鼓励机制，特别是从"基于投资数量"的鼓励政策转向"基于可持续发展目标"的鼓励政策，将有助于推动对可持续发展项目的投资。

可持续发展目标区域性投资合作。区域性和南南合作将有助于促进可持续发展目标投资，特别是通过跨国基础设施和区域产业集群(如绿色园区)的开发和建设。

可持续发展目标投资新型伙伴关系。如由母国的对外投资机构与东道国的投资促进机构结成伙伴关系，或成立多边机构间技术援助合作机制，为最不发达国家提供支持。

创新融资机制和金融市场的重新定位。贸发组织的建议包括建立新型可交易融资工具和可持续发展目标专门基金，并建立种子期融资机制以及可持续发展目标项目"走向市场"的新渠道。金融市场的重新定位也要求建立涵盖可持续发展目标的更全面的审评报告制度。

转变商务理念，培养投资于可持续发展目标的专长。报告为全球商学院设置了一套课程，着眼于提高学生对穷国投资机会的认识。同时，这些课程将为学生提供在发展中国家环境下成功经营所需的技能和工具。

5. 从现在开始，就应该养成注意搜集国际化经营案例的习惯，在学习完本课程后，以"企业走向世界过程中的常见病"为题写一篇论文。

 案例分析

1. 阅读以下案例，回答问题：从这个案例中学习到了什么？你觉得掌握合理规避规则的技巧对国际商务的出口模式有什么价值？会不会引起新的贸易摩擦？

WTO的一些规则并未统一各国的相关标准，它允许各成员在不违背WTO基本原则的前提下制定各

自的有关标准,这就留下了一定的空间。发达国家往往是规避规则的高手,以原产地规则为例,一些国家利用该规则对贸易伙伴实施贸易限制、报复和制裁。

比如,美国在1996年7月1日实施的纺织品及服装原产地新规则中,将成衣的产地判定标准由"裁剪地"修改为"缝制地",面料由"染色和印花地"变成"织造地"。新规则的实施,直接损害了加工型和转口贸易型的欠发达国家和地区的利益,而那些无输美配额限制的发达国家则不受影响,美国本土的纺织、成衣企业则因此受到了新规则的庇护。

再如,1994年,欧盟发起了针对我国原产品的大屏幕彩电的反倾销调查。这期间,我国向欧盟出口的大屏幕彩电共计51.5万台(占欧盟2450万台彩电消费总量的2.1%),其中,有11.7万台是3家中日合资企业采用日本产显像管制造的。按照欧盟彩电原产地标准的规定,彩电原产地应依显像管的原产地而定。因此,这11.7万台采用了日本产显像管组装的彩电应视为"日本国籍",如果剔除这11.7万台彩电,余下的39.8万台彩电虽按欧盟标准可视为中国产品,但其相对市场份额只占1.6%,不足欧盟消费总量的2%(按欧盟反倾销条例规定,2%为"最小"倾销数量),也就是说,不够欧盟采取反倾销措施的最低数量标准。但遗憾的是,依照我国当时的彩电原产地标准,上述采用日本产显像管在我国境内进行"插件、焊接和装配"工序的彩电可视作中国原产,能够堂而皇之地取得"中国护照"——中国出口货物原产地证书。其后果就是,不仅上述含日本成分却持有"中国护照"的11.7万台彩电被欧盟征收了反倾销税,也把中国的39.8万台彩电拖进了反倾销的泥坑,造成了一损俱损的局面。

近年来,欧美国家打着维护多边贸易规则的旗号,不断变换花样,实施"合规性"的保护措施,对中国等发展中国家发起贸易调查,甚至制造贸易摩擦,中国因此失去了不少市场。

(案例来源:张玉卿,徐进亮. 转向主动管理——我国现行货物原产地规则缺陷及完善[J]. 国际贸易,2000,5期,有修改。)

2. 阅读案例,回答问题:McDougall、Shane和Oviatt(1994)在24个天生国际化企业案例研究的基础上,指出阶段式国际化理论不能合理解释这些企业为什么只在国际市场而不在其本国市场销售。请你在学习第5章"企业进入国际市场的战略选择"后,全面分析其中的原因。

富士康的国际化道路

富士康生产的所有产品,没有自己的品牌产品,全都是代工产品,被人称为"代工之王"。"代工"即代为生产,又叫贴牌生产(OEM)。代工生产是在国际大分工环境下,生产与销售分离潮流的一个发展方向。富士康从成立之初就定位于国际市场,甚至是全球市场,在国际大分工环境下,在生产与销售分离的趋势下从事"代工"的国际化活动,没有遵循一个缓慢的逐渐增强的过程。其坚持与国际一流的系统大厂结盟,在与这些跨国企业的业务往来中,逐步完成了与国际标准、国际惯例模式的接轨。

富士康之所以受全球大宗客户和许多世界一流厂商的信赖,是因为产量优势非常明显,为用户提供的产品和服务并且是高附加值的。这和"天生国际化"现象相吻合:这些企业从一开始就具有清晰的全球观,依靠创新性的技术、产品设计来接近客户,其灵活性以及能够使产品迅速适应变化的需求等竞争优势,为国际市场用户提供高附加值的产品和服务。"一地设计,三地制造,全球交货"的特征,使得富士康开发新产品的速度从设计到批量生产8个星期就可以完成,而同样的产品在欧美至少要4个月。在新产品获得认可后,富士康能在最短的时间内在亚洲、北美、欧洲3个主要市场制造基地,迅速配合生产所需的采购、制造和工程的力量,并能依据客户的市场需求递增,快速地扩充产能,满足客户快速攀升的需求。目前,富士康在苏格兰、爱尔兰、捷克、美国休斯敦、洛杉矶等地设立了海外制造中心,并有60余个国际分支机构遍布世界各地。集团在中国大陆、中国台湾、日本、美国、西欧等全球各地申请专利注册数高达2300件,成果丰硕。富士康在不到10年的时间内拥有了宏大的技术产业规模。

国际化无疑是当今中国企业值得深思的战略问题。大家不仅要了解欧美国家先行企业的国际化思维和路径,而且更需要了解亚洲国家家后发企业的特点。富士康作为一家全球IT产业的代工企业,拥有自己独特的国际化思维。其之所以能蓬勃发展,是因为它一开始就做好扎根中国,立足全球的宏伟目标,走的是天生国际化的道路。

(资料来源:喻红阳,蔡霞. 天生国际化企业的中国解释——基于"富士康代工"的案例研究[J]. 经营管理者,2010,3:390、369,有修改。)

第 2 章

国际商务的理论基础

教学目标

通过本章的学习,从理论高度认识国际贸易产生的原因、模式和结果及现实中存在各种贸易干预行为的原因,分析企业参与进出口可获得的利益,掌握企业应对政府贸易限制和贸易放开政策的措施;在理解国际直接投资产生的原因的基础上,掌握对外直接投资、出口和许可证交易各自的优缺点,能够分析企业对外直接投资的区位选择;了解国家竞争优势的来源,重点掌握迈克尔·波特的钻石体系。

本章技能要点

知识要点	能力要求	相关知识
企业参与国际贸易的动因	能够结合现实确定一个国家及其企业的优势和劣势 能够分析进出口对具体国家和企业的利益 能够分析企业国际转移的路径选择 能够为企业应对政策变化提供理论依据	绝对优势理论、比较优势理论、要素禀赋理论、产品生命周期理论、规模经济理论、产业内贸易理论、新新贸易理论、保护幼稚产业论、新重商主义
企业对外投资的动因	能够分析现实中具体企业对外直接投资的原因和利益 能够理解其区位选择	市场不完全理论、区位优势理论、寡占反应和交换威胁理论
国家竞争优势的来源	能够运用理论结合现实理解国家竞争优势的来源和变化 能够为公共决策和企业决策提出一些建议	钻石体系、集聚效应

第 2 章 国际商务的理论基础

■ 导入案例

世界是平的

劳斯莱斯首席执行官约翰·罗斯说:"很久以前,我们就已意识到,我们不能只是一个英国公司,英国的市场太小了。在20世纪80年代后期,我们60%的业务来自国防订单,尤其是喷气式发动机,我们最主要的顾客是撒切尔夫人领导的政府。但是我们需要在世界市场上占有一席之地,如果我们进军世界,就必须认识到任何一个业务领域的最大客户都来自美国,并且我们必须在非国防领域取得成功,所以我们转变成一个专攻动力系统的技术公司。""这种高附加值的工艺(发动机的高电位端、涡轮、压缩机等)是我们具备的最核心能力之一,我们仍然掌握着关键技术,我们有能力识别和判断我们的消费者需要怎样的产品,有能力整合最新的科学技术,我们掌控着这些产品的营销网,我们有能力搜集和处理消费者使用我们产品的相关数据,使我们能够为产品提供相关的服务支持。"但是在这些核心领域之外,劳斯莱斯则将非核心部分外包给世界其他地方的供应商。如今劳斯莱斯的顾客遍布120个国家,现在公司收入的一半是由英国本土以外的业务创造的。

日本贸易振兴会理事长渡边修说:"中国现在的发展非常迅速,并且他们正从低端产品发展到高端、高科技产品。日本公司要维持其全球竞争力就必须将一些中间产品的生产和组装工作转移到中国,在日本国内主要从事一些高附加值的产品,因此日本和中国正成为同一供应链的一部分。"在经历了长时期的经济衰退后,日本经济从2003年开始反弹,部分原因是当时销售了数千吨的机器和关键零部件给中国。而真正的买者是那些将工厂离岸经营到中国内地的韩国、日本和中国台湾人。

2003年,中国取代日本成为最大的进口国。中国的飞速发展也许会影响一些国家制造业工人的就业,但对世界各地的消费者来说,中国的廉价商品的确是天赐福音。2004年10月4日的《财富》杂志引用摩根斯坦利的研究数据称,从20世纪90年代开始,中国的廉价产品已经给美国消费者节省了大约6000亿美元,给美国进口商节省的零部件进口费用更是不计其数。文章称,这些节省下来的费用让美联储可以维持更久的低利率水平,居民有能力购买住房,商家也可以有更多的资本进行创新。

……中国是威胁,中国是顾客,中国是机会,你不能忽视中国;你不应该将中国视为竞争的敌人,应该将自己的业务分为几个部分,想好哪个部分可以在中国投资,哪个部分需要出口到中国,哪个部分需要从中国进口。

……越来越多的工作被细分,更多的复杂工作由发达国家来完成,相对简单的工作由发展中国家完成——它们各自发挥自己的优势。

印度人和中国人不是在把我们往悬崖下面推,他们是在把我们往高处赶——而这对于我们来说是件好事。他们需要高水平的生活,不是血汗工厂;他们需要高品质的产品,不是垃圾;他们想用小型摩托车和我们交换小汽车;他们想用钢笔或铅笔和我们交换计算机。他们越这样做,其对生活水平的要求就越高,我们在产业链顶端开辟新领域的空间就越大。因为一旦印度人和中国人使用了这些产品,他们就会购买更多,从而导致多样化产品市场的形成,并促进各种专业化领域的出现。印度的科技企业从美国收到订单之后开始转而利用一些新开发的技术和资源设计出新的产品。这些产品的使用使穷人摆脱了贫困线,逐渐加入到中产阶级的队伍中。一旦变成中产阶级,就有可能成为美国产品的消费者。

当我还是孩子的时候,我的父母像他们那一代无数美国父母一样,常常对我说:"汤姆,把你碗里的饭吃干净,别忘了中国人(或印度人)正在挨饿。"(现在)我要对我的女儿们说的是:"孩子,去做你的作业,别忘了中国人(或印度人)正对你的工作岗位虎视眈眈。"在世界上,没有所谓的美国人的工作,任何人,只要有能力,都可以参与竞争。

(资料来源:[美]托马斯·弗里德曼. 世界是平的——21世纪简史[M]. 何帆,等译. 长沙:湖南科学技术出版社,2006年.)

21

试回答：

1. 在全球化的今天，作者为什么要提出"中国既是敌人又是顾客，既是威胁又是机会……"？为什么认为"过去的中国人（或印度人）正在挨饿；现在的中国人（或印度人）正对他们的工作岗位虎视眈眈。"？

2. 企业的国际转移会给国家、企业带来什么？

以上案例表明：人们生活在一个全球化的世界中，商业与经济活动——消费、生产和竞争的"国家身份"正在消退，而越来越具有"全球性"和"国际性"的特征；在今天，这种特征与国家、企业和个人息息相关。本章将解释国际商务的相关理论，即国际贸易和国际直接投资为什么能够产生？一个国家的企业如何在竞争中胜出？

2.1　企业参与国际贸易的动因

2.1.1　国际贸易产生的原因、模式和结果

国家之间为什么进行贸易？简单地说，贸易使各国通过专业化分工，更加有效地利用自己的资源，贸易还会使国家达到更高的收入和生活水平，降低消费成本并消费更多样化的产品。如果没有国际贸易，现代大多数国家将无法保证现有的生活水平，即使对于美国这样的发达国家来说，如果没有国际贸易，石油和能源供给将大幅度减少，咖啡、糖、香蕉和衣服等生活用品的价格将会大大提高，其优势产品将不会畅销全世界，国内工人将大量失业……任何一个国家的企业和居民都将从贸易中获益，现代经济生活根本离不开国际贸易——人们生活在一个贸易的世界中。

那么国际贸易为什么能够产生？一个国家应该怎样确定自己的进口产品和出口产品？国际贸易产生的最直接的原因是国家之间的价格差异。参与贸易的原则是低价出口和高价进口，即一国出口的是那些本国价格低于别国的产品，进口的是那些价格高于别国的产品。国家之间的价格差异来源于各国不同的供求状况，大多数贸易理论都是从供给（或成本）的角度来解释国际贸易产生的原因和模式的。

1. 绝对优势理论

1776 年，古典经济学创始人亚当·斯密在《国富论》中全面批判了重商主义的核心信条——金银是国家财富的唯一代表，指出一个国家的真正财富是能够提供给本国居民的产品和服务。绝对优势理论认为不同的国家具有生产不同产品的绝对优势，每个国家集中生产并出口其具有绝对优势的产品，进口其不具有绝对优势的产品，将会比各种产品都生产更好。亚当·斯密通过绝对优势理论首次论述了贸易互利性原理，指出参与贸易的双方都会从国际贸易中得到好处，而非重商主义所描述的"一得一失"或"零和游戏"。亚当·斯密认为专业化分工的好处来自以下 3 个方面：①分工后重复性劳动提高了工人的熟练程度；②不会因为转换生产线和工种浪费时间；③有利于发明新的技术和工作方法。

一个国家可以通过专业化分工来生产自己的优势产品，交换自己不能生产的产品或劣势产品。通过国际贸易获取本国不能生产的产品，其利益是显而易见的。没有人会建议冰岛生产橘子，但冰岛可以通过生产一些自己能够生产的产品（例如鱼）来参与国际贸易进而

交换到所需要的橘子,通过这种"间接"的生产方式,冰岛人的消费中有鱼也有橘子。

一个国家的优势产品是哪些?什么因素决定了一个国家的生产优势?斯密认为一个国家的优势不外乎两种——先天优势和后天优势。先天优势来源于一个国家独特的气候、地理、自然资源条件以及传统的工艺技能;后天优势主要来自于一个国家生产技术上的优势。

2. 比较优势理论

绝对优势理论虽然首次证明了贸易互利性原理,为自由贸易提供了理论依据。但该理论无法解释绝对先进的国家和绝对落后的国家之间的贸易。大卫·李嘉图的比较优势理论比绝对优势理论更进一步。比较优势是指两个绝对优势中的更大优势,也指两种劣势中的较小劣势。按照比较优势理论,每个国家生产自己具有比较优势的产品,进口具有比较劣势的产品,比两种产品都生产更有利。比较优势理论为自由贸易提供了一个一般性的理论基础,成为自由贸易的理论基石。

假设有一位企业经理,他有一位秘书。这位经理是优秀的企业管理人员,同时也拥有熟练的打字技巧——比他的秘书要快得多,这位秘书没有任何的经营管理经验,但有一定的打字技巧。这位在企业经营管理和打字两方面都不占优势的秘书应该失业吗?你是希望这位经理自己一边管理企业一边自己处理日常文案工作,还是希望他专心于企业的经营管理而将文案工作交给他的秘书?比较优势原理提供了对以上问题的答案:这位经理应专心于企业管理而将文案处理工作交给他的秘书。

3. 要素禀赋理论

关于相对优势的来源,李嘉图强调相对劳动生产率,他认为两国相对劳动生产率的差异构成了比较优势的基础。瑞典经济学家赫克歇尔和俄林对此提出了一个不同的解释,他们认为比较优势来自于各国不同的要素禀赋和产品的要素密集性不同。各国应生产并出口那些密集使用本国丰裕要素生产的产品,进口那些密集使用本国稀缺要素生产的产品。与李嘉图的理论不同,要素禀赋理论强调生产优势的来源是各国不同的要素禀赋,例如,美国出口大量的农产品,因为它拥有广阔的耕地;中国出口劳动密集型产品,如纺织品、服装、鞋类,因为中国作为一个人口大国劳动力资源丰富且廉价;中东国家出口石油是因为石油资源丰富……

4. 产品生命周期理论

产品生命周期理论是动态化的 H-O 理论,适合解释贸易模式的动态变化和产业领先地位在不同国家间的转移。产品生命周期是产品在市场上的营销周期,即一项产品从向市场推出,继而扩大销路、广泛流行,最后又被新的产品所取代而退出市场的过程。在产品生命周期的不同阶段,对生产要素的需求结构不同。即使各国的要素禀赋不变,生产和出口该商品的比较优势也会随产品要素密集性的变化而变化。

(1) 创新阶段。一项新产品会最先在发达国家出现,因为只有发达国家才有新产品研发所需的大量的研发投入、科研人员以及强大的购买力,所以多数新产品、新的生产方法和生产工艺首先出现在发达国家。从理论上来说,只要一个国家获得了新产品的生产方法，就可以通过这种技术特定优势或垄断优势在世界各地直接投资生产，因为这种特定优势是对外直接投资的前提和必要条件。但在创新阶段，产品往往是在国内生产，主要是满足国内市场的需求，并通过出口满足其他发达国家的市场需求。因为在创新阶段，新产品的技术还没有完全成熟，企业需要与消费者保持密切的联系，听取消费者的反馈并不断改进产品的技术。这一阶段需要大量的研发人员和研发资金的投入，而不是建立生产流水线的资金和操作流水线的劳动力。在创新阶段，产品实际上是技术或研发密集型产品，发达国家具有生产它们的比较优势。

(2) 成熟阶段。随着生产技术的成熟，大量生产成为主要目标，同时在国外出现了模仿竞争者，国外市场对这种产品的需求量急剧增加。创新国为了降低运输成本和绕开进口国的贸易壁垒，同时也为了利用其他国家的熟练劳动力，开始对其他发达国家进行直接投资。这一阶段的产品生产需要大量的机器设备和熟练劳动力，产品从技术或研发密集型变成了资本密集型，资本和熟练劳动力丰裕的其他发达国家拥有了生产该产品的比较优势，并逐渐取代最发达的创新国成为主要的生产国和出口国。

(3) 标准化阶段。在这一阶段，产品已经退化为一种劳动密集型产品。技术已经被设计到机器或流水线中了，生产过程已经标准化，操作变得简单从而不需要熟练劳动力，只需要简单劳动力即可。价格成为主要的竞争因素，技术和资本逐渐失去了重要性，劳动力成本则成为决定比较优势的主要因素，创新国和其他发达国家的生产优势不复存在而开始进口，发展中国家丰裕的劳动力资源呈现出巨大的比较优势。

5. 规模经济理论

按照传统国际贸易理论，如果两个国家的资源禀赋完全相同，要素价格比例和生产技术水平一样，两国人民的需求偏好也没有差异，那么这两个国家之间就不可能存在贸易。但美国经济学家赫尔普曼(Elhanan Helpman)和克鲁格曼(Paul Krugman)等人将规模经济引入国际贸易理论中后认为，按照上述条件，如果两个国家国内市场大小不同，其中一个国家由于国内市场广阔，其厂商就可以不断增加产品的产量，实现规模经济，从而使其产品的平均成本不断下降，这样这个国家就会在这些产品上具有比较利益，其产品出口就会具有竞争力，两个国家之间就会产生贸易。

6. 产业内贸易理论

传统的贸易理论认为国家之间的发展水平和经济结构差异越大，越有可能产生国际贸易。一些贸易模式容易被理解，自然条件和自然资源解释了为什么加纳出口可可、巴西出口咖啡、沙特出口石油和澳大利亚出口铁矿石；但许多工业制成品的贸易模式却难以令人理解，尤其是战后国际贸易发展的两个重要特征——产业内贸易和同类国家之间贸易量的上升。

(1) 需求偏好相似理论。瑞典经济学家林德尔在1961年出版的《论贸易和转变》一书中提出了需求偏好相似理论，第一次从需求角度对国际贸易产生的原因做出了解释。其基本论点是：一种工业品要成为潜在的出口商品，首先是一种本国消费或投资生产的产品，即本国的需求结构决定本国的生产结构，本国的生产结构决定潜在的出口结构。两个国家之间的需求结构越相似，即两个国家消费者的偏好越相似，一国代表性需求的产品越容易在另一国找到市场,因而这两个国家之间的贸易量越大。林德尔认为,对于工业制成品来说,人均收入水平是影响其需求结构的最主要因素。由于工业化发达国家之间的人均收入水平比较接近,消费者需求偏好的相似程度也比较高,这为发达国家之间的贸易和工业制成品的产业内贸易提供了广阔的市场基础。

(2) 不完全竞争与产业内贸易。许多参与国际贸易的产品,尤其是工业制成品的市场结构往往是不完全竞争的。对于一个不完全竞争企业来说,由于面临向右下方倾斜的市场需求曲线和边际收益曲线,企业不能无限制地在本国市场上销售产品,其销售量应保持在 MR=MC(边际收益等于边际成本)决定的利润最大化的水平上,多余的产量只能向国外市场销售。只要在外国市场上当 MR=MC 时 $P>AC$(价格大于平均成本),企业就能得到正的最大化的利润——出口就是有利可图的,而不必在乎国外销售价格是否低于国内的销售价格。

但由于企业的国内市场占有率往往高于国外市场占有率,所以企业在国外市场上的需求价格弹性往往高于国内市场上的需求价格弹性。根据边际成本加成定价法,$P=\dfrac{MC}{1-1/|\varepsilon|}$,($|\varepsilon|$表示需求价格弹性的绝对值),在同样的边际成本下,弹性越大,利润最大化的价格越低,所以,国外市场价格往往低于国内市场价格,这就是"倾销"。假如同时有一家生产同类产品的国外厂商基于同样的考虑也在向本国市场上出口或"倾销"其产品,这就是"相互倾销"。微观层面上两国间企业的"相互倾销"行为造成了从宏观层面上看起来两个国家在同类产品上既有出口也有进口的现象——产业内贸易。

(3) 规模经济和多样性。在许多工业制成品的生产中存在很强的规模经济,企业的规模越大,生产成本越低;但消费者的需求又是差异化或多样性的,在资源有限和没有贸易的前提下,生产的规模经济与消费的多样化要求之间出现了矛盾。要实现规模经济,就只能把有限的资源集中在一种或少数几种产品的生产上,这就必然牺牲了消费的多样性;要实现消费的多样性,就要把有限的资源分配到多种产品的生产上,这就必然牺牲了规模经济。

国际贸易可以解决这种矛盾。每个国家可以将有限的资源集中在一种或少数几种产品的生产上,这样就实现了规模经济,然后开展国际贸易进行交换,消费者就可以消费到本国生产范围之外的产品,实现了消费的多样性。

7. 新新贸易理论

自 20 世纪 90 年代以来,许多学者通过大量实证分析发现,国际贸易其实是一种相对稀少的企业行为,并非一国所有的企业都选择对外贸易。即使在同一产业内部,也存在着出口企业和非出口企业在劳动生产率、资本技术密集度和工资水平上的显著差异,并且同一产业内部企业之间的差异可能比不同产业之间的差异更加显著,所以,无论在规模还是在生产率方面,企业都是异质的,企业同质性的假定已不符合新的贸易实践。基于此,以企业异质性为前提假设,以异质性企业贸易模型(Trade Models with Heterogeneous Firms)和企业内生边界模型(Endogenous Boundary Model of the Firm)为代表的"新新贸易理论"(New-New Trade Theory)便应运而生。

(1) 异质性企业贸易模型。对企业异质性思想的研究,最早可以追溯到 Bernard 和

Jensen(1995)关于美国企业的研究以及 Bernard 和 Wagner(1996)针对德国企业的研究。他们对两国出口企业与非出口企业的研究均得出类似的结论:只有较少的企业从事出口贸易,且出口企业与非出口企业具有很大的差异。与非出口企业相比,出口企业具有更大的规模,更高的生产率,使用更熟练的技术工人,具备更高的技术水平和资本密集程度。

而 Melitz(2003)的研究表明,贸易能够促使拥有较高生产率(即较大)的企业进行出口,而生产率较低的企业只能继续在国内市场生产和销售,甚至退出市场,这样国际贸易就进一步使资源重新配置,流向生产率较高的企业,从而使出口企业的规模不断扩大,生产率不断提高,从而获得较高的福利水平。这便是开展贸易后异质企业间的"竞争淘汰"效应和"规模变化"效应,其结果是整个产业的生产率因为国际贸易而得到提升。当削减关税、降低运输成本或增加出口市场规模时,整个产业的生产率也会得到相应的提高,这些贸易措施都将提高本土和出口市场销售的平均生产率。

专栏 2-1

企业的异质性

对于企业的异质性引致了企业的国际转移的探讨,学术界多有统一的认识,但对于企业异质性的界定却存在许多争议。主流文献多将生产率、产品质量和工人技能的差异视为异质性的源泉(Yeaple, 2005),而引入新经济地理学模型的新新贸易理论文献则扩大了企业异质性的范围。这些研究主要涉及企业生产率的异质性、企业规模的异质性以及贸易政策与企业分布的异质性等。

1. 生产率的异质性

新新贸易理论的命名者 Baldwin 和另一位经济学家 Okubo(2005)将 Martin & Rogers(1995)的新经济地理学模型引入到 Melitz(2003)的异质企业贸易模型。经研究证明,新经济地理学模型中关于企业同质性的假定并非是符合实际的,由于企业异质性和滩头成本(beachhead costs)的存在,改变了企业集聚过程中的性质以及北方大国(中心)和南方小国(外围)的福利分配。同时冰山贸易成本(iceberg trade costs)的逐渐降低也导致了生产率高的企业逐渐从小国向大国转移以改善自身的福利水平。Hansen & Nielsen (2007)构建的双寡头贸易模型同样支持了上述结论。由此可见,企业边际生产成本度量的生产率的异质性驱动了企业的国际转移。

2. 企业规模的异质性

对于这类问题的探讨最早是从行业规模的异质性视角切入的。生产效率较高的企业会选择规模较大的行业,而生产效率较低的企业则会选择小行业。由于市场竞争程度的加剧和规模差异的存在,迫使大行业中生产效率最低的企业向小行业转移,而小行业中生产率最高的企业则会选择向大行业转移。在将企业规模差异引入企业异质性假定后,Baldwin & Okubo(2006a)的深化研究发现,本地市场效应(Home-Market-Effect)的存在和企业规模(firm-size)的差异引致了企业的国际转移,这种转移可以是以 FDI 的形式,也可是以产品或服务的外包,或者是工序贸易(Trading Tasks)的形式。在此背景下,小国生产率高的企业会自发向大国转移,进一步巩固了大国的生产率收益,扭曲或损害小国的生产率收益,使大国在贸易中获利较多,并得到企业转移所带来的额外红利(Extra dividend),而小国则相对获利较少。

3. 贸易政策与企业分布的异质性

相关文献将贸易政策与企业分布的差异纳入异质性定义,是学者们将新经济地理学引入新新贸易理论用以解释异质企业国际转移的尝试性探索。Baldwin & Okubo 在 2006 年的另一篇文献中,将研究视线转向新经济地理学,在引入企业异质性假定后,对新经济地理学许多结论予以修正。通过对模型的分析表明,对异质企业的重新定位包含两种效应:选择效应(selection effect)和分类效应(sorting effect)。前者表明新经济地理学的实证方法过高估计了产业的集聚效应,后者则表明有利的区域贸易政策会诱导生产率最高的企业转移到核心地区(the core),生产率最低的企业则转移到外围地区(the periphery)。而 Baldwin & Okubo(2009)则在 Martin & Rogers(1995)与 Melitz(2003)研究的基础上,引入税收政策,构建多因素的异质企业转移模型,分析不同税制结构和税收变化对企业转移的影响。研究认为大企业和小企业对税收政策的反应是截然不同的,其中大企业更有可能逃避大国的高税收,转移到税收较低的国家。

(资料来源:朱廷珺、李宏兵:《异质性企业国际转移理论的研究路径及新进展》,国际经济合作,2011 第 6 期,第 90—94 页。)

(2) 企业内生边界模型。该研究从单个企业的组织选择问题入手,将国际贸易理论和企业理论结合在一个统一的框架下,主要用于解释企业是通过外包还是一体化来组织生产,外包和一体化是在国内进行还是国外进行。一个在企业边界内部生产中间投入品的企业,可以选择是在本国还是在外国进行生产,如果在本国生产,该企业从事的就是标准的垂直一体化;如果在外国生产,则该企业进行的就是 FDI 和公司内贸易。同样,一个选择进行中间投入品外包的企业,也可以选择在本国还是外国进行外包,如果在本国购买投入品,就是国内外包;如果在国外采购投入品,就是对外外包或国际贸易。

Antras(2003)将企业异质性加入了 Helpman-Krugman 的贸易框架,构建了一个企业边界的不完全合约产权模型,该模型说明美国会将其资本密集型产品部件的生产以垂直 FDI 的方式在国外进行,即资本和技术密集程度高的企业往往一体化现象更为明显,相应地会更多地采用母公司和子公司以及子公司之间的内部贸易。

Antras 和 Helpman(2005)构建了南北贸易模型,假定北方国家生产差异化产品,部门最终产品生产企业的生产效率水平是不同的,基于不同的生产效率,企业会选择是否通过一体化或外包来获取中间投入品。结果表明,高生产效率的企业从南方获取中间产品,而低生产效率的企业从北方获取中间品;在方式上,高生产率的企业会选择一体化,而低生产率的企业则选择外包;在外包的情况下,低生产率的企业会选择国内外包,而高生产率的企业会选择国际外包。

在此之后,Antras(2005)在 Vernon(1966)的基础上构建了一个动态一般均衡的李嘉图南北贸易模型,解释了不完全国际合约导致产品周期的出现。在这个新的内生产品周期模型中,认为产品周期是由于南方国家合约的不完全性和高技术投入品重要性随着产品的市场寿命和成熟度下降(产出弹性减小)而产生的。合约的不完全性就减少了低技术投入品的研发,那么它就会转移到南方国家生产以便利用南方国家的低工资优势。而当企业选择在低工资的南方国家生产时,首先会通过 FDI 选择在企业边界内发生,随后则会选择外包等形式。新新贸易理论与传统贸易理论和新贸易理论的比较见表 2-1。

表 2-1 新新贸易理论与传统贸易理论和新贸易理论的比较

理论	基本假设	国际贸易的主要原因	主要贸易模式	国际转移的主要路径
传统贸易理论	企业和产品同质性 完全竞争市场 规模报酬不变	比较优势和要素禀赋的差异是产生国际贸易的主要原因	产业间贸易模式	出口、FDI

续表

理　论	基本假设	国际贸易的主要原因	主要贸易模式	国际转移的主要路径
新贸易理论	企业同质性，产品差异化 不完全竞争 规模经济	市场结构的差异、规模经济和产品差异化是产生国际贸易的主要原因	产业内贸易模式	出口、跨国并购、外包
新新贸易理论	企业异质性，产品差异化 不完全竞争市场 规模经济	企业的异质性是产生国际贸易的主要原因	企业内贸易模式 产业间贸易模式	绿地投资、离岸外包、垂直FDI、水平FDI、工序贸易

（资料来源：朱廷珺，等. 国际贸易前沿问题[M]. 北京：北京大学出版社，2012：224 页，根据表 6-2 整理。）

传统贸易理论和新贸易理论的视角是从国家和产业层面上来解释贸易的产生、模式及贸易对社会福利的增进和影响。而新新贸易理论不仅打破了传统贸易理论和新贸易理论关于企业同质性的假设，更是在基于异质企业视角下，将贸易理论的研究引入到一个异质企业的微观分析框架中，从而为国际贸易理论的研究开拓了新的领域。

最后需要记住，不存在一个能够解释所有贸易现象的"万能"理论。在现实中，参与国际贸易的产品有千千万万，它们参与国际贸易的原因也必然是多种多样的。以上任何一种理论只能在一定的范围内解释贸易产生的原因和模式，每一种理论都有其适用的范围，也有其无法适用的范围。

2.1.2　企业参与进出口贸易的动因

自由贸易理论阐述了贸易能够产生的原因，也证明了贸易对国家的利益，并且隐含地为企业选择出口市场和潜在的有竞争优势的出口产品提供了启示。那么作为市场经济活动微观主体的企业为什么会进行国际贸易？

出口是一种风险小、成本低的进入国外市场的战略，并且这种战略不要求对国外市场和交易过程有过高的了解程度，许多企业将出口作为进入国外市场的最初战略。当然出口并不仅仅限于首次尝试进入国外市场的企业采用。任何企业，不论类型和大小，也不论其处于国际化的什么阶段，都可以采取这种进入战略。例如，进入国际市场时，美国波音和洛克希德等大型飞机制造企业可以使用出口，大多数的中小企业也可以使用出口。

出口作为一种进入国外市场的战略，灵活性极强。与对外直接投资相比，进入或退出市场都很容易，承担的风险和投入的成本也是最低的。在企业国际化进程中，出口通常在早期阶段首次采用（以母国为基地）；当企业建立国外生产基地后，企业再通过这些生产基地向其他国家开展出口业务（以东道国为基地）。国际化经验丰富、实力较强的大型跨国公司通常会将出口与对外直接投资结合在一起。例如，丰田公司在亚洲、欧洲和北美洲等战略要地投资建厂，然后通过这些生产基地向附近区域出口。

对于企业来说，出口有利于企业实现以下目标。

（1）提高总销售量，增加市场份额，创造比国内市场更加有利的利润空间。

(2) 实现规模经济，降低生产成本。

(3) 实现客户的多样化，避免对国内市场的过度依赖。

(4) 稳定因经济周期或季节变化导致的需求量波动。

(5) 实现风险最小化和灵活性最大化，在必要时能够从国外市场迅速抽身。

(6) 降低国外市场的进入成本，因为企业不必在目标市场进行投资。

(7) 利用国外经销商与国外商业伙伴的能力与技术，实现杠杆效率。

出口对企业的好处较为明显。那么企业为什么进口？企业进口是因为可以从国外供应商那里以较低的价格购买商品和服务。实质上，企业在进口时追求的是较低价格或较高质量的原材料或产品供应，这有助于提高企业创造价值的能力。企业也进口在本国市场无法取得的产品。例如，北美不适合种植香蕉，如果不进口香蕉，美国人就吃不到香蕉；由于受技术、规模和成本的限制，只有少数国家能够制造飞机，世界上大部分国家的民航客机都从美国和欧洲进口。

需要特别指出的是，通过进口实现采购多样化还可以减少被单一供应商控制的风险。例如，在美国，汽车公司是钢铁消费的大客户，汽车公司会将钢铁采购多样化，从欧洲、中国和韩国采购。否则，美国钢铁工人罢工就会使得汽车公司面临钢铁供应短缺的风险。

2.1.3 政府实行特定的贸易政策的原因

自从国际贸易理论产生的那一天起，始终有两种针锋相对的观点相互对立着：一种是以斯密、李嘉图等为代表的自由贸易学说，他们认为自由贸易可以导致生产资源的优化配置，促进各国经济发展和社会财富的增加，使各国的产出水平、收入水平以及消费水平都能达到最理想的状态，所以各国都应当实行自由贸易政策；另一种则是以李斯特、汉密尔顿等为代表的贸易保护主义，其主张各国必须从自己的具体实际情况出发，对外贸易政策要因时、因地而有所不同，不能盲目地实行自由贸易政策，提倡采取各种手段保护本国民族工业的发展。

尽管主流的国际贸易理论证明了"贸易互利性原理"，第二次世界大战后的世界贸易从总体上看也在不断走向自由化。但现实中各国都或多或少地存在着各种贸易保护和干预措施。那么政府为什么实行特定的贸易保护政策？从前面的贸易理论中认识到了贸易产生的原因、模式和利益，为了使分析更加全面和贴合现实，接下来分析政府的贸易干预行为，主要是各种针对进口的限制政策。贸易保护理论将告诉大家自由贸易在某些方面的代价以及贸易保护可能会带来的好处。

1. 经济原因

(1) 保护幼稚产业。最早提出通过关税保护国内幼稚产业主张的是美国第一任财政部长亚历山大·汉密尔顿。德国历史学派先驱弗里德里希·李斯特在1841年出版的《政治经济学的国民体系》中第一个建立了贸易保护的完整的理论体系。按照该理论，后发国家在制造业上具有潜在的比较优势，但后发国家的新型制造业无法与先发国家(当时指英法两国)已经形成竞争力的制造业竞争。政府应通过贸易保护限制进口，保护国内新兴制造业，直到它们壮大到能够参与国际竞争。

(2) 贸易条件恶化。阿根廷经济学家劳尔·普雷维什发现,世界市场上初级产品的贸易条件长期以来呈恶化趋势,而初级产品是发展中国家的主要出口产品。改善贸易条件论认为,用增加关税等贸易保护手段限制进口、减少需求,可以降低进口商品的价格。由于贸易条件是出口品价格与进口品价格之比,进口品国际价格降低可以使贸易条件得到改善,使整个国家获利。

(3) 改善国际收支。改善国际收支论认为,实行贸易保护可以减少进口,从而减少外汇支出,增加外汇储备。但实施起来有两个问题必须考虑到:①别国的对策以及这种对策对本国出口的影响,本国消费者和出口行业是否要付出很大的代价;②改善国际收支不仅要"节流",还要"开源",提高出口产业的劳动生产率,挖掘更多的出口潜力去多赚外汇,才是积极的、代价较小的改善国际收支方法。以国际收支方面的理由作为贸易保护的依据,在发展中国家很普遍,这与发展中国家普遍出口能力低、外债严重有关。

(4) 产业多样化。实行贸易保护可以促进本国产业的多样化。该观点认为,如果一国高度专业化生产一种或几种产品,尤其是初级产品,国内其他需求依赖进口,就会形成比较脆弱的经济结构。一旦国际市场发生变动,国内经济就难以适应和调整。通过贸易保护就可以保护和促进落后产业的发展,形成产业多样化格局,以保持国民经济结构的平衡,减少对外依赖的脆弱性。

(5) 保护就业论。保护贸易政策有利于保护和增加就业机会。从理论上讲,国际贸易的扩大有利于增加世界的总产量,从而扩大生产规模,增加就业机会。然而,在一国存在就业不足的条件下,国际贸易能使失业在国家之间转移。开展贸易,固然能使出口部门(一般是具有相对优势的部门)的生产扩大,创造出一些的就业机会,但进口竞争部门则会受到外国竞争的冲击,有一些企业甚至可能被淘汰,从而使一些人丧失工作岗位。

另一方面,实行"奖出限入"的保护政策,保持贸易顺差,有利于输出失业,增加本国的就业机会,凯恩斯在《就业、利息和货币通论》中论述了这个问题。贸易顺差可为一国带来黄金、扩大支付手段、压低利息率、刺激物价上涨、扩大投资,从而增加就业机会,这也被称为"新重商主义"。

(6) 因反对不公平贸易而采取保护政策,分为以下几种情况。

① 抵制外国廉价劳动力竞争。该观点认为由于各国工资水平不同,一些工资水平低的发展中国家生产商品的成本低,而工资高的发达国家生产的商品成本高。如果发达国家自由进口那些发展中国家的低价商品,则本国产品势必难以与之竞争,结果会使本国难以维持较高的工资与生产水平,从而构成"不公平竞争"。为了维持本国较高的工资水平,避免廉价劳动力成本的产品竞争,必须采取保护措施。

② 反对倾销和补贴而采取保护措施。所谓倾销是指在控制国内市场的条件下,以低于国内市场的价格,甚至低于商品生产成本的价格,向进口国销售商品。这时,进口国就有理由对低价倾销的外国商品征收反倾销税,以抵消其倾销效果,保护国内产业。补贴是指出口国为了降低出口商品价格,增强出口商品在国外市场上的竞争能力,在出口某种商品时给予出口厂商的先进补贴或财政上的优待。这样,进口国的同类商品明显处于不利地位,造成不公平竞争。因此,进口国有理由采取保护措施,对进口商品征收反补贴税,抵消补贴效果。

③ 把关税作为报复手段与谈判手段。当一国的出口因其他国家课征关税而受到损害时，该国可对其他国家的进口也征收关税，这就是报复性关税。报复性关税的目的在于使对方国家了解关税对相互贸易的损害，从而促使彼此相互取消或减让关税，即把关税作为谈判的手段。

2. 非经济论据

（1）保障国家安全。一些经济学家从国防论点出发，强调保护扶持基础产业、保全维护农业、国防工业以及防止自然资源枯竭。这虽然没有经济上的正当理由，但作为实际问题却有着不可忽视的重要性。有些生产部门，如粮食、棉花、武器等，并非所有国家都有比较优势，然而这些部门具有非常重要的意义，必须保持必要的生产规模。这是因为，在平时通过国际贸易来获取这些商品很方便，价格也很低，但一旦出现战争或敌对状态，就会面临缺乏生存必需品供应的危险。因此，对这一类产业加以保护，对于保证国家安全是非常重要的。

（2）调整社会收入分配/社会公平论。不少经济学家认为，自由贸易在给整个国家带来好处时，并不会自动地将利益分配给社会全体成员。出口集团由于出口商品相对价格高于国内市场而增加了企业和个人的收入，进口竞争集团则会因进口商品的增加而受损，使企业和个人的收入减少，甚至破产、失业。很明显，自由贸易会引起本国经济结构的调整，从而导致社会的收入分配格局发生变化，由此可能衍生出一系列的社会矛盾。为了"公平的收入分配"，防止因自由贸易带来收入分配格局变动引起的社会动荡，对某些产业（尤其是停滞产业）实行贸易保护政策，就被认为是正当和合理的了。

（3）保护国民身体和动植物健康。有些商品的质量问题直接关系到人体和动植物的健康，为了保护国民和动植物健康，对进口品实施一定的技术限制有其合理性。

（4）民族自尊论。进口商品的品种、质量常常反映了别国的文化和经济发展水平。为了增加民族自豪感，政府一方面会从政治上把使用国货当作爱国主义宣传，另一方面企图通过贸易保护政策减少外来冲击，发展本国企业。

3. 对贸易保护理论的评价

保护贸易理论在以下几个方面具有明显的经济学合理性。

（1）保护贸易政策的立足点在于保护和促进本国的经济增长，发展生产力，以增强本国经济的竞争能力。在经济发展水平悬殊的情况下，后进国家无条件开放市场，将使得外国廉价的商品占领本国市场，外国先进的生产力摧毁本国的经济基础，该国将永远处于落后的地位。李斯特贸易保护理论的学术价值正在于此。

（2）实行保护贸易政策着眼于资源的动态优化配置，考虑的是经济发展的长远利益。资源在某一个时点上的最佳配置和在一个较长时期内的合理配置是不同的。自由贸易论者主张按现在一个国家的资源禀赋状况和生产技术水平来参与国际分工和国际贸易；而保护贸易论者主张保护那些现在没有比较优势，但将来有希望成长起来并具国际竞争力的那些产业或主张保护那些有利于国民经济发展的重要产业或部门。人们应该认为，出于资源动态化配置，着眼于经济发展的长远利益而对幼稚产业进行保护，是合理的选择。这不是一个单纯的外贸政策问题，它直接关系到一个国家的经济独立和经济发展。

（3）为了保证国内经济结构调整的平稳性，维护本国经济运行的稳定而实行保护政策。一国产业结构要做出适应国际贸易需要的调整，就要集中发展本国具有比较优势的产业，压缩或淘汰本国没有比较优势的产业，这种产业结构的调整必然会带来经济运行方面的震撼和摩擦。为了降低结构调整的代价，保证产业结构的平稳转换，对一些停滞产业在一定时期内进行适当的保护是必要的。

（4）考虑到贸易利益的分配以及贸易对各利益集团收入分配的影响而适当采取保护措施，在一定程度上是正当的、合理的。贸易利益不会自动地在社会成员之间合理地进行分配，而往往使一部分人受益一部分人受损，而且这种利与害的分布往往是不对称的。贸易带来的利益往往只是分散到无数消费者个人和充满活力的生产行业中，甚至受益者不容易感受到这种利益。而开放贸易产生的代价和痛苦，虽然其总和小于贸易利益，但却集中在数量相对少得多的人身上。这种利益和代价之间的不平衡使得进口竞争集团，尤其是其中的传统产业寻求政府保护，政府对此也不能不认真考虑。

其他种种保护贸易政策的论据，如国防、国民健康等，虽然没有经济上的正当理由，但作为实际问题却有着不可忽视的重要性。

以上分析表明，保护贸易政策有其深刻的经济根源。虽然自由贸易能给各国带来种种利益，但这种利益的获得要受到各种客观经济条件的制约，而且获得贸易利益是要付出一定代价的。这就是为什么即使经济发达的国家也要采取某种程度的保护政策的原因。

一些国家的贸易保护及工具选择

1. 贸易限制和配额

澳大利亚对一些产品，在进口前要得到相关机构的书面授权许可，如氯乙烷、轻武器、某些化工产品及一些釉面陶瓷。同时，对铀和相关核材料的出口实行限制，一些食品和农产品的出口受到限制。一些未加工的木材包括木片的出口需要许可证。美利奴母羊只允许出口到新西兰，对美利奴公羊的进口实行限制（新西兰除外）。

出于宗教和健康的原因，巴基斯坦有一份禁止进口的"禁入清单"，禁止进口以色列产品；也有一份"欢迎清单"，列有可以从印度进口的商品。

萨尔瓦多进口乙醇、加工或未加工蔗糖、谷物、面粉和大米需要许可证。禁止进口任何造成政治、社会和经济秩序动荡的具有颠覆性的文字材料和说教材料以及使用已经超过8年的轻型汽车和超过15年的重型汽车。所有出口必须由官方证明；对于肉类、咖啡、机械、产油和野生植物花卉的出口要有特别许可。

2. "自愿"出口限额——日本汽车出口

在20世纪60年代和70年代的大部分时间里，由于美国消费者与外国消费者对汽车的种类及型号的需求不同，美国汽车工业基本上不与进口汽车形成竞争。美国人比欧洲人和日本人更喜欢大型汽车，外国汽车公司也没有在大型汽车市场上与美国竞争。

但20世纪70年代石油危机使得美国市场一下子转向小型汽车，日本汽车迅速打入美国市场并满足了新的需求。随着日本汽车市场份额的持续扩大和美国汽车产量的不断下滑，美国国内强大的政治力量要求保护美国的汽车工业。为了避免贸易战，美国要求日本自己限制出口。日本害怕招致美国的贸易保护，被迫"自愿"限制对美汽车出口。1981年双方达成的第一份协议把日本汽车每年的出口量限制在168万辆，1984—1985年又修正到185万辆。1985年美国允许日本不再执行这一协议。

3. 出口补贴——欧盟的共同农业政策

到目前为止，两个有重要影响的政策变化发生在了欧盟的贸易领域：①欧盟成员国取消了相互间的所有关税；②欧盟的(共同)农业政策发展成了一个巨大的出口补贴项目。欧洲的共同农业政策(CAP)最初并不是出口补贴，而是价格支持，目的是为了保证欧洲的农产品价格和产量的稳定。当农产品价格低于支持价格时，政府敞开收购农产品以保证高价。为了防止这一政策导致大规模的农产品进口，欧洲最初通过关税消除欧洲农产品价格与世界市场价格之间的差额。但自20世纪70年代以来，支持价格政策导致了产品过剩，欧共体发现它不得不购买和储存大量的食物。为了避免无限制的储备增长，欧共体转而使用出口补贴的政策消除生产过剩。

欧洲的共同农业政策为消费者和纳税人带来了巨大的负担，但欧共体农民的政治压力一直非常强大，这一政策很少遇到来自内部的挑战。欧洲共同农业政策最大的压力来自美国和其他粮食出口国。在乌拉圭回合谈判中，美国最初要求欧盟到2000年完全取消出口补贴，欧洲农民反对任何减少补贴的行为，从而差点使乌拉圭回合功亏一篑。最终欧盟同意在6年内削减1/3的补贴。

4. 技术标准

意大利要求空心粉的制作原料必须是硬质小麦，而这种硬质小麦主产于意大利南部。欧洲其他国家的空心粉大多由混合种类的小麦制成，不符合"空心粉纯度法"，很难进入意大利市场。

1988年1月，欧共体对于食用牲畜制定了禁止使用催肥激素物质的规定。这一禁令影响了美国对欧共体的肉类出口。美国官方估计，此规定将使美国对欧洲的肉类出口量每年减少1.15亿美元。为此双边出现了贸易摩擦，美国认为这是欧共体利用动植物检疫措施设置的贸易壁垒，而欧盟则强调此规定的目的是为了保护人体健康。无论出于什么目的，此检疫措施对外国肉类进入欧共体市场起了明显的限制作用。

美国太平洋西北部7个州小麦产区有一种"矮腥黑穗病"(TCK)的小麦病害，中国没有这种小麦病害，为防止TCK传入中国，从1972年起中国一直对美国7个州生产的小麦实行禁运，直到1999年11月，《中美农业合作协议》才对这项严格的禁运措施做出了调整。

5. 美国和欧盟的政府采购

政府采购限制本国政府和其他公共部门购买外国的产品，从而形成了对进口产品的歧视。美国"购买(美)国货"法规定，联邦政府机构必须购买美国本土企业生产的产品，除非该产品的价格比外国同类产品的价格高出6%以上。如果是国防部采购，该比例为12%，有时甚至高达50%。美国许多州的政府也有类似的限制。

1992年欧共体宣布，欧共体的公共事业部门在价格差距不超过3%的情况下，将优先购买欧共体供应商生产的产品，这一规定引发了美国要进行报复的威胁，最后双方达成了妥协。

6. 国产化比例要求

进口产品中必须含有一定比例的进口国生产的零部件。在北美自由贸易区(NAFTA)的框架下，除非汽车价值中有62.5%是成员国制造的，否则加拿大、美国和墨西哥(NAFTA的3个成员国)不允许免税进口。

7. 海关管理法规和通关手续

一国对不同的货物征收的关税不同，通过改变货物的分类就可以征收不同的关税。1980年8月，未组装的卡车(卡车部件)运到美国然后在美国境内组装成卡车，税率为4%；然而如果海关断定这样进口的不是卡车部件，而是卡车本身的话，适用税率为25%。1989年初，美国海关建议将进口的部分小型货车和运动型车辆(如日本铃木公司的"武士"和五十铃公司的"旅行者")从"轿车"类型转入"卡车"类型，在美国，对轿车的从价税率是2.5%，而对卡车的从价税率是25%！克莱斯勒公司(现在的戴姆勒—

克莱斯勒)总裁李·艾柯卡发表评论说,重新分类是令人满意的,因为它能够带来更多的关税收入——每年5亿美元,这有助于削减联邦预算赤字。对他来说,这一举措"似乎"没有给克莱斯勒带来更多的保护。

1982年,法国规定所有从日本进口的录像机必须经过鲍埃梯尔斯(Poitiers)的一个海关,该海关离北部港口数百公里,只有一间很小的屋子,人员不多。结果使进入法国的日本录像机从每月6万多台骤减到每月不足1万台。

8. 对服务贸易的限制

服务贸易在世界贸易中增长的很快,对服务贸易的限制会偏离比较优势原则。与对商品贸易的限制相比,对服务贸易的限制更加隐蔽且不透明。在美国,外国保险公司在美国销售保险会受到限制,外国轮船被禁止纯粹在国内使用的港口间转运货物。加拿大为了保护"加拿大文化",政府要求黄金播放时段播放的50%的节目必须是加拿大的电视节目;只有将一定比例的广告空间留给加拿大厂商,加拿大才允许美国的杂志出版商出版加拿大版本的刊物。

通过上述材料,可以尝试思考如下问题:我国有优势的出口产品有哪些?面临哪些国家的贸易限制?这些国家为什么要限制来自中国的产品进口?

2.1.4 企业对贸易政策变化的应对

1. 对贸易限制的应对

政府的贸易限制政策通常人为地削弱出口产品的竞争优势,扭曲资源的配置。对于追求利润最大化的企业来说,在出口过程中必须设法规避各种贸易干预的不利影响,在现实中主要是进口国的贸易壁垒对出口的影响。对于从事出口的企业来说,应注意以下几点。

(1) 加强市场调查以获取有用的信息。从事国际经营的企业必须不断研究进口国市场的情况,以预测和识别政府的干预行为。在调查和研究的过程中,要特别注意进口国国内政治状况的变化,包括政治人物的政策取向、各方政治势力和利益集团的利益诉求及力量对比状况。

(2) 选择适当的进入战略。多数企业将出口作为国际化经营的第一步尝试,但出口容易遭遇进口国的贸易壁垒。如果存在很高的进口限制,企业就要考虑进入外国市场的其他战略,例如对外直接投资。通过直接投资进行当地生产并销售,企业不仅可以避开进口国的贸易壁垒,还可以利用东道国为吸引投资而提供的各种优惠措施。

(3) 利用对外贸易区。为了创造就业、促进贸易和带动当地经济发展,各国会建立各种对外贸易区,如自由港、保税区、出口加工区等。这些对外贸易区位于一个国家的关境之外,产品的进入和流出受关税、配额和海关法规的限制较少,可以自由进口、储存、组装、包装并重新出口。通过利用对外贸易区,可以获得低成本的劳动力、有利的税收和关税条件以及当地政府的激励。

(4) 为出口产品寻求有利的海关分类。将出口产品划分在适当的产品分类中,是一种有效地避免贸易壁垒的方法。许多产品可以被划分在两个或两个以上的类别中,不同的类别可能意味着不同的关税。企业也可以对出口产品进行适当的改动,以便对贸易壁垒进行规避。例如美国对非橡胶类鞋子的进口实行配额限制,韩国通过生产橡胶底鞋子来增加鞋类出口。面临直接的数量限制时,企业也可以提高产品质量,采取以质代量的方法,因为高质量的产品往往对应着更高的价格和利润。

(5) 政治游说。包括游说当地政府与游说本国政府。企业可以请求外国政府降低贸易壁垒,这看起来不可思议,但日本产业官员直接游说美国和欧洲的政府取得了极大的成功;欧洲汽车制造商如宝马公司通过游说美国各州政府取得了各种让步。企业也可以游说本国政府与外国政府进行贸易谈判,降低贸易壁垒。

2. 应对贸易放开

如果政府削减本国贸易壁垒或放开贸易限制,面临进口产品的竞争,本国企业可能会受到损失。本国企业可以采取4种措施应对:①将产品转移到成本较低的国家生产;②专注于竞争不激烈的缝隙产品的生产;③采用最新技术或加强技术创新;④寻求政府保护。

上述选择都会花费一定的成本并面临一定的风险,这些方法也不可能适用于所有的行业,但有一些办法确实会取得成功。例如,面临日本汽车的进口压力,美国汽车公司向海外转移部分生产,努力发展竞争不激烈的小型货车和越野车,同时改进技术提高效率和产品质量。有些企业可能缺乏对外投资所需要的资金、技术和经营管理经验,也无法准确判断缝隙产品。这时企业往往会游说本国政府以取得贸易保护。在游说过程中,企业可以联合一些与自己目标相同的组织。例如,美国的纺织业和服装制造商及工会组织联合起来要求政府帮助他们抵制来自中国和印度的进口产品的竞争;担心工作机会丧失的美国卡车司机协会与激进的人权组织①联合起来要求限制巴西柑橘进口。当然,并不主张企业依靠政府的贸易保护来维持生存,因为自由贸易的利益已被理论和现实证明,并且贸易保护也要付出相应的代价,在此主要是说明一个现实中存在的现象。

2.2 企业对外投资的动因

资本在国际的流动就是国际投资,站在某个特定国家或企业的立场上,资本的跨国流出也叫对外投资。国际投资主要分为两大类:一种是单纯的货币资本流动,也称为资产组合投资(Portfolio Investment);一种是对外直接投资(Foreign Direct Investment,FDI),在直接投资中与资本流动相伴随的还有生产技术、经营管理经验等要素。

跨国公司的海外投资往往采用直接投资的形式,在国际商务理论基础的分析中,考察的就是国际直接投资。国际直接投资又分为两种形式:①绿地投资,即在东道国建立新的企业,形成新的生产能力;②褐地投资,即对东道国的现有企业进行并购,仅代表一种所有权的转移,生产能力并没有增加。绿地投资可以是外国投资者投入全部资本在东道国建立一个拥有全部控制权的独资企业,也可以由两个或两个以上的投资者共同建立一个合资企业,投资合作者可以是东道国的企业,也可以来自第三国。按照所投资的生产环节划分,对外直接投资又分为水平型对外直接投资和垂直型对外直接投资。

2.2.1 水平对外直接投资

水平对外直接投资是指企业在海外投资于与其国内相同的产业或生产环节。企业特定

---

① 这些人权组织认为巴西柑橘生产中使用童工。

优势是企业对外直接投资的前提或必要条件,只有具有足够大的特定优势的企业,才能够在抵消直接投资的各种成本和风险后取得净利润。企业特定优势是指企业所拥有的难以被竞争对手复制或模仿的特殊资产或能力,通常来自成本、规模、技术和营销技巧等方面。

除了对外直接投资外,企业还可以通过出口或许可证交易的方式利用自己的特定优势。那么企业为什么要通过海外投资利用自己的特定优势?要知道,当其他条件相同时,对外投资总是比出口和许可证交易成本更高、风险更大。对外直接投资之所以成本更高,是因为企业必须承担在国外投资建厂或兼并东道国当地企业的成本;对外直接投资之所以风险更大,是因为外国的经济、社会、政策、文化背景、商业习惯、法制环境与本国截然不同,在这样一种外国背景下从事对外直接投资和生产经营活动的企业,由于陌生和疏忽而犯错误造成重大损失的可能性更大。当一家企业从事出口时,不必承担对外直接投资的巨大成本,而且可以通过进口国的代理商减少海外销售的风险。同样,如果企业通过许可证交易转让它的技术使用权时,也不必承担对外直接投资的巨大成本和风险。那么企业为什么会选择对外直接投资,而不是出口或转让许可使用权?最简单的回答是:在现实中,"其他条件"并不完全相同,出口和许可证交易同样有自身的局限。许多因素可以改变出口、许可证交易和对外直接投资对企业的吸引力,主要因素有:①运输成本;②市场不完全;③战略行为;④产品生命周期;⑤区位优势。

1. 运输成本

运输成本的存在会造成非贸易品的产生。非贸易品是这样一种产品:两国间存在成本或价格上的差异,这种成本或价格上的差异正是引起国际贸易最直接的原因(低价国出口,高价国进口)。但是如果运输成本大到足以抵消两国价格差异的程度,出口将无利可图。假设一个汉堡包在美国的价格转换为人民币为1元,在中国为1.5元,理论上说应该由美国向中国出口,但假设每个汉堡包的平均运输成本为1元,那么美国方面0.5元的价格优势将被1元的运输成本全部抵消,国际贸易就不会产生。以上情形对于那些价值重量比或价值体积比非常低并可以在任何一个地方生产的产品来说尤其适用。对于这样的产品,出口相对于对外直接投资和许可证交易的吸引力就下降了。

但也要注意,对于一些价值重量比或价值体积比非常高的产品(如电子产品、计算机、医疗器械、精密仪器、计算机软件等)来说,运输费用只占最终到岸价格的微小比重,运输成本对出口、对外直接投资和许可证交易间的相对吸引力的影响不大。

2. 市场不完全

市场不完全是指受许多因素的制约,现实中市场运行往往达不到经典经济理论所描述的理想状态。在水平对外直接投资中,市场不完全往往在两种情况下出现。

(1) 商品市场的不完全。国际贸易并不完全自由,各国都或多或少地存在通过贸易壁垒保护本国产业的倾向。相对于对外直接投资和许可证交易,政府会对进口商品征税以削弱其价格优势,也可以通过配额、技术标准等非关税措施限制进口。当出口受到限制时,许可证交易和对外直接投资将更具吸引力。通过对外直接投资、当地生产、当地销售,企业可以绕过进口国的贸易壁垒。例如,20世纪80年代日本汽车业掀起了对美国直接投资的热潮,部分原因就是美国国会的贸易保护主义威胁和美国政府强迫日本在对美汽车出口中实行"自愿"出口限额。对于日本公司来说，这些限制降低了出口的吸引力，却相应提高了对外直接投资的吸引力。

(2) 中间产品市场不完全。企业特定优势或专有技术的交易受到了阻碍，使得许可证交易难以进行。在国际投资理论中，市场的不完全一般与内部化理论联系在一起。内部化理论认为，企业协调其生产经营活动需要一系列的中间产品市场，但某些中间产品尤其是技术或知识的市场是不完全的，企业不能有效地利用外部市场进行中间产品的交易，因此企业必须建立企业内部市场，通过行政命令协调企业内部资源配置，避免市场不完全对企业绩效的影响。同样是追求利润，可口可乐为什么不将饮料配方（可看作一种知识产品）的使用权卖给一家中国本土的企业换取使用费，却通过在中国投资设厂自己利用自己的配方？因为知识产品的市场尤其具有不完全性。首先，企业很难确定知识产品将会产生多大的效益，那么如何给知识产品定价？其次，知识产品的效益只能在投入生产过程后才能确定，面临不确定信息的买方怎么会愿意购买一项效益不确定的知识产品？再次，知识产品具有"共享"的特点，在许可证交易中转让的只是使用权而非所有权，买卖双方都可以通过各种方式使该知识产品继续扩散，扩散后的知识产品将成为"公共物品"，从而失去其原有价值，因为企业不能从对该知识产品的垄断中取得应有的利润了。不存在一个有效的市场交易机制以及技术扩散的风险，使得企业只能将知识产品控制在内部使用。

虽然有以上不利因素，但技术的许可证交易并非完全不可能，可这又会导致其他问题。首先，许可证交易可能会将技术转让给潜在的外国竞争对手。例如，20 世纪 60 年代，RCA 为了在日本市场获得高回报，又为了避免对外直接投资的成本和风险，采用了许可使用权交易。但是，松下和索尼很快消化吸收了 RCA 的技术，并进入美国市场直接同 RCA 竞争。其次，在许可证交易中，企业不能对制造和营销战略①进行必要的严密控制。例如，柯达利用其在日本的子公司向富士发起进攻，目的是使富士忙于维护国内的竞争地位从而无力在美国发起攻势。柯达在日本的子公司会接受这样的指令，但在技术使用权许可证交易中的买方却不会接受这样的要求。最后，有些专有技术或特定优势根本无法转让，尤其是管理和营销方面的专有技术。试想一家中国本土的汽车公司怎么可能购买丰田的企业文化？

3. 战略行为（寡占反应与交换威胁）

该理论认为对外直接投资是寡头企业在全球市场上进行战略对抗和相互牵制的反映。对 20 世纪 50 年代和 60 年代美国企业对外直接投资的研究显示，寡占行业中的企业倾向于模仿其他企业的对外直接投资。在日本企业 20 世纪 80 年代的对外直接投资中也可以发现同样的现象。例如，本田在美国和欧洲进行了投资后，丰田和日产随后也会到美国和欧洲进行投资，这属于寡占反应。

在国际上，格雷厄姆（E. M. Graham）发现战后美国和欧洲之间交互直接投资的产业结构是相似的，欧洲企业在美国直接投资较多的产业，美国企业在欧洲也有较多的分（子）公司。如果奔驰到美国投资，威胁到了通用汽车在本国市场上的地位，那么通用汽车的一个

---

① 这些战略是为了更有利地利用专有技术。

可能的合理反应就是到欧洲直接投资,反过来威胁奔驰在欧洲市场的地位,这属于交换威胁。

"美国跨国公司的进入将使其积聚更多的优势,并对欧洲本地企业构成威胁。其中一个主要的威胁是美国企业能够在其内部实现盈亏交叉抵补。例如,它们可以利用欧洲以外市场获得的利润来弥补其在欧洲市场上低价竞争的损失从而夺取更多的欧洲市场份额……如果欧洲企业本身也进入美国生产成为跨国公司,就可以抵消这一威胁……一旦欧洲企业在美国立足,它就在美国跨国公司的本土对后者构成了反威胁。如果美国企业企图以交叉抵补方法来扩大其欧洲市场的份额,欧洲企业也可以仿效对手在美国市场这样做。在一般情况下,这种双方都能在某个市场报复对手的在另一个市场过激行为的格局将会平息两个市场上的战火。"①

寡占反应理论和交换威胁理论都用寡占市场中寡占企业之间的互动反应和博弈行为来解释企业的对外直接投资行为。但寡占反应理论考虑的只是一国国内寡占行业中的企业行为,而交换威胁理论认为寡占企业之间的反应并不受国界的限制。

以上理论可以扩展到多点竞争的概念。多点竞争指两个以上的企业在不同的地区市场、国家市场或行业中进行竞争。企业通过在不同的市场上比较和配合对手的行动来牵制对手,目的是为了确保对手不能在某个市场上取得垄断地位,然后利用那里获取的垄断利润补贴在其他市场上的竞争行为。

4. 产品生命周期

产品生命周期理论也可以用来解释对外直接投资,在国内市场首先研发出一种产品的企业往往也会在国外以对外直接投资的形式生产这种产品。施乐在美国开发出了复印机,也在日本(富士—施乐)和英国(兰克—施乐)建立了生产基地。

在产品生命周期的创新阶段,在国内进行生产,通过出口满足国外市场的需求;在成熟阶段,国外出现了竞争对手和贸易壁垒,为了绕过进口国的贸易壁垒,并充分利用当地的熟练劳动力,企业向其他发达国家进行直接投资,此时,其他发达国家市场需求的增长也达到了支持当地生产的程度;在生产的标准化阶段,价格和成本压力上升,投资于发展中国家,通过利用发展中国家廉价的劳动力来降低成本。中国东南沿海大量的劳动密集型产业以及加工贸易的发展,就与这种在发达国家和亚洲新兴工业化国家失去优势的产业转移有关。

5. 区位优势

英国经济学家约翰·邓宁认为,区位特定优势可以用来解释对外直接投资的性质和方向。区位特定优势是指某国能为外国厂商提供比其他国家更有利的条件。区位优势属东道国所有,主要包括两个方面:一是东道国固有的、不可移动的要素禀赋优势,如得天独厚的地理位置、丰富的自然资源、巨大的市场容量等;二是指东道国的政治经济制度,如良

---

① E. M. Graham, Intra-Industry Direct Investment, Market Structure, Firm Rivalry and Technological Performance, in A. Erdilek, ed., Multinationals as Mutual Invaders: Intra-Industry Direct Investment. Beckenham, Kent: Croom Helm, 1985.

好的基础设施、优惠灵活的政策法规、健全的金融体系等。同时,区位优势也是一个相对概念,只有国外区位比国内区位有更大的优势时,企业才可能进行对外直接投资。

区位优势理论并不深奥。一个显而易见的例子是自然资源,例如,全世界的石油公司都会到石油资源丰富的国家去投资,从而把自己的资金、技术和管理知识与当地的资源结合在一起。另一个例子是人力资源,劳动力的成本和技能在各个国家各不相同,由于劳动力的国际流动受限制较多,就需要企业利用直接投资,到当地投资设厂以利用那些适合自己的劳动力。

区位优势理论的意义远远超出对这些资源寻求型对外直接投资的分析。硅谷的计算机、半导体和软件开发产业世界闻名,虽然硅谷生产的知识可以以商品为载体扩散到全世界,但最尖端和最新的知识只能在硅谷产生,这表明硅谷具有生产相关知识的区位特定优势。美国以外的企业可以通过在硅谷投资,从而比其他地方的企业更早地学习到有价值的新知识。同样,许多外国企业对美国的生物技术产业进行投资也是为了获得美国特有的关于生物技术的特定知识。这两个例子实际上说明了企业可以通过靠近外部性的来源地区获益。

专栏 2-3

丰田公司在法国

1997年2月,丰田公司决定在法国投资65 680万美元建造一个汽车制造厂,年生产能力可达15万辆。这一投资代表了日本公司向欧洲作出的第二项重大举措。在此之前,丰田公司在英国已经有了广泛的经营活动。尽管英国政府官员曾展开了热切的游说活动,希望丰田公司继续扩大其在英国的经营,但丰田公司仍然把地点选在了法国。该项投资是丰田公司战略的继续,即在重要的区域性市场直接投资生产来取代从日本出口。丰田公司采取这种战略的初衷是避开欧洲的贸易壁垒,因为欧洲曾试图以这些壁垒限制日本汽车的进口"浪潮"。

丰田公司法国制造厂计划生产的汽车从一开始就包含60%的欧洲配件,这样就符合了将其归入欧洲产品的欧盟标准,因而丰田公司就可以绕开进口税。直到2001年,该汽车制造厂为2000人提供了就业机会,估计还通过供应商又增加了2000个就业机会。丰田公司一直通过该制造厂向其他欧盟国家出口产品,这有助于法国改善其贸易收支。

丰田公司选择将法国作为厂址出于几个因素的考虑:①丰田希望新工厂的建立能够提升丰田汽车在法国的市场份额,使之从1997年的1.1%提高到5%左右;②丰田公司选址法国是由于该国拥有历史悠久的本国汽车工业,因而可以提供足够的训练有素的工人、技术人员以及经验丰富的分包商组成的网络;③据说法国政府为了吸引丰田公司投资,提供了丰厚的优惠待遇,包括减税、免除某些社会保障费用以及提供员工培训资助等,另外,该汽车制造厂所在地瓦朗谢纳免除或大幅度削减了年度地产税,所有这些优惠项目的价值估计可以达到投资总额的10%;④法国最有吸引力的原因之一,是在该国建立一个汽车制造厂不仅位居单一的欧洲市场,而且属于欧元单一货币区。英国对待由其他欧洲国家组成的货币联盟持续表现出犹豫不决的态度,正是阻碍丰田公司在英国扩大投资的一个重要因素。自1999年1月起,法国法郎已经与包括德国马克在内的一些货币锁定了汇率,尽管货币联盟和货币区要到2002年才完全成立。

早期的证据表明,这项在法国的投资为丰田带来了可观的收益。在法国的销售使丰田的市场占有率从1992年的2.5%提高到了2001年的3.8%。到2002年,该公司在欧洲的销售量达到了66万辆,计划于2005年达到80万辆，这些汽车大部分是在英国和法国装配的。

（资料来源：[美]查尔斯·W.L.希尔.国际商务[M].北京：中国人民大学出版社，2008：264，265.）

2.2.2 垂直对外直接投资

垂直对外直接投资有两种形式：①对为国内生产提供原材料和投入品的海外产业进行后向垂直对外直接投资，后向垂直对外直接投资往往发生在自然资源的开采行业（如开采石油、铝土、锡矿、铜矿等），目的是为接下来的生产环节提供原材料和投入品；②前向垂直对外直接投资是针对服务于国内生产过程产出的海外产业进行的直接投资。例如，大众汽车公司进入美国市场时成立了许多销售单位，而不是通过独立的美国销售商销售它的汽车。

区位优势理论有助于解释后向垂直对外直接投资的方向：投资于原料产地。但企业为什么不通过进口购买当地生产商开采的原材料？对于前向垂直投资来说，大众为什么在国外投资建立自己的销售商（一般认为外国的销售商成本更低）？有两个基本答案：一是战略行为；二是市场的不完全。

1. 战略行为

通过后向垂直一体化可以控制原料资源排挤竞争对手或阻止潜在的竞争对手进入。一旦在国外发现原材料，这种战略行为就会产生对外直接投资。例如，20世纪30年代，铝的商业熔炼由北美的如阿尔高这样的企业领先，20世纪30年代只发现了一个大规模铝土矿床，阿尔高和阿尔康通过后向一体化购得了对矿床的所有权，从而造成了铝业的进入壁垒，潜在的竞争对手因得不到铝土矿而无法进入，已进入的企业不得不使用品质低的铝土矿，结果处于成本劣势。

2. 市场的不完全

第一个解释围绕市场出售专有技术的障碍。假设沙特或科威特的企业没有掌握石油的开采或提炼技术，英荷壳牌石油公司为什么不从沙特或科威特直接进口石油或者把自己的技术使用权通过许可证交易转让给沙特或科威特的当地企业收取使用费？

关于不选择进口的原因，考虑"买—卖"双方的博弈的情形，该解释也表明了内部化相对于外部市场交易的优点。假设美国有一家钢铁厂，墨西哥有一家铁矿石企业垄断了对美铁矿石的供给，墨西哥的铁矿石企业会倾向于不断提高价格，美国的钢铁厂将会面临铁矿石价格不断波动的风险，无法保证稳定的利润。如果钢铁厂将这家铁矿石企业收购变成自己的子公司，这种外部市场交易中的不确定就会消失。

如前所述，不选择许可证交易的原因在于：一方面是不存在有效的技术知识的市场交易机制；另一方面，通过许可证交易出售技术知识可能会弄巧成拙。沙特或科威特的企业一旦有了专有技术，就可以到世界各地勘探、开采和提炼石油，直接与壳牌在世界市场上进行竞争。

2.2.3 对企业实践的启示

约翰·邓宁的区位优势理论能够解释无论是水平型的还是垂直型的对外直接投资的方

向，但该理论不能解释企业为什么选择了对外直接投资来利用自己的特定优势，而不是出口或许可证交易。

专栏 2-4

贸易与投资的选择：厂商行为决策角度的考察

从微观的角度来看，贸易与 FDI 是企业国际化经营的不同方式。如何选择这些方式，就成为 FDI 与贸易关系理论要研究的另一个重要问题。严格地讲，它讨论的是贸易、FDI 的次序选择问题，而不是 FDI 的贸易效应问题。

维农（R. Vernon，1966）把国际贸易与 FDI 产生的原因统一在"产品生命周期"概念之下，将产品生命周期的不同阶段与国际化经营区位选择、方式选择联系起来，并证明了投资是在贸易基础上进行的比较优势转换的结果，即 FDI 可以替代贸易。

赫尔施（Seev Hirsch，1976）从成本角度提出了出口与投资比较的模型。他以公司国内生产成本与国外生产成本、出口销售成本、运输成本与知识资产优势这些变量来说明直接投资与出口的选择。他证明，当公司国内生产成本与出口销售成本小于国外生产成本与当地企业获得知识资产所需的成本之和，同时还小于国外生产成本与运输成本之和时，跨国公司将选择出口来取得最大的利润；反之，将选择直接投资。该模型对后来的相关问题的研究产生了重要的影响。

英国学者邓宁（J1Dunning）注意到，以单个企业为依据的分析难以扩大到产业或国家层次。他在吸收俄林的要素禀赋理论、海默（1960）的垄断优势论、卡森（1979）和拉格曼（1981）的内部化理论以及工业区位理论的基础上，在 1981 年出版的《国际生产与国际企业》一书中，综合地、等量且不分主次地研究所有权特定优势（O）、内部化特定优势（I）和区位特定优势（L）3 个因素在国际化经营中的重要作用，并解释直接投资、商品出口和技术转移的选择问题。OIL 模型认为，只有当 3 种优势都具备时，才能从事有利的对外直接投资；如果只有前两项优势而无区位优势，则是缺乏有利的投资场所，因而只能在国内利用优势进行生产然后出口；如果仅有所有权特定优势，则只能采取技术转移的方法。邓宁的国际生产折中理论比较成功地将国际贸易与对外直接投资理论融合在一起，说明了对外直接投资中垄断、内部化、产品周期、产品出口、间接投资、技术转让等国际经济中必须考虑的因素，从而更好地解释对外直接投资行为。对此，学术界给予了高度的评价。正如尼尔·胡德和斯蒂芬·扬（1990）所说"尽管综合主义理论有待系统化，但是它对国际生产理论的综合值得推荐。这项工作不完成，跨国公司对国际贸易的影响就无法说清楚。例如，对外直接投资到底是替代出口还是出口互补，这个问题一直是个难解之题。然而，对贸易和投资理论的综合，毕竟为跨国企业影响资源配置的争论增添了一点论据。"

（资料来源：朱廷珺. 外国直接投资的贸易效应研究[M]. 北京：人民出版社，2006：11—12.）

考虑到这个问题，无论是从理论角度还是从企业实践的角度看，市场不完全的理论就非常有用。对于水平对外直接投资，市场不完全的理论比较准确地分析了对外直接投资、出口和许可证交易对企业的相对吸引力如何随环境的变化而变化。只要运费很小，且关税壁垒微不足道，出口的吸引力就比对外直接投资和许可证交易大。随着运输成本或关税壁垒的提高，出口变得无利可图，企业只能在对外直接投资和许可证交易之间作出选择。从理论上说，在其他条件相同的前提下，对外直接投资比许可证交易的成本更高、风险更大，许可证交易比对外直接投资更有吸引力。

但在现实中，"其他条件"并不完全相同，许可证交易也有一系列局限性：①定价困难；②需要对外国经营实体进行严密控制；③技术扩散的风险；④有些技能和专有知识不适合转让，如图 2.1 所示。

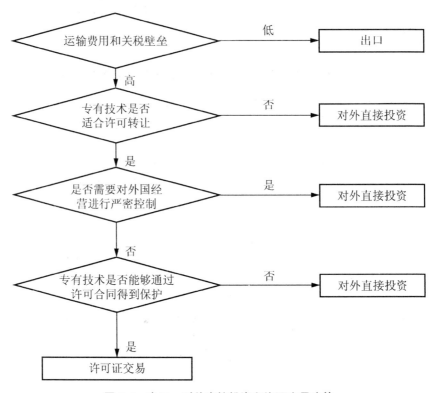

图 2.1 出口、对外直接投资和许可交易决策

许可证交易在组装、低技术行业或环节中更普遍，因为这些行业或环节不适合全球分散制造。如果知识的使用权转让能够比较容易地通过书面表达和规定，通过许可证交易转让使用权也比较容易。在快餐业中，麦当劳通过特许经营的战略在全球扩张，特许经营是许可证交易在服务业的基本形式。通过特许经营，企业将它的品牌使用权转让给外国企业以换取接受方一定比例的利润。同时，特许经营合同能够明确规定接受方使用品牌时必须接受的条款。麦当劳允许外国企业使用它的品牌，条件是它们与世界上其他地方的分店一样经营，这种战略的原因和意义在于：①快餐难以出口，许多服务也都有这样的问题；②以较低的成本和风险开拓国外市场，并取得应有的收益；③品牌的使用与其他专有技术不同，很容易通过合同得到规定和保护；④麦当劳没有必要对外国经营实体实行严密控制；⑤麦当劳的专有技术(经营一家麦当劳的详细要求和操作程序)可以通过合同的形式明确规定。

关于垂直对外直接投资，市场不完全理论和战略行为理论都对企业提供了有益的启示。战略行为理论认为后向垂直对外直接投资可以建立一种进入壁垒，排斥和打压竞争对手；市场不完全理论指出了投资于特定资产的重要性以及特定技术市场的不完善，这些都提高了垂直对外直接投资的相对吸引力。

最后需要说明的是，国际直接投资的产生除了以上理论解释中指明的动因外，在现实中还必须有一个必要条件，那就是东道国的许可。历史上许多国家出于对国家主权、国家安全和限制外来竞争的考虑,都曾有过禁止或限制外来直接投资的政策。但在今天,大多数国家更多地看到了外来直接投资在资源转移(带来资金、技术和管理经验)、就业、国际收支、促进竞争和经济增长方面的积极作用,对直接投资多持欢迎态度;限制只会在个别领域做出,例如,在印度,外国公司不能投资于传媒行业;在美国,外国居民在航空公司的持股比例被限制在25%以内等。FDI的贸易效应见表2-2。

表2-2 FDI的贸易效应

投资国		东道国	
出口引致效应（出口增加）	与FDI相关的原材料、设备、零部件的出口增加	进口引致效应（进口增加）	引进投资,引起与该投资相关原材料、设备、零部件的进口增加
进口转移效应（进口下降）	对生产所需的中间产品的进口从投资国转向东道国	出口创造效应（出口增加）	引进投资,扩大生产,面向全球销售
出口替代效应（出口减少）	在东道国就地生产就地销售,引起投资国出口减少	进口替代效应（进口减少）	引进投资,引起技术扩散,东道国自己生产,减少进口
反向进口效应	海外产品返销投资国		

(资料来源：朱廷珺. 外国直接投资的贸易效应研究. 北京：人民出版社,2006年,第49—51页内容整理。)

2.3 国家竞争优势的来源

本节讨论国家之间的竞争优势获得、保持和丧失的原因。在国际各种竞争场合中,为什么有的国家成功,有的国家失败？"竞争优势"是各国政府、企业和学界都十分关心的一个问题。

2.3.1 波特的钻石/菱形体系

为什么瑞士长期以来在精密仪器方面超过别国,日本的汽车、家电、照相机、工业机器人产业表现这么好,德国和美国在化学工业上表现出色,英国在专利制药行业拥有显著的优势,美国在服务业方面拥有众多的顶级企业如金融业的美林证券、电影业的梦工厂(Dreamworks)……以上国家在以上领域为什么能够取得长期成功、基业长青？

钻石/菱形体系由美国战略大师迈克尔·波特提出,用于分析一个国家的某个产业为什么会在国际上具有较强的竞争力。钻石体系对竞争优势的分析主要从微观层面展开,填补了这个领域的空白。

钻石体系由4个要素组成,这4个要素也是决定一个国家产业竞争力的因素：①需求条件；②生产要素；③相关产业和支持产业的表现；④企业的战略、结构和同业竞争对手的表现。波特认为这4个因素之间具有双向作用,钻石体系可以自我强化。钻石体系有助于解释为什么那些具有国际竞争力的产业往往也能够基业长青、不断发展。

在钻石体系之外,还有"机会"与"政府"两个变数,如图2.2所示。"机会"与"政府"的影响都是通过作用于钻石体系的各个关键要素而发挥出来的。机会包括基础科技的发明创新、传统技术出现断层、生产成本突然提高、战争等因素。机会条件在许多产业竞争优势上的影响力不容忽视，但通常非企业或政府所能控制。如微电子科技出现后，美国、德国在传统电机业上的优势被打破，日本厂商得以加入竞争；德国在第一次世界大战战败使得该国化工业丧失了海外市场，美国、英国和瑞士则因此崛起；石油危机促成了日本的产业升级，大步迈向节约能源的境界。政府对竞争优势的影响复杂且微妙，政府政策的成败要看对钻石体系的影响，而且政府本身不能帮助企业创造竞争优势。如日本司法系统承认传真文件的合法性，使得日本成为全球最早将传真机和电话线路连接的国家之一，有助于传真机产业的竞争优势；意大利政府的保护政策却使得其金融业一直无法在国际市场上竞争。

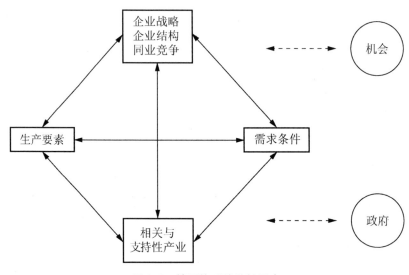

图 2.2　钻石体系的关键要素

1. 生产要素

生产要素是任何一个产业最上游的竞争条件。国家的天然条件明显在国家竞争优势上扮演了重要角色，如美国拥有广阔的土地和耕地，因此成为农产品的大宗出口国；中国香港、中国台湾和泰国凭借低工资缔造了制造业上的优势。

迈克尔·波特将生产要素归结为人力资源、天然资源、知识资源、资本资源和基础设施。这些生产要素通常混合出现，但不同的产业对它们的依赖程度各不相同，如新加坡位于中东和日本的航运中途点，自然成为修船中心；瑞士境内拥有拉丁语、法语、德语 3 区，因此具有能够处理复杂语言的文化能力，使得它在银行、贸易和维修等服务业方面占有特别优势；德国和瑞士因为拥有熟练的光学技术工人，因此与光学相关的产业能蓬勃发展。对于有些产业来说，高级生产要素就显得特别重要。以丹麦为例，如果没有精密的发酵科技为基础，就无法成功发展出酵素工业；丹麦大学培养出的家具设计师是该国家具工业的骨干。美国在电脑软硬件方面的人才和技术，不但使得它在电脑产业上称雄，同时也提升了它在金融服务业和电子医疗业上的竞争力。

但生产要素的作用有更深的含义。波特指出，在大多数产业的竞争优势中，生产要素通常是创造得来而非自然天成的,并且会随着国家的不同和产业性质的不同产生极大的差异。无论在任何时期,天然的生产要素都没有被创造、升级和专业化的人为或后天条件重要。更有甚者,丰富的生产要素可能会反向地抑制竞争优势,而不能提供正向的激励作用。相反,当企业面临不利的要素环境时,反而会激励出应变的战略和创新,进而持续竞争成功。

国家能够创造生产要素,特别是高级生产要素通常是国家创造出来的。有助于创造生产要素的环境包括公私立教育机构、技职训练计划、政府与民间研究机构以及其他基础设施。产业竞争力较强的国家通常也是能够较好地创造和提升生产要素的国家,但不同的国家通常投资于不同的生产要素领域。如德国技术职业教育专门针对印刷、汽车组装、工具制造等领域发展;在美国,农学会通过农会组成产学研网络,进而带动农业科技的进步,另外,众多研究计划和教育课程也带动了美国电脑科技的发展与进步。

一个国家的竞争优势也可以从不利的生产要素中形成。人工短缺、资源缺乏、地理气候环境恶劣乃至汇率升值等不利因素,反而会形成一种刺激企业创新的压力。日本企业为了克服地价昂贵、土地不易取得的难题,创造了零库存和其他节约生产空间的技术;工资占生产成本的比重过高,使得意大利不仅成为全球自动化生产程度最高的国家之一,而且也是重要的自动化设备出口国;不能生产天然靛青、依靠进口成本过高,促使德国的巴斯夫和赫斯特长期研发人工靛青染料;荷兰常年低温、湿寒,但却是全球第一大鲜花出口国,荷兰的花卉企业发展温室,培育新品种,发展花卉培育、包装、运输和销售等方面的支持技术,充分显示了竞争条件与不利因素不过一线之隔。

2. 需求条件

本国市场对产业所提供的产品和服务的需求如何?内需市场的意义在于它是产业发展的动力,它会刺激企业进行改进和创新。从竞争优势的观点来看,国内市场的质量比需求量更重要。在产业竞争优势上,国内市场的影响力主要通过客户需求的形态和特征来施展,这种市场特征会影响企业如何认知、解读并回应客户的需求。产业或产业环节的竞争优势从这里开始,如果国内市场的客户要求较多,本地厂商会在市场压力下努力改善和创新,形成更精致的竞争优势,进而成为这个国家的产业竞争优势。特别需要指出的是,内行而挑剔的客户是本国厂商追求高质量、完美的产品造型和精致服务的压力来源。这种市场与竞争力的微妙关系,在各国不同形态的内需市场中表现出来。即使是在跨国经营的条件下,产品基本上也都是根据母国市场的需求而设计的。在产业的国家竞争优势中,母国市场的客户形态具有关键性的意义。

以日本为例,日本地形多山,使得微波通信比传统铜线电缆通信更有吸引力,在战后重建中,当其他国家把注意力放在传统电缆制品时,日本电话电报公司已开始全力发展微波通信;日本的建筑业普遍使用水力挖掘机,因此在国际市场上日本水力挖掘机的竞争力已远超过美国卡特彼勒公司,卡特彼勒虽号称建筑设备业的盟主,但它忽略了水力挖掘机方面的产品;在日本,音响是社会地位的象征,日本消费者对音响器材的选购十分讲究,他们信息丰富、货比三家,制造商为了迎合消费者对质量的期望快速改进产品;日本夏季炎热、潮湿,住房狭小紧张,不可能接受庞大嘈杂的冷气机,再加上节约能源的考虑,因此日本轻薄安静的冷气机得以打入国际市场，日本冷气机产业也成为省电的回旋式压缩机的先驱；类似情况也可以在日本其他产业中看到，企业在国内市场的压力下，不断朝生产"轻薄短小"的产品努力，结果日本产品因此具有轻便、精致、多功能的特性而容易被国际市场接受。

3. 相关产业和支持产业的表现

这是形成国家竞争优势的第3个关键要素。当和其他国际竞争对手相比较时，本国能够提供更健全的相关产业和支持性产业。日本机床产业能够在国际称雄是因为日本的数值控制器、马达、相关零组件产业也是世界一流；瑞典钢珠、刀具等钢制品的优势来自该国专业炼钢业的成就；全球闻名的意大利制鞋业背后包含了皮革制作机械、鞋类零件、皮革处理、设计服务等众多相关产业的支持；意大利能够维持全球金银首饰业的王国地位，部分原因是意大利的珠宝加工机械产业产量占全球2/3，该国同时也是稀有金属再加工设备方面的领导者。

相关产业的发展除了可以使应用元件、机械设备等支持更容易取得外，本土相关产业还有更重要的一项优势——能持续与多方合作。企业和供应商形成的价值链对竞争优势有重要意义。本国供应商是产业升级和传信过程中不可或缺的一环，这也是其最大的优点所在。产业要形成竞争优势，就不能缺少世界一流的供应商，彼此之间也必须维持紧密的合作关系。在这种合作关系中，一方面供应商会协助企业认识新方法、新机会和新技术的应用；另一方面，企业则给供应商提供新点子、新信息和市场视野，带动供应商自我创新，并培养新产品研发的环境。以意大利的皮鞋业为例，皮鞋制造商会定期与皮革商会晤，讨论新的鞋样和制造技术，顺便了解上游的新皮料和染整技术，皮革制造商在沟通过程中掌握了市场流行趋势，作为接下来规划产品的基础。

4. 企业的战略、结构和同业竞争

企业的目标、战略和组织结构往往随着产业和国情的差异而不同。国家竞争优势也就是各种差异条件的最佳组合，本国的竞争者更在企业创新过程和国家竞争优势上扮演重要的角色。

产业成功的前提是，企业必须善用本身的条件、管理模式和组织形态，更要掌握国家环境的特色。例如，在照明、家具、制鞋、毛纺、包装机械等方面拥有国际竞争优势的意大利产业大多由规模小、以合作代替结盟的企业所组成，避开标准化、利润低的产品，力求遵循满足各种客户的不同需求、开发造型特殊的产品。这些企业讲求个人创意，因此能不断发展新产品，抓住市场趋势，并且具备随时调整的弹性。恰好相反，在德国企业中，具有工程和技术背景的主管比较喜欢发展系统化的产品，改善流程，并避免高风险产业的竞争，这种特征使德国在光学、化工、综合加工机等需要高度技术和重视工程的产业上非常成功。由于德国产业重视复杂、精密加工和完善售后服务的产品，因此管理结构也服从高度的纪律。在消费型的产品和服务方面，由于需要高超的市场营销技巧并能够迅速推陈出新，德国企业不甚在行。与其他国家相比，日本则善于在劳资之间建立合作关系。

影响企业目标的因素有股东结构、持有人进取心、债务人态度、内部管理模式以及高阶资深主管的进步动机等。例如：在德国和瑞士，公司股票大多由公司长期持有，很少买卖，银行通常是大股东，他们控制董事会，并主导公司的投资战略；在美国，股票由投资人持有，企业本身关注每年、每季度的股票升值，董事会不会干预管理事务。因此，在德国和瑞士，大环境使得风险性资金需求较少，而必须大量持资的产业较有发展机会；美国的资本市场条件则有利于高风险性产业，美国投资人的态度又使得服务业等年年有高获利的产业容易生存。

国内竞争对手能够为企业提供改进和创新的原动力。强有力的国内竞争对手普遍存在于具有国际竞争力的产业中，海外市场则是竞争力的延伸。国内市场的企业竞争也常常超出经济利益本身，演变成情绪或者面子之争。日本松下电器产业株氏会社于2008年10月1日将名称正式更改为"Panasonic株氏会社"（Panasonic Corporation）。不过松下方面表示，在中国将继续使用"松下电器"作为公司名称。据松下电器内部的人说，Panasonic的中文译名相当不吉利，如果按音译的话，它的全称将是"怕拿索尼客"！据说，松下电器的高层人物听到上述解释以后，曾拍案大怒，并当场决定中国市场属例外，在Panasonic的品牌之外，继续延用"松下"的名称。企业无时无刻不在较劲，自然把这个产业引领到国际市场并走向成功。

激烈的国内市场竞争不但强化本地优势，更加重厂商以出口追求成长的压力。以德国铅笔业为例，位居第二的史达德勒（Staedtler）因为位居第一的法柏-卡斯特尔公司（Faber-Castell）的刻意围堵，很早就走上国际化道路，其在国际市场的成功又刺激了法柏-卡斯特尔公司随之国际化。同样地，本国市场的竞争者越强，企业国际化的成功机会也越大，国内竞争会造成一些企业破产或竞争者合并的现象，但整个过程却会洗练真正的强者。

美国——战后居主导地位

在第二次世界大战刚结束的几十年间，美国是国家竞争优势的代名词。战后的美国，经济上的实力是当代罕见的。

1. 生产要素——后天能力承续先天体质

美国拥有充沛的天然生产要素，包括广大的耕地、丰富的林产及天然矿产（磷酸盐、铜矿、铁矿、煤矿、石油与天然气等）。在本书（指《国家竞争优势》）所研究的10个国家中，没有任何一个国家能像美国享有如此得天独厚的天然资源，在资源上可与美国相比的加拿大和澳大利亚，依然略逊一筹，所以美国能够维持今天的重要地位，其中的关键点绝不止于先天优越的资源。形成美国竞争优势的另一项条件是，它拥有和提升生产要素的机能。

战争的受益人。第二次世界大战时的国家危机，使得美国在生产要素的创造上建立了罕见的投资规模。战争刺激了许多重大突破，美国在核心科技如电子、太空、合成材料、医疗保健用品和核能等方面的巨额投资，更使美国科技产业突飞猛进。20世纪50～60年代，美国持续发展这些方面的研究，这使得美国在许多基础科学和科技产业上居领先地位。这样的发展也扩及基础设施。由于科技和基础设施建设的结合，战后的美国才能拥有世界顶尖的工程和建筑业。

美国在生产技术上的发展，也因为战时要求提高物资生产的压力而达到顶峰；美国产业就是因为战争而确立其大量生产技术的领导者角色。战争也有助于美国人力资源的发展，例如数百万讲求纪律并且接受过电子、航空等方面重要技能训练的军事人员，均在战后转入产业界。

以下例子显示了美国为了创造出生产要素所作的投资,如何转换成产业领导者角色所需的资源。晶体管技术是1948年美国政府大力资助贝尔实验室开发成功的;在电子产品的测试和度量仪器方面,由于两位曾接触军方无线电信的技术师有先见之明,意识到更准确的度量仪器将是先进精密电子传动器所不可或缺的,终于使得他们创办的泰克崔尼(Tektronix)能与惠普及其他美国企业一起领先全球的通信业。至于在20世纪50年代后期手表销量居世界第一的天美时(Timex),则是利用战时与政府签约合作开发新材料的机会,将研究心得设计出革命性的新式手表,这款手表不仅准确度高而且价格低廉。

两次世界大战对美国科学基础的影响还不止于此,像化学与制药等产业也是受到战争影响而蓬勃发展的产业部门。合成橡胶和盘尼西林的量产技术,是为了满足战时需要而发展出来的。由于在化学和制药方面的研究经费大幅增加,美国在化学方面的教育质量更是独步全球,美国企业因此打入原属于德国厂商的国际市场。

除了专利和企业资产外,美国也汇集了科学教育界的世界顶尖人才。杰出的科学家纷纷前往美国,成为美国公民。譬如为了引进德国科学家,美国空军在1944年的回形针计划(Operation Paperclip),后来演变成聘用航太工程师和科学家的专门计划。战后的美国,以其经济机会、教育权和低税收等社会条件,持续吸引能够创造时势的英雄前往。

从教育下手。美国为了创造出生产要素所投注的努力并未因战争结束而稍有停顿。数百万退役官兵因为士兵权利法案(GI Bill of Rights)①而提升了他们的素质,由政府承担在教育和训练的所有费用。20世纪60年代,也是美国在教育方面的投资期。美国政府持续不断地投资教育,使得更多的人有机会接受更高的教育,这种良性循环使得美国工人、工程师和管理专才成为全世界技术能力最高的人力资源。当时的美国,教育被视为社会进步的关键因素,为人父母努力工作以供给子女上大学成了必然的目标。强劲的大学研究实力、庞大的政府研究经费以及众多民间大企业的研究实验室等条件,为美国提供了一个强有力的科学研究环境。

此外,在政府的辅导下,公私立大学数量不断增加,它们除了提供教育机会,同时也成为美国研发实力的根基所在。战后的美国,联邦政府花在研究基础上的经费,是全球其他国家所无法比拟的。前苏联发射史波克卫星的挑战、东西方的冷战,不断为研究计划提供动机。政府在研究方面的大量投资和投注心力,使得美国在太空、半导体、医疗器械以及电脑等产业,久居独领风骚的地位。

活络的资本主义市场。对于幅员广大的美国而言,发达的交通运输和通信系统是很重要的,而民营的通信、发电和交通运输公司,则是攸关投资和创新的另一项诱因,因此美国拥有全世界最先进的基础设施。凭借州际高速公路和美国电话电报公司等的大笔投资计划,美国的基础设施不断往更高的水平迈进。

美国拥有世界上流量最大的资本市场。由于资本取得容易并且利率低,大量资本能注入前景看好的产业。在20世纪50年代和60年代初期,美国市场上的长期利率仅高于瑞士。美国有利的税负条件所带来的长期投资效益,提高了投资者长期投资的意愿。另一项市场动力是交易灵活的补贴基金,所以美国企业界取得财力的方式相当容易。

种种条件的结合赋予美国全世界最多、最具实力以及最高级的生产要素条件。政府、产业界和个人为了创造生产要素而持续投资,使得生产要素条件不断提升,也因此建立了美国产业稳定繁荣的基础。尽管如此,独特的生产要素条件并未说明为什么美国能拥有具备国家竞争优势的先进产业。对于20世纪

---

① 正式名称为"Servicemen's Readjustment Act of 1944",是美国历史上有关社会保障最重要的立法之一。据此法案,大约780万参加第二次世界大战的军人退伍后在入学深造和参加职业培训方面可以得到照顾,同时保证他们在买房、买农庄或自己经商创业时得到贷款。后来的事实证明,"军人权利法案"帮助制造了一个教育良好、住房良好的新的美国中产阶级,他们的消费模式为战后美国经济提供了活力。

50 年代和 60 年代的美国产业而言，整个钻石体系的运作才是真正的关键。

2. 需求条件——富裕的美国人

20 世纪 60 年代，生产要素对提升美国产业的帮助，在很多方面比不上需求条件。美国庞大的国内市场是其实力所在，就美国的竞争优势而言，比市场大小更重要的是市场的本质，即使在第二次世界大战前也不例外。早在第二次世界大战前，当欧洲各国和日本还忙着解决物资匮乏问题、加强民生必需品的生产时，美国已经是个大量消费的社会。以巧克力为例，在这个产业中，当大多数外国厂商的规模还小而且居领先地位的瑞士厂商只讲究质量和独家口味时，美国的贺喜、玛斯糖果公司、瑞瑟斯以及怀特曼斯等厂牌已开始大量生产，并且大量促销中等价位的巧克力棒。大量消费的理念更进一步落实到一次性的产品生产上。美国因为物资充裕并且注重便利，可抛弃式的产品如纸巾、圆珠笔，甚至手表，一开发就十分流行。

美国的富裕也使得它成为各种消费产品最早且最先进的市场。都市人口移居郊区以及独门独院房舍的大量出现，意味着对新式家电、汽车、空调设备、草坪修剪设备以及其他许多产品的殷切需求。以 Black & Decker 为例，这家企业就是针对"自己动手做"（DIY）的组合产品进行低价位大量促销，而取得电动工具业的世界领先地位。Black & Decker 还率先打开了这个产业环节的欧洲市场。在欧洲，高价位的工具机器向来是针对产业界而非个人使用设计的。

由于物资充裕、每周工时短，又较少传统禁忌，许多讲求便利或与休闲生活有关的产品在美国大行其道。电影、唱片、运动器材和彩色电视自然成为其主要的出口产品，摄影器材也在这时成为美国实力强大的产业。

营销技术的先驱。美国市场不仅引领许多新式消费产品的需求，同时也是许多现代市场营销技术的发源地。美国民营的广播电台和电视台等大众传播媒体，是大量促销广告策略所运用的头一个媒介，例如：美国的商业电视台比后继国家早出现至少 12 年。大众传播媒体的广告，特别是电视广告，因为欠缺法律规范，更加速了市场营销方法的创新。美国企业中的饮料、清洁剂、浴室用品、牙膏、化妆品和清洁机等大量消费产品，建立品牌形象的技巧独到，这些营销手法后来又运用到海外市场，各大美国品牌因而成为全世界家庭用品的代名词。

这种需求有时也延伸到美国的工业产品上面。由于销售对象同属美国企业，同时也是当时全球最挑剔、最先进的企业，美国企业因而获益很多。美国经济的多样化，对提供如商业服务和支持服务的其他产业十分有利。由于气候、地形乃至产业结构类型的多样化，美国厂商往往得面对国内多变的市场特性，也使美国企业从中学到满足不同需求的技巧，随后更将它们运用到其他国家市场上。

自由竞争的好处。美国产业的需求也领先世界的需求。在 20 世纪 50 年代和 60 年代初期，自动化、电脑化的电子产品、新塑胶材料和其他重大发明都是首次在美国出现。面对居世界领导地位的国内制造厂商，美国企业因此在销售资本和生产设备上，取得卓越的国际成就。这些成功的产业包括工具机、产业流程控制系统、暖气设备、通风设备和冷却设备等。

这种由专业而挑剔的国内客户带动供应商水平的情形，可从能源和建筑业部门中看到。由于美国工业发展得早，对能源的需求量也大，美国境内的能源勘测计划相当频繁；不断在开采难度更高的地点寻找原油，又使得相关技术尽快改进，美国的石油公司和它们的供应商因此成为全球领导者。另外，在建筑业方面，美国企业最先建造了摩天大楼并创新多种建筑技术。这些成就又回过头来促进空调、电梯及其他建筑相关产品和服务的创新，也因此使得美国取得该类产业的世界性领导地位。

同样地，美国财务健全的医疗保险体系，将采购权下放到众多的独立医院和诊所，也形成挑剔的国内市场需求，自由竞争的医疗保健市场结构，提供创新需求的有利环境。这与其他国家由政府经营或严格管制的情况不同，美国企业因此在多种医疗保健相关产业中成为领导厂商。

美国市场的国际化。由于美国许多重要产业的国际主导力日渐增强，加上其他国家保护主义盛行，连带有形成美国企业在海外的大规模投资风潮。此外，富裕的美国人也大批前往海外观光旅游或做生意，连带形成战后美国厂商现成的海外需求市场,这些产业包括快餐店、旅馆、租车和其他多种服务业。在考虑美国产业国际竞争成功的因素上,大量前往海外旅游或居住的美国人也是一项重要条件。

文化攻势。美国产业的最后一项需求条件是,美国的文化和价值观远播海外产生的影响。

3. 相关产业与支柱性产业——自给自足的超级大国

战后的美国经济,到处都是成群结队、充满活力的产业。在国际市场上,美国在成品、零件、机械器材以及服务企业等产业的卓越表现,可以从汽车、飞机、能源、发电机、矿业及营造等产业中看到。这些正在发展或已经成型的产业集群,通常集中在一个或两个地区,像底特律附近的汽车业、硅谷的电子业、明尼亚波利市和纽约的大型电脑业、波士顿的微电脑、休斯敦的油田钻探仪器和劳务以及带状分布于纽约和费城之间的制药业等。美国企业光靠国内其他产业的支持,即可取得国内所需的技术和供给。当地众多的世界级产业,是企业创新和开发新产品的一项有利条件。

美国产业的另一个有利条件是许多产业的相关产业也具有市场领导地位。这种相关产业优势的例子之一是电子业。战后突飞猛进的电子科技,几乎对每个经济层面都产生影响。美国在这个领域中,具规模的领导厂商处处可见,这又使得美国企业不仅可与最优秀的供应商接触、交流技术,并拥有更多训练有素的人才。另一项重要的工具及产业是工具机产业,由于美国在规模生产技术上的领先以及国内工业用户的挑剔,美国工具机厂商因此成为全世界的顶级好手。第3项重要的支持产业是塑胶业,原因是战后塑胶是许多产品的新原料。最后一项举足轻重但发展较迟的产业是电脑软件,美国在电脑产业的卓越表现,也对其他产业大有帮助。

另外,美国也在现代市场营销方面,开发出种类众多的支持产业,像美国的广告代理商大受欢迎,并且成为全球的主要领导者。美国传播媒体不仅有最先进的技术,法律限制也最少。美国企业的产品纵使不见得特别突出,但是靠着市场营销的造势,照样在众多竞争对手中拔得头筹。

4. 企业战略、企业结构、同业竞争——开放的市场

19世纪末,许多经营大企业的管理技巧首先在美国出现,美国企业也在20世纪四五十年代及60年代末,大量推出新的管理方式。企业要发展,产业本身必须能吸引大批人才。对战后的美国而言,"产业"是一个很光彩的名词,杰出的人才愿意进入美国企业服务,并伺机自行创业。

这段时期美国工人和经理人也有很高的工作意愿,美国所得税率比其他国家低,更重要的是,美国社会的开放程度也比其他国家高,想过更好日子并愿意冒险的人,都有成功的机会。为追求更好的生活而涌入的移民潮,也造就了美国人的多样性。事实上,离乡背井前来新大陆的行动,就可以算是冒险家的作为,这种勇于接受挑战的攻势弥漫全国。

成立公司的目标就是去开发无限的机会。美国的利率比其他国家低,鼓励厂商投资而提高了生产力(战时的大量投资使得许多美国产业拥有当代最现代化的设备)。在美国,企业大多是个人拥有,以现代标准来看股票交易率并不高,许多投资人习惯长期持股,银行家或大股东一般多属公司的董事会成员。只要企业有好的经营点子,往往很容易借贷到大笔资金。

美国企业在相互竞争的基础上发展,绝大多数的重要产业必须面临激烈的国内市场竞争,在任何市场上,四面八方围攻的竞争者争食市场大饼,迫使彼此不得不求进步。美国的反托拉斯法对市场独占、合并和统一定价的做法限制特别严格,这反映出全国对竞争的共识。这种受到严格规范的竞争环境,与当时欧洲国家的卡特尔模式或亚洲发展中国家的保护模式相比,美国的竞争环境显然独树一帜。

发展的目标、竞争的价值观以及资本市场条件,造成美国开创新企业的市场环境。社会上固然追求成功,但也能认同坦荡荡的失败。文化的多元又意味着许多"外来人"正摩拳擦掌,准备挑战主流规范,产业中随处可见新开张和另立门户的竞争者。

(资料来源:迈克尔·波特. 国家竞争优势. 北京:华夏出版社,2004年,第282—291页。)

钻石体系攸关国家竞争优势，其核心是"投资"和"创新"。产业具有国家竞争优势，它内部的企业也必须有能力有意愿进行改进和创新，进而创造和保持本身的竞争优势。安于现状不会产生竞争优势，竞争优势的本质和持续有赖于企业积极化解不利因素、建立强有力的本地客户、迎合挑剔的需求、有强势的供应商、有激烈的国内市场竞争等状况。

钻石体系不仅适用于国家层面的分析，也完全适用于地区和城市级别的分析。其分析主要立足于经济发展的微观基础，这一点与一般理论和政策主要着眼于经济增长不同。其政策含义是，国家应该创造一个良好的环境和支持性的制度，以确保投入要素能够高效地使用和升级换代。政府的首要任务是创造一个支持生产率提升的良好环境，这意味着政府在某些方面经尽量不干预（如贸易壁垒、价格制定等），但在另一些方面则应该扮演积极的角色（如确保竞争、提供教育培训等）。对企业而言，钻石体系的分析表明，一个企业的许多竞争优势不是由企业本身决定的，而是来源于企业之外，即来源于企业所在的地域和产业集群（如选址），这一点对企业决策有很重要的意义。

最后，需要特别指出的是，钻石体系的各要素之间不是孤立的，而是彼此互动、相互联系的，从而整个钻石体系能够自我持续、自我强化。

2.3.2 外部规模经济和集聚效应

随着企业经营的外部环境的改善，生产成本降低的现象称为外部规模经济。外部规模经济不同于内部规模经济，存在外部规模经济的行业往往由许多相对较小的厂商构成，且接近完全竞争状态；而存在内部规模经济的行业的市场结构往往是不完全竞争的。集聚效应是一种非常重要的外部规模经济，英国经济学家阿尔弗雷德·马歇尔最早注意到这种某个行业在特定地区的"扎堆"或"行业地区"的现象，这种行业的地理集中却无法从自然资源的角度来解释。在马歇尔时代，行业集中的例子是谢菲尔德的道具制造商和北安普顿的制衣商；现代国际上产业集聚的著名例子莫过于意大利北部的时装业，瑞士巴塞尔的制药业，瑞典斯德哥尔摩的无线谷（Wireless Velly），硅谷的半导体和软件开发行业，纽约的投资银行业及好莱坞的电影和娱乐业；此外，德国索林根和日本的涩谷是餐具业中心，日本的摩托车业、乐器业集中在横滨，美国波士顿128号公路微型电脑业云集，纽约麦迪逊大道是全球广告业的心脏，意大利的珠宝业集中在阿勒索和瓦伦查坡——数以百计的珠宝商集中在几条街上……

马歇尔解释了为什么集中在一起的厂商比孤立的厂商更有效率的3个原因：①促进专业化供应商队伍的形成；②有利于劳动力市场共享；③有利于知识外溢。后来的迈克尔·波特还认为产业的地理集中有助于新的竞争对手的出现，竞争对手的存在将使产业发展不致陷入停滞。

1. 专业化供应商

在许多行业中，产品和服务的生产需要专门的设备和配套服务，单个企业不可能提供足够大的需求来维持众多供应商的存在。但行业的地区集中却能解决这个问题，大量厂商集中在一起完全可以提供一个足够大的市场使各种各样的专业化供应商得以生存。一份关于硅谷的文献表明："工程师们离开原先的半导体公司并成立新的公司来生产一些资本产品，如扩散烘炉、步进复拍相机、实验设备以及其他的原材料和零部件，如光罩、实验用模具和专门的化工产品。这些独立的设备和服务供应部门通过分散开发成本，把单个厂商从自己开发资本产品需要巨额花费的困境中解放出来，从而促进了半导体工业的持续形成与发展；同时它也强化了行业地区集中的趋势。在美国其他地区无法取得上述专业化的配套服务就是最好的例证"。① 上述引文表明，这一密集的专业化供应商网络的存在使得硅谷的高技术公司比其他地区的厂商拥有更大的优势，外地的公司却缺乏与这种专业化供应商密切联系的便利渠道。

2. 劳动力市场共享

厂商的地理集中能够为拥有高度专业化技术的工人创造出一个完善的劳动力市场。这种市场既有利于厂商也有利于工人，厂商很少面临专业人员短缺的问题，专业人员也很少面临失业的风险。

在硅谷，公司迅速扩张和员工跳槽非常普遍，一位工程师说："你在星期五辞退工作并在下星期一找到另一份工作并非什么大事……你甚至没有必要告诉你的妻子。你不过在下星期一早上驾车开往另一个方向罢了。"② 这种劳动市场的高度灵活使得硅谷不仅对高技术工人，而且对雇用他们的公司来说都具有非凡的吸引力。

3. 知识外溢

在现代经济中，知识和技术至少与其他生产要素如资本、劳动力、原材料同样重要。对于从事研发和创新的企业和行业来说，知识和技术尤为重要。知识和技术从何而来？公司可以通过自己的研发获取，也可以研究竞争对手的产品通过模仿获取。但技术和知识还有一个重要来源，即个人间或企业间知识、信息与思想的非正式交流。当众多企业在地理上集中在一起时，这种非正式交流即"外溢"非常普遍和有效。

马歇尔在论著中写道，"业务中的秘密不再是秘密，而在人们中流传……杰出的工作得到应有的评价，机器、生产流程以及业务组织上的发明与改进的优点得以迅速论证。如果某人提出了一种新的构想，它将被其他人迅速采纳并揉入他人的想法，这就是新构思的源泉。"一位记者曾描述过硅谷发展时期的技术外溢："每年都有一些地方，如 Wagon Wheel、Chez Yvonne、Rickey's 和 Round House，在那里从事半导体工业工作的年轻男女们就像是神秘的兄弟会成员一般，在下班后会一起去喝一杯，聊聊天，谈谈战时的故事。如间歇性的神经过敏、周期性幻觉、泡沫记忆、脉冲训练、无弹性联系、蛙跳测试、p—n交叉、睡眠疾病模式、缓慢死亡情节、RAMs、NAKs、MOSes、PCMs、PROMs、PROM 吹风机、PROM 爆破器，以及 Teramagnitude……"③ 这种信息的非正式流动使得在硅谷比在其他地方更容易与技术的发展前沿保持一致，很多跨国公司在硅谷投资无非是想跟上科技的最新发展。

---

① ［美］保罗·克鲁格曼. 国际经济学[M]. 5版. 北京：中国人民大学出版社，2002：138.
② ［美］保罗·克鲁格曼. 国际经济学[M]. 5版. 北京：中国人民大学出版社，2002：139.
③ ［美］保罗·克鲁格曼. 国际经济学[M]. 5版. 北京：中国人民大学出版社，2002：140.

在讲到产业集群内的信息流通问题时，迈克尔·波特则写道："……在这些城市的午餐时间，一家小餐馆里就可能同时有几位同业光顾。他们亦敌亦友地交换市场的流言，信息飞快地流通，每一家企业因此都必须加紧脚步才能维持本身的竞争优势，整个产业也随之活力十足。韧性坚强，才能把缺少这种环境的外国竞争者远抛在后"。①

本章小结

本章分析国际商务的理论基础，也是对有关理论进行梳理和综述。较强的理论色彩是本章的特色，主要内容包括企业参与国际贸易的动因、企业对外直接投资的动因以及国际竞争优势的来源。

贸易理论经历了一个不断发展的过程。从传统贸易理论——绝对优势理论、比较优势理论、要素禀赋理论，到解释战后贸易领域新现象的新贸易理论，再到21世纪的以企业异质性为假设前提的新新贸易理论，分别从不同角度揭示了国际贸易产生的原因、模式和利益。所有这些理论的意义绝不止于解释现象，国家在制定经济发展战略和贸易政策时应从中汲取有益的启示，企业也应将理论与现实结合起来确定自己的优势所在、选择自己的进出口产品。

主流的贸易理论都主张自由贸易，但现实中各国或多或少地都存在贸易干预行为，主要表现为对进口产品的限制，即各种贸易保护行为。这些措施有些来自于经济上的理由，有些来自非经济的理由；有些主要流行于后发国家，有些在发达国家广有市场。政府的贸易干预会严重影响企业的正常贸易活动，经验成熟的企业必须学会相应的应对措施。

企业特定优势、内部化优势和区位优势理论构成了当今主流的国际直接投资理论——国际生产折中理论或综合理论。企业在利用自己的特定优势时，可以有对外直接投资、出口和许可证交易3种选择。其适用条件各不相同，因为每一种选择都有自己的优点，也有自己的成本和风险。现实中的企业在做出选择时必须慎之又慎。

竞争优势是各国政府、企业和学界都十分关心的一个问题。最具魅力和影响力的理论来自于美国战略大师迈克尔·波特，其钻石理论拥有现代而鲜活的生命力和广泛而强大的现实解释能力，已经开拓性地成为企业和政府思考经济、评估竞争优势和制定公共政策的新方式和新标准。100年前马歇尔针对"产业集聚"现象的解释依然经常被当代经济学家引用。迈克尔·波特同样非常重视产业集群现象，他指出钻石体系会推动一个国家的竞争优势趋向集群式分布，钻石体系中关键要素的地理集中有助于竞争力的启动。

关键术语

绝对优势 比较优势 要素禀赋 产品生命周期 规模经济 产业内贸易
企业异质性 水平对外直接投资 垂直对外直接投资 所有权优势 内部化优势
区位优势 市场不完全 寡占反应 钻石体系 产业集聚 知识外溢

综合练习

1. 读表回答。表2-3表示美英两国生产小麦和服装的劳动成本情况，回答下列问题。

---

① [美]迈克尔·波特. 国家竞争优势[M]. 北京：华夏出版社，2004：112.

表2-3 美英两国小麦和服装的劳动成本

国　　家	小　　麦	服　　装
美国	3h	9h
英国	4h	4h

（1）哪个国家在生产小麦方面有绝对优势？哪个国家在生产服装方面有绝对优势？

（2）如果国际交换比例为1单位服装换2单位小麦，会有贸易产生吗？两国为什么都会从贸易中获利？

2. 表2-4列出了中国和加拿大在单位计算机和单位小麦生产上的劳动成本情况，假定劳动是唯一的要素投入，加拿大的劳动总量为600h，中国的劳动总量为800h。回答下列问题。

表2-4 中国和加拿大计算机和小麦生成劳动成本

国　　家	计算机	小　　麦
中国	100h	4h
加拿大	60h	3h

（1）计算两国在封闭条件下的国内交换比例。

（2）哪个国家有生产计算机的比较优势，哪个国家有生产小麦的比较优势？

（3）开展贸易后，整个世界的福利水平是提高了还是降低了？

3. 简答题

（1）我国是目前世界上利用外商直接投资的大国，外商直接投资对我国的经济发展有哪些影响？

（2）试举例说明历史上哪些产品的生产上体现了"产业领先地位的国际转移"？这种转移能够用产品生命周期的变化来解释吗？

（3）通过参阅资料查找案例，用找到的案例说明钻石体系的运作。

案例分析

1. 根据案例讨论：在周围或我国的经济生活中有没有"产业集聚"的现象？举例，并说明这些企业会从"集聚"中得到哪些好处。

好莱坞经济学

美国最重要的出口部门是什么？答案取决于定义的尺度。有的人会告诉你是农业，有的人则会说是航空业。但无论采取什么标准，美国最大的出口部门之中一定有娱乐业。娱乐业在1994年为美国在海外取得了超过80亿美元的收入，美国制作的影片和电视节目在世界各地上映，海外市场已成为好莱坞财政收入的支柱之一，尤其是动作片，在海外的收入经常比在本国本土高。

美国何以能成为世界上的头号娱乐业输出国？其中一个重要的优势纯粹来自于其巨大的市场规模。一部主要针对法国或意大利市场的影片，由于法国或意大利的市场规模比美国小得多，因此制片中不可

能达到大部分美国影片那样的预算要求。因而来自这些国家的影片主要是戏剧和喜剧,但又常常无法负担配音和字幕的费用。然而美国影片却能凭借其恢宏的制作和壮观的特技效果而超越语言的障碍。

美国在娱乐业中霸主地位的形成还有另一个重要原因,即娱乐业公司在好莱坞的大量集中。好莱坞显然产生了马歇尔所说的两种外部经济:专业化的供应商和劳动力市场基础。虽然最终产品是电影制片厂和电视网所提供的,但它实际上是由独立制片人、演员挑选以及演员的代理人、法律公司和特技效果专家等诸多方面构成的复杂网络共同努力的结果。影片结尾通常列出参与电影制作人员的名单,每个看过电影名单的人都会明白电影制作对劳动力市场共享的需求。每部影片都需要一支巨大但临时性的工作队伍,它不仅包括摄像师、化妆师,还包括音乐家、特技演员和一些神秘的职业如领班和包工头(当然还有男女演员)。至于娱乐业是否能产生第3种类型的外部经济——知识外溢,这一点尚无定论,但毕竟如作家纳森尼尔·韦斯特所说,理解电影行业的关键在于认识到"没人知道所有的事"这一点。另外,如果确实存在知识外溢的话,其在好莱坞的效果也会比其他任何地方都要好。

好莱坞一直以其能吸引世界各地的天才人物作为外部经济在好莱坞发挥巨大作用的象征。从嘉宝和冯·斯坦伯克到阿诺德·施瓦辛格和保罗·霍夫曼,"美国"影片实际上通常是由移居好莱坞的有野心的外国人所制作并最终赢得更多的观众。

好莱坞是独一无二的吗?非也。相似的力量已经促成其他几个娱乐综合体的出现。在印度,由于政府的保护和文化上的差异,印度的电影市场得以摆脱美国的统治,并在孟买出现了一个叫做"宝莱坞"的电影制片基地。在中国香港则出现了迎合华人口味的庞大电影业。另外还有一个专门为拉丁美洲制作西班牙语电视节目的特殊行业也出现在委内瑞拉的首都加拉加斯,它集中精力制作长期放映的肥皂剧"电视小说",并且委内瑞拉的这个综合体还发现了意想不到的出口市场——俄罗斯的电视观众,它表明俄罗斯电视观众对拉丁美洲节目中的人物更易产生认同感。

(资料来源:[美]保罗·克鲁格曼.国际经济学[M].5版.北京:中国人民大学出版社,2002:143,144.)

2. 运用新新贸易理论回答以下问题。

(1) 从生产率的角度解释中国石油和中国的纺织企业会在不同时期选择对外投资?

(2) 你认为有哪些因素影响企业的异质性?案例资料中涉及了哪些?

不同企业的国际转移

资料1:2014年8月19日,中国石油集团董事长周吉平与乌兹别克斯坦国家石油公司主席费依祖拉耶夫签署《中国-乌兹别克斯坦天然气管道D线企业间协议》和《穆巴列克天然气化工厂合作备忘录》。根据协议,中国石油和乌石油将成立合资公司,共同建设和运营中国—中亚天然气管道D线在乌国境内管道,双方密切合作,全力保障项目按期投产。中国石油自1993年实施"走出去"战略开展国际化经营以来,坚持"互利共赢,合作发展"的理念,积极参与国际油气合作与开发,经过多年努力,海外业务规模和实力不断增强,在全球油气市场发挥着越来越重要的作用。目前,公司在全球37个国家开展油气投资业务,初步建成中亚-俄罗斯、中东、非洲、美洲和亚太5个海外油气合作区和亚洲、美洲、欧洲3个国际油气运营中心,形成勘探开发、管道储运、炼油化工、销售贸易等上下游一体化的石油产业链,建设了西北、东北、西南和海上四大跨国油气输送通道,参与国际油气合作的深度和广度不断拓展,与资源国政府、国家石油公司和国际石油公司建立起互信、互利的合作关系,为国家能源供应和资源国经济社会发展做出了重要贡献。2013年,公司海外油气作业产量当量达到1.23亿吨,权益产量当量达到5920万吨。

(资料来源:根据中国石油天然气集团公司官网 http://www.cnpc.com.cn/cnpc/index.shtml 相关资料整理)

资料2：据中研网报道，我国纺织企业利润缩减，不仅与高额的生产成本有关，国储棉质量不合格同样影响着企业的产量。既然国内的生产要素价格与棉花的质量都不能满足企业的要求，为了获得高利润，纺织企业加快了"走出去"的步伐。据了解，从2009年到2014年，新疆棉的品质一年不如一年。今年收的新疆棉，同等级棉花纺制精梳40支纱，与澳棉相比，平均强力相差30CN～50CN。用进口AFIS仪器检测，澳棉短绒率为11％～12％，新疆棉则达到13％～14％，4分位长度澳棉为32～33mm，而新疆棉为31mm左右，两者价位相差4000元/吨，这种新疆棉是不能满足喷气织机用的机织纱，纺织企业不得不减少产量。目前，我国纺织行业用工成本比东南亚国家高出13倍，用棉成本高30％以上。加上东南亚国家在发达国家享有的低关税优惠，即便充分发挥产业体系与生产效率优势，我国中低档产品的国际竞争力也已明显下降。因此，不少棉纺织企业开始积极布局海外战略，期待着低生产成本的红利。

不同行业的企业、行业内的异质性企业会在不同时期选择不同的国际化转移路径与方式，其目标都是为了获得更多的竞争优势。

（资料来源：根据中国行业研究 http://www.chinairn.com/news/20140408/091404939.shtml 相关资料整理）

第3章 国际商务环境

教学目标

通过学习本章，了解关于国际商务环境的知识，分析各种环境因素对国际商务活动所造成的影响，进而掌握企业在国际商务活动中应采取何种措施来积极应对各种商务环境的变化。

本章技能要点

知识要点	能力要求	相关知识
经济环境	掌握经济环境的内涵及主要指标 分析经济环境对国际商务活动的影响 分析区域经济一体化对商务活动的影响 分析国际货币体系对国际商务的影响	经济环境、区域经济一体化、多边贸易体制、区域组织协定（TPP、TTIP、BITs）、国际货币体系改革、美国量化宽松、国际投资波动
政治与法律环境	熟悉构成政治环境的因素 熟悉构成法律制度环境的因素 分析政治与法律差异对国际商务的影响	政治环境、法律环境、负面清单、准入前国民待遇
文化环境	理解了解文化的内涵 掌握构成文化的要素 分析文化差异对国际商务的影响	文化的定义和特征 文化的要素
科技环境	了解科技环境的各项指标和内涵 分析网络科技创新对投资活动的影响 分析科技环境与政策对商务活动的影响	科技创新、网络时代、互联网海外投资、大数据时代、标准化与个性化、云计算、众包、长尾理论

导入案例

丰田召回事件

2010年2月10日,一份电话录音引起了社会的关注。这份49s的录音是一辆雷克萨斯在高速公路行驶时,遭遇了油门踏板被卡住后的报警通话。录音的结尾部分传出惊恐的尖叫声,之后这辆雷克萨斯车毁人亡。近年来,这场车祸及美国其他类似车祸,都是由于丰田汽车的点火、转动以及刹车系统引起的问题,导致驾驶难于处理突然加速或无意间加速,并难以重新恢复安全。在圣地哥亚发生的这起死亡车祸,引起了随后丰田的召回事件。

面对愈演愈烈的召回事件与众媒体的讨伐,丰田公司遭受了自创办以来最大的信任危机。为挽回本次事件给丰田公司的损失,丰田公司面对全球最大的汽车市场美国与中国表现出了诚意。然而,在实行具体的解决措施时,中美之间却有着较大的差别。

在这次全球召回的超过850万辆问题车中,中国只有一款RAV47的5万辆包括在内,而其他在美国召回的车型,在中国却不召回,这让中国的普通车主难以接受。除此之外,丰田公司对中国消费者还存在着"同病不同治"、"同损不同赔"的情况。同样作为丰田问题汽车的受害者,在美国,丰田对有关车主提供"上门召回"服务,对亲自驾车返厂的消费者补贴交通费用,并在汽车修理期间,提供同型号车辆使用。而在中国,车主只能自驾至4S店完成召回,还有可能因零件缺货而多次往返退修。在美国,各地共有1 200多家经销商进行召回,丰田给予每家经销商最多达7.5万美元的补贴。而在中国却只字不提赔偿。

另据中新社华盛顿4月5日电,美国交通部5日宣布拟对丰田公司处以超过1 600万美元的最高罚款,以处罚该公司未能及时通知美国政府有关汽车缺陷,然而按照中国的《缺陷汽车产品召回管理规定》,对企图隐瞒缺陷的汽车制造商,最高罚款只有3万元。

这里存在的问题就是丰田汽车公司熟知中美环境的差别,才会对同一问题作出不同的处理方案。对丰田公司来说,在中国将节约很大一笔开支,降低了企业的财务损失。而中美主要差别在于,中国的法律制度不完善,对消费者的保护力度不够,而对汽车企业的利益照顾过多,使得企业违规成本过低,从而会对消费者的利益造成损失;相反,美国的法律制度健全,能够以消费者为中心,对企业的违规行为处罚严厉,进而保护了消费者的利益。

(资料来源:吴庆才,中新网,2010年4月6日,根据中新网一系列报道整理所得。)

试回答:

1. 上述案例说明了商务活动会受到哪些环境因素的影响?
2. 该案例给大家什么启示?

一般来讲,环境是指与某一特定作用体之间存在潜在关系的所有外在因素及实体的总称和体系。对于不同的事物,其环境的内容也不同。企业的国际商务环境是指环绕企业周围对其国际商务活动具有潜在影响力的所有因素,包括经济、政治与法律、文化、区域经济一体化组织以及国际货币体系等因素。

世界各国具有不同的经济、政治与法律体制、文化等因素,这些因素综合起来会对企业进行国际商务活动产生深远的影响,并将决定该企业进入国际市场的策略选择。而企业所处的国际环境复杂多变,随时会产生新的威胁和机遇,因此研究和分析国际商务环境是企业国际化过程中的重要环节。

第3章 国际商务环境

3.1 经济环境

了解不同国家及市场的经济环境可以帮助管理者预测目标国的经济发展趋势,而一些重大的事件可能将影响到其企业对目标国进行商务活动所采取的战略选择。

3.1.1 经济环境的定义

在经济金融日益全球化的背景下,任何一个国家或地区的经济波动都足以影响世界经济的平稳运行,作为发展中的最大新兴经济体的中国更是难以独善其身,国际经济金融环境和各个国家或地区的经济环境对企业进行国际商务策略选择的影响在所难免。所谓经济环境(The Economic Environment)是指企业从事国际商务活动所面临的国际经济状况及其发展趋势,主要包括一个国家或地区的社会经济制度、经济发展水平、产业结构、劳动力结构、物资资源状况、消费水平、消费结构及国际经济发展动态等。

2008年受金融危机的冲击,世界经济发展遭遇了严峻的挑战。2009年,经济增速下行及其引发的各种矛盾进一步显现,世界经济环境不断恶化,通过贸易和投资等渠道的传导,金融危机的影响从发达国家逐步扩散到新兴市场经济体,需求放缓、投资减少。2010—2011年,世界经济继续下行,多数经济体增长缓慢。2012年,全球经济开始复苏,由于美国等主要经济体经济复苏推动了全球经济的增长,2014年,全球经济来到一个拐点,例如,全球GDP增长率将从2013年的年均2.4%提高到2014年6月的2.8%,并预测2015年和2016年的GDP增长率将分别达到3.4%和3.5%(《全球经济展望》,2014(b))①。在这样的国际经济大背景下,更应该熟悉和掌握衡量经济环境的各个指标。

3.1.2 经济环境的主要指标

经济环境的构成因素众多,内容复杂。本节重点介绍经济制度、经济发展阶段、国民收入3个主要指标。

1. 经济制度

经济制度是指国家的统治阶级为了反映在社会中占统治地位的生产关系的发展要求,建立、维护和发展有利于其政治统治的经济秩序,它是确认或创设的各种有关经济问题的规则和措施的总称。经济制度可以分为3种类型——市场经济、指令性经济和混合经济。采用不同经济制度的国家,其社会经济层面的特征就会不同,企业在进行商务活动时需要注意的方面也不同。

1) 市场经济

在完全市场经济的情况下,一个国家所有的生产活动都是私人进行的,商品和服务的生产及销售不是由某个人计划的,而是由供求关系决定并通过价格机制传导出来的。市场经济是由千千万万的厂商和个人自主参与交易而形成的。在市场经济中有一只看不见的手

---

① World Bank, Global Economic prospects[R], 2014(b): 17—18.

在指挥,这只看不见的手就是市场的价值规律。一般来说,商品的价格是受供求关系影响,沿着自身价值上下波动的。所以,在交易过程中常能看到同一种商品在不同时期价格不同。当涨价时,卖方会自发地加大生产投入;当减价时,卖方会自发地减少生产投入,这就是市场经济的一个特点即自发性。市场的范围之大使得谁也无法客观宏观地去分析观察,参与者们大多以价格的增幅程度来决定是否参与和参与程度,这就体现了市场经济的第2个特点:盲目性。参与者盲目、自发地投入生产,而生产是一个相对于价格变动耗时较长的过程,所以常能看到一种商品降价后,它的供应量却在上升,这就是市场经济的第3个性质:滞后性。市场经济就是通过市场机制来实现资源优化配置的一种经济运行方式。这种方式使得市场由封闭走向开放,厂商成为最基本的经济组织形式,私有制的范围扩大。

2) 指令性经济

在完全是指令性经济的情况下,一个国家所生产的商品和服务数量以及售价,所有这一切都是由政府计划的。与集体主义思想相一致,指令性经济的宗旨是使政府按"社会的利益"分配其资源。此外,在完全指令性经济的情况下,所有的企业归国家所有,政府指令企业进行投资的合理性在于为了国家整体的利益,而不是为了私人个体的利益。

指令性经济的目标是为公众利益而调动经济资源,而实践中似乎恰恰相反。在指令性经济体制下,国有企业监控成本及效益的积极性很小,因为它们没有垮掉的危险。此外,取消私有制意味着取消了个人更好地为消费者服务的积极性,因此指令性经济往往缺乏活力和创新精神。指令性经济的特征往往是经济的停滞,而不是持续的增长和繁荣。

3) 混合经济

混合经济是介于市场经济和指令性经济之间的一种经济制度。在混合经济体制下,某些经济部门存在着私有制和自由市场机制,而其他部门主要是国家所有制和政府计划经济机制。西欧国家中的混合经济较为普遍,例如,英国和瑞典都有普遍的国家保障体系,为全体公民提供全面免费的医疗保健,从某种角度来说,政府在医疗领域就扮演了计划者的角色,限制了私人所有制在这一领域的发展。

2. 经济发展阶段

经济发展具有明显的阶段性。经济发展阶段不同,居民的收入不同,顾客对产品的需求也不一样,从而会在一定程度上影响在该国进行国际商务活动。关于经济发展阶段的划分,国际上有多种标准,比较有代表性的有罗斯托(W. W. Rostow)的经济发展五阶段标准和世界银行的划分标准。

1) 罗斯托的经济发展阶段标准

美国学者罗斯托根据他的"经济发展阶段(Stages of Market Development)"理论,将世界各国的经济发展归纳并分为传统社会阶段、起飞前准备阶段、起飞阶段、成熟阶段和高消费阶段5个阶段。处于不同发展阶段的国家有不同的经济特征,应根据目标国所处的发展阶段制定进行商务活动的战略。一般来说,经济发展水平属于前3个阶段的国家可称为发展中国家,这些国家的经济发展水平不高,市场空间有限,需要采取积极的商务活动策略来拓展市场;而处在后两个阶段的国家则称为发达国家,这些国家经济发展水平较高,有成熟的市场环境,应该在进入之前了解和熟悉市场的环境,利用自身优势来开展国际商务活动。

2) 世界银行经济发展水平的划分标准

世界银行以各国的人均GDP为标准,将世界各国所处的经济发展阶段划分为高收入国家、中等收入国家(又分为上中等收入和下中等收入)和低收入国家。处于不同收入水平的国家的经济特征不同。高收入国家是发达工业化国家,也称为后工业社会,美国、瑞典、日本等国属于此类,这些国家的人均收入很高,许多产品已得到满足,市场已呈饱和状态,其发展主要依赖于新产品和技术创新,因此针对这些国家进行商务活动时也应注重创新;上中等收入国家又称为工业化国家,在这一经济阶段中,矿产业和制造业发展加快,工业GNP占三次产业的比重一般接近或超过50%,居民收入增长加快,贫富差距加大,高档消费品的消费需求迅速增长;下中等收入国家属于不发达国家,处于工业化早期阶段,这些国家对劳动密集型产品进行标准化生产,如服装出口到国外市场,同时将国内廉价劳动力推向国际市场,在国际市场上具有较强的竞争力。低收入国家属于第三世界国家,主要集中在非洲南部,这些国家人口出生率高,文盲比例高,工业化程度低,严重依赖外援,政局不稳定或者时常发生动乱,在此类国家中进行商务活动时更加应当注重当地的人文、政治等因素。

3. 国民收入

经济总量是衡量市场规模的一个重要指标,主要包括国民总收入和人均收入。国民生产总值(GNP)即国民总收入,衡量的是一个国家的国民在国内、国外所生产的最终商品和劳务的总和。国内生产总值(GDP)是指一定时期在一个国家的国土范围内,本国和外国居民所生产的供最终使用的商品和劳务的总和。当一个国家开放程度较大,在国外有大量的投资和大批劳工时,该国的国民生产总值会大于国内生产总值。国民生产总值是衡量经济发展规模的重要指标。从宏观上来说,国民总收入越高,该国的市场规模越大;反之则越小。但是从微观上来说,国民总收入越大的国家不一定就标志该国国民生活水平越高,还要用人均收入指标来衡量。人均收入是用国民收入总量除以总人口的比值,该指标可以反映出一个国家人民生活水平的高低以及对消费品的需求和购买力的大小。因此,应该同时使用国民收入和个人收入这两个指标来综合测定一国的市场潜力。

3.1.3 区域经济一体化与多边贸易体制

区域经济一体化是指地理位置上相近或相邻的两个或两个以上的国家之间为获得经济互补效应或经济聚集效应,而在经济上逐步联合为一体的动态发展过程。第二次世界大战结束以后,多数国家开始寻求合作,以期实现某种程度的经济一体化。经济一体化会促进自由贸易的发展,自由贸易又会加强各国金融市场之间的联系,迅速扩大对外直接投资规模,鼓励各国进行专业化生产、降低价格、扩大选择、提高生产力以及更高效地使用资源,从而提高各国的生活水平。各国政府在政策上也发生了变化,特别是以前对外国公司封闭的产业,加强更广泛的区域贸易集团化运动,资金流动限制的取消以及降低关税壁垒的长期影响,认同并强化了一体化的潮流。

经济一体化是关于成员间贸易壁垒的撤除和各种合作互助关系的建立，具有许多经济方面的优点：①根据比较优势的原理，通过加强专业化生产提高生产效率，通过市场规模的扩大达到规模经济以提高生产水平；②区域经济一体化将内部各个国家和地区联合起来，增强国际谈判实力，有利于得到更好的贸易条件；③区域经济一体化内部生产要素可以自由流动，将生产要素重新配置以达到更优状态；④区域经济一体化实现了内部国家和地区对于货币金融政策的合作，使得就业、经济增长等成为其共同的目标。

1. 区域经济一体化的形式

区域经济一体化使经济独立的国家通过更多产品、服务及生产要素的跨国流动，在经济上变得互相联系和依赖。经济一体化也使成员国的资源得到有效的利用并实现更多产出。一般地，区域一体化会经历5个层次并从一体化的低层次——自由贸易区，依次发展到最高层次——政治联盟。

1) 自由贸易区

自由贸易是区域经济一体化中最简单也最常见的一种一体化形式。自由贸易区（Free Trade Area）又称为对外贸易区，是指两个或两个以上的国家通过达成某种协定或条约，取消相互之间的关税和与关税具有同等效力的其他措施的区域经济一体化组织。目前，北美自由贸易区是全球最大的自由贸易区，成立于1994年；科隆自由贸易区为第二大自由贸易区，成立于1948年；第三大自由贸易区是2010年1月1日正式启动的中国—东盟自由贸易区；2013年8月中国（上海）自由贸易试验区批准设立，以开放促改革、促发展、促创新，成为中国可复制、可推广的试验区。

设置自由贸易区的作用主要包括：①利用其作为商品集散中心的地位，扩大出口贸易和转口贸易，提高设置国家和地区在国际贸易中的地位，增加外汇收入；②有利于吸引外资，引进国外先进技术与管理经验；③有利于扩大劳动就业机会；④在港口、交通枢纽和边境地区设区，可起到繁荣港口、刺激所在国交通运输业发展和促进边区经济发展的目的。

2) 关税同盟

区域经济一体化的第二个层次是关税同盟（Customs Union）。关税同盟是指两个或两个以上国家缔结协定，建立统一的关境，在统一关境内缔约国相互间减让或取消关税，对从关境以外的国家或地区的商品进口则实行共同的关税税率和外贸政策。关税同盟近似于自由贸易区，不同的是同盟的成员除相互同意消除彼此的贸易障碍之外，还采取共同对外的关税及贸易政策。

关税同盟大体可分为两类：一类是发达国家间建立的，如欧洲经济共同体的关税同盟，其目的在于确保西欧国家的市场，抵制美国产品的竞争，促进内部贸易的发展，积极推进欧洲经济一体化的进程；另一类是由发展中国家建立的关税同盟，其目的主要是为了维护本地区各国的民族利益，促进区内的经济合作和共同发展，如中非关税同盟与经济联盟、安第斯条约组织、加勒比共同体和共同市场、西非国家经济共同体、大湖国家经济共同体、中非国家经济共同体等。

3) 共同市场

共同市场（Common Market）是区域经济一体化的第三阶段，它是指两个或两个以上的国家或经济体通过达成某种协议，不仅实现了自由贸易，建立了共同的对外关税，还实现了服务、资本和劳动力的自由流动的区域经济一体化组织。共同市场是在成员内完全废除关税与数量限制，建立统一的对非成员的关税，并允许生产要素在成员间可以完全自由移动。尽管共同市场要求所有成员国在劳动力和经济政策上进行大量合作，并且各国利益也不断发生变化，导致共同市场很难成立。但是，该组织的宗旨仍是通过有效利用资源、保护环境、协调宏观经济政策、加强经济互补，促进成员国科技进步，最终实现经济、政治一体化。

例如，南方共同市场(南共市，MERCOSUR)成立于1991年3月，由巴西、阿根廷、乌拉圭和巴拉圭4个成员国以及智利和玻利维亚两个联系国组成，是南美地区最大的经济一体化组织，也是世界上第一个完全由发展中国家组成的共同市场，领域拓展至经济、政治、外交等，政策转向自由贸易与投资规则。在2002年，巴西和阿根廷双方签署了"巴西和阿根廷共同汽车政策协议"，建立起双边贸易管理机制，对南方共同市场内的汽车制造商免除关税，从而有利于南方共同市场中汽车业的发展。

4) 经济同盟

经济同盟(Economic Union)，即在共同市场的基础上又进了一步，成员国之间不但实现商品和生产要素的自由流动，建立起对外的共同关税，而且制定和执行某些共同经济政策和社会政策，逐步废除政策方面的差异，使一体化的程度从商品交换扩展到生产、分配乃至整个国民经济，形成一个有机的经济实体。

经济同盟的特点包括：①成员国之间在形成共同市场的基础上，进一步协调它们之间的财政政策、货币政策和汇率政策；②当汇率政策的协调达到这样的程度，以致建立了成员国共同使用的货币，或统一货币时，这种经济联盟又称为经济货币联盟；③各成员国不仅让渡了建立共同市场所需让渡的权力，更重要的是成员国让渡了使用宏观经济政策干预本国经济运行的权力，特别是，其成员国不仅让渡了干预内部经济的财政和货币政策，保持内部平衡的权力，也让渡了干预外部经济的汇率政策，维持外部平衡的权力，典型的如目前的欧洲联盟(EU)。

5) 完全经济一体化

完全经济一体化也称政治联盟，是经济一体化的最高阶段，即成员国在经济、金融、财政等政策上完全统一，在国家经济决策中采取同一立场，区域内商品、资本、人员等完全自由流动，使用共同货币。目前，还没有一个区域经济一体化组织成为完全经济一体化的形式，因为各国的政治、经济利益并不会完全相同，有时甚至是相对的，因此很难到达完全经济一体化的要求。

2. 区域贸易协定与多边贸易体制

在区域经济一体化的过程中，逐渐形成了各种区域经济一体化集团，即在一个地理区域，两个或多个国家为实现经济一体化，减少关税和其他阻碍产品、服务、资本以及在更高阶段的劳动力跨国流动的壁垒而结成的联盟。例如，欧盟就是一个比较高形式的经济集团，它允许资本、劳动力及技术在成员国间自由流动，也在协调各成员国的货币和财政政策，以逐渐实现经济一体化。北美自由贸易区的宗旨是：①取消贸易壁垒；②创造公平的条件,增加投资机会;③保护知识产权;④建立执行协定和解决贸易争端的有效机制,促进三边和多边合作。

阅读案例 3-1

NAFTA下墨西哥零售市场的变化

1991年,沃尔玛开始建海外分店,第一家就设在了墨西哥城。先开了山姆俱乐部,接着又开了超级购物中心,从此横扫墨西哥零售市场。墨西哥的人们放弃了一直沿袭的到菜市场买肉、菜的老习惯,转而到沃尔玛去买便宜的冷冻食品。当年,墨西哥沃尔玛的营业额就占到全墨西哥超市营业额的一半之多。

1994年北美自由贸易协定生效后,关税下降,整个北美洲的贸易壁垒解除,墨西哥对美国商品的需求大大上升,形成巨大的消费市场。贸易条件消除了麻烦的运输问题和政府的各种限制条款,使沃尔玛能充分发挥它的竞争优势。沃尔玛意识到了这点,沃尔玛前任总裁和首席执行官戴维·格拉斯描述说:"你可以最终把一辆沃尔玛卡车开到墨西哥的阿卡普尔科或开到西北行政区(加拿大)或任何地方去接货送货,我们相信在墨西哥和加拿大有着巨大的机会。"随后在1994年沃柯(WOOLCO)连锁店正挣扎求存,沃尔玛与之达成收购协议,得以进入加拿大市场。至今,沃尔玛已经发展成为墨西哥和加拿大最大的零售商。

全世界的沃尔玛都采用美国外市场统一的采购模式,并且压低工资,禁止组织工会,留给供应商最低的利润率,使得其所有商品价格都低于竞争对手,并且墨西哥沃尔玛利用NAFTA协定的影响力发动价格战争。例如,Las落地扇的关税从20%降到2%,沃尔玛并没有将这笔进账转为利润,而是相应地降低了产品的销售价格,在价格上战胜了竞争对手。沃尔玛在墨西哥经过几年的经营,除在墨西哥城经营超级购物中心之外,沃尔玛还在各地开设500多家分店,遍及墨西哥全程。墨西哥成为沃尔玛全球扩张成功的典型。

(资料来源:http://www.795.com.cn/wz/49601.html。)

同时,以WTO为代表的多边贸易体制,由于"特殊与差别待遇"、"单一承诺"等无法达成一致,多哈回合谈判陷入僵局,这使得区域贸易协定从多边贸易体制的"例外"角色向"主流"角色转变,推动了区域内贸易自由化、投资自由化、服务自由化的发展。尽管区域贸易协定与多边贸易体制存在着多方面的冲突,诸如最惠国待遇原则、争端解决机制优先适用权、非歧视性贸易自由化等,但是两者之间并非不可协调。例如,WTO在明确相关有争议词条规定的基础上,建立和完善审查监督机制,规范争端解决机制优先权,使得多边贸易体制成为区域贸易协定宏观上应遵循的框架,而区域贸易协定则在各国谈判的广度和深度上予以延伸,解决多边贸易体制暂时无法达成一致的难题。

以2011年启动的COMESA-EAC-SADC自由贸易区谈判为例,其战略目标是巩固区域经济共同体,以建立共同市场和单独的投资区域。该三方FTA包括26个非洲国家,通过深化区域一体化、集中资源、扩大当地市场,从而刺激生产和投资,提升非洲大陆经济增长和发展的前景,使非洲小而分散的经济体整合为统一的大市场,解决非洲经营企业的常见难题——运输和能源服务的不足与匮乏。根据该三方自贸区建设线路图,第一阶段包括自贸区内货物贸易的实施,包括7个主要议题谈判:原产地规则;非关税壁垒;标准化评估和认定(例如技术性贸易壁垒),卫生和动植物检疫措施;海关合作,文件编制,流程和运输工具；贸易救济措施；争端解决；关税减免。第二阶段将会讨论基础设施和工业发展，并解决投资问题以及服务、知识产权、竞争政策、贸易发展和竞争等问题。①

中国加入 WTO 多边贸易体制的发展进程

中国于 2001 年 12 月加入世界贸易组织，在加入 WTO 过程中，中国积极参与了经济全球化，实行了边境开放和大幅度削减关税以及撤除非关税措施。

在非歧视原则、自由贸易原则和公平竞争原则下调整和修改不符合 WTO 规定的政策法规，从中央级的法律到 30 个政府部门的 3000 多条法规规章、19 万个地方的规章制度得到了清理和调整，开展了大规模的法律法规清理修订工作，通过将世贸组织所倡导的统一性、透明度和公平贸易等基本原则转化为国内法律，修订了《中华人民共和国对外贸易法》。

大幅降低关税，关税总水平由 2001 年的 15.3% 降至 2010 年的 9.6%，农产品平均税率由 18.8% 调整至目前的 15.6%，工业品平均税率由 14.7% 调整至目前的 8.7%。2010 年降低鲜草莓等 6 个税目商品进口关税后，我国加入世界贸易组织承诺的关税减让义务全部履行完毕。此外，我国还不断削减非关税措施，取消了 424 个税号产品的进口配额、进口许可证和特定招标，分批取消了 800 多个税务商品的管理。

在跨境支付、境外消费领域，对几乎所有部门都做出了局部承诺，但在自然人移动、商业存在方面限制则稍多。在服务贸易 12 个领域中，针对 9 个领域做了具体承诺。在 160 个细分领域中，针对 102 个做了具体承诺，明显高于一般发展中国家的承诺水平。2005 年后，开放步伐进一步加快，对一些敏感行业，包括商业、通信、建筑、分销、教育、环境、金融、旅游和运输等 9 个领域，约 90 多个分部门做出了开放承诺。过渡期结束后，我国全部的市场准入承诺的平均数为 57.4%，平均比例为 38%。在国民待遇方面的承诺的平均数和平均比例分别为 57.4% 和 45%。截至 2012 年，在按 WTO 规则分类的 160 多个服务贸易部门中，中国已经开放了 110 个，新开放的分部门，涉及银行、保险、电信、分销、会计、教育等重要服务部门，远高于发展中国家的平均水平，为外国服务提供者提供了广阔的市场准入机会。

由于现代服务业尤其是金融业、信息服务业社会服务业及各类知识服务业对国民经济有更为深远的影响，而上述产业中国与国际水平差距较大，造成外资垄断的可能性也更大，因此开放水平仍然较低。在服务贸易的 4 种模式中，商业存在与自然人流动的开放尤其显得不足。因此，从国家经济安全和服务贸易的发展双重因素考虑，采取了实施保护与自由化相结合的服务贸易开放战略，即对部分弱势行业实行保护，对一些实力较强的行业加快开放。但这种开放战略面临新形势的挑战。

依据目前全球经济复苏的情况来看，WTO 仍是多边贸易体制的重要代表平台，中国仍需进一步支持贸易自由化、反对贸易保护主义，更积极地参与 WTO 决策，审慎分析和对待敏感议题，加强对贸易救济措施的约束，进一步推动 WTO 体制改革。

（资料来源：裴长洪. 全球治理视野的新一轮开放尺度：自上海自贸区观察[J]. 改革，2013(12)：30—40.）

---

① UNCTAD, World Investment Report2014：Investing in the SDGs：An action plan[R]，2014：39—40.

区域贸易协定(Regional Trade Agreement，RTA)是指两个或两个以上的国家或不同关税地区之间，为了消除成员间的各种贸易壁垒，规范彼此之间贸易合作关系而缔结的国际条约。大型区域协定的谈判在公众视野中日渐突出，并引起不同利益相关方的广泛关注。就人口而言，最大的协定是区域全面经济伙伴关系(RCEP)，其参与国的人口占全球人口的近一半；在GDP方面，最大的协定是TTIP，占全球GDP的45%；在FDI流入存量方面，TPP参与国的FDI流入存量位居全球第一。

1) 跨太平洋伙伴关系协议(TPP)

美国认为金融危机使全球经济治理的焦点已经转向世界经济再平衡。WTO多哈回合谈判所涉及的发展议题，美国没有兴趣。并且WTO成为美国战略利用工具的价值显然没有预期的那么大，为此美国选择了G20。一方面可以绕开多哈回合谈判，重新开设美国感兴趣的议题，另一方面可以回避由157个成员组成的难以掌控的WTO格局，在较小的治理平台中发挥美国的掌控力。美国试图通过打压中国的国际市场空间来为美国重新塑造国际分工体系扫清道路，但美国期待的"重振制造业"和"出口倍增"并未出现奇迹。

为回应美国商会提出亚太地区是经济利益焦点的呼吁，奥巴马政府高调提出重返亚太地区，并设计和筹划了"跨太平洋合作伙伴协议"(TPP)的所谓高水平区域合作，把产业政策、劳工政策和知识产权等边境内市场问题均纳入协议范围，使其新战略有了实行的范本。加速多边服务贸易协定谈判(世界贸易组织框架内)。从2011年11月以来，TPP谈判文本从原来的21章扩大到29章，不只涉及了减少关税和非关税贸易壁垒的自由贸易内容，更主要的是增加了解决边界内问题的战略合作内容。监管一致性、知识产权和竞争政策都是边界内的重要措施。

2) 跨大西洋贸易与投资伙伴关系协议(TTIP)

美欧关系由于伊拉克战争而陷入危机，为了改善冷战结束以来的松散关系，并且没有欧盟的支持美国也无法完成重要的全球部署，因此美欧提出以自由贸易区作为跨大西洋关系的纽带。同时，近年来新兴市场国家如中国、印度等国家的经济崛起，使得西方国家在全球的政治经济的主导权受到挑战，因此，美国、欧盟把重启"跨大西洋自由贸易区"作为改善双方关系的重要政治工具。美欧自贸区谈判是美国出口翻番计划的组成部分，更是美国加快经济复苏、获取地缘政治红利的重要措施，核心意图在于重塑国际贸易新标准。尽管美欧在经济模式、经济政策等方面仍存在不少矛盾，诸如目前美欧贸易冲突约占世界贸易争端的20%，但仍不影响美欧自贸区之间推动相互服务贸易和投资发展的主要目的。

美国试图通过TPP和TTIP来制定符合发达国家利益的贸易标准，并推动其成为全球贸易的新标准。如能通过TTIP联合欧盟，则发达国家重塑国际贸易新标准的可能性将大大提高。因此，美欧自贸谈判的核心是美版标准与欧版标准的统一，进而力争成为国际标准。在投资、政府采购、非关税贸易壁垒、知识产权、环境与就业、竞争性政策、国有企业的发展等方面提出更严格的贸易标准。

3) 区域全面经济伙伴关系(RCEP)

1998年，东盟成员国签署了《东盟投资区框架协议》(AIA)。2009年，东盟国家又签署了《东盟全面投资协议》(ACIA)，以巩固1998年的AIA协定和1987年的《东盟投资保护和促进协议》(又称《东盟投资担保协议》)。2009年8月,中国—东盟自由贸易区协定正式实施,双方的经济合作将进入一个全面深化发展的新阶段,服务贸易的比重将进一步加大,投资合作的方式将更加多元化。诸如在金融和科技领域的合作将会全面展开,而在企业间的合作也将启动,这将有助于双方企业的商务活动的开展,进而推动相关领域的发展。2012年5月,中国、日本和韩国签署了一项三方投资协定,该协定被认为是这三个东亚国家建立自由贸易区最重要的一环。2012年11月,东盟十国与其六位FTA合作伙伴发起了RCEP谈判,目的是建立涵盖人口最多的全球最大自贸区。2013年,这十六国的FDI流入量达3430亿美元,占全球FDI总流入量的24%。

《世界投资报告2014》中指出,以上三大区域一体化框架——跨大西洋贸易与投资伙伴关系(TTIP)、跨太平洋伙伴关系(TPP)以及区域全面经济伙伴关系(RCEP),显示出不同的FDI趋势。美国和欧盟正在就TTIP构成进行谈判,其在全球FDI流入中的整体占比相较过去七年下降了将近一半,从危机前时期的56%到2013年的30%。参与TPP谈判的12个国家的整体占比在2013年达到32%,较其在世界GDP中40%的占比明显较小。10个东盟国家和它们的6个FTA伙伴也在就RCEP进行谈判,其近年来在全球FDI流量中的整体占比是24%,大概是危机前水平的两倍。总体而言,TPP和RCEP在全球流量中的占比有所增长,但TTIP的占比减半。特定区域和区域间组织在2005—2007年间的FDI平均流入及其在2008—2013年间的FDI流入见表3-1。

表3-1 特定区域和区域间组织在2005—2007年间的FDI平均流入及其在2008—2013年间的FDI流入(10亿美元)

区域/跨区域组织	2005—2007 危机前平均	2008	2009	2010	2011	2012	2013
G20	878	992	631	753	892	694	791
APEC	560	809	485	658	765	694	789
TPP	363	524	275	382	457	402	458
TTIP	838	858	507	582	714	377	434
RCEP	195	293	225	286	337	332	343
BRICS	157	285	201	237	286	266	304
NAFTA	279	396	184	250	287	221	288
ASEAN	65	50	47	99	100	118	125
MERCOSUR	31	59	30	65	85	85	85
备忘:占世界FDI流量的比重							
G20	59	55	52	53	52	52	54
APEC	37	44	40	46	45	52	54
TPP	24	29	23	27	27	30	32
TTIP	56	47	41	41	42	28	30
RCEP	13	16	18	20	20	25	24
BRICS	11	16	16	17	17	20	21

续表

区域/跨区域组织	2005—2007 危机前平均	2008	2009	2010	2011	2012	2013
NAFTA	19	22	15	18	17	17	20
ASEAN	4	3	4	7	6	9	9
MERCOSUR	2	3	2	5	5	6	6

(资料来源：UNCTAD, World Investment Report2014: Investing in the SDGs: An action plan [R], 2014。)

注：G20 的数据包括 G20 中的 19 个成员国，不含欧盟这一第 20 个成员国，APEC＝亚洲太平洋经贸合作组织，TTIP＝跨大西洋贸易与投资伙伴关系协定，TPP＝跨太平洋伙伴关系协定，RCEP＝区域全面经济伙伴关系，BRICS＝巴西、俄罗斯、印度、中国和南非，NAFTA＝北美自由贸易协定，，ASEAN＝东南亚国家联盟，MERCOSUR＝南方共同市场。按 2013 年 FDI 流量降序排列。

4) 中美双边投资协定

在区域一体化的总体框架下，这些投资协定通常旨在使国际投资便利化，但也会促进区域跨国公司的跨境投资。投资合作是区域经济一体化的重要努力成果，中国已经与世界上 50 多个国家签订了双边投资协定，但基本是在世界贸易组织的"与贸易有关的投资协议"框架下产生的，不涉及境内开放问题。中美投资协定谈判已经进行了九轮，谈判涉及"国民待遇"、资本自由转移、征收与补偿、国际争端解决等多项核心议题，由于涉及境内开放议题，双方始终没有进展。

在中美经济战略对话中，这始终是一个重要议题，中方承诺：第一，启动实质性谈判：将过去有关外商投资的三个法律纳入谈判的范围，这意味着国内法将服从国际新规则；第二，结束模式谈判：即以准入前国民待遇和负面清单作为进入文本谈判的前提。准入前国民待遇将覆盖投资项目和投资者，覆盖投资准入前后所有环节；负面清单意味着管理模式将从重审批转向重监管。可见，积极推进中美双边投资协定的签订，将有利于中国与北美洲其他投资协定的互动，有利于促进中国与美国双向海外投资和贸易的发展，有利于缓和中美关系，促进投资监管的透明度。

3.1.4 国际货币体系

与商品的国际流动一样，货币在国际的流动也是国际分工的重要组成部分，并且其相对地位随着国际商务活动的发展而日益突出。纵观世界货币体系的发展历程，都是围绕如何建立一种为世界经济的发展提供必要的、充分的国际货币以及如何通过规范来使这种体系制度化的过程。因此，所谓的国际货币便是这一体系的核心。在对世界货币体系充分认识之前，有必要对世界货币发生作用的场所以及作用机制进行简要介绍。

1. 外汇与汇率

国际商务活动的日益活跃，必然产生国际债权债务的清偿，而这种清偿就客观上要求出现一种介质来承担这一支付手段的作用，外汇便在这样的情况下应运而生。正如盖伊丹·皮诺所形容的"国际主义的贸易与国家主义的货币"的共存形成了外汇。外汇这一概念有动态和静态之分。动态的外汇是指一个国家的货币,借助于各种国际结算工具,通过特定的金融机构,兑换成另一个国家的货币,以清偿国际债权债务关系的一个交易过程。然而,目前人们通常所指的外汇概念更多的是它的静态含义,即以外币表示的可用于进行国际结算的支付手段。具体来看,外汇包括以外币表示的银行汇票、支票、银行存款等。

如前文所述,外汇作为一种特殊的货币商品,它必然和众多商品一样有其价格。那么汇率便是外汇的价格。汇率又称为汇价、外汇牌价或外汇行市,它是两国货币之间的相对比价,或者说,是一国货币折算成另一国货币的比率。同决定普通商品的价格一样,汇率的决定也有众多因素,诸如国际收支状况、通货膨胀率、利率差异、中央银行的干预、重大的国际事件及心理因素等。

外汇市场(The Foreign Exchange Market)是指经营外币和以外币计价的票据等有价证券买卖的市场,其功能主要表现在三个方面:一是实现购买力的国际转移;二是提供资金融通;三是提供外汇保值和投机的市场机制。外汇市场的参与者,主要包括外汇银行、外汇银行的客户、中央银行、外汇交易商和外汇经纪商。

正是基于汇率决定的复杂性,针对伴随国际商务活动、国际资本流动引起的诸如国际清偿力、汇率确定与变化、国际收支的调节等基本问题,国际货币体系(The International Monetary System,IMS)应运而生。国际货币体系即国际的货币安排,是协调各国货币关系的一系列国际性的规则、管理和组织形式的总和①。具体来说,国际货币体系一般包括以下几个方面的内容:各国货币比价的确定、各国货币的兑换性和如何进行国际支付的规定、国际储备资产的确定、国际结算的原则、黄金外汇的流动和转移的确定等。

2. 国际货币体系改革

国际金本位制是世界上首次出现的、以各国普遍采用的金本位制度为基础的国际货币体系,是典型的固定汇率制。第二次世界大战后,国际贸易的发展要求建立一种全新的国际货币体系,这时,以美元为中心的布雷顿森林体系应运而生。然而,这一体系也存在着不可克服的"特里芬难题",即美元在这一体系中同时承担着两方面相互矛盾的职能:一是为世界经济和贸易发展提供清偿力,二是保持美元的币值,维持按美元官价兑换黄金。于是1971年后,西方国家逐步达成协议,实行浮动汇率制,布雷顿森林体系基本瓦解。

布雷顿森林体系崩溃后,国际为建立一个新的国际货币体系进行了长期的讨论与协商。1976年1月签署了牙买加协议,并于1978年4月1日生效。自此,国际货币体系进入了一个新的阶段——牙买加体系。该体系实行浮动汇率制,放弃了布雷顿森林体系以美元为中心的双挂钩制度,增加了IMF的份额,从而提高IMF的清偿力,使SDRS成为主要的国际储备,降低美元的国际储备作用。并且,扩大了对发展中国家的资金融通,用出售黄金的授予建立信托基金,改善发展中国家的贷款条件,将IMF的信贷总额由成员国份额的100%提高到145%,并且放宽出口波动补偿贷款,由原来份额的50%提高到75%,以满足发展中国家的特殊需求。

---

① 陈建忠. 国际金融[M]. 北京:电子工业出版社,2005:174.

基于《国际货币基金组织协定》的六次修订，2006年的IMF新加坡年会上通过了《份额与发言权改革的决议》，这项决议启动了一揽子改革计划。在2008年这项改革计划获得了管理委员会的批准，其中发展中国家的投票权比例从原来40.5%上升到了42.1%，提高了有活力的经济体和低收入国家的发言权和代表权以及在国际金融市场的影响力。然而，受2008年金融危机的冲击，IMF改革迫在眉睫。2009年G20峰会将IMF如何改革作为与会各国的讨论重点，其中包括：蒙代尔提出世界货币DEY的构想[1]，以及周小川提出将国际货币基金组织特别提款权SDR发展成为超主权储备货币，逐步替换美元成为储备货币[2]。除此之外，还有诸如恢复金本位制的方案、恢复美元本位制和建立多币种本位制方案等。于是，在2010年12月新一轮的IMF改革中，IMF份额从约2384亿SDR提高到约4768亿SDR（约合7200亿美元），增加了一倍[3]，同时，由发达国家向新兴发展中国家和低收入国家转让不少于6%份额的调整方案。以"金砖五国"为代表的新兴经济体明确表示，愿意满足IMF的增资需求，但必须赋予IMF份额更大的话语权。然而截至2014年1月，由于各国间矛盾重重，IMF份额改革计划仍被搁浅，继续推进第15次份额总审查。不过，份额改革计划的搁浅并不影响IMF对资本管制改革的步伐，2012年11月，IMF明确允许成员国直接管制资本账户以限制跨境资本流动。

阅读案例 3-2

金砖银行的设立推动了国际货币体系改革

近几年，"金砖五国"人口总量达30万亿，对全球经济增长的贡献近50年超过50%。然而长期以来，世行行长和国际货币基金组织总裁由欧盟垄断，表决权份额也是欧美独大，其在IMF的投票权仅有10.3%，在金砖国家提出要求增加IMF份额和话语权的时候，欧美极力阻止。并且，欧美日为了应对后危机时代自身经济的恢复，纷纷退出之前的量化宽松政策，这样的冲击导致了印度等国的货币贬值和股市暴跌。可见，冲破现有国际货币体系另起炉灶，建立金砖银行也就成了必然趋势。

2014年7月15日至16日，"金砖五国"在巴西福塔莱萨举行高峰会议，会议期间签署协议正式启动金砖国家开发银行（简称金砖银行）。按计划，该银行2016年开始运营，职能定位包括：简化金砖国家间的相互结算与贷款业务、设立共同的外汇储备和应急基金、发展中国家在面临经济困难时可向金砖银行求助。可见，金砖银行的建立可以减少对美元和欧元的依赖，被视为全球金融格局发生巨变的标志性事件，具有里程碑的意义。

据悉，5个成员国将各出资100亿美元作为银行启动资金，并且为应急储备基金注资1000亿美元。同时，将建立金砖国家交易所联盟以及金砖国家能源联盟，来挑战美国洲际交易所和金融衍生产品市场的投机活动。该银行将成为国际货币基金组织和世界银行的可替代选择，对美欧主导的国际机构形成制

---

[1] DEY由美元、欧元、日元、英镑和人民币主要货币构成，参与国结成多重货币联盟，各国汇率盯住DEY。参见覃川桃，朱元倩：《国际货币体系将走向何方——论蒙代尔的理想蓝图和现实障碍》，《金融发展研究》，2009年第3期，第15—20页。

[2] 周小川.关于改革国际货币体系的思考》，《中国金融》，2009年第7期，第8—9页。

[3] 宋伟.IMF近期决策结构改革及其对中国的影响（2006—2012）》，《国际经贸探索》，2013年第6期，第94—105页。

衡,成为全球治理新体系的关键因素,应急储备基金将放在每个金砖国家的储备中,可以转给其他成员国,以帮助其克服国际收支难题。此外,金砖银行的总部最终选址在上海,除了可以发挥中国自身的领头羊作用以外,还可以利用巨额的外汇储备带动人民币国际化进程,摆脱美元陷阱的威胁。

相反,一些学者对金砖银行的建立提出了不同看法,由于各国的意图并不清晰且不一致,可以看出金砖银行的建立更多的是象征性的影响。例如,该行是仅仅在"金砖国家"内部放款,还是也贷款给金砖之外的国家;除了贷款给政府,是否也直接贷款给企业;它所支持的那些项目究竟应当具备哪些条件等。世界银行前行长佐利克曾意味深长地指出,金砖国家合作组建开发银行的计划怀着迥异的初衷,即中国和印度希望通过金砖银行来提升本国在它们经济利益不断扩大的地区的影响;南非本身却倾向于为世界银行和其他国际机构忽略了的基础设施项目提供资金;印度和巴西把金砖银行视为一项单纯的经济事务,俄罗斯更看重它的政治意义。然而,自身存在诸多不确定性的金砖银行并不一定说明对国际货币体系改革缺乏促进作用,最直接的来看,外部的竞争很有可能成为世行和IMF改善服务、提高效率的强劲动力。

(资料来源:金砖银行相关资料整理。)

可见,国际货币体系正面临着很大的动荡,国际上提出了形形色色的改革构想。此外,要打破或颠覆现有的国际货币体系,更是一场艰难的改革。随着国际形势的发展,美国、欧元区与新兴市场国家将不断就如何进行国际货币改革展开博弈。因此,国际货币体系最终将改革向何方向,还是将由各国的经济实力与货币信用来决定。对于中国而言,人民币国际化则是中长期内中国推动、参与国际货币体系改革的有效方式[①]。

3. 世界投资波动概况[②]

2013年,FDI流量恢复上升趋势。全球FDI流入增长了9%,达到1.45万亿美元,各主要经济体(发达经济体、发展中经济体和转型经济体)FDI流入均有所增长。全球FDI存量增长9%,达到25.5万亿美元。据联合国贸发会议预测,全球FDI流量2014年将达到1.6万亿美元,2015年达到1.75万亿美元,2016年增长到1.85万亿美元。这一增长主要来源于发达经济体经济复苏所带来的直接投资增加。但是,一些新兴经济体的脆弱性、政策不确定性和地区冲突所带来的风险仍将对FDI流量的预期回升带来不利的影响。

其中,发展中经济体的FDI流入已创新高,达到7780亿美元,占全球FDI流入量的54%。发达国家的FDI流入在2012年迅速下滑后有所恢复,但仍然维持全球FDI 39%的历史低位。发展中国家的跨国公司FDI创历史新高,达到4540亿美元,连同转型经济体一起,占全球FDI流出总量的39%,这一比例在21世纪初仅为12%。并且,发展中国家的跨国公司在不断收购发达国家TNCs在发展中世界的分支机构。

APEC成员国占全球FDI流入的份额从危机前的37%增长到2013年的54%。在TTIP框架下进行谈判的美国和欧洲发现它们整体占全球FDI流入的比例几乎减半,从危机前的56%降低到2013年的30%。在TPP中,美国所占比例减少被同一组织内新兴经

---

① 李稻葵,尹兴中.《国际货币体系新架构:后金融危机时代的研究》,《金融研究》,2010年第2期,第31—43页。

② UNCTAD, World Investment Report2014: Investing in the SDGs: An action plan, 2014: xiii—xvi.

济体相应份额的增长所抵消，使得总占比从2008年前的24%增长到2013年的32%。东盟十国和其6个自贸区伙伴正在就区域全面经济伙伴关系（RCEP）进行谈判，其在全球FDI流入中的占比总计超过20%，几乎是危机前水平的两倍。

最不发达经济体减少了对自然资源的过度依赖，根据2013年新建绿地投资数据显示，在非洲和最不发达经济体中，制造业和服务业占其整体项目额的90%。而由于页岩气革命的影响，拥有搜寻和开发页岩气所必需的技术的美国公司也成为其他国家内拥有丰富页岩气资源的能源公司的并购目标或合作伙伴。在医药业领域，医药跨国公司已经将其非核心部门剥离出去并将研发活动外包，越来越多的跨国公司看重发展中国家成功的研发企业和初创公司，这一领域的跨境并购比例已经从2006年前的不足4%，迅速跃升至2013年的18%以上。

2013年，私人股权投资企业的资金进一步增长至1.07万亿美元的历史高位，年增长率达14%。主权财富基金在资产、地理分布和目标行业方面继续扩张，管理的资产达到6.4万亿美元。2013年国际生产继续增长，其中，消费增长了9%，资产增长了8%，附加值增长了6%，就业增长了5%，出口增长了3%，就海外经营扩张而言，来自发展中和转型经济体的跨国公司比来自发达国家的竞争对手更快。

3.1.5 国际经济环境对企业国际商务活动的影响

经济环境是国际商务环境的重要因素，与其他环境相比，经济环境的变化更频繁、更具有动态特征。而政治、文化等环境中的许多因素实际上也是通过经济环境来间接影响企业的商务活动的。

1. 经济制度的开放有利于国际商务活动的开展

经济制度对国际商务活动的影响主要体现在对于开放本国市场程度的问题上。在实行高度集中的计划经济体制的国家，政府直接掌管国民经济的管理权，对外国企业的产品和投资管制较多，而且这些国家的市场机制不健全，不利于企业的国际商务活动。在实行市场经济体制的国家，政府对外国企业的产品和投资通常干涉较少，加上这些国家市场信息充分、市场机制健全，优胜劣汰的市场竞争原则都能得到充分的体现，这种经济环境有利于企业开展国际商务活动。就目前而言，世界上绝大多数国家都实行市场经济以及混合经济，这两种不同于指令性经济的经济制度，对国内市场都是比较开放的。仅有少数国家还在遵循着指令性经济的方针，不过也在不断转变当中。

2. 经济发展水平的差异影响了国际商务活动的发展模式

处在不同经济发展水平的国家和地区，会有不同的主导产业来支持该国的经济增长。该国主导产业的发展必然会引致该国按主导产业的需求来决定购买何种生产要素以及设备等，因而在该国进行的国际商务活动也会产生对主导产业部门的偏向性。那么这一时期的商务活动只有符合该国的经济发展的阶段需求，才能有生存与继续发展的空间。一般来说，发达国家着重投资大且对劳动力需求较小的资本密集型或技术密集型产业，发展中国家则偏重于发展劳动密集型产业。例如，我国在经济发展进入21世纪以来，一直强调以转变经济发展方式为核心的经济模式，那么国外的部分具有污染性、附加值低的加工工业的产业转移，与我国目前的经济发展阶段相矛盾，这一商务活动必然会失败。

3. 国民收入的差异影响了国际商务活动的偏好供应

国民收入是决定需求的最主要因素，它可以体现出一国对外的购买力，这将直接影响企业对外商务活动的开展进程。当该国经济发展处于低水平时，较低的收入无力支持国际贸易，国际商务活动也就无从谈起。另外，在消费方面，不同收入水平的国家对于产品的需求不同，国民收入高的国家强调产品性能、款式及特色，品质重于价格；国民收入较低的国家则强调产品的功能和实用性，价格重于品质。从个人需求的角度来考虑，人均收入会直接影响对产品的需求，人均收入通过收入需求弹性来起作用，一般人均收入处于低水平，收入需求弹性会较低，那么奢侈品以及一些高档产品的销售必然会受到极大的影响，因而从事关于此类产品国际销售的商务活动不得不考虑这一问题。

4. 区域经济一体化有利于吸引跨国企业投资

在区域经济一体化之前，东道国有限的市场可能限制了跨国企业的进入。区域经济一体化形成后，扩大了市场规模，从而能够承受跨国企业因新开业所支付的固定成本，因此吸引了那些潜在的跨国企业。例如，中国—东盟自由贸易区会对跨国公司在区域内的投资决策产生正面的影响，因为跨国公司在区域经济一体化内进行国际商务活动，会得到更大的市场、更低的关税和成本更低的有效率的环境，而欧盟的情况更是如此。

在区域经济一体化安排中，投资自由化和便利化条款会对跨国企业的国际商务活动产生影响。国民待遇确保外购投资者不会遭到歧视；争端解决机制减少了参与国之间的贸易和投资纷争；当地成分要求、业绩要求、技术转移要求以及国有化和征用风险的消除或减少，都为外来投资者提供了良好的环境；区域协定也使具体国家的政策锁定在区域或国际水平上，从而为外国投资者提供一个更加可预测的政策环境，使得原有跨国公司后续投资增加，还会吸引更多的新投资者。

5. 区域经济一体化带来了国际商务活动的集聚效应

区域经济一体化会带来集聚效应，进而促进跨国企业国际商务活动的频繁进行。集聚效应作为一种经济现象，表现在区域经济一体化过程中就是生产要素的空间流动所形成的经济效果。在一定区域中社会经济活动的空间集中和生产要素的自由流动，节约了运输成本，为大规模生产提供了条件；劳动力市场的集中为区域经济的发展提供了充足的劳动力资源；大量社会经济活动在区域内部的集聚，有利于技术的扩散和信息的交换，提高了市场效率，节约了交易成本，从而产生了企业的集中效应。例如，欧洲最大的公司之一联合利华，在一家工厂集中生产销往整个欧盟市场的洗碗液，在另一家工厂集中生产香皂，其生产进行合理化调整，以获得规模经济效益。

6. 国际货币体系改革对于国际商务活动来说是把"双刃剑"

国际货币体系通过三方面对国际商务产生影响：第一，支付手段和储备资产的供给；第二，汇率制度的安排；第三，国际收支的调节。国际商务活动所需的国际支付手段与国际储备资产，需要稳定的国际货币体系才可以促进国际商务的发展。而无论是黄金资产充当货币的金本位体系还是与美元挂钩的布雷顿森林体系，都会因该资产的稀缺性导致国际货币体系维持的难度越来越大，而一种具有可兑换性与稳定性的国际货币体系才能在一定程度上促进国际商务的增长。牙买加体系的建立促使国际支付手段和国际储备手段出现了多元化的趋势，解决了国际清偿能力的数量问题。但由于广泛地实行浮动汇率制，使国际支付手段的价值随时都在波动，国际收支、政府经济政策、利率水平乃至心理预期等都使汇率波动的风险加大，从而使国际商务的产品定价以及成本的确定都变得困难。而且主要储备货币发行国因各种原因导致发行量波动极大，加剧了国际金融市场汇率的变动程度，这都影响了企业国际商务活动的增加。

同时，国际货币体系改革对跨国企业进行国际商务活动既是机遇又是挑战。一方面，国际货币体系的改革会有利于增强发展中国家在国际货币体系中的话语权，进而会鼓励发展中国家跨国企业进行商务活动。例如，我国商业银行近几年来逐渐进军欧盟等发达国家市场。另一方面，国际货币体系的改革增加了跨国企业商务活动的不确定性，尤其是国际热钱对一国货币体系的冲击更加剧了这种不确定性。例如，欧洲债务危机不仅使欧元出现了货币信用危机，更可能使其国家的企业出现资不抵债的情况，进而影响到跨国企业的商务活动。

3.2 政治与法律环境

3.2.1 政治环境

政治环境是指由政府与政党体制、政府政策、民族主义以及政治风险等因素构成的，对企业的国际商务活动带来影响的外部政治形势。一个国家的政府对环境的影响，是通过政府政策、法令规定以及其他限制性措施而实现的，而政府对企业的政策和态度反映出其国家利益的根本所在。因此，企业在进行商务活动时必须要考虑到政治环境的影响。这里提到的政治环境包括3方面内容：本国政治环境、东道国政治环境以及国际政治环境。

1. 本国政治环境

在评述本国政治环境时，主要包括以下一些因素：政治制度、政党和政党制度、政治性团体以及党和国家的方针政策。

政治制度在广义上是指在特定社会中，统治阶级通过组织政权以实现其政治统治的原则和方式的总和，它包括一个国家的阶级本质、国家政权的组织形式和管理形式、国家结构形式和公民在国家生活中的地位；政治制度在狭义上主要是指政体，即政权的组织形式，现在国家一般采用资本主义政治制度或者社会主义政治制度。政党和政党制度是国家政治制度的组成部分，是政党活动的产物。这些因素都会对国际商务活动产生间接的影响。

在国家的政策与法规方面，任何企业都不能忽略它的存在，因为对于企业来说本国政策对其国际商务活动是支持或限制,直接影响着企业的投资、营销等行为能否成功。

当然,许多政策和法规并不是专门针对国际商务活动而制定的,但它们会影响到企业的国际战略或者国际营销。例如,我国正在实行经济发展方式的转变,即重点支持技术密集型产业的发展,减少对一般加工工业的投资,促进资源节约型、环境友好型产业发展,抑制高耗能、高污染产业的发展。针对转变经济发展方式这一问题,近期国家出台了一系列产业规划以及产业扶植政策和措施,那么这类受国家产业政策扶植的企业就会在进行国际商务活动时有一定的竞争优势,其国际竞争力会有明显提高。以无锡尚德为例,无锡尚德太阳能电力有限公司是一家全球领先的专业从事晶体硅太阳电池、组件,硅薄膜太阳电池和光伏发电系统的研发、制造与销售的国际化高科技企业。正因为它在太阳能电力方面的独到优势以及受到国家的大力扶植,才于2005年12月15日成功登陆纽约证券交易所,该公司借助国际资本的推动,逐步发展成太阳能产业的行业领军者,产品远销欧美日本等国。

另外一些政策与管制则是直接针对企业国际商务活动的。出于政治上的考虑,本国政府会限制企业进入某些国家或者禁止与某些国家进行商务活动。例如,美国限制本国企业进入柬埔寨、古巴、利比亚和朝鲜,且对进入伊朗和伊拉克市场也有一定的限制。出于战略上的考虑,本国政府还会对企业进行技术上的管制,限制企业出口某种类型的产品或者技术。例如,美国东芝公司就因向俄罗斯出售潜艇静音技术而受到政府的处罚。

2. 东道国政治环境

一个国家的政局稳定与否,会给企业营销活动带来重大的影响。如果政局稳定,人民安居乐业,就会给企业营销创造良好的环境。相反,如果政局不稳,社会矛盾尖锐,秩序混乱,就会影响经济发展和市场稳定。企业在国际商务活动中,一定要考虑东道国政局变动和社会稳定情况可能造成的影响。其影响主要表现在该国家政府所制定的政策方面,诸如人口政策、能源政策、物价政策、财政政策及货币政策等。例如,东道国政府可能会通过降低利率来刺激消费的增长;通过征收个人收入所得税调节消费者收入的差异,从而影响人们的购买;通过增加产品税,对香烟、酒等商品的增税来抑制人们的消费需求。

阅读案例 3-3

三一重工告赢奥巴马 推动中国企业走出去

2012年3月,三一集团关联公司——罗尔斯公司收购了美国俄勒冈州的一个风电场项目,并取得所有的审批和许可。但在同年8月,美国外国在美投资委员会(简称CFIUS)以"涉嫌威胁美国国家安全"为由,裁决叫停该风电项目。同年9月12日,罗尔斯公司对CFIUS提起诉讼。而仅16天后,美国总统奥巴马签发总统令,支持CFIUS的裁决,中止该风电项目。该禁令要求罗尔斯公司"在两周之内撤走全部财产和装置,在90天之内全部撤资"。

2013年2月24日,美国法官驳回了三一的大部分诉讼请求。CFIUS基于"国家安全"理由阻碍企业在美国投资,又不给出明确理由。一旦企业起诉CFIUS,禁令就会被总统令所取代。而总统令是不受司法审查管辖的,这就造成所有投资者一旦遇到CFIUS,就毫无保障可言。而三一集团律师指出:"美国法律规定，总统的决定或采取的行动不受司法审查，但并没说作出决定、行动前的过程不受司法审查。"三一集团以此为切入点认为奥巴马下达总统令之前没有按照宪法或相关规定履行程序正义，侵犯了我们的合法权益。一旦过程违法，得出的决定就不能成立。同时，由于本案处在美国内部政治博弈时期，并且抓住了美国人民最敏感的美国政府权力过度扩张问题。于是在2014年7月15日，美国哥伦比亚特区联邦上诉法院判决，总统令"违反程序正义，剥夺了相关企业受宪法保护的财产权"。7月19日，三一集团在京举行新闻发布会，三一集团律师指出："中国企业对西方国家首脑的行政行为进行维权，此案是第一次胜利。"至此，三一集团及其在美关联公司针对美国国家安全审查的维权诉讼取得了阶段性的胜利。

随着中美经贸活动的规模日益增大，中国企业在美投资并购深度和广度增加，使得类似纠纷也逐渐增多。美国安全审查对中国企业尤为关注，但仅以涉及国家安全利益为由，就进行"有罪推定"并不合法。美国是判例法国家，三一案例让中国企业有了说理的地方，可见三一维权追求的不单是法律特权，更是平等特权，这为中国企业走出去增加了信心和经验。同时，三一胜诉恰逢中美双边投资协议的新一轮谈判期，这为中国企业赢得国际话语权取得了重大突破。可见，中国企业走出去时要仅仅抓住政府和企业两个方面。政府要积极帮助企业走出去，为企业走出去提供专业的东道国政治法律制度指导；同时企业自身要敢于和善于以各种形式维护自己的利益。

（资料来源：http://finance.ifeng.com/a/20140717/12736239_0.shtml 相关资料整理。）

在国际商务中，各国管制的目的在于将跨国公司的商务活动导向增进本国经济利益的一面，并将对本国的负面影响降到最低限度。下面来了解一下东道国采取管制的主要措施。

（1）准入限制。跨国企业在海外市场中所处的境况如何，可以从企业的商务活动是否与东道国的利益相一致看出。如果企业是来自东道国认定的有敌意的国家，该企业在东道国的商务活动就很难进行，甚至会被拒绝进入该国从事商务活动。因此，东道国政府对跨国公司进入会实行准入限制。在很多国家，某些产业被认为是国家安全或者经济安全的基础，如国防、通信、能源和自然资源领域。国家对涉及这些产业的跨国公司行为规定股权参与度上限，以限制跨国公司对这些产业的控制力。例如，在中国的电信市场上，政府要求外国投资者与当地公司成立合资公司，外国企业不得完全控制电信企业的经营权。

（2）税收政策。东道国对外国企业的税收政策分为两方面：一方面，外商直接投资是否与当地企业税收待遇一致。当东道国需要通过引进外资来发展经济时，就会对外商投资给予税收优惠；当东道国需要保护本国某种产业的发展时，可能就不会对外国企业实行优惠税率，甚至会比本国企业的税率更高。另一方面，东道国政府利用关税来控制国外企业的经营活动。例如，通过提高关税的办法，阻止、限制外国商品进口，削弱其产品竞争力，用高税收来迅速获取资金和保护国内的同行企业。

（3）价格管制。外国企业在受到东道国政府的一系列管制中，价格管制是使用最普遍的一种手段。在很多国家，由于政治压力使东道国政府对进口商品和服务的价格进行管制，特别是对于政治很敏感的一些部门，如食品、医疗用品等产品。如果外国企业的商务活动涉及这些领域，就很容易成为东道国政府的价格管制对象。除此之外，东道国的通货膨胀也会对外国企业造成间接的价格管制，进而影响利润的获得。如东道国长期具有高的通货膨胀率，使本国货币贬值，当外国企业将在东道国所获的利润兑换时，其利润已经下降甚至可能会转亏。

（4）外汇管制。外汇管制指政府或中央银行为避免本国货币供给额的过度膨胀或外汇准备的枯竭，对于外汇持有、对外贸易或资金流动所采取的任何形式的干预。这里主要是指在资本输出（入）方面的外汇管制。例如，发达国家采取限制资本输入的措施通常是为了稳定金融市场和稳定汇率，避免资本流入造成国际储备过多和通货膨胀。它们所采取的措施包括：对银行吸收非居民存款规定较高的存款准备金；对非居民存款不付利息或倒数利息；限制非居民购买本国有价证券等。发达国家一般采取鼓励资本输出的政策，但是它们在特定时期，如面临国际收支严重逆差之时，也采取一些限制资本输出的政策，其中主要措施包括：规定银行对外贷款的最高额度；限制企业对外投资的国别和部门；对居民境外投资征收利息平衡税等。

（5）征用和没收。征用是指政府通过对所有者支付一定的赔偿而征收外国企业的资产。而没收是更为严厉的措施，直接将所有权从外国公司向东道国转移并且不会对外国企业进行赔偿。由于一些行业对于东道国的经济具有重要性，而且自身缺乏改变经营能力，则更容易被没收和征用，诸如采矿、能源、公用事业和银行等行业。例如，利比亚政府考虑到石油是战略资源，将原来归外国石油公司经营的加油站收归国有。当然，随着发展中国家逐渐地对外开放和鼓励外资投资，这两种较为严厉的管制方式也逐渐减少。

3. 国际政治环境

国际政治环境主要是指两国或多国之间的政治关系。这种情况不同于前面提到过的仅在某一国境内的情况。不管跨国企业多么努力保持中立，都会不可避免地涉及东道国的国际关系。因为跨国公司总是来自某一特定国家，并且在东道国的经营活动总要涉及该公司与其他国家在供求方面的往来。

首先，企业在东道国的商务活动要考虑到东道国与企业所属国的政治关系。它们之间的政治关系不仅影响到该企业在东道国所能受到的待遇，还影响到企业所属国对企业的这种国际商务活动所持有的态度。例如，1998年，美国对印度的核试验采取制裁措施后，百事可乐公司和可口可乐公司在新德里的货车就遭到了炸弹袭击。

其次，企业还应当考虑东道国与其他国家的政治关系。因为当企业在东道国组织生产向其他国家进行销售时，不仅涉及企业所属国与其他国家的关系，更主要的是东道国与其他国家的关系。如果东道国是某一区域经济组织的成员，诸如欧盟、东盟，那么该企业同样会受到组织其他成员国的优惠待遇。

最后，企业需要考虑东道国在国际组织中的地位。例如，世界贸易组织的成员国的贸易壁垒相对较少，国际货币基金组织或世界银行成员国的经济活动也会受到该组织的限制。这些国际组织对成员国的约束和优惠都会影响到跨国企业在某些方面的利益，比如运输、关税和专利等方面。

3.2.2 法律环境

法律环境是指国际或地区政府所颁布的各项法规、法令和条例等，它是企业经营活动的准则，企业只有依法进行各种经营活动，才能受到国家法律的有效保护。国际商务环境其他因素往往是通过法律形式最终表现出来的。企业的营销管理者必须熟知有关法律条文，才能依据法律形式表现出来，同时也能运用法律来保护企业的合法权益。

1. 本国法律环境

本国法律环境是企业赖以生存的环境中最重要的根源之一，其因素主要包括本国的法律法规和本国司法执法机关。

企业的国际商务活动首先要遵守本国的法律法规，特别是和企业经营密切相关的经济法律法规，如《公司法》、《中外合资经营企业法》、《合同法》、《专利法》、《商标法》、《税法》、《企业破产法》等。除此之外，本国还会针对跨国公司制定一些国界之外，对本国国民及其行为实施的本国法律，此权利称之为治外法权。这类法律的实施是为了起诉位于国外的个人或者公司的某种违法行为。例如，法国法庭曾因雅虎公司在其法国网站上传播与纳粹相关的内容而传讯雅虎公司，并勒令其从法国和美国可以进入的网站上删除相关信息、图片和文字。

国家司法执法机关是依据本国的法律法规行使司法权的国家机关。其狭义仅指法院，广义还包括检察机关。在资本主义国家，司法机关与立法机关、行政机关互不从属；在社会主义国家，司法机关从属于国家权力机关而相对独立于其他国家机关。例如，在我国主要有法院、检察院、公安机关以及各种行政执法机关。与企业关系较为密切的行政执法机关有工商行政管理机关、税务机关、物价机关、计量管理机关、技术质量管理机关、专利机关、环境保护管理机关及政府审计机关。此外，还有一些临时性的行政执法机关，如各级政府的财政、税收及物价检查组织等。

2. 东道国法律环境

东道国政府可以通过制定多种法律条款来对在该国经营的外国企业施加压力或者进行限制，主要体现在以下两方面。

（1）外国企业在东道国进行商务活动时要遵守东道国对所有企业制定的法律法规。政府会通过法律法规对企业经营形式和经营行为方面进行控制。相关法律法规会规定在该国境内公司应该如何进行生产、营销和分销活动的内容。这种限制可能会导致公司的效率、效能降低。例如，一些国家的法律规定企业在从事外贸活动时应当取得相应的进口或出口许可。而一些国家制定了营销法，其中制定了在广告、推销和分销等活动时的规范。例如，芬兰、中国、挪威、法国、新西兰等国家禁止播放香烟广告。相比较而言，发达国家的法律体系比发展中国家的更为健全，因此，企业在发达国家的商务活动更容易受到相关法律的限制。

（2）企业还要遵守东道国针对外国企业制定的外国投资法等相关法律法规。这些法律影响着公司选择何种战略进入东道国市场，也影响着企业在该国的经营与业绩。许多国家都对外国直接投资的流入制定了《外国投资法》，诸如加拿大、日本和新加坡等国。美国虽然至今未制定统一的外国投资法，外国投资者在美国享有国民待遇，外资进出自由，但外国投资在美国也不是绝对自由的，依联邦法、州法及其他特别法律仍受到程序不同的制约。例如，在外国投资的行业领域方面，根据1934年修订的《联邦通讯法》，广播（含电视台、无线电广播电台）及其公共设施等行业，由联邦通信委员会统一管理，基于公共利益的考虑，对外国人、外国公司以及其他为外国人、外国政府或外国公司所在地所有或控制的任何公司，拒绝发给或撤回许可证。

专栏3-2

不同的法律体系

英美法系、大陆法系和伊斯兰法系分别成为世界上绝大多数国家法律体系的基础，了解这三大法律体系的渊源有助于学习各国法律体系之间的差异。

英美法系(Common Law)，又称普通法法系，是指以英国普通法为基础发展起来的法律的总称。它首先产生于英国，后扩大到曾经是英国殖民地、附属国的许多国家和地区，包括美国、加拿大、印度、巴基斯坦、孟加拉、马来西亚、新加坡、澳大利亚、新西兰以及非洲的个别国家和地区。到18世纪至19世纪时，随着英国殖民地的扩张，英国法被传入这些国家和地区，英美法系终于发展成为世界主要的法系之一。英美法系中也存在两大支流，这就是英国法和美国法。它们在法律分类、宪法形式、法院权力等方面存在一定的差别。英美法系的主要特点是注重法典的延续性，以判例法(简单解释判例法就是以前怎么判，现在还是怎么判)为主要形式。英美法系法律制度的主要特点是：①在法律的思维方式和运作方式上，主要应用归纳方法即对前例中的法律事实进行判别；②在法律的分类方面，英美法系没有严格的部门法概念，即没有系统性、逻辑性很强的法律分类，其法律分类比较偏重实用；③在法律职业方面，职业流动性大，法官尤其是联邦法院的法官一般都是来自律师，而且律师在政治上非常活跃，法官和律师的社会地位也比大陆法系高。

大陆法系(Civil Law)又称民法法系，是指包括欧洲大陆大部分国家从19世纪初以罗马法为基础建立起来的、以1804年《法国民法典》和1896年《德国民法典》为代表的法律制度以及其他国家或地区仿效这种制度而建立的法律制度，德国、日本和法国等国家属于这一法系。它是西方国家中与英美法系并列的渊源久远和影响较大的法系。其主要特点是：①在法律的历史渊源上，大陆法系是在罗马法的直接影响下发展起来的，大陆法系不仅继承了罗马法成文法典的传统，而且采纳了罗马法的体系、概念和术语；②在法律形式上，大陆法系国家一般不存在判例法，对重要的部门法制定了法典，并辅之以单行法规，构成较为完整的成文体系；③在法官的作用上，大陆法系要求法官遵从法律明文办理案件，没有立法权。大陆法系国家的立法和司法分工明确，强调制定法的权威，制定法的效力优先于其他法律渊源，而且将全部法律划分为公法和私法两类，法律体系完整，概念明确。法官只能严格执行法律规定，不得擅自创造法律、违背立法精神。

伊斯兰法系(Islamic Law or Theocratic Law)，起源于对《古兰经》的诠释，是指以伊斯兰法作为基本法律制度的诸国所形成的"法律传统"、"法律家族"或"法律集团"，巴基斯坦、伊朗、沙特阿拉伯及其他信仰伊斯兰教的国家多属于这一法系。该法系就是为所有个人规定具体的社会经济行为模式的一种完整体系，其内容包括穆斯林义务、土地所有权、债权法、家庭法、继承法、刑法，还有诸如产权、经济决策和经济自由化类型等问题。伊斯兰法律的独特性之一在于禁止收取与支付利息，因此许多经济活动变得难以进行。例如，购房者要贷款购买房屋时，首先要自己花钱买入房地产，然后抵押给金融机构，金融机构再高价出售房地产以取得资本，从而取得额外的报酬以抵补所谓的利息。

3. 国际法律环境

国际法律环境因素主要包括国际法和国际组织。国际法指适用主权国家之间以及其他具有国际人格的实体之间的法律规则的总体。国际法与国内法截然不同,国内法是一个国家内部的法律,它调整在其管辖范围内的个人及其他法律实体的行为;而国际法是国家在其相互交往中形成的,其主体是国家,主要调整的是国家间的关系。尽管国际上没有一个相当于各国立法机构的国际法律制定机构,也没有一个国际性执法机构来实施国际法,但国际法在国际商务事务中扮演了重要的角色。国际法主要包括国际条约和国际惯例。

另外,国际组织对国际商务的影响也不能忽视,这里介绍几个与国际商务活动密切相关的国际组织。世界贸易组织(WTO)是一个独立于联合国的永久性国际组织。它于1995年1月1日正式开始运作,负责管理世界经济和贸易秩序,总部设在瑞士日内瓦莱蒙湖畔。它的前身是1947年签订的关税及贸易总协定。与关贸总协定相比,世贸组织涵盖货物贸易、服务贸易以及知识产权贸易,而关贸总协定只适用于商品货物贸易,在调解成员争端方面具有更高的权威性。国际货币基金组织(IMF)于1945年12月27日成立,其总部设在华盛顿,与世界银行并列为世界两大金融机构之一,其职责是监察货币汇率和各国贸易情况、提供技术和资金协助,以确保全球金融制度运作正常。国际标准化组织(ISO)是世界上最大的非政府性标准化专门机构,是国际标准化领域中一个十分重要的组织。ISO的任务是促进全球范围内的标准化及其有关活动,以利于国家间产品与服务的交流以及在知识、科学、技术和经济活动中发展国家间的相互合作。

根据以上论述,可以看出,对从事国际商务活动的企业来说,不仅要遵守本国的法律制度,还要了解和遵守国外的法律制度和有关的国际法规、惯例和准则。

准入前国民待遇+负面清单管理 改善中国吸引外资法律环境

2013年,中国全年吸引外资达1239亿美元,比2012年增长2.3%,居全球第二位,与位居全球第一的美国的距离进一步缩小。在发展中国家居第一位,这已经是21年居发展中国家吸引外资的首位。近期中国欧盟商会调查发现在中国投资的90%以上的外商投资企业愿意在中国继续投资,国际贸发组织也做了一个抽样调研,发现在2013—2015年中国仍然是对外商投资具有相当吸引力的国家。上海自贸区的负面清单制度即将到一年,商务部会同上海市的其他相关部门总结上海的经验,并研究上海自贸区对外商投资企业采取的"备案为主,审批为辅"的审核制度是否能在全国推开。负面清单虽然面向投资者,但实际上却限定了政府的权力,划定了政府可以审批和管理的领域,可以说,负面清单是法治的限权和赋权思维的具体表现。它不仅适用于市场审批的领域,实际上在公民权利、行政执法、刑事司法等诸多法治领域,都可以推广①。可见,中国在改善投资法律环境方面的成效显著。

党的十八届三中全会指出,要建立公平开放透明的市场规则。实行统一的市场准入制度,在制定负面清单的基础上,各类市场主体可依法平等进入清单之外的领域。探索对外商投资实行准入前国民待遇加负面清单的管理模式。目前商务部正在进行外资三法的修改,今后要将三部投资法改成《外国投资法》等,这些都为外资企业在华发展提供了更多的机会,增加了外商投资企业的信心,从而形成开放倒逼改革的效应。

---

① 叶竹盛. 负面清单的法治思维[J]. 领导文萃, 2014, 9: 24—25页。

根据国际法的一般原则，国民待遇是指本国给予入境的外国人与本国人相同的待遇。根据 UNCTAD 给出的准入前国民待遇定义——在企业设立、取得、扩大等阶段给予外国投资者及其投资不低于本国投资者及其投资的待遇，其核心是东道国给予外国资本市场准入的国民待遇，针对的是外资好不好进的问题。在现实中，一国是根据自身的经济发展状况以及承担的国际法义务来确定本国具体实施国民待遇的范围、领域、措施，通常有两种方式——正面清单和负面清单管理模式。其中，负面清单管理模式是指政府禁止的市场准入主体、范围、领域等均以清单方式列明，凡是针对外资的与国民待遇、最惠国待遇不符的管理措施，或业绩要求、高管要求等方面的管理措施均以清单方式列明。这表明负面清单模式下，外资能够享受到清单范围之外所有的与东道国国民相同的待遇，管理轴心从"事前审查"转换为"事后监督"。

随着投资自由化的推进，市场准入成为了国际投资规则构建的中心议题。国际投资规则发展经历了全面管制、准入后国民待遇＋正面清单、准入后国民待遇＋负面清单、准入前国民待遇＋正面清单、准入前国民待遇＋负面清单这些管理模式的演进。目前世界上至少有 77 个国家采用了准入前国民待遇＋负面清单的外资管理模式，许多区域性的贸易安排也采取了这种外资管理模式。尤其值得关注的是，美国力推的"跨太平洋战略经济伙伴协定（TPP）"、"跨大西洋贸易和投资伙伴协议（TTIP）"等贸易协定谈判，将未来开放的重点聚焦在服务贸易和投资领域，全力打造新一代国际投资贸易规则，准入前国民待遇＋负面清单的外资管理模式成为引领国际投资规则发展的新航标。不仅有利于东道国建立公开透明的市场规则、培育可预期的运营环境，而且有利于母国企业更好地实施走出去战略，在对外投资中获得对等的国际投资环境。

（资料来源：羌建新，《准入前国民待遇＋负面清单管理：会给中国带来什么》，《世界知识》，2014年第1期，第60—61页。）

3.2.3 政治与法律制度差异对国际商务活动的影响

各国政治和法律制度的差异对企业进行国际商务活动构成了巨大的影响，使得企业面临许多政治风险和法律风险。

政治风险是由于一国的政治环境因素的显著变化，对企业的利润及其他目的产生了负面的影响。政治风险主要包括政变、战争、政府违约以及上文提到的国有化政策。根据定义可以得出，在社会不稳定或者社会秩序混乱的国家里进行商务活动时，其政治风险比较大。比如，我国企业在以色列或伊拉克等政局不太稳定的地区进行跨国生产活动时，就必须面临较大的政治风险。

在法律方面，企业可能会遇到各种法律风险。从广义上讲，法律风险是指外国企业的商业行为与东道国所颁布的法律法规有相抵触的风险，可能会产生外部合规风险；从狭义上讲，法律风险主要关注企业所签署的各类合同、承诺等法律文件的有效性和可执行能力。当国家的法律制度比较薄弱时，它就不能针对违约行为提供有效的安全保障或者不能保护产权时就会引发法律风险。因此，当某个国家的法律风险很高时，外国企业在与该国进行商务活动时就要慎重衡量在该国所能获得的利益与风险。例如，在 20 世纪 70 年代印度政府通过了一项法律，要求所有的外国投资者都必须与当地公司合营。由于印度的这项法令不能有效地保护企业的知识产权，使得许多外国公司如 IBM、百事可乐都撤出了印度市场。

3.3 文化环境

3.3.1 文化的定义和特征

文化包含的内容很多很复杂,并不能简单地加以界定。不同领域的学者对文化都有不同的定义,有的认为文化能够将人类和非人类区分开,有的认为文化就是能进行沟通的知识,还有的认为文化是人类在长期社会生活中所产生的历史成就的总和。19世纪70年代文化学的奠基者爱德华·泰勒将文化定义为:包括知识、信仰、艺术、道德、习俗及任何人作为社会成员所获得的其他能力,所有这一切的综合整体①。跨文化差异与管理学专家吉尔特·霍夫斯坦德将文化定义为:文化是一个环境中的人的"共同的心理程序",也就是一个人群的成员与另一个人群成员相区分的共同思维方式……在此意义上,文化包括价值观体系。价值观是文化的基石②。社会学家兹威·内门卫斯和罗伯特·韦伯认为:文化是一种观念体系,这些观念构成生活方式③。

通过对上述学者不同观点的综述,本文将文化定义为:人类在社会历史发展过程中所创造的物质财富和精神财富的总和。它形成了一定群体中所共享的价值观体系及准则以及共同构成的生活方式。

文化的第一个特征是它是社会成员共同拥有的、通过学习得来的行为特征的总和,文化不是某些偶然行为,而是有联系的、完整的行为的总和。它并不是与生俱来的,而是后天习得的。例如,东方人吃饭习惯用筷子,西方人吃饭习惯用刀叉,如果西方家庭的小孩从出生就放到东方家庭中生活,这个西方的小孩就会养成使用筷子的习惯。

第二个特征就是文化具有可继承性和可变迁性。文化是在长期历史发展过程中逐渐积累而形成的,并保留在一个民族的现实生活中。当然,不同国际和民族的文化随着社会的发展也在发生着变化。例如,美国的快餐店麦当劳、肯德基受到了许多国家人的青睐;大多数国家的青年都热衷于牛仔装。

第三个特征是文化具有一定的强制性和约束力。文化的强制性是指文化通常会要求其思想模式和行为相一致。法国社会学家埃米尔·杜尔干曾说:"没有人强迫我与本国人讲法语,但我却不可能有其他选择,否则只会以悲惨的失败告终。"正是文化的强制性,约束着不同国家和民族的思想及行为,使之能够在较长的时期内保持相对的独立性和差异性。例如,在一些严格执行教规的阿拉伯国家,规定妇女外出必须面带黑纱。黑纱上只留两个小孔,以免遮挡视线;而比较开明的国家已经抛弃了这种习惯,妇女用头巾或者披肩代替黑纱,男子多穿西装。

---

① 爱德华·泰勒著,连树声译,《原始文化(重译本)》,广西师范大学出版社,2005年,第1—17页。
② 吉尔特·霍夫斯坦德著,许立生导读,《文化之重:价值、行为、体制和组织的跨国比较(第二版)》,上海外语教育出版社,2008年,第1—36页。
③ J. Z. Namenwith and R. B. Weber, *Dynamics of Culture*, Boston: Allen & Vnwin, 1987.(这本书pdf网上找不到,不清楚具体概念在第几页)

阅读案例 3-4

肯德基二进香港

1973年6月,肯德基公司在东方之珠香港首次登陆。香港的新闻媒体几乎全部出动,在同一时刻,广告也展开铺天盖地、声势浩大的宣传。标语、横幅、彩图充斥着香港的大街小巷,伴随着一声声"好味道舔手指",在美孚新村第一家肯德基家乡鸡粉墨登场。一年之后,又有11家连锁分店陆续开业。

不见炉火旺,但闻鸡飘香。独特的配方,精妙的烹调,使从未品尝过美式快餐的香港人,无法抵御家乡鸡的诱惑,竞相奔走肯德基快餐店。色泽金黄,香气四溢的炸鸡比起华人的清炖,红焖鸡块的确非同凡响。除了炸鸡之外,还销售菜丝色拉、马铃薯条、小圆面包以及可口可乐、冷热红茶等品种繁多的辅助食品和饮料。一经品尝,顾客们立刻被美式快餐迷住了。家乡鸡在香港的前景似乎一片光明。

然而,肯德基的"香港热"并没有持续多久。1974年9月,肯德基公司突然宣布多家餐店停业,到1975年2月,仅存的4家也关门停业。首批进入香港的肯德基可以说全军覆没。虽然肯德基公司的董事长一再宣称,暂时停业是由于租金所困,但肯德基败走麦城已成定局。

一时间,香港新闻媒体沸沸扬扬,拿出当年宣传推广之势,大肆评判肯德基在香港的成败功过。上至金融业大亨,下至平民百姓,争相发表自己的看法。最后,经过认真总结,发现是中国人固有的文化观念决定了肯德基的惨败。

在世界各地的成功经验,使肯德基公司对香港的生意十分自信,却忽略了香港人是华人,华人有华人的传统、习俗和消费心理这一关键因素。

首先,在口味上,为了迎合港人的口味,家乡鸡快餐店采用香港本地的土鸡品种,但仍然沿用美国的喂养方式,用鱼肉饲养,结果破坏了中国鸡特有的口味,令港人大失所望。

其次,在广告上,"好味道舔手指"这句世界闻名的广告词,很难被注重风雅的香港居民接受。况且当时香港人的收入,还不能普遍接受家乡鸡的价格,因而大大抑制了家乡鸡的销售。

最后,在服务方式上,家乡鸡采取了典型的美式服务。在欧美,人们一般只是购买食物,然后带回家再吃,因此店内通常不设座位。香港则不同,人们一般在购买食物的地方进餐。人们三个一群,五个一伙,买了食品后坐在店内边吃边聊。家乡鸡不设座位的做法,使人没有地方用餐,无疑赶走了一大批回头客。因此,家乡鸡一开始吸引了许多人,但是回头客却很少,以至于无法赢利的肯德基灰溜溜地离开香港。

1985年,即8年之后,肯德基决定再度进军香港,1985年9月,首家家乡鸡耗资300万元,在佐敦道开业,1986年初,第二家家乡鸡在铜锣湾开业。

这时的香港快餐业已发生了巨大的变化。本地餐饮业占据消费市场的70%,另外一些快餐店占据消费市场的20%。面对强大的竞争对手,肯德基要想重新占据市场并不容易。这次肯德基开拓市场非常谨慎,在公司开业前,营销部门就进行了准确细致的市场调查。肯德基根据香港的实际文化背景,及时改变了营销策略。

与8年前不同的是,新的家乡鸡店是介于铺着白布的高级餐厅与自助快餐店之间,是一种比较高级的快餐厅。顾客对象主要是年轻一族,属于白领阶层。在食品风格上,家乡鸡也进行了革新。所有的炸鸡原材料都是从美国进口,并严格地按照家乡鸡创始人贺兰迪斯上校的配方进行烹制。食品是新鲜烹制的,炸鸡若在45分钟仍未售出便被丢弃,以保证所有鸡件都是新鲜的。除了这些,还增加了杂项、甜品、饮品等花样。

在销售上,公司将家乡鸡以较高的价格出售,因为如果家乡鸡价格太低,香港人会把它看成一种低档的快餐食品。而对于杂项食品,如薯条、玉米等,则以较低的价格出售,因为家乡鸡店周围有许多快餐店销售同类食品。更何况,降低杂项食品价格,在竞争中就能获得优势。在广告策划上,家乡鸡用"甘香鲜美好口味"的宣传语,使新的广告词带有浓厚的港味,更容易为香港人所接受。

公司认为家乡鸡在香港人心中并不陌生,因此广告宣传并不是主攻方向。而调整市场策略,适应港人消费心理,才是最主要的。因此,佐敦道分店开业时,只在店外竖了一块广告牌,宣传范围也仅限于店周围的地区。

肯德基的努力没有白费,8年前的那次惨败已渐渐被港人淡忘,越来越多的香港人重新接受了家乡鸡。相当一批高薪阶层成为家乡鸡的长期主顾,肯德基连锁快餐店在香港红红火火地开起来,占据肯德基海外连锁店的1/10还多。肯德基成为与麦当劳、汉堡包皇和必胜客并驾齐驱的香港四大快餐之一。

这一案例表明,任何一个跨国集团在其他国家或地区进行扩张时,都要注重了解当地的文化背景,根据当地文化习俗适时地调整进入市场的战略,这样才能使当地消费者接受国外企业的产品。

(资料来源:http://www.795.com.cn/wz/49601_5.html。)

3.3.2 文化的要素

对文化概念的阐述已经基本包括了文化的各个要素,这些要素适用于各种文化的一般特征,包括物质文化、语言、宗教、价值观和道德准则、风俗习惯等。

1. 物质文化

物质文化与"非物质文化"相对,是指为了满足人类生存和发展的需要所创造的物质产品及其所表现的文化。物质文化源于技术,并与一个社会组织的经济活动方式直接相关,它主要表现在经济、社会、金融和市场等方面基础设施的可获得性及充足性。经济的基础设施包括交通运输、能源和通信系统。社会的基础设施是指住房、保健和教育体系。金融和市场的基础设施是指一国为国际企业的运营提供便利服务的机构,例如银行、会计事务所等。一个国家或地区的物质文化对于国际企业进行国际商务是很重要的选择指标。由于一些国家的物质文化建设比较落后,国际企业在开始营业之前不得不参与该国的基础设施建设。例如,中国土木工程集团总公司在非洲许多国家都承担着基础设施建设的重担,2009年中土公司在尼日利亚兴建阿布贾城铁,还承担了阿帕港口扩建项目以及一些公路、桥梁和体育场项目;在阿尔及利亚,中土公司承建了分段的高速公路和两段高速铁路项目。而在另一些国家,先进的基础设施可以使国际企业获得许多便利。

技术的进步直接推动着物质文化的发展,同时也是导致文化变化的主要因素。例如,西方人闲暇时间的增加就是技术进步的结果。德国人现在每周平均只需工作35h,他们就要寻找更多的差异化产品来满足他们高质量生活和更多闲暇时间的需求。当然,新技术的出现也要受到文化的检验和校正。由于文化习俗各方面的差异,一些技术在特定的国家或地区并不会发挥其优势。如使用语音邮件可以提高办事效率,而在中国的使用量却很少,这是由于中国人不喜欢使用留言的方式,他们更倾向于以传统的亚洲风格面对面地指导商业事务。

2. 语言

语言是人类最重要的交际工具,人们借助语言保存和传递人类文明的成果。语言是民族的重要特征之一。世界上的已知语言有6912种,使用人数超过5000万的语言有14种:英语、汉语、印度语、俄语、西班牙语、德语、日语、法语、印度尼西亚语、葡萄牙语、孟加拉语、朝鲜语、意大利语和阿拉伯语。按被规定为官方语言或通用语言的国家数目来说，英语占第一位(约44国)，法语第二位(约31国)、西班牙语第三(约22国)。联合国规定使用的正式语言和工作语言共有6种：汉语、英语、西班牙语、法语、阿拉伯语和俄语。

语言与文化的关系紧密，语言能够反映文化，人们要与某种文化接触，学习这种语言就很有必要，它能让人们更加深刻地了解一国或者地区的文化背景。语言在国际商务活动中是不可或缺的环境因素之一。首先，语言在搜集信息方面十分重要，它是了解当地文化的重要工具。在进行商务活动之前，要了解一个国家或地区的基本情况，语言可以帮助人们收集资料，加深对当地的了解，以便在进行商务活动时避免不必要的失误。

例如，在商务谈判中，美方如果说"tabling a proposal"，则表示该决议要暂缓做决定，而在英方则表示为马上采取行动。其次，语言也是国际商务活动中进行沟通的主要工具，商务洽谈、通信联络、广告宣传及人际交往都离不开语言。在进行商务活动时采用当地的母语会有利于与当地政府、企业进行洽谈和沟通。例如，将本公司的资料和信息翻译成当地语言会有利于公司和产品的宣传推广。另外，通过语言进行有效的企业形象设计，可以促使企业在商务活动中占有优势。由于英语是世界上使用最广泛、影响最大的语言，许多公司在进入国际市场时要设计与企业形象、产品特点相符的英文名称和商标品牌，如德国的阿迪达斯(Adidas)，中国的海尔(Haier)和康佳(Konka)，日本的索尼(Sony)和松下(Panasonic)。

3. 宗教

前文已述，物质文化、语言属于文化的外在表现形式，而往往人的内在精神活动决定其外在行为方式，因此，要对文化进行全面的了解，就必须熟知人的内心精神活动。在大多数文化环境中，人们都会信仰宗教，把宗教视作人类生存的根源。由此看来，宗教(Religion)是最有助于理解人的内在精神活动的。宗教是人类社会发展到一定历史阶段出现的一种文化现象，属于社会意识形态。其主要特点为：相信现实世界之外存在着超自然的神秘力量或实体，该神秘力量统治万物且拥有绝对权威、主宰自然进化、决定人生命运，使人对该神秘力量产生敬畏和崇拜，从而引申出信仰认知及仪式活动。

世界上存在许多宗教，主要包括基督教、伊斯兰教、佛教、印度教和儒教，这几类宗教的信徒占世界总人口的3/4。进行国际商务活动时，不仅要了解各个国家或地区的宗教信仰，还要具体分清楚各个宗教内部派系的差别以及其中的细节。例如，欧洲国家的基督教内部新教与天主教之间存在着长期的争执，在某些观念上两个派系之间可能是不同的，甚至是相反的。在商业活动中，特别是中东地区的妇女，她们不能像西方妇女那样发挥自己的作用。例如，在某些国家，公司不可以雇用妇女做经理或人事工作。因此，与穆斯林国家进行商务活动时，应尊重他们的各种教规，特别是禁忌的行为。在西方人与亚洲人进行商务活动时，特别重视人与人之间的关系，在人事方面要做几年的准备工作，否则会影响业务的开展。

4. 价值观和道德准则

价值观是指一个人对周围的客观事物(包括人、事、物)的意义、重要性的总评价和总看法。将这些看法和评价在心目中按照主次、轻重进行排序，就形成了价值体系。价值观和价值体系是决定人的行为的心理基础。因此，价值观是文化形成的基石。价值观是社会成员用来评价行为、事物以及从各种可能的目标中选择自己合意目标的准则。它能支配和调节一切社会行为，涉及社会生活的各个领域。人们所处的自然环境和社会环境，包括人的社会地位和物质生活条件，决定着人们的价值观念。处于相同的自然环境和社会环境的人，会产生基本相同的价值观念，每一个社会都有一些共同认可的、普遍的价值标准，从而发现普遍一致的或大部分一致的行为定势。例如，在日本，许多中年的政府公务员和公司管理人员就把拒绝购买外国产品视作为爱国行为。

个人的价值观一旦确认，便具有相对的稳定性，形成一定的价值取向和行为定势，是不易改变的。在国际商务活动中，面对植根于信仰（如宗教）的价值观和道德标准时，就要更加注意采用恰当的方式和方法。例如，马特尔公司出品的芭比娃娃均为金黄色头发，着装前卫，这种形象可能会引导伊斯兰国家女孩们在成长中反对传统价值观念的行为，因此芭比娃娃受到伊斯兰国家的抵制；而另一个和伊朗军事教育有关的政府机构推出的萨拉娃娃，则是以伊朗学校教育中的人物为原型，其肤色设计为黑色或棕色，并带有一种流行的长的花色丝巾作为头巾将娃娃从头到脚都包了起来，这种形象符合了当地的价值观念而受到普遍欢迎。

当然就社会和群体而言，由于人员的更替和环境的变化，社会或群体的价值观念也是不断变化的。传统价值观念会不断地受到新价值观的挑战，这种价值冲突的结果，总的趋势是前者逐步让位于后者。所以，价值观对于外国商业活动和外国产品也并不是一直会抵触的。比如，日本的年轻人对于西方的产品，从流行音乐到阿迪鞋、路易杜比高级女装、星巴克咖啡等都表现出了热衷与喜欢。同样地，美国的年轻人也喜欢日本连环漫画书和卡通人物形象，如凯蒂猫（Hello Kitty）、机器猫和蜡笔小新等。

5. 风俗习惯

风俗习惯是人们根据自己的生活内容、生活方式和自然环境，在一定的社会物质生产条件下长期形成，并世代相袭而成的一种风尚和由于经常重复而巩固下来并变成需要的行动方式等的总称。它在饮食、服饰、居住婚丧、信仰、节日和人际关系等方面，都表现出独特的心理特征、伦理道德、行为方式和生活习惯。不同的国家或地区、不同的民族有不同的风俗习惯，这些风俗习惯对消费者的消费嗜好、消费模式和消费行为等具有重要的影响。

不同的国家或地区、民族对图案、颜色、数字和动植物等都有不同的喜好和不同的使用习惯。例如，在使用花束方面，中国港台地区的商人忌送茉莉花和梅花，因为"茉莉"与"末利"同音，"梅花"与"霉花"同音；墨西哥人视黄花为死亡，红花为晦气，而喜欢白花，认为可以驱邪；日本人忌用荷花、梅花的图案。在颜色方面，新加坡人喜欢红、绿、蓝色，但视黑色为不吉利；伊斯兰国家以绿色代表伊斯兰教，但视蓝色为不吉利。所以，企业进行商务活动时，应了解和注意不同国家或地区、民族的风俗习惯，做到"入乡随俗"。

在国际商务活动中，礼节是风俗习惯中比较重视的一个环节，其中包括见面时的礼节、行坐止的礼节、参加宴请的礼节及办公室礼节等。礼节是不妨碍他人的美德，是恭敬人的善行，也是一个公司或者个人行万事的通行证。例如，握手方式在世界各地也不尽相同，有轻轻地握手、坚定地握手、握住手肘的握手以及不握手。在东南亚，握手礼还需要双手在胸前合十，做祈祷状；在日本，鞠躬是商务场合和人际交往的礼节；而在西方国家也会有拥抱、亲吻两颊等方式。

3.3.3 文化差异对国际商务的影响

随着全球经济一体化的发展，国际商务已进入一个"无国界经营"的阶段，但无国界并不意味着文化的界限和差别就不存在了，而是意味着跨国经营将面临越来越多的陌生文化环境，面临更多的差异、矛盾和冲突。文化环境对企业国际化经营的影响是多层面、全过程的。国家文化和组织文化差异越大，在经营目标、市场选择、产品和服务的提供、管理方式与风格等方面的影响就越明显，既有消极、不利的一面，又有积极、有益的一面。

1. 文化差异产生的沟通问题可能影响商务谈判的行为

由于不同文化背景的人们感知世界和编辑信息的方式不同，人们在语言、价值观念、传统文化、教育、工作态度等方面有很大差异，因而常常存在理解和信任的障碍，出现误解和冲突，从而使得相互之间的沟通受阻，影响工作的效率和进程，对国际商务活动造成负面影响。以中美商务谈判为例，中国人的曲线思维模式是整体取向，即先就总体原则达成共识，然后以此去指导具体解决问题方案的制定；而美国人由于受线性思维和分析思维方式的影响，最重视事物之间的逻辑关系，谈判一开始就急于讨论具体条款。在谈判语言的选择与运用上，美国人采用外向型交流方式，尽量以简单、明了和直率的方式表达自己的思想，而东方文化中，常使用间接的语言迂回曲折陈述自己见解，"和为贵"的价值观使中国人把创造和谐的气氛作为谈判的重要手段。

2. 文化差异影响国际商务活动的生产与营销

文化差异导致了各国消费者需求的差异，影响了消费者对产品的满意程度，因而在决定向海外市场提供产品进行跨国经营时，要有针对性地满足这种差异化的要求。有时文化会变成仅次于政治的东西，并被用作非关税壁垒，这在产品设计时必须加以考虑。不同的文化品味常迫使公司改变其产品的成分组成，例如，雀巢公司根据不同市场上消费者品味的不同，配制不同的咖啡并在各地取得成功。

在制定国际营销策略时，同样要考虑文化差异，考虑不同国家的风俗习惯，考虑不同国家人员的推销方式以及广告标准化信息的传递方式，考虑不同国家的国际分销渠道运作方式，考虑不同国家的价格制定习惯和思维。例如，议价在中东和非洲最常见，在亚太和拉美新兴市场中也存在，而在典型的美国商业交易中不被认为是一个合法部分，在一些落后的地区，由于许多消费者不会读写，议价的传统对许多商品的交易方式有着巨大的影响。因此，企业在国际商务的活动生产和营销中必须适应不同的国际文化环境。

3. 文化差异影响国际商务的管理行为

文化差异影响跨国企业管理的各个方面，其中某些特定的管理职能对文化更加敏感，例如员工激励、组织协调及人力资源管理等方面。不同文化背景下的员工，对于上下级关系、决策程序、对待时限的态度、对待协议的态度、谈判的策略等都打上了不同国家的文化烙印。这就增加了管理决策方法上的复杂化，导致管理费用的增大。

以员工激励为例，工资是调动员工积极性的关键因素，但各个国家由于文化不同而导致对工资的态度和政策不同。当美国的海外经理给东道主墨西哥的工人涨工资时，却适得其反，墨西哥的工人减少了工作时间而去享受闲暇。这是因为美国人和墨西哥人对诸如工作这样的基本概念所持的态度因文化的不同而不同。美国文化中，人们对工作的态度是积极热情的，而墨西哥人则认为工作仅是为了维持所期望的生活水平而采取的方法，是一种谋生的手段。

4. 文化差异可能引发严重的文化冲突

文化差异造成的文化冲突对跨国经营影响极大。所谓文化冲突，是指不同文化及文化要素之间的对立、相互排斥的过程，这种冲突本质上源于文化的差异，如果不能顺利地解决文化冲突，就会严重影响跨国企业的经营与发展，导致经营障碍，甚至造成经营的失败。

例如，在跨国经营中，意识不到不同文化要求遵循的行为规范的差异，常常就会引起意想不到的文化冲突。2004年，西班牙埃尔切发生了针对中国商人温州鞋商的暴力烧鞋事件，在大量有关"西班牙烧鞋事件"的报道中，都有这样的描述：示威者愤怒地喊："中国人没有规定的营业时间，24小时地干，他们应该和我们一样地工作。"在埃尔切人看来，中国商人是在进行不公平竞争，由此造成两个不同文化群体对工作时间长短的看法存在差异，这种看法的产生无疑深受了各自文化的影响。中国是一个受儒家思想影响的国家，儒家文化外在表现为"谦和"、"勤劳"等行为，在中国人看来，"24小时地干"非但不受异议，而且是受褒奖的；但西班牙等一些欧洲国家则受基督教文化的影响，他们认为生活并不仅仅是为了工作。当中国商人和西班牙商人在埃尔切鞋业市场上竞争时，中国商人没有遵循与西班牙当地文化相适应的行为规范，没有遵守当地规定的营业时间，成为引发文化冲突的重要原因，并且导致很大的损失。

5. 文化差异可能影响国际商务活动战略和决策的选择

在跨国企业经营中，如何更好地利用母国和东道国优秀的文化，促进文化的变革和创新，对于经营管理者的战略管理决策至关重要。有时母国文化会引起东道国员工、社团和政府的反对，而东道国文化又会不断减弱母公司对海外机构的控制。因此，正确对待文化差异，既保持本公司的文化特征，又适应东道国的文化环境显得尤为重要，要做到对不同文化"取其精华，去其糟粕"，考虑母公司的利益以及塑造一种"创新"的企业文化。通过进行跨文化培训、建立共同价值观以及本土化战略选择合适的跨国经营战略。例如，南山铝业集团自2011年对美投资以来就重视跨文化的挑战，将美国政府、中国政府、美国企业、中国企业四种思维方式有效融合起来。其中，美国政府思维重视创造就业、环保审评、安全消防、工会影响；中国政府思维重视鼓励对外、投资安全、保护中企、抵制歧视；美国企业思维重视以人为本、精益管理、质量体系、服从市场；中国企业思维重视成本优先、易走捷径、注重眼前、忽略人文。100%采用美国本土化管理和美国本地工人，污染物排放水平不到美国同行业平均水平的1‰,这样既避免了美国员工的抵触心理,又很好的解决了文化冲突,使得南山铝业在美国顺利完成了对美的新建投资,并且得到了丰厚收益。

3.4 科技环境

3.4.1 科技环境与科技政策

科技环境是一个庞大复杂的环境系统,其涵盖范围广、涉及面宽,既可以抽象到一个国家、地区的科技环境系统,也可以具体到一个企业、部门和科室的科技活动环境。目前,对于科技环境的定义及划分,学术界还没有统一的结论。陶慧(2001)认为科技环境分大环境和小环境两种,大环境指某一地理区域的总体科技水平,小环境特指公司为推动自身发展而刻意营造的环境。从科技环境的宏微观角度,可将其划分为某一地理区域总体科技水平的大环境和特指公司为推动自身发展而刻意营造的小环境[1]。阎军印等(2004)从科技要素角度将科技环境划分为科技信息、科技资源、科技人员与产学研结合,认为良好的科技环境对于增强研究开发能力发挥着积极的作用,同时也可提高高校和科研院所的科技实力[2]。陈士俊等(2005)将科技环境从性质上分为"硬"环境(包括经济水平、科技投入、人才资源状况)与"软"环境(包括科技政策、科技体制、科技立法)[3]。王聪(2012)认为科技环境是指一定区域内,由影响科技型人才创新活动的相关部门及其机构组成,并通过各行为主体的制度安排及相互作用,旨在创造、引入、改进和扩散新的知识和技术,使科技创新取得更好的绩效,并将创新作为变革和发展的关键动力的一定相对稳定、开放的系统总称,包括科技政策环境、机制环境(包括企业和科研机构的内部机制、外部的分配和合作机制)、科技成果市场转化环境和融资环境等[4]。本书将从科技创新和科技政策变化两方面来理解科技环境的变化,从经济与社会系统中的科技扩散、联合研发、企业的研发经费支出、专利申请数量等指标来考察科技环境。

一般来讲,科技政策是指一个国家或地区政府为促进科技生产力持续、健康、快速的发展而制定的各种规划、制度及指导性方针。科技政策的可比性来源于科学技术的可比性,科技政策里的科技投入绝对数和相对数、科技人才队伍的结构和规模、科技成果数量和质量等指标都具有可比性。科技政策的价值负荷问题是比较科技政策研究的基础性问题,价值取向体现了科技政策的本质规定性[5]。科技政策的视角不能只关注科技方面,而

---

[1] 陶慧:《科技环境与跨国公司全球技术开发战略》,《科技管理研究》,2001年第3期,第3—6页。
[2] 阎军印,刘连娣,《科技成果转化中环境功能有效性的分析与评价》,《商业研究》,2004年第285期,第20—23页。
[3] 陈士俊等,《科学技术及其发展环境的问题理论思考》,《科学学与科学技术管理》,2005年第1期,第5—10页。
[4] 王聪等,《科技环境与科技型人才聚集效应及其作用机理研究》,《科技进步与对策》,2012年第2期,第139—142页。
[5] 杜宝贵,《论比较科技政策的"研究范式"》,《华中科技大学学报》,2011年第2期,第58—62页。

应扩展至"软"创新因素(如管理心理、组织改革、资格审查、信息交流和行为方式)。科技政策要支持国内所有企业和公共机构迈向国际化,同时注意吸收国外机构和企业,两者都要获得协同优势和溢出效应。科技政策应具有"交叉功能",孤立的科技政策再也不是成功的策略,通过在分离的政策领域之间建立内在网络,不同领域的政策整合起来形成综合创新政策。

例如,FDI科技政策是指国家为实现利用引进国外先进技术的目标而对外商投资企业的技术引进、研发、运用及扩散等科技活动所采取的原则、策略和措施。这些政策依功能的不同分为产业技术政策和支持性技术政策。其中,产业技术政策明确了一定时期内不同产业领域鼓励、允许、限制、禁止的产品、技术与设备,规范和引导着FIEs技术活动的范围、方向、规模、水平和结构,为核心性政策;支持性技术政策则从属于一定的产业技术政策,并为其实施提供配套、支撑和保障措施。

3.4.2 科技环境对国际商务活动的影响

1. 科技创新增加了企业国际商务活动的开展

科技创新是企业赖以生存的根本所在,是企业持续发展的源泉。现在的科技发展异常迅速,更新换代的周期越来越短,科技创新使各方面的联系不断加强。企业在开展跨国经营活动中,用科技来提高自己的生产水平,或依靠自主创新开发出全新的专利型产品,或通过模仿创新推出适合某一局部市场需求的适用产品,或通过互联网加强企业与市场的联系,利用营销创新发现新的商机,开拓新的国际销售渠道,从而在激烈的国际竞争环境中取得比较竞争优势和丰厚的利润收益。

阅读案例 3-5

中国互联网企业海外投资

在与Line和Snapchat传出绯闻背后,阿里巴巴集团也的确加大了海外投资步伐,今年相继投资聊天应用Tango、手游研发商Kabam、新加坡邮政等,总资金花费超过7亿美元。一位分析人士指出,阿里巴巴集团在国内已进行疯狂并购,此番海外同样进行并购,这不仅是其电商业务的海外自然延伸,更重要的是,其希望向外界表达:阿里巴巴集团不仅已在中国构建庞大的电商帝国,还在海外有很深的触角,最终期望提升阿里巴巴集团IPO时的估值。

在此前后时间,今年360已在美国硅谷建立风险投资公司,投资对360有战略意义的初创企业,目前360还完成9亿美元可转换优先据非公开配售为并购做准备。腾讯则是国内最早布局海外市场的企业,早在2013年海外投资就超20亿美元。分析人士对腾讯科技表示,中国互联网企业对外投资布局正从当初小步试错进入到大步投资新阶段。

从具体的海外布局看,无论是资金和并购的数量腾讯和阿里巴巴都走在前列,尤其是阿里巴巴延续了在国内投资的凶猛,已知的海外投资项目超过6个,金额也不低。阿里巴巴在海外也做了一些跟公司业务不太相关的系列投资,如对极ík市场人气并开始在纽约运营的租车应用Lyft以及电子商务发货初创企业ShopRunner的投资等。阿里巴巴还在关注硅谷所支持的初创企业,针对这些企业,大量懂行金融专家能帮助阿里巴巴关注或收购那些尚未成为主流,但未来具有暴发潜力的智能手机应用或电子商务公司。

第3章 国际商务环境

腾讯的海外投资主要集中在游戏、社交和电商三大领域,当然,70%的海外投资集中在游戏领域,引人注目的是2012年斥资2.31亿美元收购Riot Games及花费3.3亿美元收购Epic Games 40%的股权,2013年腾讯又以14亿美元的巨额投资获得动视暴雪6%的股份。

谈及海外运营的成功时,久邦数码总裁张向东对腾讯科技表示,中国移动互联网竞争已到"白热化"状态,是过度竞争,为占位、抢渠道、挖人等方面无所不用其极,国外竞争相对理性。其比较来说,中国市场再大,跟整个世界市场比较起来依然显得小。分析比较看,阿里巴巴和腾讯在海外进行投资时,均对社交软件情有独钟,尤其是阿里巴巴,从传闻阿里巴巴欲投资Snapchat可以看出,阿里巴巴很想在社交领域大展拳脚。这或许是因为微信以IM的形态崛起,逐渐将功能扩展至支付、游戏、电商、O2O,对阿里电商进行包围式攻击,促使阿里巴巴不得不屏蔽微信的外链,防止商家和消费者转移阵地。

从客观情况看,中国互联网企业投资海外企业还有一个目的,是获得技术与合作,如360在硅谷相继投资了四家公司,涵盖大数据、智能硬件、家庭安全应用等领域。其中,生物识别公司EyeVerify想要从眼球照片中提取数据点,以取代密码和指纹。奇虎360将把该公司的技术整合到360应用商店中约50个游戏、安全、手机银行等类型的应用。

(资料来源:http://www.wtoutiao.com/a/392942.html。)

2. 科技创新改变了企业国际商务活动的进入方式

科技创新改进了许多产品的功能/成本比,影响了劳动力结构的变化,特别是教育水平的差异,随之发生变化的还有市场结构和消费结构。部分企业随市场的成长而成长,部分企业因错误的决策和行为而受损甚至消失,一项新技术的出现,会使原来有序的同质企业生态秩序出现混乱,会使部分企业自动出局[1]。因此,在面对十分复杂的动态环境以及相对可支配资源有限的前提下,企业开展跨国经营必须选择适当的进入方式。例如,将技术进入作为中间选择,或选择涉外贸易进入和生产流程进入,或选择不受限制的商标、专利等无形资产技术和服务进入,将先进技术在东道国进行产业化生产,利用所能够调动、可支配的全球资源,加强在其业务的各个阶段当地功能性建设,确立适应东道国法制、经济、人文、技术环境的经营系统,实现市场渗透和跨国经营的最终目标。同时,还要通过法律手段争取保护知识产权,提高技术进入的比重,以及与涉外贸易与生产流程形成相互依赖和促进的互补关系,构成优于任何单独进入方式时的混合进入。

3. 科技创新改变了企业国际商务活动的商业模式

为了让企业互联网商务活动投资价值最大化,斯蒂芬·哈格指出三大商业法则[2]:利用云计算(Cloud computing)将固定成本变为可变成本;运用众包(crowd sourcing)将消除可变成本和增量成本;利用长尾理论(Long tail)创造更多更大的收益,这些科技创新均改变了国际商务活动的商业模式。

云计算是一个新兴的商业计算模型。利用高速互联网的传输能力,将数据的计算过程从PC或服务器移到互联网上的计算机集群中。这些计算机都是很普通的工业标准服务器,

---

[1] 郑秀峰,刘汭生,《同质企业群聚结构及其复杂性研究——基于管理仿生视角的探讨》,《管理世界》,2009年第10期,第174—175页。

[2] 斯蒂芬·哈格著,严建援等译,《信息时代的管理信息系统》,机械工业出版社,2011年,第132—177页。

由一个大型的数据处理中心管理着,数据中心按客户的需要分配计算机资源,达到与超级计算机同样的效果。云计算技术的发展能够提高效能降低能耗,大幅提升企业的效率,创造新的商业模式。例如,中化集团已建有一套完备的承担全球各个公司业务的信息系统,其中以 ERP 系统为核心,包括内部办公自动化系统、分销管理系统、内部门户等系统在内的企业信息化平台,可以对整个系统进行有效的运行监控和故障预警,创新了企业国际商务活动的新模式。

众包是指一个公司或机构把过去由内部员工执行的工作任务,以自由自愿的形式外包给非特定的大众网络的做法,多数情况下自愿者利用他们的空闲时间创造内容、解决问题、甚至从事科学研究。因为众包在揽才方面应用的关键因素是甄别程序和评价体系,无须额外为揽才支付高昂的费用,因此,就目前经济形势而言,众包在低成本揽才方面更简便、更符合企业的当前利益。例如,搜狗输入法皮肤和词库就是运用了众包提高自身竞争力,因为用户的参与设计,搜狗现在有 57004 种皮肤和 12518 个词库。

"长尾"原本普遍运用于统计学中,如对财富分布或词汇应用的统计。长尾理论的基本原理是:只要存储和流通的渠道足够大,需求不旺或销量不佳的产品所共同占据的市场份额可以和那些热销产品所占据的市场相匹敌甚至更大,即众多小市场汇聚成可与主流大市场相匹敌的市场能量。网络化应用带来的边际成本减小、边际效益上升,使个性化、差异化产品的生产成本、推广宣传成本及供求衔接成本等降低到足以激活该"长尾市场"。例如,eBay 通过买主也是卖主的商业模式,众多细分市场足以只出售一件的商品形成了它的长尾,利用"小钱赚大钱"。

阅读案例 3-6

大数据技术的应用推广

根据 Gartner 针对全球 IT 主管进行的调查,42% 的受访者表示已投资于大数据技术,或将于未来一年内进行相关投资。预测至 2015 年,20% 的全球前 1000 大企业会将其策略重点放在"信息基础设施",而其重要性等同于应用管理。

如果从宏观或者立体的角度看,人类整个经济发展的过程其实就是不断地把一些不可利用的资源变成可利用的资源的过程。这个过程一般就是技术的一个大突破,当然每一次技术突破都伴随着不断的、大量的投资过程,并将其转化成价值。

从大数据本身的情况来看,是不是具备一些通用目的技术的特征?麦肯锡研究院根据其模型做出一些具体的预测:大数据可以为美国的医疗服务业带来 3000 亿美元的潜在增加值,对欧洲的公共管理每年有 2500 亿欧元的潜在价值,为位置服务产业带来 6000 亿美元的潜在年收入。同时,零售商充分利用大数据可实现运营利润增长 60%——这是一个非常可观的数字,因为大数据现在对制造业的利润平均可能不到 5%。另外,制造业充分利用大数据可降低整个成本的 50%。

大数据的发展能否真正改善供需平衡?因为短期的经济周期性的波动的危害也是比较大的,其核心就是供需不平衡。大数据对此会不会有贡献?举两个例子:一个是淘宝搞的"订单农业"。它通过网上的数据平台去获取需要的信息,然后再按照订单来组织、安排生产。另外一个例子是制造业。2013 年海尔同阿里合作,叫"家电定制",先由阿里来收集消费者对海尔产品的需求情况,然后再组织生产,生产周期大概为 1~2 个月,当时这个活动的效果也不错。

(资料来源:http://www.795.com.cn/wz/49601_5.html。)

4. 科技政策加快了企业对先进适用技术的引进吸收

企业利用政府相关科技政策，将海外先进的设备、工艺、技术等资源同企业生产实践有机结合，形成优势互补，通过产学研联合以提升科研水平，通过政府设立基金来缓解企业资金压力，通过企业技术改造以提升创新能力，通过建立中介来完善科技服务体系，通过税收政策以鼓励企业技术创新，通过研究技术部等公共机构来促进企业与研究机构的合作，通过设立技术移转中心、技术创新中心、技术资源中心来推动创新信息交流，通过外资引入政策来鼓励和引导外商企业研发投资流向本国未来发展的主导产业，这些科技政策的出台都加快了企业对海外先进适用技术的引进、消化、吸收及再创新，从而提高整体核心竞争力，为企业进入国际高端舞台参与竞争搭建平台。

阅读案例 3-7

昆山：创新科技政策 释放台企活力

2014 年 5 月 23 日，昆山市台资企业科技人才政策宣讲会受到台企的欢迎，吸引了近百家台资企业参加。作为昆山科技创新中的一支重要力量，昆山市科技局历来重视对台资企业的科技支持，不仅本级科技计划项目全部向台企开放，更是设立了台资企业转型升级发展专项，极大地推动了台企的科技创新。截至目前，昆山集聚了 4372 家台资企业，总投资为 542.3 亿美元，注册台资为 272.7 亿美元。全市税收贡献的 50%、利用外资的 60%、工业产值的 70%、出口总额的 80% 都来自于台商投资企业。从某种意义上说，台资企业的发展质量，是昆山经济运行质量的晴雨表，台资企业的科技创新水平，也是昆山科技创新能力的重要标志。

昆山市科技局通过先行先试、改革创新，为台资企业提质增效升级、打造昆山经济升级版注入新的动力。昆山科技计划项目自设立促进台资企业转型升级科技专项以来，极大地增强了台商加大研发投入的信心，推动台资企业研发中心雨后春笋般快速成长。目前，该市台资企业累计专利申请量为 4.8 万件、授权量为 2.9 万件，分别占该市总量的 35.2% 和 37.9%；昆山市台资企业研发机构达到 353 家，占该市总数的 35.1%；台资高新技术企业已经达到 176 家，拥有高新技术产品 732 个。政策门槛的改革突破，意味着在科技引擎的推动下，昆山台资企业提质增效升级的活力将进一步释放。

（资料来源：苏州市科学技术局 http://www.jstd.gov.cn/kjdt/sxdt/20140527/16514125082.html。）

 本章小结

本章从企业角度论述了进行国际商务活动时面临的环境因素以及各种环境因素所包含的具体内容，并且分析了各种环境因素对国际商务活动的影响。

在经济环境方面，经济制度、经济总量、经济发展阶段或经济发展水平等是衡量一国经济环境的主要指标。经济制度分为市场经济、指令性经济和混合经济 3 种类型，其对国际商务活动的影响主要体现在对于开放本国市场程度的问题上。各国经济发展则具有明显的阶段性，不同的经济发展阶段具有不同的特征。国民收入是体现出一国对外购买力的重要指标，直接决定企业选择面对东道国市场采取的经营模式。区域经济一体化和国际货币体系改革均是影响企业国际商务活动的经济环境因素。

在政治与法律制度环境方面，政治环境由政府与政党体制、政府政策等因素构成，而法律制度因素是通过国际或地区政府所颁布的各项法规、法令和条例影响国际商务的。政治与法律环境分别是以企业所属国、东道国和国际环境3方面来阐述企业面临的各种政治风险和法律风险。

在文化环境方面，本章将文化定义为人类在社会历史发展过程中所创造的物质财富和精神财富的总和，其包括物质文化、语言、宗教、价值观和道德标准、风俗习惯等。文化环境对企业国际化经营的影响是多层面、全过程的。

在科技环境方面，本章从科技创新和科技政策两方面来探讨对企业国际商务活动的影响，包括对国际商务活动的进入模式、商业模式及技术引进吸收等方面有所影响。

通过本章的学习，已经掌握了国际商务活动的宏观环境以及这些环境对国际商务活动的重要影响。针对以上全面的环境分析，第4章将重点介绍企业竞争战略和组织结构。

关键术语

经济环境	政治环境	英美法系	大陆法系	伊斯兰法系
物质文化	宗教	自由贸易区	关税同盟	共同市场
经济同盟	欧洲联盟	欧洲自由贸易联盟	北美自由贸易区	
中国—东盟自由贸易区		国际货币体系	国际货币基金组织	

综合练习

一、名词解释

经济环境　　　国内生产总值　　　区域经济一体化　　　外汇
国际货币体系　准入前国民待遇　　负面清单管理　　　　TPP　　TTIP

二、简答题

1. 简述影响经济环境的因素。
2. 试简述政治与法律制度差异对国际商务活动的影响。
3. 结合案例，分析企业进行国际商务活动如何处理与东道国政府的关系。
4. 你认为国际商务环境还应包括哪些内容？它们分别是怎么对跨国经营产生影响的？

案例分析

1. 根据以下案例，试讨论：
（1）中石油收购哈萨克斯坦石油公司时所面临的国际商务环境。
（2）中石油在收购中取得成功的原因。
（3）中石油收购成功的意义。
（4）中国企业海外收购应注意的政治风险和法律风险。

中石油收购哈萨克斯坦 Petro Kazakhstan(PK)石油公司

中国石油天然气集团公司(简称中国石油集团)是由国家控股的跨国经营的综合性石油公司。经过近50年的积累建设和5年多的快速发展,中国石油集团已经建成了一支门类齐全、技术先进、经验丰富的石油专业化生产建设队伍,具有参与国内外各种类型油气田和工程技术服务项目的全套技术实力和技术优势,总体技术水平在国内处于领先地位,不少技术已达到了世界先进水平。

哈萨克斯坦PK石油公司是一家总部在加拿大的石油商,总资产为12.69亿美元,是当地第二大外国石油生产商,也是最大的石油商成品油供货商,其油气田炼厂等资产全部在哈萨克斯坦境内,日产油量约为15万桶,年原油生产能力超700万吨,已证实和可能的原油储存量共有5.5亿桶,PK公司在哈萨克斯坦拥有12个油田的权益、6个区块的勘探许可证,具有较大的勘探潜力。

2005年8月22日,中国石油天然气集团公司宣布通过其全资公司中油国际以每股55美元现金,出价41.8亿美元收购哈萨克斯坦PK石油公司。为了顺利通过哈萨克斯坦政府的审查,中石油宣布,哈萨克斯坦国家石油公司将参购PK石油公司"部分股份"。因为即使中石油的收购要约通过交易结束了在PK注册和上市地——加拿大的批准程序,中石油还将面临资产所在国——哈萨克斯坦政府的审查,而在哈萨克斯坦上议院和总统相继批准了允许政府阻止外资控制该国油气资源的法案之后,这一关将更难过。因此,中石油试图通过和哈萨克斯坦政府"分享PK石油公司股权"而跨越这一关。在中哈两国进一步合作的框架下,哈萨克斯坦国家石油公司与中国石油天然气集团公司所属的中油国际公司于2005年10月15日签署了《相互谅解备忘录》,以解决哈萨克斯坦国家石油公司参与购买哈萨克斯坦石油公司股份事宜,并获得在对等条件下联合管理奇姆肯特炼厂和成品油的权力。在备忘录中,哈国家石油公司关于"保持国家对矿产资源开发活动的战略控制"正同哈萨克斯坦矿产法修订案的精神相一致。中石油将以14亿美元的价格转售PK石油公司33%的股权,两国国有石油公司直接参与该合作项目将能够促使双方在对等条件下建立合作伙伴关系,也为保障哈萨克斯坦国内原油和成品油长期稳定的供应创造了条件。2005年10月18日,哈萨克斯坦PK石油公司在加拿大召开股东大会,投票赞成率达99.04%,以高票通过了该项收购。但根据交易程序,股东大会的表决结果还需经加拿大地方法院批准。

在10月18日法院听证会上,俄罗斯卢克石油公司的律师就PK石油公司所属资产之一的图尔盖油田优先权问题向法院提出申辩。俄罗斯卢克石油公司以与哈石油共同拥有合资企业、因而具有优先收购权为名,要求地方法院阻止这起交易。卢克公司在此之前曾与中石油就收购图尔盖石油公司的股权进行谈判,但未取得进展。图尔盖石油公司是卢克公司与PK公司共同投资建立的合资公司,卢克公司拥有其50%的股权。该公司认为,在中石油收购PK公司之前,他们有权对图尔盖公司另外50%股权实施优先收购权。为此,卢克公司向加拿大当地法院提出诉讼,加法院对此诉讼的裁决被认为将构成中石油能否顺利收购PK公司的最后考验。卢克石油公司数年前与哈石油合资成立了图尔盖石油公司,控制着哈石油手中5.5亿桶石油储量的20%。俄罗斯卢克石油公司曾表示,如果加拿大法院宣布反对中石油对PK公司的收购,卢克公司将以中石油同样的报价——41.8亿美元对其发出收购要约。为此,法院决定推迟至10月26日裁决。

当地时间26日,中石油获得加拿大地方法院不带任何条件的最终裁决,100%收购PK公司。此前已拥有对PK公司优先购买权而要求加拿大法院推迟裁决的俄罗斯卢克石油公司没有提出上诉。这标志着中石油最终完成了收购PK公司的全部法律程序,双方并已完成了交割。然后,中国石油天然气集团公司27日宣布,于10月26日加拿大当地时间上午9点,通过其旗下全资子公司中油国际收购哈萨克斯坦PK石油公司。根据中石油提出的收购条件,中油国际以每股55美元现金要约购买PK公司所有上市股份。这一报价总价值约为41.8亿美元,是迄今为止中国企业最大的海外收购案。自8月21日中石油与PK公司完成收购谈判,双方签署有关收购工作《安排协议》以来,经过两个月的紧张工作,各项审批手续和法律程序已全部完成。目前，中石油已派人员正式进驻PK公司，相关业务正在交接中，PK公司生产经营运行平稳，员工队伍稳定。

（资料来源：http://wenwen.soso.com/z/q162181621.htm。）

2. 根据案例发展线索，跟踪后续动态，感受我国企业国际化经营环境的复杂性，解决商务摩擦的艰巨性。回答下列问题：

（1）搜集数据，跟踪研究我国企业遭受国外反倾销造成的产业损害，熟悉应对程序，提出应对策略。

（2）如何理解中国政府针对此事件的立场和观点。

（3）通过研究欧盟发展历程以及一体化政策的特点，探讨企业如何依靠政府应对贸易摩擦。

欧盟对华光伏反倾销案

要点：申诉时间：2012年7月；立案时间：2012年9月6日；申诉理由：倾销；事件双方：欧洲光伏制造商、中国光伏企业；事件结果：达成和解。

2012年7月，一些欧盟企业向欧盟委员会正式提交了对中国光伏产品反倾销立案调查的申请。根据规定，欧盟须在9月6日前决定是否立案。

9月6日，欧盟正式宣布对华光伏组件、关键零部件如硅片等发起反倾销调查，涉及产品范畴超过此前美国的"双反案"，涉案金额超过200亿美元，是迄今为止欧盟对华发起的最大规模贸易诉讼。这对已入寒冬的中国光伏企业是致命性的打击。欧洲20多国超千家企业高管签名发公开信要求放弃对华光伏征税。

2012年7月24日，欧洲光伏制造商向欧盟提起对华"反倾销"调查申请。由于欧盟市场的重要性，中国光伏企业感受到了前所未有的危机。

2012年7月26日，英利、尚德、天合及阿特斯四大中国光伏企业，代表光伏发电促进联盟和中国光伏行业正式发表联合声明，强烈呼吁欧盟慎重考虑对华光伏发起"反倾销"调查，呼吁中国政府积极维护国内企业合法权益，力求阻止欧盟立案。

2012年8月13日，商务部紧急召见英利、尚德、天合以及阿特斯等中国光伏企业入京，共商对策。四巨头提交《关于欧盟对华光伏产品实施反倾销调查将重创我国产业的紧急报告》。

2012年8月17日，商务部受理了对欧盟多晶硅企业的双反申请，将在一个月后宣布是否立案。

2012年8月30日，在距离欧盟是否对中国光伏产品进行反倾销立案不足10天的关键时刻，默克尔4年之内第6次访华，当天，与外界"默克尔将避谈光伏"的猜测截然相反，利好消息最终传出：中国与德国同意通过协商解决光伏产业的有关问题，避免反倾销，进而加强合作。

2012年8月31日，欧盟却向中国驻欧盟使团发出照会，确认将对中国企业出口欧洲的太阳能电池及其组件发起反倾销调查。

2012年9月4日，商务部临时取消与四大巨头的光伏业会议，业内揣测事情可能有所转机。

2012年9月6日，中国等来了欧委会对中国光伏产业反倾销调查的正式立案。

2012年9月14日，中国商务部国际贸易谈判副代表崇泉率中国政府代表团，在布鲁塞尔与欧盟贸易总司司长德马迪就欧盟对中国太阳能电池反倾销案进行磋商。

2012年9月17日，德国总理默克尔在柏林举行的新闻发布会上表示，尽管欧盟委员会已经针对中国光伏产品启动反倾销发起调查程序，但她仍然坚持通过对话政治解决中欧光伏贸易争端。

欧盟委员会2013年6月4日决定，将从2013年6月6日到8月6日对产自中国的光伏产品征收11.8%的临时反倾销税，此后税率将升至47.6%。

2013年7月27日，欧盟委员会贸易委员德古赫特宣布，经过谈判，中国与欧盟就光伏贸易争端已达成"友好"解决方案，该方案近期将提交欧委会批准。和解协定的主要内容是，大约90家中国太阳能产品企业(约占欧盟市场60%的份额)承诺，向欧盟出口产品的价格将不低于每瓦56欧分，以避免被欧盟会收上述临时性关税。

该协定适用于欧盟太阳能产品市场至多7千兆瓦的份额；今年欧盟市场总规模预计将达到10~12千兆瓦，这个上限将保持至2015年底。

备注：我国相关企业遭遇的损失报告：欧盟的反倾销"大棒"将给中国光伏业带来致命打击。中国光伏产业将遭受灭顶之灾，竞争优势不复存在，约30万从业人员将受到冲击。2012年在美国上市的多家中国光伏企业财报表现不佳，欧洲反倾销立案将会雪上加霜，多家中概股或面临退市风险。上半年赛维LDK净亏损额为10.8亿元，负债总额为266.76亿元；大全新能源净亏损2080万美元；英利新能源连续4个季度报亏，上半年亏损额高达1.4亿美元。尚德推迟报表。其中大全新能源因股价连续低于1美元收到纳斯达克警告，尚德自8月下旬以来股价也持续低于1美元。

我国政府的立场和观点：国务院总理李克强应约同欧盟委员会主席巴罗佐通电话时表示，中国政府高度关注当前中欧关于光伏产品的贸易争端。此案涉及中国重大经济利益，如果处理不好，不仅会严重损害中方利益，也必然会伤及欧方利益，影响中欧合作大局。中方坚决反对贸易保护主义和滥用贸易救济措施，坚决维护中国的利益。希望双方通过对话磋商解决贸易争端，而不是打贸易战。贸易战没有赢家。

(资料来源：http://baike.baidu.com/view/9320654.htm，作者整理。)

第 4 章

企业的国际竞争战略和组织结构

教学目标

本章通过介绍企业战略的概念,详细地分析了企业如何进行价值创造和企业面临的两种竞争压力,引导学生掌握企业如何选择竞争战略,领会战略联盟的优劣势及其运作。通过企业战略和组织结构理论的介绍,要求学生理解企业战略与组织结构的关系,掌握国际企业的基本组织结构,了解国际企业战略与协调、控制的关系。

本章技能要点

知识要点	能力要求	相关知识
企业的国际竞争战略	了解企业战略的概念 理解企业如何进行价值创造 理解企业面临的竞争压力 掌握企业国际企业竞争战略的选择	企业战略、价值创造、全球整合、当地响应、国际战略、全球标准化战略、本土战略、跨国战略
战略联盟	理解战略联盟的优劣势 了解战略联盟的运作	战略联盟 战略联盟的优劣势 战略联盟的运作
国际企业的组织结构	了解组织结构的概念 理解企业战略与组织结构的关系 掌握国际企业的基本组织结构 了解国际企业战略与协调、控制的关系	组织结构 全球职能组织结构 全球产品分部组织结构 全球地区分部组织结构 全球矩阵式组织结构 全球网络式组织结构 协调与控制

第4章　企业的国际竞争战略和组织结构

■ 导入案例

通用汽车公司的战略

通用汽车公司成立于1908年,是世界上最大的工业公司与全系列汽车制造商,其2013年营业收入增长2%至1554亿美元。虽然通用汽车公司进入拉丁美洲与亚洲市场较早,但最初通用公司并未重视上述两地市场,其绝大多数的外国运营点都集中在西欧。在1997年,通用汽车公司意识到亚洲、拉丁美洲和东欧可能成为汽车工业的发展市场后,便开始着手雄心勃勃的计划——投资22亿美元分别在阿根廷、波兰、中国和泰国建立4家新的制造厂,对其国际化战略进行调整。目前,通用汽车在中国大陆地区建立了10家合资企业和两家全资子公司,拥有超过58000名员工,其所提供的产品系列之丰富位居所有在华跨国汽车企业之首。2014年上半年,通用汽车在华销量同比增长10.5%至1731282辆。

过去,通用汽车公司把发展中国家看作倾销过时技术和老式车型的场所。例如,就在十几年前,通用公司在巴西分厂辛辛苦苦制造的由美国设计的Chevy Chevettes轿车实际上在北美数年前就不生产了。通用汽车公司总部底特律的管理者们认为,这是公司对已投资的旧技术榨取最大现金流的一种方法。然而,发展中国家的通用汽车公司的经理们却把它当作公司的一种暗示,即总部认为发展中国家的经营业务是无足轻重的。在发展中国家的绝大多数经营业务都是由底特律的公司总部制定制造与营销计划,然后指示分部去贯彻执行,总部对分部发展自身的计划并不信赖。这一事实更加剧了上述的那种感受。

相反地,通用汽车公司的欧洲经营部门却一贯在管理上保持一定的独立性。公司在各国的运营点通常能自行设计汽车和制造设备,并制定它们自己的营销战略。这种区域和国家的自治使通用汽车公司的欧洲运营点能严格地按照当地用户的需要来设计和生产汽车。可是,它也导致了设计和制造部门昂贵的重复设置及宝贵的技术技能和实践没能在各个子公司间分享。这样,通用汽车公司一方面对发展中国家的子公司控制过严,另一方面对欧洲的子公司的控制却又过于宽松,其结果造成了公司在国际经营整体战略上缺少一致性。

自1997年起,通用汽车公司设法改变这一状况,把它以底特律为中心的世界观转变为以优势为中心的哲学,无论该优势位于公司全球业务点的何处。公司正努力开发这些核心优势,向其全球的各业务点提供最新的技术。在发展中国家建造的4家新的制造厂即是这一新思路的具体表现。每家工厂都是同样的,它们都吸纳了当前最新的技术,而且都不是美国人设计的,而是由一组巴西和德国的工程师共同设计的。通过建造相同的工厂,通用汽车公司将能模仿丰田公司,该公司的工厂是如此雷同,以至于在日本汽车的每一项改变都能迅速地在其世界各地的分厂复制。这些通用汽车的新厂仿照了欧宝子公司管辖的德国Eisenach工厂,通用汽车公司正是在Eisenach厂构想如何实施由丰田公司倡导的精益生产系统的。该厂现在是欧洲效率最高的汽车制造企业,也是通用汽车公司中首屈一指的,其生产率至少是多数北美装配厂的两倍。每一家新厂都将生产最先进的汽车供当地消费。

为了实现规模经济,通用汽车公司也设法设计与制造能共享全球技术平台的汽车。在德润、底特律、南美与澳大利亚的工程小组正在设计这些共同的汽车标准。地方工厂被允许对这些车的某些特征作适当的修改,以迎合本土用户的审美与偏好。同时,坚持一个共同的全球技术平台,使公司能以更大的产量来摊薄其设计成本以及在制造共同的部件上实现规模经济,从而有助于通用汽车公司降低其总成本构成。这一努力的最初成果包括1998型凯迪拉克Seville牌的汽车,该车被销往40多个国家。通用汽车公司的系列前轮驱动的小型货车也是围绕这一共同的技术平台加以设计的,该车在全球多个运营点生产。通用汽车公司在欧洲的畅销车1998型欧宝Astra车也一样。最终,通用汽车公司希望用这一全球协调的方法设计汽车,以使开发新车的成本降低15%~25%。通用汽车公司也希望在通用的汽车上共享一般的零部件,能在其每年1000亿美元的零部件账单中节支35亿美元。

尽管通用汽车公司正朝着全球一体化的方向大踏步地前进,但在前进的道路上也存在不少问题。例如，与丰田公司相比，通用汽车公司仍然受到高成本、可察觉的低质量，以及车型太多的困扰。再说它雄心勃勃进入新兴市场是基于理性的假设，即这些地区的需求将变得很强烈，然而其他汽车公司也在同一市场扩大它们的生产厂，这使人产生了对全球生产能力过剩与价格战的担忧。最后，也许是最重要的，通用汽车公司内部有些人认为推行"全球车"是错误的构想。特别是在欧宝公司拉塞尔谢赫（Russelsheim）设计中心的驻德工程技术人员，他们领导设计了许多主要的全球车型，担心在大力推动设计看来似乎有点平淡无奇的"全球车"的过程中，是否会丢掉独特的欧洲工程特色，这一特色对于他们在当地取得成功是不可或缺的。

（资料来源：根据查尔斯·W·L·希尔，《国际商务》，中国人民大学出版社，2005年，第436页；通用汽车中国官网 http://www.gmchina.com/gm/front 整理修改。）

试回答：

1. 1997年以前，通用汽车公司对发展中国家和欧洲追求的战略有什么不同？
2. 1997年以后，通用汽车公司对战略做了什么样的调整？这种战略调整对通用汽车公司在全球汽车市场创造价值的能力产生什么影响？

本章将重点关注在国际商务环境变化的条件下，企业如何通过调整国际战略和组织结构来达到企业利润最大化的目的。例如，在导入案例中，可以看到通用公司在不同时期采取了不同的国际战略，以提升竞争优势，赢得市场。本章介绍三方面的内容：企业的国际竞争战略、战略联盟和国际企业的组织结构。

4.1 企业的国际竞争战略

国际商务是一项跨越国界的活动，涉及商品、资本、技术、人员、经济信息、经济管理等要素在国际间的流动，其相对于国内商务而言，具有复杂性、风险性、挑战性等特点。因此，为了适应各种竞争环境的变化，保证国际商务活动的顺利开展，使其在国际市场竞争中处于有利地位，企业的首要任务就是制定或调整适宜的国际竞争战略。

4.1.1 企业战略和价值创造

战略（Strategy）一词来自于希腊文 Stratagia，其原意是用于军事方面，具体是指对战争全局的整体谋划与统筹。企业的战略就可定义为企业管理人员为实现对企业具有重大意义的目标而采取的行动。对于大多数企业而言，企业未来有重大影响的目标就是企业价值的最大化，也就是为企业所有者创造最高的企业价值。[①] 一般来说，创造更多价值的企业在能赚取更高利润的同时，还可以比竞争对手给消费者带来更多地满足感。那么，企业如何创造最大的价值呢？大家知道，企业的利润等于产品价格与生产成本之差，而产品的价格取决于企业生产的产品的价值高低。也就是说，如果一个企业能够以较低的成本，创造出令消费者满意的价值，企业就可以获得更多的利润。

如图4.1所示，企业的价值创造主要受产品价值（V）和产品成本（C）的影响，企业可以通过提高产品价值（V）或降低产品成本（C）来使企业创造的价值（V－C）最大化。但值得注

---

① 王炜瀚，王健，梁蓓. 国际商务[M]. 北京：机械工业出版社. 2013：135.

意的是，优于竞争对手的价值创造并不取决于企业在行业中具有的最低成本，或者是创造出消费者眼中最有价值的产品，而是取决于产品价值(V)和产品成本(C)之间的差额。例如，三星公司近年来不断加大研发投入，仅 2013 年三星公司研发投入就达 112 亿美元，是苹果公司的三倍，位居全球第二。虽然增长的研发投入提高了单位产品的生产成本，但产品的不断创新也给消费者带来了前所未有的满意度，令消费者愿意支付更高的价格。另外，企业还可以通过拓展新市场，增加销售量，提高市场占有率的方法来提高利润的增长。增加产品价值(V)或降低产品成本(C)也可让企业的市场占有率更高(如丰田公司曾通过优越的产品质量和性能进入北美和欧洲大型汽车市场，使其利润得以不断增长)，三者之间是相互影响相互制约的关系。因此，企业创造最大化价值的表现是对长期盈利能力的追求和利润率增长的长期持续。

要实现上述目标，企业就要整合企业内部资源，适应不断变化的外部竞争环境，通过在低成本或差异化这两个基本竞争战略中进行选择与平衡来实现竞争优势。对于国际化经营的企业来说，在面对复杂多变的国际商务环境时，要从全球整合和当地响应角度制定合理的国际竞争战略，以满足降低成本和进行差异化两方面的要求。

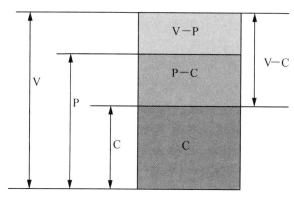

V：客户估定的价值
P：单位价格
C：单位成本
V－P：消费者剩余
P－C：单位利润（生产者剩余）
V－C：单位价值创造

图 4.1　价值创造[①]

4.1.2　企业面临的竞争压力

1. 全球整合压力

全球整合(global integration)是指国际企业对地理上分散的企业全球活动进行集中化的管理。全球化趋势导致企业必须走国际化经营道路，以获得生存和发展的机会。国际企业的全球扩展可以使其经营活动分布在全球不同的环境，并以此作为获取竞争优势的平台。但这些分布于不同环境中的活动还可能彼此联系起来，有时只有总部将这些活动协调起来之后，才能获得全球扩展的优势，人们可以将这种力量称为全球整合的压力。[②]

面对全球市场，一些企业会在世界上任何最优地区大量生产标准化的产品，以有利于

---

① ［美］查尔斯·W·L·希尔. 曹海陵，刘萍，译. 当代全球商务[M]. 北京：机械工业出版社. 2009：251.

② 席西民. 跨国企业集团管理[M]. 北京：机械工业出版社. 2002：51.

企业分摊固定成本、降低价值创造的成本。因为,这类产品(如电子产品、大宗化学产品等)具有普遍的市场需求,全球不同地区消费者的消费需求具有相似性,消费者对该产品的差异性(诸如特性、外观设计等)要求较小,导致产品的价格成为企业之间主要的竞争武器。这些企业面临的降低成本的压力就很大,其必须整合与协调其全球业务,通过转移核心竞争力、寻找区位经济、实现规模经济和学习曲线效应①,或者将一些业务外包给低成本的国外供应商等途径,努力降低企业价值创造的成本。

2. 当地响应压力

尽管全球整合会给企业带来不少利益,但世界各国政治、经济、法律、文化等方面的差异,使国际企业的全球整合受到限制,国际企业必须调整其竞争战略以适应当地的需求和条件。当地响应(local responsiveness)的压力来自于:①消费者偏好的差异。当不同国家消费者偏好的差异较大时,企业当地响应的压力就大,为迎合当地消费者的特殊偏好,企业不得不单独生产其产品,改变已有的生产和营销策略。例如,20世纪90年代末期,国际手机企业刚开始大举进入中国市场时,手机产品普遍采用的是直板机型,但中国消费者曾一度偏好翻盖机机型,致使手机生产商不得不改善手机的外观设计。②基础设施或传统习惯上存在的差异。在北美,家用电器设备是按100V设置的,一些欧洲国家是按240V设置,而中国是按220V设置,使得这类家用电器设备销往上述国家时,企业必须按当地要求进行改制。在香港,驾驶汽车要靠道路左侧行驶,这产生了对驾驶座靠右侧的汽车的需求。当各国在基础设施或传统实践上存在差异时,当地响应的压力随之产生,企业要针对这种差异生产特制的产品。③分销渠道的差异。如将产品销往日本,就必须经过全世界最复杂的分销系统:总批发商、专业批发商、地区批发商、当地批发商、零售商。而非洲市场则只有进口批发商、批发商、当地的市场小贩,就可将产品卖给最终用户。分销渠道的差异要求企业在不同地区采用不同的营销和销售策略。④东道国政府的要求。由于经济民族主义的存在,东道国政府对外资企业常常有原材料国产化比例的要求,这就限制了企业的全球整合,企业必须对当地特殊需求做出响应。

当国际企业满足当地响应压力时,往往意味着国际企业全部实现区位经济、规模经济和学习曲线效应的可能性较小。首先,它不可能仅由一个单一的低成本区位来服务于全球市场、通过生产全球标准化的产品并将其在全球销售来取得规模经济,产品必须符合地区条件的需求阻碍了这一战略的贯彻;其次,对当地需求响应的压力表明,把同企业核心竞争力相关的全部技术和产品从母国转移到另一个国家是不太可能的,常常要根据当地的条件作出一些让步。②

---

① 学习曲线(learning curves)又可称作经验曲线(experience curves),是美国波士顿顾问公司创始人布鲁斯·汉德森(Bruce Handersen)于1966年提出的。它是指随着时间的推移,成员对所从事的岗位或工作的熟悉程度、经验积累乃至感情会越来越深,从而有利于改进工作方法,提高工作效率。但是这种经验不会永远增加,随着时间推移,经验的积累也将越来越慢,直至停止(详见本书第6章第1节)。(资料来源:岳书铭.微观经济学[M].北京:中国农业出版社[M].2008:168.)

② 谭力文,吴先明.战略管理[M].武汉:武汉大学出版社.2011:154.

4.1.3 企业国际竞争战略的选择

在开放的竞争环境中,国际企业所面临的全球整合压力和当地响应压力不同,可选择的竞争战略有:国际战略(International Strategy)、全球标准化战略(Global Standardization Strategy)、本土化战略(Localization Strategy)和跨国战略(Transnational Strategy),如图4.2所示。每种战略的选择取决于全球整合压力和当地响应压力的强度。

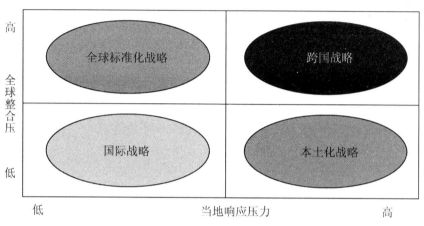

图4.2 国际企业的竞争战略[①]

1. 国际战略

采用国际战略的企业面临较低的全球整合压力和较低的当地响应压力。它们往往把研发集中在国内进行,先为国内市场生产产品,然后通过在各个有业务的国家建立制造与营销的职能,把国内有价值的产品和技术销售到缺乏这些产品和技术的外国市场来创造价值。虽然生产设施和营销部门的重复建设会让国际企业付出较高的经营成本,但国际企业拥有的有价值的核心能力和国外市场强大竞争者的缺乏会给企业带来高额的利润,这足以弥补该经营成本的上升。因此,采用国际战略的企业不需要专门为降低成本而采取过多的措施,他们所面临的全球整合压力较小。

2. 全球化标准化战略

采用全球标准化战略的企业面临较高的全球整合压力和较低的当地响应压力。它们强调通过获得区位经济、规模经济和学习曲线效应来实现成本的降低,盈利能力的提高。其实质是通过低成本战略,提高企业在全球的效率。追求全球标准化战略的企业,会将价值链的各个环节集中于若干有利的区位,采用较为统一的生产与营销策略。企业会更倾向生产和销售标准化的产品,不会随地区条件的不同而改变这些策略(因为这会提高运营成本)。另外,采用全球标准化战略的企业还会利用其强大的低成本优势来支持其在全球的定价策略。目前,许多工业品行业的企业愿意采用这种战略。如在半导体工业中,半导体

---

① [美]查尔斯·W·L·希尔. 曹海陵,刘萍,译. 当代全球商务[M]. 北京:机械工业出版社. 2009:264,有改动。

的全球标准已出现且创造出了巨大的需求,因此英特尔、德州仪器等企业都采取了全球标准化战略。

由于全球标准化战略关注的是全球整合下的成本降低,其对当地差异化需求的响应是有限的。因此,当当地响应压力较大时,全球标准化战略就失效了。

3. 本土化战略

采用本土化战略的企业面临较低的全球整合压力和较高的当地响应压力。它们主要是通过改变和提升企业的产品和服务,以获得当地需求的最大响应。其特点是快速识别当地的差异化需求,并做出反应。与全球标准化战略不同的是,采用本土化战略的企业会广泛的调整自己的生产和营销策略,以适应不同的国别条件。它们往往在有业务的主要国家建立一整套的价值创造活动,包括生产、营销和研究开发等职能。因此,它们通常难以通过规模经济、学习曲线效应和区位经济来实现其价值。所以,许多国际企业的经营成本比较高。同时,它们在利用企业内部的核心能力方面也往往不理想。①

阅读案例 4-1

IBM 的全球企业战略

IBM 的全球企业战略能够成功实施,来自 IBM 一直所具有的全球视野以及在全球进行战略实施的能力和经验。实际上,IBM 的全球战略布局和实施的步骤,与彭明盛在《全球整合企业》中所描述的企业全球化三个阶段完全一致,也经历了贸易型的跨国公司、全球运作的跨国公司及全球资源整合的跨国公司三个阶段。

说起企业全球化发展,IBM 从全球战略思考到全球战略布局,无疑都是最领先的企业之一。在进行全球扩展的战略实施上,IBM 步步为营,在许多关键时刻、关键节点上都取得了重要的突破。

早年 IBM 在进行全球战略扩张的时候,成立了 IBM 世界贸易公司,简称 WTC,由该公司统一管理海外部门的一切资产,包括海外当地法人。由于 WTC 的总部设在巴黎,所以 IBM 的对外扩张首先受到了以法国为中心的当地企业的强烈抵制,其中以 IBM 公司与法国布尔公司的冲突最为典型。

当时,法国布尔公司受到法国政府的强有力支持,采取各种各样的措施与 IBM 进行对抗,法国政府的措施如下所列。

(1) 给计算机产业以补贴。
(2) 订购大量国产计算机。
(3) 施加压力促使国内企业使用国产计算机。
(4) 带头开辟海外市场,以扩大国产计算机的销路。
(5) 借助于与 IBM 的竞争来增强本国企业的实力。

IBM 针锋相对,采取了如下的竞争战略。

---

① 关于这一点,有些人却持有不同的看法:虽然按当地的需求供应产品会增加企业的成本,但这一战略(1)可增加产品的内在价值,有助于提高定价;(2)当地需求的持续增加,也能让企业通过在当地市场上获得一定程度的规模经济和学习效应,从而减少成本。(资料来源:王炜瀚,王健,梁蓓. 国际商务[M]. 北京:机械工业出版社. 2013:147;[美]查尔斯·W·L·希尔. 当代全球商务[M]. 北京:机械工业出版社,2009:265.)

(1) 彻底采取地域分工制度,在WTC所统辖的所有工厂、研究机构、销售机构中推行网络化高效管理以大幅度降低产品成本,从而保持各据点的价格竞争优势。

(2) 利用内部强大的融资渠道和网络,从世界低息国筹集资金向高息国转移,以负责高息国家子公司的成长。

(3) 利用IBM在世界各国完全控股子公司的优势条件,与竞争对手在全球范围内展开周旋和竞争。

(4) 借助美国政府对东道国政府施加压力,减少进入东道国市场的障碍。

IBM利用这一连串的政治、经济的综合措施,彻底抑制住了法布尔公司的力量,占领了法国市场。

这一案例堪称IBM在拓展全球市场中的经典一役,值得所有关心世界贸易和跨国公司扩张的研究者进行深入研究。

事实上,IBM进行全球扩张的战略思维,还得益于一个非常重要的指导思想,那就是IBM提出的"思考全球化、行动本土化"的主张。

在这一主张的指导下,IBM从产品品牌、人力资源、产品制造和营销管理等多方面实行本土化的经营战略。

比如在品牌本土化方面,品牌的全球统一管理是IBM在全球进行战略扩张的重要法宝之一,但是IBM在进入当地市场后,在品牌的本土化方面不遗余力。在IBM铺天盖地的广告中已经看不到美国公司的特质,其广告和品牌推广创意中充满了本土的文化色彩。

(资料来源:许正. 与大象共舞:向IBM学转型[M]. 2版. 北京:机械工业出版社. 2013:131—132页,有改动。)

4. 跨国战略

在全球化浪潮推动下的市场竞争越来越激烈,企业为了生存必须全力应对全球整合和当地响应的压力。跨国战略综合了上述3种战略的内容和目标:①通过区位经济、规模经济和学习曲线效应获得低成本;②通过为不同市场提供差异化产品或服务来应对当地差异;③通过子公司之间的创新流动来实现核心能力的转移。这种战略的核心内容是确定如何合理配置资源及生产、管理和经营能力,同时在适应能力、全球经营效率和创新能力3个方面建立竞争优势。

今天,企业的核心竞争能力更多的来自于不断地创新,而这种创新的来源不再局限于母公司,越来越多的子公司也可以为企业提供有价值的核心能力,母、子公司之间通过全球营运网络系统互相转移和学习这种核心能力,以提升竞争优势。同时,企业通过全球营运网络系统将针对单个地区的差异化产品和服务提供给更多的地区,引致出新的需求,以便在响应差异化的同时达到规模经济和学习曲线效应。

跨国战略理论上集中了国际战略、全球标准化战略和本土化战略的优点,但跨国战略在现实中较难实现。福特汽车公司和ABB(世界上最大的工程集团之一)的失败就是例子。因为,全球整合压力和当地响应压力对企业构成了相互冲突的目标。一方面,当地客户响应抬高了成本,令成本降低变得更为困难;另一方面,实行跨国战略的企业很难建立起有效的组织结构来支持该战略的实施。

值得注意的是,企业对战略的选择不是一成不变的,当国际商务环境发生变化或企业调整战略目标时,企业现有的国际竞争战略就要做出适时的调整和修改。如当实行国际战略的企业面临拥有低成本优势的进入者时,企业就需要先于竞争对手转向全球标准化战略或跨国战略;当实行本土化战略的企业面临步步紧逼的竞争者时,也需要更好地降低成本,从本土化战略转向跨国战略。企业的国际竞争战略的比较见表 4-1。

表 4-1 企业的国际竞争战略的比较

战 略	优 势	缺 陷
国际战略	向国际市场转移独特核心竞争力	无法发挥区位经济 无法实现规模经济 无法实现学习曲线效应
全球标准化战略	可以发挥区位经济 可以实现规模经济 可以实现学习曲线效应	缺乏当地响应
本土化战略	可以提供差异化产品和服务	无法发挥区位经济 较难实现规模经济 较难实现学习曲线效应
跨国战略	可以发挥区位经济 可以从全球学习中获利 可以实现规模经济 可以实现学习曲线效应 可以提供差异化产品和服务	面临全球整合压力和当地应压力的冲突 受限于组织问题

(资料来源:袁林.跨国公司管理[M].北京:清华大学出版社.2012:137,经整理修改)

4.2 战 略 联 盟

战略联盟(Strategic alliance)是 20 世纪 90 年代以来在国际企业较为流行的战略管理思想,它最早是由美国 DEC 公司总裁简·霍普兰德(J. Hopland)和著名管理学家罗杰·奈杰尔(R. Nigel)提出,并成为当前学术界和企业界关注的焦点。所谓战略联盟是指由两个或多个有共同战略利益和对等经营实力的企业或跨国公司,为达到拥有市场、共同使用资源等战略目标,通过各种协议、契约而结成的优势互补或优势相长、风险共担、生产要素水平式双向或多向流动的一种联合行动模式。它既可以是因技术需要或共同开发生产项目而建立的联盟(如惠普与思科、甲骨文等的合作),也可以是 OEM 协议、联合销售或合作生产等建立的战略联盟(如惠普与中国代工企业的合作)。下面将以惠普公司的战略联盟为例来介绍实施战略联盟对企业国家经营过程中的影响,以期从中探寻战略联盟构建要素和运作机理。

阅读案例 4-2

惠普公司的战略联盟

作为全球第一大 PC 厂商,惠普在中国一直是最受消费者推崇的电脑品牌之一,从 2002—2007 年,惠普中国曾连续 6 年入选"中国最受尊敬企业"。但是 2010 年央视 3.15 晚会对 DV2000、DV3000 两款惠

第4章　企业的国际竞争战略和组织结构

普笔记本电脑的大规模质量问题进行了报道，使惠普笔记本此后陷入了"显卡门""闪屏门"事件，并将惠普推到了舆论的风口浪尖。然而，这并不能妨碍惠普从1939年刚成立时的539美元到2008年的全球财政营销额1000亿美元，从一个以汽车库起家到当前的全球第一大PC厂商，不可否认惠普取得的巨大成功。尤其是其对战略联盟的运用，更是被称为战略管理的经典案例。

惠普公司通过战略联盟的方式，得到的好处包括：获得互补性资源；进入新市场；分担研究与开发(R&D)的成本与风险；在合作中获得新的增长点；获得新产品或新技术等。惠普公司正是凭借其联盟管理方面的成功经验获得了上述好处。

识别关键的战略因素。围绕着关键的战略因素来组织联盟只能够增加联盟成功的可能性。惠普就从它拥有的众多联盟中寻找出主要的战略伙伴，如微软、思科、甲骨文及美国在线等，然后设立一个伙伴级的联盟经理职位来监督公司的每一个主要联盟，战略伙伴级的联盟经理有责任同每一具体的联盟经理及其职员一起工作，以确保合作尽可能成功。给联盟部门合适的定位战略联盟职能部门应该使联盟经理能够轻易找到关于某些特殊的问题、联盟的类型或者联盟在其生命周期中所处的阶段的一些隐含性知识。例如，当具体的联盟经理想知道商讨战略联盟协议的最佳方式是什么？什么合同条款和控制权安排最恰当？应该使用哪些技巧？与联盟伙伴解决分歧的最有效的方法是什么时，他们应该能够通过战略联盟职能部门获得这些信息。

如果定位准确，专门的联盟职能部门就会帮助公司寻求战略领先、获得资源。美国犹他州贝格海姆青年大学国际战略教授Jeffreyh Dyer等的研究认为，建立专门的联盟职能部门是获取竞争优势所需知识的关键，专门的联盟职能部门从4个方面创造价值：完善知识管理、提高公司的外部知名度、提供内部协调和消除责任和干预问题。因此，如何建立专门的、有效的联盟职能部门显得十分重要。通常企业可以围绕主要联盟伙伴、产业、业务单位、地理区域或者是这四者的组合来建立联盟职能部门。

制订关系管理的流程和方法。许多公司采购、生产、销售、质量保证、服务等业务活动都制订了管理流程，但是他们在关系管理上却止步不前，没有将以前的管理方法记录在案，更没有形成关系的流程。

惠普公司已经形成了60种不同的工具和模式，其中包括了一本300页的指南，用来指导公司在具体的联盟过程中做出决策，这本指南包括的工具有：对联盟伙伴进行评估的方法、不同部门任务与责任的谈判模式、评估联盟绩效的方法和联盟终止的清单。

"在惠普，我们努力向公司内部和外部学习，目的远不只是简单地收集资料和信息，而是向单个的联盟经理们提供帮助，指导他们切实有效地进行最好的实践。"惠普的战略联盟经理Joekittel说。培训联盟经理尽管企业有合作愿望，但怎样把愿望变为现实，却掌握在联盟的直接管理者(联盟经理)手中，联盟经理的合作意愿、工作能力、管理水平在一定程度上影响战略联盟的成败。在这方面，惠普公司一是有内部培训计划；二是公司定期派遣联盟经理到商学院深造，学习联盟关系管理技巧。惠普的培训可以称之为正式培训，除此之外，联盟经理之间的相互交流与学习也是一种很好的非正式培训。

最后，经常协调和审查联盟关系。企业为确保联盟的正常运行，在关系管理方面，不仅需要专门的联盟职能部门、为联盟关系管理制订程序和方法、为联盟经理提供培训课程，而且经常对联盟关系进行协调和审查也是十分必要的。

协调联盟关系最重要的是要求合作伙伴之间相互沟通。曾任麦肯锡公司驻日本分公司执行董事的凯尼奇·奥梅认为，如果没有良好的、经常的沟通，即使最精心设计的关系也会破裂。他指出，单靠良好的管理程序和制度还不足以保证沟通，合伙人之间的关系需要高级经理人员花费大量的时间和精力来处理，双方总裁不能只是象征性的每年见面一次，即使关系成熟了，最高经理人员也应该每年至少会见4次，以便回顾一下已有的成绩和展望一下面前存在的机遇和障碍。他还认为双方会见的地点很重要。如果一家美国公司和一家日本公司合资建立了联营企业，最高经理人员应该至少一次聚会在日本，一次聚会在美国，另一次聚会在处于两者之间的夏威夷。

审查联盟关系则是指要审视联盟现在是否给企业带来好处以及将来能否给企业带来好处。BIC集团的首席财务官(CFO)Blythemc Garvie 认为,如果战略联盟不能够比其他类似的交易安排产生更多的价值时,联盟也是失败的。因此,要认真审查联盟关系是否具有价值,是否给企业带来好处,企业甚至可以对联盟进行周期性的"健康检查",以保证联盟的战略性和有效性。

(资料来源:根据惠普中国官方网站整理所 http://welcom.hp.com/country/cn/zh/welcom.html。)

4.2.1 战略联盟的构建

战略联盟是在全球经济一体化趋势加强和国际竞争加剧的背景下产生的,是企业应对外部环境变化的重要选择。同时,由于企业处于不同的阶段、不同时间、不同地点,都有不同的发展策略。为此,通过展开合作,寻找合作伙伴构建战略联盟,实现优势互补就显得很有必要。然而,战略联盟的构建是一个复杂的过程,要权衡利弊,要考虑是否实施,还要考虑实施效果。

1. 战略联盟的优势

(1) 战略联盟有利于企业快速进入国际市场。当一个企业跨出国门准备进入国际市场时,它可能面临种类繁多的正式贸易壁垒或非正式贸易壁垒,于是,企业就需要寻找合作伙伴达成战略联盟以应对贸易壁垒。例如,丰田与通用的战略联盟,便有效地解决了丰田汽车进入美国市场的问题。20 世纪 80 年代初正值美国汽车行业陷入极为严重的衰退期,通用公司为了适应全球竞争的需要,并安全渡过危机,加大了在研究与开发方面的投入,但收效甚微。丰田公司是当时世界上汽车行业中最具成本竞争力的生产者,又拥有首创的丰田管理模式。然而,由于日本汽车对美出口受到出口限额的限制,要积极地争取巨大的美国市场,需要丰田公司将生产基地向美国转移。如果双方进行合作,通用公司希望能够在合资企业中直接观察日本汽车厂的生产方式,可以从丰田公司获得相应生产技术,改善车间管理的经验以及稳定的供销关系等,而丰田公司则可以成功地打破汽车行业的贸易壁垒以及通过合资企业学习在美国的相关管理经验,积累在美国的海外运作经验等。因此,建立战略联盟,对通用汽车来说,获得了相应的技术和管理经验,而对丰田公司来说则获得了进入美国市场的难得机遇。

(2) 战略联盟有利于新产品的共同研发,降低成本。丰田公司同美国通用汽车公司及德国大众汽车公司的合作就是为了共享研发技术,降低研发成本。不仅如此,丰田和通用公司还决定在低公害汽油发动机汽车、新型低公害燃料汽车等环保型汽车方面展开广泛合作。欧洲汽车业联盟调查的结果显示,世界上著名的汽车厂商近几年开发的环保型汽车,几乎全是通过战略合作手段研制成功的,丰田和标致便是其中较为典型的一个。两家公司已于 2007 年 7 月 12 日签署了合作备忘录,将联手开发共用平台的新型小型轿车,并在欧洲使用该平台进行共同生产。为此,标致和丰田将建立一个各占一半股份的合资公司,总投资将达到 1.5 亿欧元。由于丰田汽车公司是日本乃至东亚地区最大的汽车制造商,而标致则是欧洲较大的汽车生产商。两者的战略联盟一旦建成,将会极大地降低两家公司在新型汽车领域的研发成本,扩大在欧洲市场和东亚市场的市场份额,为双方带来巨大的经济利益。

(3) 战略联盟有利于技术互补,开发出依靠单个企业很难开发新的产品。自 21 世纪以来,科技飞速发展,产品更新换代的速度不断加快,但技术创新的难度也日益加大,研发成本不断提高，因此依靠单个企业开发新产品的难度将会加大。于是，战略联盟的建立，加强了技术交流，实现优势互补，加快了新产品的开发。丰田汽车公司通过与在汽车行业中某项技术具有国际领先地位的汽车厂商合作，共同研发、借用或间接转换外来技术，从而加速了新产品的研发，降低了研发成本。丰田汽车公司与美国通用汽车公司合作开发轿车电池便是一个典型的例子。丰田利用员工素质、生产管理技术等方面的优势与美国通用汽车公司自身资金、新能源研发等方面的优势相互结合，共同开发，从而缩短了研发周期和研发成本，提升了产品研发的成功率。

2. 战略联盟的劣势

当然战略联盟在全球也并非总是那样受欢迎，因为它也存在风险。首先，战略联盟可能造成核心技术外泄，给企业造成无法挽回的损失。美国福特汽车公司和日本马自达的战略联盟，就是一个典型的例子。福特汽车公司在和日本马自达长达十几年的合作中，福特汽车公司指责马自达公司学到了重要的汽车制造技术，认为马自达公司在汽车制造行业的成功主要是通过战略联盟获得福特公司的技术；同时，马自达汽车公司则指责福特汽车学习了自己的发动机废气排放电脑控制系统的技术，从而使得它们在该领域不再拥有竞争优势。其次，战略联盟可能使合作双方协调困难，达不到优势互补的效果。合作双方的相互信任程度决定了战略联盟的实施质量。如果联盟双方缺乏信任，随意将责任推卸给对方，将会使双方的协调变得困难，甚至会威胁到联盟的存在。20世纪90年代，我国彩电行业怀揣着美好的梦想，建立了价格竞争联盟，以期维持垄断价格，获取超额利润。但是由于各彩电厂家缺乏信任，且相互协调不畅，不断出现部分厂商私自降价的现象，从而使价格联盟最终破裂。

尽管人们大多时候享受的是战略联盟带来的好处，但不能就此忽视其在实际运用的缺陷。尤其是作为一个全球化的企业，在利用战略联盟获利的同时，要时刻警惕其风险性。因此，在构建战略联盟的过程中，要充分考虑战略联盟的优缺点，权衡利弊，从而实现强强联合。

4.2.2 战略联盟的运作

关于战略联盟的理论并不是一个精致的理论，并不能完美地指导实践。为此，在战略联盟的运作过程中，要充分学习国际上联盟成功的经验，吸取失败的教训，重视合作伙伴的选择，严格管理联盟的日常运作。

1. 同盟伙伴的选择

在国际战略联盟日益加强的趋势下，同盟伙伴的选择显得尤为重要。选择合适的战略伙伴可以巩固联盟的运行基础，提升合作双方的整体竞争力。尽管导致战略联盟失败的原因有很多，但对大多案例的研究都表明合作伙伴的选择是影响战略联盟的重要因素。一个好的同盟伙伴有利于企业实现自己的战略目标，分散新产品开发的战略风险，分享共同的收益，且不会为了一己私利利用或出卖其他盟友。为此，选择合适的盟友必须要充分了解联盟伙伴的技术能力、资源状况、企业目标和参与合作的战略意图。不同企业加入联盟的战略意图有所差异，有些是想通过联盟获得核心技术，有些仅仅只是一种缓兵之计，借以赢得时间，达到其竞争的目的。因此，只有充分了解盟友，才能使联盟伙伴之间资源、技术和知识水平方面优势互补，相互交流，达到节省资源、提高联盟企业高效运作的目的，为联盟伙伴赢得强大的竞争力提供条件。

中国海尔集团与日本三洋电器的联盟便是一个较为成功的案例。两家企业之所以在世界众多家电企业中相互选择对方作为战略伙伴是经过深思熟虑的。对于日本三洋而言，自1983年进入中国市场以来，一直将中国视为"廉价的加工工厂"，并没有将渠道开拓和新产品的研发作为其核心业务。然而到了2002年，日本三洋在中国面临了巨大的困难，不得不寻找战略伙伴，寻求解决内忧外困的良方，海尔集团便是一个较好的选择。首先海尔品牌在中国有着巨大的影响力，与海尔结为战略联盟可以化解三洋品牌与渠道整合的难题，大大拓宽三洋的销售渠道；其次，海尔拥有高达90%的关键零部件外购比率，与海尔结为战略联盟可以极大地缓解三洋的库存积压，加快其新产品的研发；再者，海尔拥有较强的产品设计与研发能力和遍布世界的生产销售网络，与海尔结盟可以加快三洋产品的市场进入；最后，两者拥有一致的战略目标，并无相互冲突。而对于海尔集团来说，它也急需三洋电器这样世界领先的零部件供应商来降低关键零部件的外购成本，并借此进入日本市场。于是，在世界家电市场中，三洋选择了海尔，海尔也选择了三洋，两者的成功联盟也加快了各自企业的国际化进程。

当然，海尔与三洋的成功联盟，也使大家认识到如何选择合适的联盟伙伴对企业长远发展的重要影响。为此，企业要尽可能获取未来盟友的相关和公开信息，必要时可借助第三方搜集相关数据，并分析其可信度。同时，要对潜在盟友的近期计划和未来发展意图进行相关了解，并与本企业的发展战略相对比，以确保合作的必要性和正确性。

2. 联盟的运作

联盟伙伴一经确定，在短期内就不会发生太大的变动，此时联盟各方面临的主要问题便是联盟整体运作的问题。尤其是企业国际战略联盟的运作，要充分考虑文化差异、联盟伙伴的可信任程度以及相互学习能力等。因此，战略联盟的成功运作至少要考虑以下3种因素。

（1）考虑文化差异。文化差异包括语言、风俗、经营态度、经营理念等。联盟伙伴间的文化差异是客观存在的，是影响企业战略联盟成败的关键因素。对于加入国际战略联盟的企业而言，因受到不同国家或地区文化的影响，它们的企业文化不但表现出本土文化的一些基本特征，还表现出基于本国文化的企业文化差异。而对于加入国内战略联盟的企业来说，虽然文化的影响是相同的，但企业自身发展阶段、经营方式、经营环境及经营理念也各不相同，受到的内外环境因素和企业管理因素的影响也十分不同，因而即使在同一个国家，不同的企业在企业文化方面也存在差异，即表现出基于企业不同发展阶段的企业文化差异。因此，无论是跨国战略联盟还是国内战略联盟，在运作过程中都不能忽视文化差异的重要性。

（2）联盟伙伴要建立信任。战略联盟要想成功地运作，联盟伙伴必须建立相互信任的关系，上文中海尔与三洋电器的战略联盟的成功运作便很好地诠释了这一点。海尔与三洋的战略联盟与两家企业高层领导的共同理念和相互信任分不开的。据三洋电器的董事长井

第4章 企业的国际竞争战略和组织结构

植敏回忆,早在2001年9月25日第一次访问海尔后,就感觉与张瑞敏有着共同的世界观和价值观。此后在张瑞敏对三洋的回访中,两位领导人更是进行了长达十几个小时的交流。在此过程中,两者对彼此的经营哲学和管理理念极为欣赏,信任程度极大地提高,从而加快了海尔与三洋电器的战略联盟进程。正是基于相互信任,海尔才帮助三洋开拓中国的销售渠道,构建销售网络;也正是基于此,三洋电器才在新产品研发和关键零部件的供应上对海尔给予支持。

(3) 联盟伙伴要相互学习。企业能否从战略联盟中获利或获利多少是与其向联盟伙伴学习的能力相关的。一个具有远见卓识的企业把建立战略联盟视为一次难得的向其他企业学习的机会,而大部分企业则把战略联盟仅仅看成一种分担成本或共担风险的工具。大家再次回到前文丰田汽车与通用汽车战略联盟的案例。根据丰田汽车与通用汽车建立初联盟的约定,两者合资建立了新联合汽车公司。丰田和通用分别向新公司注入各自拥有比较优势的资本、技术和管理经验,从而掀开了联盟合作的新模式,也就此拉开了两家企业漫长的"学习竞赛"。在战略联盟中,通用汽车公司将一些高层管理人员派驻新联合汽车公司与来自日本的管理人员共同工作3年,以期学习丰田的先进管理技术。通过在新公司的学习,通用的管理人员学到了日本的管理模式和管理理念,但却面临如何将这一先进模式成功应用于通用在北美的其他工厂的难题。而丰田汽车公司则在这次"学习竞赛"中处于更加有利的地位,因为通过在新联合公司的学习,丰田的员工不仅掌握了通用的相关技术,还熟悉了通用在北美如何与联邦、州政府处理好关系以及通用产品的供应和运输。因此,为了战略联盟的持续运转,联盟伙伴要相互学习,并着力将学习成果成功转化为联盟的福利,以期共同分享。

阅读案例4-3

思科系统公司的战略联盟的运作

思科系统公司(Cisco System, Inc.)创立于1984年,是全球领先的互联网设备供应商。它的网络设备和应用方案将世界各地的人、计算设备以及网络联结起来,使人们能够随时随地利用各种设备传送信息。思科制造的路由器、交换机和其他设备承载了全球80%的互联网通信,曾一度是全球最有价值的公司。而思科取得如此成绩,跟其运用战略联盟的策略是分不开的。仅2002年,思科来源于战略联盟关系的收益就占到公司总收入的10%,总额高于20亿美元。

当前,商业竞争异常激烈,产品和服务普及速度日益加快,风险也随之增高,因此客户和投资者一般都追求短期投资回报(ROI)。在横向商业模式兴起的今天,联盟关系正顺应了此潮流。思科联盟致力于帮助思科及其战略联盟合作伙伴降低成本并创造收入。在合作方面,思科制定了风险和道路各不相同的6个发展目标。只有经过认真的规划,才能通过联盟实现增加收入的最终目标,具体如下。

(1) 了解联盟在构建决策或购买决策上的ROI。计算何时应自主开发解决方案,何时应购买解决方案,何时应建立联盟或合作伙伴关系。一般在这几种情况下,思科会考虑建立联盟:合作伙伴拥有自身不具备的技术或专业优势;内部对目标技术或服务知之甚少;并购存在的障碍过大(如并购对象实力很强,并购费用太高)。

(2) 选择最好的合作伙伴。思科战略联盟副总裁Steve Steinhiber说:"我们需要分析思科是否适合与潜在合作伙伴建立联盟。首先,两家公司必须能从合作中得到短期和长期利益,这是联盟之关键。但

111

执行和运作部门的配合状况是合作伙伴关系能否成功的标准。如果没有良好的配合，合作伙伴不久就会分道扬镳。"

(3) 制订目标明确的商业计划。计划应该包括明确的客户价值取向、现实的共同目标、可执行的有效赞助关系以及与重大成效和成功紧密相关的投资。许多公司常犯的错误是：没有经过认真的分析和研究，就匆忙建立了新一轮联盟或合作伙伴关系。如在事先没有拟定完善的商业计划、组织模式不适用或者人力不足的情况下就签署协议。据 Thompson Financial 调查，正是因为这些原因，美国公开宣布的合作伙伴联盟数量从 2000 年的 10000 迅速下降至 2002 年的 6500。

(4) 经常分析联盟是否取得成功并与业绩挂钩。商业计划和联盟目标中需规定应审核的内容。思科战略联盟合作伙伴 Intel 公司的执行副总裁 Sean Maloney 说到，"我们的经验表明，制订发展目标以及双方认可的审核指标是保证双方能够通过合作提高业绩的两大关键因素。为鉴定联盟是否取得成功，思科制订了详细的运作规程，以便衡量每种合作伙伴关系是否达到了特定的商业目标和指标。审核的指标不但包括可定量的数据，如市场份额增加值、市场加速度、收入增加额、客户满意度和推行的新解决方案，还包括非定量数据，例如标准推行进度等。

(5) 掌握结束联盟的时机。合作伙伴必须按照预定指标审查联盟的成果，并确定联盟是否取得了成功。在这个阶段，大家都不愿意看到联盟因个人或公司的失败而结束，而更愿意看到的是，合作伙伴关系在取得了预订目标之后圆满结束或者因市场情况变化以及其中一方公司的战略变化而结束。值得注意的是，结束联盟关系也要像建立联盟时那样认真规划。联盟结束之后，客户需受到保护，正常关系也要保持下去，因为以后存在再次合作的可能。

(6) 做好善后工作。善后工作包括确定所需要的技能，聘用适当的人员，建立牢固的联盟管理系统，组织强大的联盟运作管理队伍等。

为实现这些目标，思科做了大量工作。如公司建立了相应的部门，可为每个新合作伙伴快速设计定制课程，使其员工能够快速了解所需要的思科知识，保证为客户提供一致的高质量服务。

同时，组织良好的联盟通常能实现多赢。一方面客户能够获益，另一方面每家合作伙伴也能继续以核心业务为重，同时可将产品和服务推向新市场。Steinhilber 说到，"战略联盟能够按照客户的特殊要求，将最佳产品融入定制解决方案中。客户不需要自己寻找产品，也不需要将多种解决方案组件融合在一起，因为思科及其战略联盟合作伙伴能够预测客户需求并事先为他们做好相关工作。"

通过战略联盟，思科合作伙伴能够在财务方面大大获益。举个简单的例子，思科每从联盟关系上挣一块钱，其合作伙伴就能因解决方案和服务面拓宽而平均挣到两至三块钱。其他的益处还包括能将产品和服务迅速推向新市场，节省研发费用，共享最佳实践经验等。

合作伙伴关系不但有利于快速进入新市场(如思科通过与 4 家存储系统市场领先厂商建立合作关系，快速进入存储市场)，还能显著降低研发费用。思科战略联盟一般能够在两到三年内收回成本，ROI 高于 30%。

(资料来源：根据思科系统公司中国网站及相关资料所整理 http://www.cisco.com/web/CN。)

4.3 国际企业的组织结构

组织结构(organizational architecture)是企业实施经营活动的基本要素，也是实施企业战略的重要保障。当企业制定战略后，对组织结构进行调整是很多企业采取的重要措施。19 世纪 60 年代，美国管理学家钱德勒(Chandler，1962)通过深入调查研究，收集、整理、分析了杜邦公司、新泽西标准石油公司、通用公司等美国大型公司发展历程，提出了"结构跟随战略"、"组织结构适配战略"的思想。由此可见,战略决定组织结构,只有按照战略转型的要求对企业组织结构模式、组织职权与层级等组织要素进行有效调整,才能确保信息的高效传递,从而保证企业战略的有效实施。

4.3.1 企业组织结构的概念

组织结构(organizational architecture)是指企业内部按照一定的分工方式,由若干个职能不同的管理部门和管理层次构成的有机组织体。它是构成企业的各机构有机结合的状态,是机构设置、机构职权划分、各机构在企业中的地位与作用及其相互关系的总体体现。[①]

4.3.2 企业战略与组织结构理论

管理学家钱德勒(Chandler,1962)在其《战略与结构》(Strategy and Structure)中提出的"战略与结构之间是单向的决定关系,不存在反馈的关系"的研究结论已成为今天学者研究企业战略和组织结构关系的基石。他从美国工业企业历史观的角度将企业战略划分为专业化战略、多角化战略、横向一体化战略、纵向一体化战略、跨国化战略5种类型,并认为每种战略对应不同的组织结构。西方学者威廉姆森在钱德勒研究的基础上,将企业内部管理结构分为 U 型(单一职能结构 Unitary Structure)、H 型(控股公司结构 Holding Company)和 M 型(事业部制 Multidivisional Structure)3种基本结构。吉尔布莱斯和卡赞佳认为,合适的企业组织将使企业更具竞争优势,并且对不同业务条件下的公司对应的组织结构作了论述。蒂斯发现,进行适宜发展战略的组织结构调整会对企业资产利润率产生1.2%的贡献。以上这些研究都表明"战略决定组织结构"。而以色列学者 Farjoun(2002)以研究柔性视角的企业战略而知名,他认为企业战略与企业组织结构之间是一种相互影响的关系,"企业组织结构影响企业战略,而企业战略也影响企业组织结构"。

专栏 4-1

钱德勒的《战略与结构》

在钱德勒的商业史研究中,真正奠定了其不可动摇的学术地位的、最具突破性意和重要性的莫过于他的大企业三部曲。在其代表作1962年出版的《战略与结构:工业企业历史篇章》一书中,钱德勒考察了20世纪初至40年代的4家美国巨型企业的演变历程。以杜邦、通用、新泽西标准石油和西尔斯等公司的成长为例,他集中于谈论那些设计了大公司的分权制、多元化结构。他阐释了美国公司及其管理架构产生和发展的历程,并揭示了组织结构是公司战略的一个直接结果。他发现大企业采用多产品部门形式并不是一种对军队组织制度的任意复制,管理组织响应公司的商业战略而发展,从而提出战略随外在环境的变动而更张,组织结构与功能依战略的需要而改变的著名论断(许知远,2006)。该书拓展了公司战略的范围并使得许多公司在20世纪六七十年代的人事安排最大化的按照"战略优先于结构"原则来进行。据麦卡文称,"洞察力构成了他所研究领域内的重新定义"(Anonymity,2007)。这部著作因开创了企业战略研究先河而获得1964年纽科门奖(Thomas Newcomen Award)。

---

① 龚卫星. 企业管理基础[M]. 上海:华东师范大学出版社. 2011:45.

作为一本长销不衰的管理界经典著作,他探讨了现代企业成长的经典模型。这是钱德勒最具开创性的一部作品,其动态框架是当今盛行的战略管理学的重要理论来源。该书系统的阐释了现代企业制度(包括其组织、股权结构、经理人兴起和成长过程),包含着极其丰富的经验内容。他启发了一代又一代管理者进行成功的创造,堪称现代企业管理实战之经典,有着巨大的现实意义。他以惊人的能量描述并分析着商业革命的本质,没人敢怀疑他通过追寻历史赋予商业的长远的战略性眼光。他一生中有三部公认为经典的著作,而《战略与结构》是其中最重要的作品,也是这一领域内公认的权威之作、名篇之作,中译本在2002年首次与中国读者见面。其研究成果,撼动了主流经济学的根基,是一座任何一个经济学家都绕不过去的高山!其实用价值之高、学术价值之巨均毋庸置疑,曾有一位美国经理建议其同事,"用2.95美元一本《战略与结构》读后所得的教益来指导公司重组,足以抵得上花10万美元请麦肯锡公司作咨询的效果"(路风,2001)。

(资料来源:节选自:陈劲.演化与创新经济学评论:2009年 第3辑.北京:科学出版社,2010:67.)

4.3.3 国际企业的组织结构概述

1. 全球职能结构

全球职能结构是指以职能为基础设置企业管理部门和管理权限(图4.3)。在这种结构中,不同职能区域的执行人员负有全球性责任,即要同时处理好国内和国外业务活动。

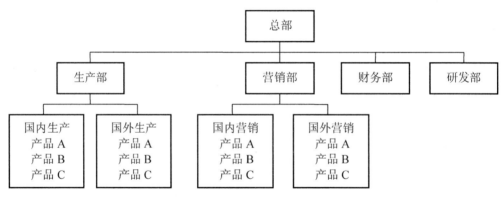

图4.3 全球职能结构

全球职能结构的优点在于:按职能集中管理,利于企业的控制和协调,较易形成全球竞争优势,可避免各利润中心之间的冲突。局限性在于:由于本位主义的影响,各职能部门之间横向协调与合作困难,信息交流阻塞,延缓决策过程;同时,职能层次的主管领导管理负担较重,企业缺乏灵活的适应性。全球职能结构较适用于那些以追求集中化经营为目标、产品系列较少且高度标准化的国际企业。

2. 全球产品分部结构

全球产品分部结构(全球产品事业部结构)是指以企业主要产品的种类及相关服务为基础设置企业管理部门和管理权限(图4.4)。在这种结构中,每个产品分部都是一个利润中心,将全面负责计划、组织和控制该产品群在全球市场上的生产和销售业务,并直接向公司总经理报告。

第4章 企业的国际竞争战略和组织结构

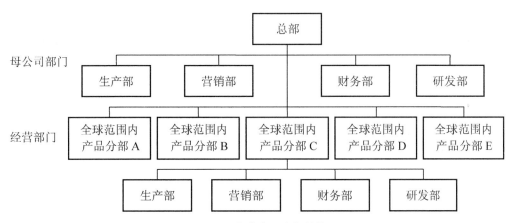

图 4.4　全球产品分部结构

全球产品分部结构的优点在于：各产品分部拥有较大的自主权，有利于企业进行产品创新、多元化经营。局限性在于：各产品分部之间横向协调和合作困难，容易发生摩擦；重复设置机构和人员，造成资源浪费；可能缺乏地区适应性。全球产品分部适用于那些产品线众多、产品在全球市场上具有普遍性需求、生产技术较为复杂的国际企业。

3. 全球地区分部结构

全球地区分部结构（全球地区事业部结构）是指企业主要以生产经营活动的地理区域为基础设置企业管理部门和管理权限（图 4.5）。在这种结构中，每个地区分部都是一个较为独立的组织，全面负责本地区范围内所有产品的生产经营活动。

全球地区分部结构的优点在于：各地区分部拥有较大的自主权，国际企业能在同一地区的市场上协调产品的生产和销售，能根据地区市场的特点和变化采取灵活的经营策略，提高本土化运营能力。局限性在于：各地区分部之间横向协调和合作困难，容易发生摩擦；重复设置机构和人员，造成资源浪费；不利于核心竞争力在地区部门之间的转移。全球地区分部通常适用于产品经营业务比较成熟、产品线较窄、同一地区分部内的国家具有较高程度类同性的跨国公司，如生产汽车、饮料、容器、化妆品、食品或者药品的国际企业往往会选择这种组织结构。

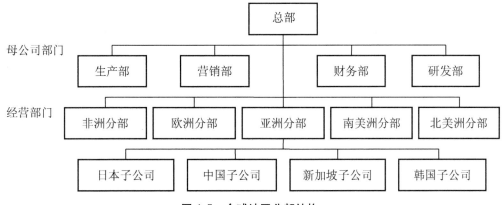

图 4.5　全球地区分部结构

4. 全球矩阵式结构

全球矩阵式结构主要有产品-地区矩阵、产品-职能矩阵、地区-职能矩阵、产品-地区-职能矩阵。现以产品-地区矩阵为例进行介绍。如上所述，全球产品分部结构和全球地区分部结构各有优劣势，前者注重业务的全球一体化，有利于全球标准化战略的实施，但缺乏当地响应；后者注重地理区域内的一体化，对当地的市场需求反应灵敏，但地区间资源不能共享，核心能力不宜全球转移，两种都不利于部门之间的横向协调与沟通。因此，随着更多全球业务的开展，越来越多的国际企业开始倾向于采用全球矩阵型组织结构(图 4.6)，实行区域分部、产品分部甚至职能活动的多重交叉管理模式，地区分部负责所辖区域内的所有产品线，产品分部负责相应业务在全球范围的整体运营，二者都要负责创造利润，而不是只选择两者之一作为利润中心。① 当企业面临的全球整合压力和当地响应压力趋于相同时，全球矩阵组织结构才更为有效。

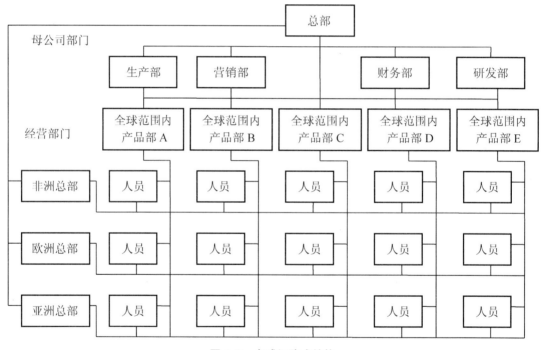

图 4.6 全球矩阵式结构

全球矩阵组织结构的优点在于：对外界环境的变化和压力具有高度的适应能力，具有很强的结构弹性，既能满足本土化的要求，又能带来全球化的效率。局限性在于：较高的管理成本，协调量大；多重管理导致责任不清、矛盾冲突升级。全球矩阵结构适用于大型跨国公司。

5. 全球网络式结构

在现代通信技术的推动下，一些全球市场覆盖范围大、全球业务量不断增加的企业开

---

① 吴晓云. 全球营销管理[M]. 北京：高等教育出版社. 2008：391.

始探寻新的组织结构,全球网络结构应运而生,其特征包括:①以价值链管理为依据,将价值链的各个环节分散到具有比较优势的地区,成立"专业职能中心",从而构建起全球网络的基本节点;②企业内部打破层级关系,由传统的等级化、垂直化向民主化、扁平化转变,强调各分支节点之间的平等地位,决策层和执行层相互借助网络系统进行全球范围内的沟通交流,所有的分支机构和员工都可参与到企业战略的制定和执行之中。值得注意的是,这种网络关系是由不同的公司、下属分公司、供应商等组成的一个全球范围的产品和销售网络系统,总公司是通过"部分所有权"、转包、生产许可证、特许经营权等形式直接或间接地控制着这个有形和无形相结合的"网络公司帝国"的整体运作。① 全球网络组织结构如图 4.7 所示。

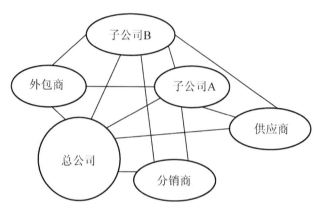

图 4.7 全球网络式组织结构

全球网络式结构的优点在于:真正实现了水平化沟通与交流;知识的协同效应有利于企业核心竞争力的全球转移;较易形成全员学习、终身学习的良好氛围;动态的组织结构使企业有较强的灵活性和适应性。

就组织结构而言,除了把组织正式划分为各自单位(如职能部门、产品分部等),还包括协调与控制,即企业要协调各子单位的活动,使其与组织目标保持一致,并对决策权向各子单位进行一定的配置。

4.3.4 国际企业的战略与协调

在前面讲到,全球产品分部(或全球地区分部)的局限性之一就在于横向协调和沟通不畅,从而使部门之间发生冲突。比如,生产经理关心的是产品生产问题(如生产成本、生产安全、生产效率等),而营销经理却关注产品营销部门(如销售网络、销售定价、市场占有率等)。各子单位目标上的差异会带来行动方向的不同,进而阻碍企业战略的实施。因此,企业在部门设置和划分之后,就要通过协调降低不同部门之间产生冲突的可能性。由此可见,协调(coordination)是指组织内部的信息流动,以帮助企业中的子单位完成决策,使其保持相互一致并与组织目标一致。

---

① 张新胜等. 国际管理学——全球化时代的管理[M]. 北京:中国人民大学出版社. 2002:299—300.

企业选择的战略不同,对于协调的需求也就不同。前面提到的国际企业战略的协调强度由小到大顺序依次是:本土化战略<国际战略<全球标准化战略<跨国战略。无论实施哪种战略,国际企业都可以运用正式的协调机制(如部门经理之间的直接联系、部门中专门的联络员等)和非正式的协调机制(如企业文化、邮件、电话等)进行协调。

4.3.5 国际企业的战略与控制

控制(control)又被称为配置决策权,就是集权(决策权集中在企业高层管理者手中)与分权(决策权下放给低层管理者手中)的问题。集权有利于协调,能保证决策与组织目标相一致,保证高层管理者作出必要的重大组织变革,避免重复活动。分权能够激励下属的积极性,能使基层管理者作出更好的决策,还能对环境变化做出快速反应。

阅读案例 4-4

壳牌公司的组织协调与控制

荷兰皇家壳牌集团(Royal Dutch/SheH Group of Companies),简称壳牌公司,成立于1907年。荷兰皇家壳牌集团是以荷兰和英国为母国的、有着百年悠久历史的大型跨国石油公司,其核心业务包括勘探/生产、油品、化工、天然气/发电、能源五大方面。荷兰皇家壳牌集团是世界第二大石油公司,总部位于荷兰海牙,由荷兰皇家石油与英国的壳牌两家公司合并组成。业务遍及全球145个国家,雇员近10万人,油、气产量分别占世界总产量的3%和3.5%,同时也是全球最大的汽车燃油和润滑油零售商。

壳牌在中国的发展轨迹已经超过一个世纪。目前,壳牌是在中国投资最大的国际能源公司之一。壳牌在中国的总部位于北京。壳牌中国集团在中国大陆有30多家独资或合资公司,员工总数约8000人,其中约98%是中国籍员工。壳牌中国集团在中国大陆的业务涉及能源的上、中、下游,经营壳牌集团的所有核心业务,包括勘探与生产、天然气及发电、油品、化工和洁净煤业务。

2010年,壳牌集团的全球营业收入达到3781.52亿美元,位于2011年《财富》世界500强第2位。壳牌公司在组织管理上的第一大特色是部门拥有充分的自主权,公司的权力不集中在某个人手中,而且分散于各个管理部门。各级实际管理部门可以根据结果和技术报告,自行作出决策去解决经营中所遇到的各种问题,而不必层层请示,逐级审批。部门主管可以密切地与当地顾客联系,又可以迅速地应变,以适应突如其来的外界突发事件。

在重大问题决策管理方面,壳牌的做法是:不搞个人说了算,而是通过集体讨论,而后再决策拍板定夺。公司里由6名执行董事组成董事会,一切重大决策均须一致点头通过,借以防止董事长一人独断专行。这样的组织管理手段使壳牌公司在20世纪80年代避免了盲目随潮流而收购其他大石油公司所带来的风险,又避免了大量借外债的风险。

壳牌公司这样组织管理方法,使公司既可以发挥集体的作用,又可以注意发挥执行董事个人的作用。公司的每一位执行董事都来自基层,都至少曾经主持过一个地方部门的业务,所以执行董事的决策意见富有见地,独到深刻。

(资料来源:方华明. 世界500强管理绝招[M]. 北京:中国经济出版社. 2012:323,327.)

企业选择的战略不同,对决策权的配置也不同。实施国际战略的企业,为了能在全球更好地转移核心竞争力,更倾向于集权;本土化战略需要对当地响应做出快速反应,故企业更倾向于分权;全球标准化战略要求企业在全球范围内进行价值链管理,所以企业集中某些经营决策权,如研发、营销等核心价值链环节;跨国战略则需要集权与分权相结合。

值得注意的是,选择集权和分权并不是绝对的,通常有些决策适合集权,而另一些则适合分权,这取决于决策的类型和公司的战略。

 本章小结

企业的战略是企业管理人员为实现对于企业具有重大意义的目标而采取的行动。对于大多数企业而言就是创造最高的企业价值。企业创造价值的焦点是使产品价值(V)与产品成本(C)之间的缺口最大,可以用提升产品价值(V)、降低产品成本(C)和提高市场占有率的方法。

企业提升产品价值(V)和降低产品成本(C)使企业面临当地响应的压力和全球整合的压力。在这两种压力的不同强度下,企业可以选择不同的战略:国际战略、全球标准化战略、本土战略和跨国战略。

企业除了调整自己的国际化战略外,还可以通过外部联合的方式——战略联盟来提升竞争力。战略联盟是指由两个或多个有共同战略利益和对等经营实力的企业或跨国公司,为达到拥有市场、共同使用资源等战略目标,通过各种协议、契约而结成的优势互补或优势相长、风险共担、生产要素水平式双向或多向流动的一种联合行动模式。

战略决定组织结构,只有按照战略转型的要求对企业组织结构模式、组织职权与层级等组织要素进行有效的调整,才能确保信息的高效传递,从而保证企业战略的有效实施。全球职能结构、全球产品结构、全球地区结构、全球矩阵式结构和全球网络式结构是国际企业的基本组织结构。

合理的协调与控制实施也是保证国际企业的战略顺利实施的必要措施。

 关键术语

企业战略 价值创造 全球整合压力 当地响应压力 国际战略 全球标准化战略
本土化战略 跨国战略 学习曲线效应 战略联盟 组织结构 全球职能结构
全球产品分部结构 全球地区分部结构 全球矩阵式结构 全球网络式结构 协调 控制

综 合 练 习

一、名词解释

企业战略 学习效应曲线 战略联盟 组织结构 协调 控制

二、简答题

1. 简述全球标准化战略和本土化战略的优劣势。
2. 你认为企业实施跨国战略的阻滞因素有哪些?
3. 战略联盟成功运作需要考虑哪些因素?
4. 你是如何认识企业战略和组织结构关系的?
5. 你认为全球标准化战略和本土化战略应选择什么样的组织结构?为什么?

三、技能题

请登录海尔官网：http://www.haier.net/cn/，了解海尔的基本情况，重点查阅和分析"关于海尔"项下的"集团品牌、集团战略、企业文化、模式创新、发展历程和海尔在全球"等资料，结合本章所学内容撰写一篇以"海尔国际化战略成功"为主题的小论文。

阅读以下案例，回答问题。
（1）你认为双方合作是基于哪些原因？
（2）你认为双方合作能否成功？为什么？

中石化与顺丰签合作协议 覆盖全国加油站便利店

据2014年8月14日新闻报道，顺丰快递中石化签订合作框架协议，中石化拟将其覆盖全国的加油站便利店网络与顺丰的物流网络相互连接，提升双方网络覆盖率，增强网点的服务功能，形成1＋1＞2的叠加效应。

根据协议，双方将在O2O（线上与线下联动）业务、油品销售、物流配送、交叉营销等领域开展三方面业务合作：在广东中石化易捷便利店试点开设顺丰速运嘿客店，提供快递收发、电商包裹自提与商品二维码销售等O2O业务，并根据效果探讨在其他区域扩大合作范围；探索顺丰速运为中石化易捷便利店与电商业务提供仓储与配送服务；中石化将作为油品供应商，为顺丰提供优质油品，保障供应，并积极开展交叉营销等其他合作业务。

中国石化销售公司表示，此次与顺丰速运合作，是引入行业领先战略合作者的又一举措，可以实现优势互补，共同推进新兴业务迅速发展壮大，开辟新的利润增长点，增强销售公司的竞争力和可持续发展能力，推动销售公司从油品供应商向综合服务商转型。

顺丰速运表示，合作有助于双方发挥各自专业优势，挖掘中国石化3万座加油站便利店实体网络与顺丰速运的全国物流网络的叠加效应，实现资源共享、优势互补、发展共赢。

（资料来源：根据新浪财经 http://finance.sina.com.cn/energy/corpnews/20140814/113220010869.shtml 相关资料整理。）

第 5 章

企业进入国际市场的战略选择

教学目标

本章在经济一体化进程逐步深入、跨国公司在国际经济中主导地位日益加强的前提下,考察企业进入国际市场的必然性,通过论述企业进入国际市场的影响因素和企业可能采取的进入模式,探讨企业进入国际市场的战略选择。

本章技能要点

知识要点	能力要求	相关知识
企业国际化的过程	了解企业国际化过程理论及其渐进性 理解企业国际化过程的动因 掌握企业国际化过程各个阶段的特点	外向国际化、内向国际化 知识、投入、发展链、心理距离、松散结合体、"干中学"、场理论——推动企业进入国际市场的动因
影响企业进入国际市场的因素	了解企业进入国际市场的外部因素 了解企业进入国际市场的内部因素 掌握各种不同因素影响下,企业国际化采取的不同战略选择	外部宏观影响因素 内部微观影响因素
出口战略	掌握出口贸易模式的类型 理解出口贸易模式的优缺点 了解出口贸易的交易管理	直接出口、间接出口 "挂拖车"——间接出口的一种新形式 出口运作的几个环节——货、证、运、款
契约安排	掌握契约安排战略的各种模式类型 理解契约安排战略的优缺点 了解契约安排战略的管理安排	许可证贸易、特许经营、管理合同、"交钥匙"工程、合同生产、BOT、国际租赁

续表

知识要点	能力要求	相关知识
投资战略	了解企业对外投资的动因及动力机制 掌握企业采取对外投资战略的类型及优缺点 了解企业对外投资战略的利益分配	发达国家的对外投资理论 发展中国家的对外投资理论 对外直接投资的动机、类型
进入模式的比较与选择	了解企业选择进入模式的几种方法 理解影响企业选择进入模式的因素	"一刀切"方法、"实用主义"方法、"战略决策"方法 进入时机、成本压力、核心竞争力、国际经验

导入案例

李宁的漫长国际化之路

数十年前,奥美全球 CEO 夏兰泽曾经说出了"中国没有品牌",引起传播界的强烈争鸣。如今,中国本土体育领军品牌李宁,离国际品牌还有多远?回忆李宁若隐若现的国际化路线,让人感叹不已!从 1990 年开始,李宁用了 10 年时间站上了中国本土运动品牌第一的位置。而进入 21 世纪后,李宁则开始了更为宏大的国际化梦想。1999 年,李宁参加在德国慕尼黑举办的 ISPO 体育用品博览会,主要目的之一是与海外经销商接触,以便征战欧洲市场。2001 年,李宁公司的第一家海外形象店在西班牙桑坦德成立。2002 年 9 月,李宁公司为参加第十四届世界女篮锦标赛的西班牙女篮供给了竞赛服。在 2004 年雅典奥运会上,西班牙男篮正式穿上了李宁的专业运动服饰。在 2006 年男篮世锦赛上,西班牙的意外夺魁则让全世界都看到了李宁的身影。2008 年北京奥运会上运动员李宁的"凌波微步"让李宁品牌的国际化征程达到了又一座顶峰。2009 年 7 月,新加坡 ION Orchard 购物中心开了一家李宁旗舰店,这是李宁开始海外拓展之后设立的第一家海外旗舰店。2010 年 1 月 5 日,在美国波特兰的珍珠区,一家李宁专卖店低调地开张了,这里距离美国消费者十分熟悉的 Nike town 不到一英里。就在两年前,李宁公司在这里建立了中国运动品牌的第一个全球设计中心(GIC),正是为国际化运作做准备。李宁的国际化运作一直没有停止,从签约西班牙、瑞典奥运代表团、阿根廷男篮到第一次出现在 NBA 全明星赛事中,李宁旗下的 NBA"铁三角"阵容——奥尼尔、达蒙·琼斯以及海耶斯,都将李宁带到了世界球迷的视线中。而据统计,李宁公司在各大赛事上赞助的国家还有意大利、捷克等,涵盖了足球、篮球、体操等多项运动赛事。

在企业国际化的战略选择上,李宁认为收购或许是更直接有效的方式,2008 年 7 月,李宁收购了乐图在中国的 20 年经销权。合作也不失为好的办法,李宁与英国老牌足球运动服生产商茵宝(UMBRO)从 2005 年就开始了令人猜疑的"暧昧"关系,李宁也公开表示,不排除和任何品牌合作的可能性。在本土市场方面,李宁分别收购红双喜、凯胜,在乒乓球、羽毛球上取得了绝对领先。但就在李宁将羽毛球确立为未来发展重点的同时,国际品牌都开始面临库存压力。而此时以乐淘和好乐买为代表的鞋类垂直 B2C 网站开始崛起,它们拿到了大量国际品牌的库存产品并在网上低价销售,这无疑对本土品牌有着巨大的杀伤力。因此,目前李宁进入国际化市场的渠道模式有三类:一是以西班牙为代表的欧洲"授权商";二是以中国香港、新加坡为代表的东南亚自营优势品类店;三是收购国外电子商务公司、进行网上产品研发和销售的美国模式。尽管现在李宁的负面消息屡屡传出,例如,在美国波特兰的设计中心已流失一半雇员;与美国合作公司 Foot Locker Inc. 的协议已中止;与西班牙代理商成立的销售公司也破产;2011 年为提升渠道分销效率,整合低效分销商,总数量从 90 家减少到 57 家等,但这些并未阻止李宁的国际化道路。在其战略规划中曾指出 2009—2013 年为国际化准备阶段,2014—2018 年为全面国际化阶段。

(资料来源:根据李宁官方网站及相关网站资料修改整理,http://www.li-ning.com.cn。)

第5章 企业进入国际市场的战略选择

试回答：

1. 李宁为什么会提出"国际化"这个多年的想法？
2. 在进入国际化的进程中遵循了哪几个阶段？
3. 影响李宁进入国际市场的因素有哪些？
4. 李宁在各个阶段采取了不同的进入战略，中国企业的后起之秀要如何借鉴并加以选择？

通过导入案例，可以看出，李宁在进入国际化的过程中有过风险，尝试着不同的商务活动，逐步地、分阶段地走着国际化的路线，同时受到很多因素的影响，其进入市场的模式也是有选择性的。为此，本章将着重探讨类似于像李宁这样的国际企业是如何安排其国际化进程的，影响其国际化进程的因素有哪些，进入国际市场的战略选择有哪些以及如何选择这些战略模式等问题。

5.1 企业国际化的过程

回看成功的企业进入国际化的案例，发现几乎所有的企业都是从国内市场起家的。新产品的开发、新企业的建立，往往是一个或几个创业者在本地市场上发现了有利可图的机会，发现了尚未被满足的潜在需求。无论是多大的跨国公司，其最初的经营范围都很有限。那么，一个"土生土长"的国内企业是怎样走向世界的呢？理论上的企业国际化的过程是什么？有哪些代表性的国际化进程的理论？在企业进入国际化的进程中，有没有客观、内在的规律可循，一般进入国际化的阶段如何表示呢？以上就是本节需要回答并加以思考的问题。

5.1.1 企业国际化过程的基本概况

1. 企业国际化过程理论

1）企业国际化过程

从经济学的角度来看，李宁的这种经营行为是企业国际化活动的具体表现形式。李宁不仅可以充分利用国内市场所提供的各种要素和机遇，同时也可以充分利用国际市场所提供的各种要素和机遇。不难看出，企业国际化的过程就是指在世界经济全球化和一体化不断深入发展的今天，国内企业积极参与国际分工，逐渐发展成为一个国际企业或跨国公司的过程。其强调跨国企业可以充分利用国际上提供的各种要素和机遇，以全球战略为模板，对国际资本优势及国际产业优势加以有效利用。一般而言，当企业经营活动和国际经济发生某种联系时，企业国际化过程就开始了。这种联系包括生产要素方面的，如资金、技术、人力资本等，也包括商品和服务的中间产品和最终产品的交换，还包括各种海外生产经营活动等。任何企业的生存和发展都离不开世界市场，都或多或少地参与国际竞争，世界大多数著名跨国公司都经历了从小到大、从国内市场到国际市场发展的过程。

企业国际化的过程是一个双向演变的过程，包括外向国际化（Outward Internationalization）和内向国际化（Inward Internationalization）。从广义上来说，外向国际化又称为跨国经营，外向国际化主要包括直接或间接出口、技术转让、国外各种合同安排、国外合资经营、国外建立分公司或兼并国外企业；内向国际化是指企业在本乡本土的家门口参与国际化经营活动，主要包括进口、购买技术专利、三来一补、国内合资合营成为外国公司的子公司或分公司、原始设备制造商（OEM）、原始设计制造商（ODM）和原始品牌制造商（OBM）。从市场状态来看，外向国际化是国内市场国际化，内向国际化是国际市场国内化。

2）企业国际化的过程理论发展历程

瑞典学者约翰森（Johanson）和瓦尔尼（Vahlne）于1977年发表《企业国际化过程：知识增长与增加外国市场投入的模型》一文，开辟了企业国际化成长过程理论研究的先河。他们通过对4家瑞典制造商跨国经营历史的调查，为跨国经营方式的历史演变提供了实证资料。该过程理论建立在企业行为理论和企业成长理论的基础上，模型主要假设企业的有限理性和信息不完全，还包含其他3个较为隐蔽的假设，即企业的利润最大化动机、国际市场环境不确定和国际市场投入的转换成本。通过知识①、投入、发展链②（Establishment Chain）、心理距离③（Psychic Distance）和松散结合体④（Loosely-coupled System）等概念描绘和分析企业国际化成长的过程，这一过程是一个企业渐进地参与国际经营活动的动态过程。在这个过程中，企业某一阶段的市场知识和市场投入决定了企业下一阶段对于该市场的投入决策及企业行为，而这又决定了企业在再下一阶段经验学习的效果及风险认知，由此也就决定了企业在更下一阶段的市场投入。基于不确定性的风险规避，通过经验学习获得的外国市场知识和企业运作知识的增加与企业对该国的决策行为和资源投入的相互影响、相互作用，这样一个闭环的因果链是过程理论分析企业渐进国际化成长的核心所在，也是机理所在。

企业国际化的过程理论是从过程角度考察企业的国际化成长，是一个动态理论。与国际生产折中理论的静态或比较静态分析相比，动态性是其优越性的最大体现；其次，过程理论强调企业的有限理性决策和信息的不完全，这点与折中理论的完全信息和完全理性相比更加接近现实世界。此外，过程理论强调通过"干中学"组织学习对于企业国际化的重要意义，并将承诺把知识作为企业国际化的重要解释变量，这一点与当今国际商务研究的方向是一致的。但企业国际化过程理论也有其不足之处：一是该理论研究背景仅局限于瑞典和制造业；二是过程理论的假设前提过于苛刻或已经不合时宜；三是过程理论关于企业

---

① 该理论将"知识"分为常规知识和经验知识。与常规知识相比，经验知识是整个理论的核心解释变量，经验知识的获得只能够通过企业国际化实践的"干中学"获得，这也就决定了企业国际化成长不可能一蹴而就，而是一个渐进的过程。

② "发展链"是指在企业国际化成长之初，企业对特定东道国市场仅仅存在零星的出口，随着企业国际化知识的增加，企业会设立销售代表处、建立销售子公司，最后会采用全资生产子公司这一企业国际化的高级形式。其主要用来描述企业在某一特定东道国市场成长的过程性和渐进性。

③ "心理距离"是指妨碍或干扰企业与市场之间信息流动的因素，包括语言、文化、政治体系、教育水平、经济发展阶段等，其主要描述企业国际化成长过程中东道国的选择与转移。企业会先选择与本国心理距离较小的国家进行国际化经营，之后才会依次转移到心理距离较大的其他国家。

④ "松散结合体"意味着企业各个层次及各个位置的人员拥有不同利益目的和行为动机，会推动企业卷入国际化经营，其主要用来描述企业国际化成长的自发性和持续性。

国际化过程中的组织学习的范畴界定过于狭窄,过程理论假定"干中学"才是获取国际成长所需经验知识的唯一途径,它忽视了企业也可以通过其他的形式学习企业国际化成长所需知识的可能性;四是国际新创企业等新现象的出现形成了对过程理论的挑战。

随着新的、灵活的产品技术和通信与信息技术的迅猛发展、相隔遥远的国家间的同质化市场的增长和贸易壁垒的减少等国际新环境的出现,"国际新创企业"逐渐出现于国际商务研究者的视野。Oviatt & Macdougall(1994,1997)认为,企业在诞生之初有可能已经实现了国际化,这种企业后来被称为"天生全球化"企业。这种企业有形资源较为贫乏,而无形资源较为丰富,并在很大程度上体现为社会资本。它们倾向于采用诸如网络结构等治理成本较小的治理模式,通过自身特殊资产,运用特许、模仿、网络嵌入等竞争优势的保存机制实现快速的国际化。这些企业在高科技行业中非常普遍,并且与过程理论所研究的成熟的、较大规模的企业相反,它们主要是一些中小企业。在此基础上,Oviatt & Macdougall(2000)又提出了"国际创业"(International Entrepreneurship)理论。该理论认为,企业的国际化成长实际上就是企业跨越国界的发现、制定、评价和利用企业成长机会来创造未来产品和服务的过程。这个理论的本质就是认为企业国际化是企业家如何开发和利用国际成长机会的创业过程,因此企业国际化行为被人格化了。

现在又通过引入了网络(Network)、机会创造(Opportunity Creation)、市场发现(Market Discovery)等思想,发展了过程理论的内容,强化了过程理论的解释力。企业在国际化的成长过程中由于关系网络构建的特别重要性,网络资源成为企业国际化过程中最重要的资源,企业可以通过与国际化合作伙伴的双边承诺及其合作伙伴所嵌入的网络创造更多的知识,知识的发展将会给企业带来更多的成长机会,使企业的国际化行为能更加适应突变的环境;并且该理论将进一步吸收经济社会学和组织理论的思想,向着更加社会的、历史的、情境依赖的方向发展。除此之外,由于企业的国际化伴随着市场、产业与网络的国际化,过程理论也将逐渐将市场的国际化、产业的国际化与网络的国际化渗透到企业的国际化的研究当中。概括起来,该理论将朝着聚焦于经验学习、双边承诺与社会资本构架下的动态网络方向发展。对于我国企业而言,国际化成长是其获得持续竞争优势并与跨国公司开展全球竞争的一个必然的过程,这是中国经济和企业顺应经济全球化要求实现自身发展的需要,对中国企业的国际化成长将有一定的借鉴价值。

2. 企业国际化过程的渐进性

企业国际化的过程可以从两个方面来论述:一是企业国际化的渐进性,也就是企业的生产销售活动的范围是怎样从国内走向世界的问题;二是企业自身的国际化,也就是一个"土生土长"的国内企业如何向跨国企业演变发展的问题。这是两个互相关联,但又并不完全相同的问题。例如说,肯德基成为世界快餐业里的代表,其分店遍布世界各地,但中国的北京全聚德烤鸭也闻名于世,却并没有发展成为跨国公司,为什么炸鸡和烤鸭的跨国经营会有这么大的差异呢?换句话说,在什么样的情况下,经营活动的国际化会被纳入跨国公司的组织体系下?理解这些问题,将会帮助企业在进入国际化的进程中掌握主动,制订针对性的对策措施。

从大多数企业走向国际化的实例来看，企业国际化是企业对国际经营的介入不断提高的过程。实践表明，企业的国际化成长往往是一个企业从国内经营到跨国经营逐渐演变，从被动到主动、从量变到质变的渐进学习过程，这种过程不是一朝一夕、一蹴而就的突然飞跃。企业国际化的渐进性主要体现在两个方面：一是企业国际化目标市场选择的渐进性，二是企业国际化跨国经营方式的渐进性。下面就从这两个方面来介绍企业国际化的渐进性。

1) 企业国际化目标市场选择的渐进性

从大多数的实例来看，市场扩大通常遵循"由近及远，先熟悉后陌生"的路线。按照市场扩张的地理顺序，企业国际化进程通常遵循：本地市场→地区市场→全国市场→海外相邻市场→全球市场。举例来说，著名生物医药企业默克（默沙东）于1933年在美国设立了第一个研发机构——默克研究所，2004年，在全球7个国家建立了11个重要研究基地，2009年11月，默克雪兰诺中国研发中心在北京正式成立，不仅提高了中国的医药研发水平，而且密切了与全球默克研发机构的联系。

由此看出，企业走出国门的第一个国家通常是与其相邻的国家，选择市场条件、文化背景、语言、政经体制、文化风俗与母国也相近的国家，即要与企业的海外经营具有文化上的认同性。这样企业的产品或是企业的经营管理都不必作根本性的改动，风险小，成本低，最容易成功。之后通常是走向语言文化相近，但地理上相隔较远的市场，最后才走向地理、文化和心理上都很遥远的全球市场。从前面导入案例，也可以看出李宁公司最先是在新加坡开旗舰店，之后才慢慢渗透到全球市场中去的。

2) 企业国际化跨国经营方式的渐进性

企业国际化的渐进性也明显地表现在跨国经营方式的选择上。根据国际商务学的有关调查表明，绝大多数的企业在选择跨国经营演变方式上，采取了"先易后难，逐步升级"的策略。按照企业跨国经营演变方式的顺序，企业国际化进程通常遵循：纯国内经营→通过中间商间接出口→企业自行直接出口→设立海外销售分部→设立海外分公司跨国生产。从导入案例来看，从1990年开始，李宁公司用了10年时间站上了中国本土运动品牌第一的位置。而进入21世纪后，李宁公司则开始了更为宏大的国际化梦想。在走向世界的初级阶段，李宁公司采用了简单易行而又灵活的间接出口方式。1999年，李宁公司参加了在德国慕尼黑举办的ISPO体育用品博览会，其主要目的之一是与海外经销商接触，以便征战欧洲市场。随后，随着李宁公司跨国经营能力和经验的增长而采取更高级的经营方式，不仅设立了海外形象店和海外旗舰店，还在美国设立了全球设计中心。

因此，从一般企业来看，大多数情况下企业从纯国内经营向跨国经营的最初过渡总是通过中间商来进行的，也就是通过各种贸易公司出口。以这样的方式迈出走向世界市场的第一步，这种方式最简单易行、投资要求最少、风险也更小，并且利用中间商的现成渠道，企业还可以同时在许多海外市场实行"试探性"的跨国经营。如果销售情况良好，证明企业的产品在目标国确有市场，企业就可以通过直接出口，甚至设立海外销售办事处和在海外生产的分公司。

5.1.2 企业国际化过程的动因

1. 企业国际化动因

在现代经济社会中,企业的经营目标、战略措施、资金实力、技术水平、行业规模以及管理人员的素质千差万别,而且各国经济政治环境千变万化,所以企业必须灵活地做出不同的对策和反应,有些是不得已而为之,有些则是主动出击。例如,当丰田汽车制造商大举向海外扩张市场时,它的供应商也被迫随之步入国际市场,这就是追随大客户的一种被动措施;相比之下,惠普、柯达、雀巢及李宁都是积极寻找国外成长性好的市场,实行先发制人比国内竞争者先行,这就属于主动措施。

通常来说,公司内部和外部一系列的诱发因素促成了企业最初的国际化扩张,推动因素和拉动因素共同成为企业国际化的初始动力,刺激企业进行国际化运作。推动因素包括国内市场中存在的各种迫使企业探索国外机遇的不利趋势,比如国内市场需求减少、竞争加剧等;拉动因素包括国外市场中存在的各种吸引企业进行国际化扩张的有利条件,比如国外市场的学习经验知识的机会等。有些企业首次参与国际化可能源于偶然,碰巧进行了国际化。比如李宁公司在1999年参加了在德国慕尼黑举办的ISPO体育用品博览会,一次邂逅开始涉足国际业务,所以在2001年,李宁公司的第一家海外形象店在西班牙桑坦德成立了。有些企业参与国际化是考虑了风险与收益的权衡过程,也考虑了国际市场的学习经历。所以,企业国际化的动因可以有市场导向动因,可以有成本导向动因,可以有技术管理导向动因,也可以有分散风险导向动因等。

2. 企业国际化经营渐进性的原因

从李宁的案例来看,李宁并没有从相邻近的熟悉市场开始选择进入方式,这就提出了一个问题:为什么大多数的企业在选择进入世界市场的时候,不从最佳目标市场开始?其实,企业国际化经营方式之所以采取渐进性的原因,主要是由经营国际化过程的本质所决定的。企业经营的规模越大,需要处理的信息量就越大,所需要处理的信息内容也越复杂。因此,经营国际化并不是企业生产销售范围上的简单的数量扩大,其实质是管理人员学习、掌握和消化有关知识,逐步积累国际营销经验的过程。由于人的认识能力有限,获得经营知识的学习过程只能是一个渐进的、累积的过程。经营国际化并不仅仅是企业的产品走向世界的过程,同时也是使企业管理人员开阔眼界认识世界的过程。在经营国际化过程的初期,企业管理人员对市场的理解和观察往往局限于本国本土的直接环境,对遥远的市场环境了解相对有限,因此,绝大多数的企业在走向世界的过程中采取"小心谨慎、摸索前进"的态度,把最初的资源投入控制在最低限度。随着海外经营业务的扩大,经营管理人员经验的积累,信心逐步上升,对海外经营的投入也随之逐步增加,采取的经营方式就发生了"由易而难、逐步升级"的变化。

按照企业管理的"场理论",企业管理可以被认为是一种"力场",是促进其发展的各种"推力"因素和阻碍其发展的各种"阻力"因素相互作用的结果。就企业的内部环境和外部环境来说,既存在种种促进跨国经营的推力因素,驱使企业经营走向世界;又同时存在种种阻挠跨国经营的阻力因素,限制企业跨国经营的发展。企业的发展既可以来自推力因素的增加，也可以来自阻力因素的减少。可以这样认为，企业在任何时点上的现状，是跨国经营"推力"和"阻力"之间的一种均衡状态。与这种"阻力减少论"相应的，是关于企业国际化经营的"带动论"。从历史实践来看，多数企业的最初出口是出于偶然，大多数来自海外的订单大大减低了初始出口的风险，促使企业迈出跨国经营的第一步，这就是订单带动论；在很多行业，尤其是服务性行业，通常是受到现有客户的带动去国外进行跨国经营，这就是客户带动论；还有一些行业，是跟随竞争者走出国界，在经营决策上往往是根据"两害相权取其轻"的原则，而不是根据"最大利润"的原则来制定对策，这就是竞争带动论；上述的竞争带动论在一定程度上分析了寡头行业跨国经营的现象，而"关键企业带动论"则为一个行业中的众多中小企业的跨国经营提供了一种解释。

5.1.3 企业国际化过程的阶段

从前面几章的学习可以知道，由于企业在国际商务环境中存在着巨大的风险，在国际性经营活动中也存在着参与程度深浅不同、风险不一的经营方式，这就使得一个企业在其国际化的过程中，为了获得丰厚的利润，避免可能存在的风险，而利用不同的商务活动，采取逐步的、有层次的方法，分阶段地参与到国际经营的活动中去，这就称为企业国际化工作的阶段性。企业一旦决定走向国际化经营后，它首先选择风险最小的市场进入方式。

1. 前国际化阶段

这是企业国际化的第一阶段。这一阶段要对开展国际业务活动的可行性进行调研和评估。企业的目标市场是国外市场，企业在国内生产产品到国外销售，满足国外市场的需求。在这一阶段，产品与经验成为出口的关键。在一个企业为谋求更大的销售额，追求新的资源和多元化经营，开始跨国经营的时候，它的经营活动往往局限于间接的、被动的进出口贸易，甚至依靠一些进出口公司来安排开展其经营活动。在劳务活动方面，企业也可能依赖于专门经营劳务进出口业务的公司来完成自己希望完成的跨国经营活动。次数有限、间接的商务活动可能不需要企业设置专门的机构来处理日常的业务工作，这些工作只需安排少量的专业人员，花一定的时间，协助专业公司处理日常所需要进行的工作。

例如，制造企业在第一阶段主要是非直接出口或特殊项目出口。企业在刚开始进行国际化经营时，选择非直接出口或临时性的服务项目，往往是顾客提出出口请求（包括顾客对许可证的要求），然后企业向目标国家市场做少量投入。在这一阶段，企业对待国际化经营的态度是被动和反应型的。

2. 试验性卷入阶段

这是企业国际化的第二阶段。这一阶段企业依然是以商品和劳务的进出口业务为主，可能有时还要依靠那些操办进出口公司业务的代理公司，但与第一阶段相比，企业已开始独立安排一些国际商务活动，已主动地、直接地寻求贸易伙伴，积极地扩大企业外向型的商务活动。随着国际商务活动的增长，企业到国外巡视的人员逐渐增加，企业开始与业务往来的外国企业保持接触，发展关系，了解产品质量，加强与贸易伙伴的沟通，熟悉自己的贸易伙伴和贸易伙伴所在国的基本状况，为可能发展的业务往来创造基本的条件。在这一阶段中，企业建立专门的部门来处理国际商务的有关问题。但是，处于这个阶段的企业还是以国内的商务活动为主,还是一个内向性突出的企业。

例如,制造企业在第二阶段主要是积极出口或许可证贸易。企业在经过第一阶段的成功之后,会积极努力地向经营国际化迈进。它们通常通过代理或经销商,或者建立自己在海外的分支机构或子公司向国外市场渗透。这一阶段也包括积极主动地通过许可证贸易而进行国际化经营。同时,在企业管理者的头脑中,已把国际贸易与国内贸易区别开来。在企业的组织机构中,会设立国际销售部门(出口部)来具体负责海外经营业务。

3. 积极参与阶段

这是企业国际化的第三阶段。这一阶段虽然企业仍然保持着基本的国内经营活动,但它已直接参与到国外的商品、劳务、生产、销售环节中,并已在国外设立了常设的代表和机构。从企业组织形式来看,企业负责国际商务活动的部门已建立了专门的机构,负责处理相应的国际商务事物。

例如,制造业企业在第三阶段主要是积极出口、许可证贸易和在国外投资经营。这一阶段是在第二阶段的基础上,更加努力地向国外市场渗透。企业在一些国家投资经营进入制造业,在另一些国家混合采用出口和许可证贸易。在企业的组织机构中,一个有独立权威的、覆盖各种国际经营活动的国际部代替了原有的出口部。但是,在企业的整体战略部署上,跨国家或地区的国际经营活动不是一体的,国际经营战略与国内经营战略也不是一体的。

4. 国际战略阶段

这是企业国际化的第四阶段。这一阶段企业已经将自己的战略目标从国内转移到国外,国内经营活动的重要性也随着企业国际化的加深而减弱,为适应和跟随这样的一些变化,以求适应复杂的经营环境,以便领导和控制在全球许多国家和地区进行商务活动的子公司,企业以全球经济活动为出发点,在广阔的国际市场上寻求全球最佳经营效果的跨国公司。

从上述的阶段可以看出,处在第一阶段的经营者仅仅限于一种或两种进入方式,处在第四阶段的企业则是对所有可能的进入方式进行评估,从中选择最合适的进入方式。内部因素的变化,特别是企业对国外市场投入愿望的增强,是促使其向国际型演变的主要力量。然而,一个已经建立起来的跨国公司并非必须经过所有这四个阶段,跳跃性地演化更能快速地使一个企业向跨国经营型转变。

参照以上标准,不难发现,我国跨国经营活动开展较早并取得成功的一些企业,如中国化工进出口公司、首都钢铁公司、海尔集团等,都可以被认为是我国跨国经营的先锋,但如按企业国际化的阶段细分来看,中国化工进出口公司、海尔集团应处在第三阶段,与第四阶段所需的国际经营的特征相比,它们最大的差异就在于还未能从全球市场的角度去进行战略性的思考以及从全球的目标去进行资源的配置和经营安排;而首都钢铁公司只能被认为是处于第二阶段的公司,虽然它已在一些国家建立了自己的原料基地、生产厂家甚至研究部门,但它内向性的特点依旧十分突出,基本上还只服务于国内的市场。例如,制造业企业在第四阶段主要是全方位的跨国生产和销售。企业在全球范围内部署创造价值的活动,跨国的资源服务于跨国市场,企业的各种活动在世界范围内完全一体化,国际经营战略与国内经营战略完全一体化，构成统一的跨国经营战略。国内只是作为国际市场的一个组成部分，公司只不过是由此发端并具有协调能力的总部，在企业的组织机构设立中，一些以地区或产品为建立基础的全球性机构组成的子公司取代了以前的国际部。

5.2 影响企业进入国际市场的因素

企业对于目标市场进入模式的选择取决于几个相互矛盾的因素，这些因素种类繁多，而且有些因素难以估量，所有这些因素的反复权衡使得企业进入国际市场的模式成为一个复杂的决策过程。为了便于以后选择、比较各种进入模式，现在就应该充分考虑影响企业进入国际市场的因素。下面将从影响企业进入国际市场方式的外部因素和内部因素两个方面来介绍。

5.2.1 影响企业进入国际市场的外部因素

外部因素主要包括：目标国家市场因素、目标国家生产因素、目标国家环境因素、本国因素。虽然这些因素独立于企业决策之外，但也是影响企业进入国际市场模式选择的参数。一般来说，单个的外部因素对企业的进入模式不起决定性的作用，但也有例外。所以，这类外部因素可以鼓励或阻止企业选择特定的市场进入模式。

1. 目标国家的市场因素

（1）目标国家目前及预期的市场规模的大小对选择模式影响很大。较小的市场规模可选择销量不高的进入模式，比如出口进入方式或合同进入方式。反之，销售潜力很大的市场应选择销量较高的进入模式，比如分支机构或子公司出口，或者选择投资进入方式。

（2）目标国家市场的竞争结构也是影响进入模式选择的一个因素。竞争类型总是从分散型竞争市场（有许多不占主要地位的竞争者组成）到寡头垄断市场（有少数占主要地位的竞争者组成）再到垄断市场（仅有一家企业组成）。对于分散型竞争市场，一般选择出口进入模式，对于寡头垄断市场或垄断市场，则常常选择投资进入模式，在目标国当地生产，与统治企业竞争。如果目标国家出口模式或投资模式的竞争太激烈，企业也可转而采用许可证贸易、其他合同进入模式或跨国战略联盟进入模式。

（3）市场潜力和市场尺度也是值得一提的影响因素。一般来说，对于市场潜力低但却具有高不确定性需求的市场来说，企业通常会选择出口模式或合同进入等模式。市场尺度是指当地营销基础设施的可得性和设施的质量好坏。若目标国的代理商或经销商破产倒闭了或已经和别的企业建立了长期服务联系，那么出口企业可能就会选择投资的进入模式。

2. 目标国家的生产因素

目标国家生产要素（原料、劳动力、能源等）的投入的质量和成本以及市场基础设施（交通、通信、港口设施等）的质量和成本对进入模式的决策有较大的影响。

（1）目标国原材料、劳动力、能源等生产要素的成本、质量与可供性直接影响了产品的成本及质量，因而对市场进入的方式也有直接的影响。要素市场成本低的国家更倾向于在当地生产，而不是直接出口，所以选择投资进入模式。反之，生产成本高会抑制在当地的投资,更倾向于出口进入模式。

(2) 市场基础设施如交通、能源、通信、港口设施和营销基础结构等的质量和成本对进入方式的决策也有明显的影响。如果目标国家基础设施较完善,则进入时固定资本的投资可以减少;一般来说,固定资本投资越大,则采取投资进入模式(特别是独资)的倾向就越下降,而采取合资、出口和合同模式的倾向就越上升。同时,营销基础结构也直接影响了整个企业的运营效率,也影响着企业市场进入模式的选择。

3. 目标国家的环境因素

目标国家的政治环境、地理环境、经济环境和社会文化环境都对企业进入模式的选择产生了决定性的影响。

(1) 目标国家政府对外国企业有关的政策和法规是最引人注目的影响因素。一方面,提高关税、紧缩配额和其他贸易壁垒等显然会不利于企业采用出口进入模式,而倾向于选择别的模式。例如,美国是日本最大的汽车消费市场,但截至 2013 年美国仍长期对日本轿车征收 2.5% 的关税,以及对日本皮卡征收 25% 的关税,使得日本多家汽车公司纷纷在美国投资建厂投入运行。另一方面,目标国家也可能采取优惠政策(比如免税)来鼓励外商投资或一些原材料或中间产品的进出口。例如,墨西哥受惠于 NAFTA 享有的低关税以及廉价的生产成本,2013 年前 10 个月,汽车、卡车和零部件出口占墨西哥全部出口的 19%,并且本田、日产、马自达共 3 家公司在墨西哥投资建厂。

(2) 地理位置是另一个影响因素。一般来说,当距离目标国比较近时,可选择出口进入方式;当距离目标国很远时,由于运输成本高可能会使得出口产品不具有国际竞争力,所以会放弃出口进入模式进而转向其他进入模式。

(3) 经济特征、经济状态和经济活力也会影响进入模式的选择。从第 3 章了解到经济特征最为本质的就是该经济是属于市场经济还是属于计划经济。如果目标国是计划经济,那么股份投资进入模式通常是不被允许的,因而企业会采取出口或许可合同等其他契约进入模式。目标国家的经济状态可以从国家的经济规模(用国民生产总值来衡量)、绝对经济水平(人均国民生产总值)、各经济部门的相对重要性(占国民生产总值的比重)及市场容量来考察。目标国家的经济活力可以从投资率、国民生产总值、个人所得增长率及就业率的变化来考察。即使目前的市场容量低于该盈亏点,充满活力的经济也会促使企业选择盈亏点高的进入模式。

(4) 外部经济关系也是企业进入目标市场需要考察的影响因素。这包括目标国家的支付能力、债务负担、通货储备、汇率变化方式、进出口贸易状况、资本流入情况等。外部经济关系朝着一个方向的巨大变动预示着该国政府在国际贸易和国际收支方面的政策会发生巨大的变化。例如,20 世纪 70 年代,石油危机给了丰田进入美国市场的可乘之机,丰田车因为有较好的燃耗性能而大受青睐,以丰田为首的日本车系真正在美国市场得以大展拳脚。这一现象也激起了美国汽车行业的强烈不满,终酿成美、日、欧贸易大战,迫使当时看美国脸色过活的日本不得不对汽车出口采取"自愿限制出口"措施。这样,如果要扩大在美国销售,就必须在美国本地生产,而当时的日元汇率很低,劳动力成本远低于美国,如果到美国设厂势必将提高制造成本,因此在设厂问题上丰田一度犹豫不决。但是为了实现从根本上占领美国市场的战略构想，丰田还是决定采取对外投资的进入模式，选择到美国开办汽车制造厂。

(5) 目标国在社会文化等方面与本国的差异也影响了企业进入市场模式的选择。目标国与本国在社会结构、语言和生活方式及文化价值观等方面差异越大，意味着企业进入后的不确定性和风险以及获取信息的费用也越大，因此，企业一般会采取出口进入模式或合同等进入模式。目标国与本国在以上各方面的差异越小，则企业参与程度就越高，采取跨国战略联盟进入模式或投资模式，特别是独资方式的比重就越高。

(6) 风险程度也是企业选择进入模式不容忽视的一个因素。当跨国经营企业感到目标国家有较大的政治、财务、外汇等方面的风险，它们将倾向于减少资本的投入模式。反之，这些风险较小，则会鼓励企业向目标国家投资经营。

4. 本国因素

本国的市场规模、竞争结构、生产成本及本国的政策也影响着企业进入目标国家的进入模式选择。

(1) 本国市场规模会影响企业进入模式的选择。如果国内市场大而且复杂，则企业在国际市场上更具创新性和竞争性，这样的大型企业有足够的空间在本国市场上成长而不用走向国外，若企业走向国际化，则更倾向于采用投资进入模式；而国内市场规模小的企业则愿意以出口方式走向国外发展以求获得规模经济所要求的最佳生产和销售量。

(2) 本国的竞争态势也影响进入模式的选择。一般来说，分散型竞争企业倾向于出口模式、合同模式和跨国战略联盟模式进入目标市场；而卖方垄断企业一般不将竞争对手的出口活动或许可合同以投资的方式进入国际市场。

(3) 本国的生产成本也是考虑的因素。如果本国的生产成本高于目标国家，则企业会倾向于采取在目标国进行生产的进入方式。反之，则选择在本国生产。

(4) 本国政府对出口和向海外投资的政策也值得一提。若本国政府实行减免税和其他鼓励措施，则企业会选择出口、许可合同或其他契约进入模式。

5.2.2 影响企业进入国际市场的内部因素

企业在选择进入模式时除了对外部因素的反应以外还取决于内部因素。内部因素包括企业目标因素、企业产品因素、企业资源投入因素、企业相对规模因素以及企业在跨国经营过程中的经验积累因素。

1. 企业目标因素

企业选择何种方式进入国际市场，首先取决于企业目标。若企业计划实现从内向型向外向型的转变，那么企业在目前就应更多地搞一些间接出口，同时积极做好人员、机构等方面的准备，在条件具备时采取直接出口。若企业已经进行了出口贸易，下一步目标是扩大国际市场，则企业会采取进一步的市场进入方式，如合同模式、跨国战略联盟和直接投资模式等。

2. 企业产品因素

(1) 产品的独特性。一般来说，拥有较高优势产品的企业即使在负担高额的运输成本和进口关税后,也能在目标市场上保持竞争优势,因而既可选择投资进入模式,也可以选择出口进入模式。如果产品没有比较优势,那么这类企业往往选择投资进入模式。

(2) 产品所要求的服务。若产品对售前售后服务有较高的要求,因而要求缩短产品与顾客的距离,以便及时提供高质量的服务,企业则倾向于直接投资进入模式。

(3) 产品的生产技术密集度。一般来说,技术密集型产品本身具有特定优势,故大多企业会采用投资进入模式,以便控制技术,保守秘密,获取垄断利润。

(4) 产品适应性。如果企业的产品必须根据国外市场的特殊要求进行改良,企业会希望更靠近这个市场,以便及时获得信息,此时企业会倾向于直接投资进入模式。

(5) 产品的市场地位。企业的主线产品、核心技术在进入国际市场时,大多采取投资进入模式且以独资为主;而非主线产品、边缘技术则通常采用非投资进入模式。

3. 企业资源投入因素

(1) 资源丰裕度。如果企业缺乏一定的资源,就会寻求合资企业的方式,以获得必要的资源或者采用出口进入或合同进入等不需要太多资源投入的模式。

(2) 投入愿望。如果企业愿意并能够为进入国际市场付出较多的管理、资金、技术、工艺和营销等方面的资源,能够承受由此产生的风险,企业就可以采用独资的方式进入目标国市场。

4. 企业相对规模因素

在其他条件相同时,如果企业规模较大,就可以选择直接投资方式进入国际市场。反之,如果企业规模较小,就可以选择出口或合同模式进入国际市场。

5. 企业在跨国经营过程中的经验积累因素

在跨国经营中积累了较多经验的企业,倾向于采取投资方式进入。反之,经验很少或缺乏经验的企业则倾向于采取出口和合同方式进入。

表5-1汇总了选择进入方式所考虑的外部和内部诸多因素及它们所对应的进入方式选择。可以看出,企业对进入目标国家或市场的选择常常是各种矛盾作用的结果。

表5-1 影响企业进入方式选择的外部因素和内部因素

	出口战略	许可证贸易契约战略	分支机构及子公司出口	投资战略
外部宏观因素				
国外销售潜力	低	低	高	高
国外市场竞争结构	分散型	卖主垄断型	分散型	卖主垄断型
国外市场基础结构	好	差	差	好
国外生产成本	高	低	高	低
国外进口政策	自由	限制	自由	限制
国外投资政策	限制	限制	限制	自由
国外地理位置	近	远	近	远

续表

	出口战略	许可证贸易契约战略	分支机构及子公司出口	投资战略
国外经济稳定状态	稳定	稳定	动荡	动荡
国外外汇兑换程度	管制	管制	自由兑换	自由兑换
国外货币	升值	贬值	升值	贬值
国外文化差异	大	大	小	小
国外政治风险	高	高	低	低
国内市场	小	大	小	大
国内竞争	分散型	卖主垄断型	分散型	卖主垄断型
国内生产成本	低	高	低	高
国内出口政策	鼓励	限制	鼓励	限制
国内海外投资政策	限制	限制	鼓励	鼓励
内部微观因素				
产品	优势	优势	优势	一般
密集型产品类型	服务	技术	服务	服务
产品适应性	差	好	好	好
资源	有限	有限	丰富	丰富
投入	低	低	高	高

（资料来源：根据鲁特：《如何进入国际市场》，《中国对外经济贸易出版社》，1991年，第17页，修改整理。）

看到上面所提到的影响因素，知道企业一旦开展国际业务，便会根据具体情况逐步改变进入模式。企业为了取得更大的控制权，将不得不向国际市场投入更多的资源，承担更大的市场风险和政治风险，这就需要企业做出控制权和风险之间的权衡。企业进入国际市场外部因素的变化会鼓励或迫使企业修正进入模式，企业需要不断地跟踪目标国家的外部因素并随时准备修正进入模式，只有这样，企业才能保持或加强其市场地位并且承担较少的风险。当企业进入国际市场的内部因素发生变化时，特别是引起企业国际化演进的主要因素——对国际市场与日俱增的参与感，这就需要企业对外部因素的变化做出更好的判断，对企业进入模式的决策做出最合适的选择。

阅读案例 5-1

尚德木业：进军国际市场

尚德木业（Sauder Woodworking）公司是一家现成组装（Ready-to-Assemble）的家具制造公司，是全球知名的商企，例如沃尔玛、凯马特等供应商。20世纪90年代在美国，自己动手维修组装（Do-It-

Yourself)的家用家具市场一直发展潜力很大，那时尚德木业的销售额已经达到了2亿美元，并且每年还保持12%～15%的增长速度。那时正是由于公司的一个销售人员在加勒比海度假，公司偶然性地开始出口销售其产品。如今，尚德木业(Sauder Woodworking)有限公司在全世界70多个国家都有生意，每年公司利润都超过了5亿美元。国内销量平平但国际数目每年都以30%的速度增加，公司更关注出口了。出口对公司产生了长期的拉力效果。很快，销售人员又意识到可以利用与其他国家供应商签订合同的方式帮助自己的产品价格在全世界范围内占据优势。由于该公司产品的风格和颜色已经被国外消费者接受了，所以公司采取了渗透策略，生意做得非常好。现在该公司更加以积极的眼光看待印度市场，并且计划通过船运从中国香港进入到内地市场。主席 Sauder 说："在如此短的时间里，我们已经证明了我们可以在世界各地参与竞争。"

（资料来源：根据 Michael R. Czinkota, Ilkka A. Ronkainen, Michael H. Moffett, International Business 及相关资料整理。）

事实上，像尚德木业这样的公司很多，为了一定的目的将目光转向了海外市场，面临着目标市场选择以及目标市场进入方式等一系列问题。一般来说，公司在市场细分的基础上，可以借助国际市场调研来选择目标市场，一旦选择了目标市场，就应决定该市场进入的最好方式了。企业进入国际市场的方式会根据 5.1 节所讲到的各种因素来制定适合自己的战略目标。不同的企业进入模式会有所不同，即使是同一个公司，所采取的进入模式也会随着时间的不同而不同。

所谓进入国际市场的模式，是指企业对进入外国市场的产品、技术、技能、管理诀窍或其他资源进行的系统规划。进入模式的选择是企业关键的战略决策之一，因为它将直接影响到企业进入外国市场以后的经营活动以及一定数量资源的投入，所以如果开始选择不当，就会造成损失；而且从一种模式转换到另一种模式需要付出转换成本，有时候这种成本还相当高昂，这就要求企业在选择进入模式时要进行深入的分析和准确的判断。

企业可以有多种模式进入外国市场，这些模式包括：出口进入模式，具体包括间接出口、直接出口；契约进入模式，具体包括许可证贸易、特许经营、管理合同、合同制造和交钥匙工程；投资进入模式，具体包括合资经营、独资经营、跨国战略联盟模式。选择特定的进入模式反映出企业在目标市场上想获得什么利益、如何获得这种利益等战略意图。因此，对于进行国际市场营销的企业来说，了解各种进入模式的特点有利于进行正确的选择，以下将对各种进入模式分别进行介绍。

5.3 出口战略

长期以来，出口一直是企业进入国际市场的重要方式。从企业国际化的过程来看，商品进出口也是最简单、最早使用的形式。作为国际营销的初级阶段，国内大部分中小企业"走出去"的主要任务是为自己的产品找到海外市场，并且出口这种战略风险小、成本低、对国外市场和交易过程的了解程度要求不高，所以，出口贸易是目前中小企业最主要的贸易方式。从宏观角度看，由于出口有利于国家赚取大量的外汇收入、增加国内的就业数量、提高本国企业的国际竞争力，因此一直受到各国政府的鼓励。从企业的角度看，为了降低国内竞争所带来的风险，也为了企业自身的扩张，各国企业也都将出口作为进入国际市场的重要方式。

5.3.1 出口贸易模式的类型

正如导入案例所提到的李宁公司一样，出口通常是企业进行国外风险尝试的最先战略，是很多中小企业最为偏爱的一种进入战略模式。不过，实际上出口并不仅仅适用于首次进入市场的企业，很多企业，不论其类型、大小、进入国际化的阶段，都可以采取这种进入战略。由于出口灵活性极强，出口可以被多次重复使用，在企业最终建立国外生产基地后再次使用，企业会通过这些生产基地向其他国家市场开展出口业务。经验丰富的国际企业通常在出口的同时，兼用对外直接投资等其他战略。例如，贯穿本书中提到的丰田汽车公司已经通过对外直接投资在亚洲、欧洲和北美洲等地区建立了工厂，然后再通过这些生产基地将汽车出口到邻国附近地区。

1. 直接出口

1）直接出口的含义

直接出口(Direct Exporting)是指企业不使用本国中间商，但可以使用目标国家的中间商来从事产品的出口行为。目标国市场的中间商相当于出口企业的延伸，代表出口企业进行谈判，承担当地的供应链管理、定价、客户服务等职责。在直接出口的方式下，企业的国内一系列重要活动都是由自身完成的，这些活动包括调查目标市场，寻找买主，联系分销商，准备海关文件，安排运输与保险等。

2）直接出口的优缺点

企业选择直接出口模式同间接出口模式相比，具有以下优点：①出口企业可以摆脱对国内出口中间商的依赖而自己选择目标国际市场，这一点对于那些想在国际市场上进一步发展的企业显得尤为重要；②出口企业可以通过直接出口渠道了解和掌握国际市场的第一手信息，培养自己的国际商务人才，较快地积累国际市场营销经验，为直接投资和后续的发展打下良好的基础，这有利于改善企业的国际营销决策，减少失误并更好地把握机会；③出口企业可以通过直接出口渠道更快地提高其在国际市场上的知名度，更好地树立自己的国际声誉和东道国形象；④出口企业可以通过对出口流程控制力的加强，使利润空间更大，与国外客户和国外市场关系更加紧密。

直接出口同间接出口相比，也存在一些缺点：①直接出口企业进退国际市场和改变国际营销渠道的灵活性不如间接出口企业，因为直接出口在开发与管理上投入更多的时间、员工和企业资源，而且直接出口对企业内部专业人才和管理水平的要求比间接出口高得多；②直接出口使得企业承担的风险更多，一般间接出口的企业不跟外汇打交道，不承担外汇风险，但直接出口的企业就必须要面对外汇风险；③直接出口企业利用的是国外的中间商机构，与间接出口相比，寻找国外中间商的难度更大，维持关系成本更高；④直接出口企业的出口业务，比如寻找买主、联系分销商、合同洽谈、单证处理、出口运输和保险等，是由企业自己来处理的，而单个企业的出口业务量比较小，也比较分散，无法达到规模经济。

2. 间接出口

1) 间接出口的含义

间接出口(Indirect Exporting)是指企业通过使用本国的中间商或者国外企业设置在本国的分支机构来从事产品的出口行为。通过间接出口，企业可以在不增加固定资产投资的前提下开始出口产品，开业费用低，风险小，而且不影响目前的销售利润。况且，企业可以借助此方式，逐步积累经验，为以后转化为直接出口奠定基础。可以看出，间接出口的特点是经营国际化与企业国际化的分离。企业的产品走出了国界，而企业的营销活动却留在了本国，出口企业本身并不直接参与该产品的国际营销活动。

2) 间接出口的创新形式

除了传统的通过外贸公司间接代理出口方式外，间接出口也可以采取如下的创新形式。

(1) 企业可以利用境外专业市场和境外商品城，这是中小企业拓展国际市场良好的平台，企业以较低的成本、较小的风险和较快的速度进入国际市场，还可以有效地带动许多中小企业产品"走出去"。

(2) 到海外办展或参展，参加国内外大型出口交易会或展销会，把产品直接拿到国内的出口商品交易会或展销会展示，吸引外商采购；赴海外参加大型国际展览会，与全球范围内更多的生产厂家和贸易商一起互相交流，为产品最终打入国际市场创造条件。

(3) 企业可以利用"挂拖车"出口方式。"挂拖车"出口是指一个企业利用另一个出口企业已经建立的国外渠道和经营能力出口。其中，一个企业承担全部海外营销活动，称为"车头"企业；另一个则为"拖车"企业。对"车头"企业来说，加"挂拖车"可以丰富其产品的品种多样性，填补淡旺季的渠道时间差，利用"拖车"产品增强整体竞争力；对于"拖车"企业来说，"车头"企业提供了现成的出口渠道，对双方扩大销售、降低流通费用都有好处。"挂拖车"的具体方式可以因产品、企业而异，有的采用"车头"企业收回扣的方式，有的采用"车头"企业收购"拖车"企业的产品，然后由"车头"企业销售的方式。

(4) 在国外建立营销机构、设立研发中心、国际连锁专卖或国外销售公司，营造国际销售网络，即以产品输出与品牌输出为双重目标，以提高经营自主性并通过控制促销、宣传等活动来体现其经营意图和提高产品的知名度。例如，万向集团先后在美国、英国、德国等 10 国设立集贸易和加工装配为一体的公司，建立了自己的海外生产营销体系，并在 2013 年以 2.566 亿美元的价格收购了美国 A123 公司，实现了从产品外销、设立境外销售公司的贸易层次，上升到初步建立国际化的营销体系、合作生产体系、技术研发体系和融资体系的转变①。

(5) 通过企业集群合作出口，这是中小企业参与国际市场竞争比较现实的一种选择。一个产业由众多中小企业组成，其单个企业开拓国际市场的力量单薄。通过专业化分工，

---

① 葛顺奇等. 中国对美直接投资与安全审查——万向集团并购 A123 系统公司的启示[J]. 国际经济合作，2014(5)：62—65.

与上、下游企业构成中小企业跨国经营集群,各成员专注于整个产业竞争链中自身最有比较优势的环节,良好的分工协作体系形成具有竞争力的团队,可以提高中小企业跨国经营的整体抗风险能力。例如,温州有500多家打火机企业,年产值达30亿元,占据金属打火机世界市场份额的70%。这个奇迹是由众多的中小企业联合创造的,电子点火器、密封圈、微孔片、注塑、刻模等每一部件都由专业的工厂生产。

(6)通过电子商务为中小企业在国际市场上进行市场调研、客户追踪调查、品牌创立、新产品推广等方面提供了极好的信息平台和业务平台。因此,中小企业通过设立公司网站或与国内外有较高声誉和知名度的专业网站建立链接,方便客户网上查询企业情况、主要产品和服务项目,积极参与网络贸易,与顾客零距离接触,最大限度地满足目标顾客需求。

3)间接出口的优缺点

间接出口具有以下优点:①企业可以选择间接出口作为走向世界的跳板,利用中间商现有的海外渠道进入海外市场,一边摸索学习一边逐步发展,这对于缺乏海外联系或初次进入外国市场的企业意义尤为明显;②企业可以不必自己处理出口单证,运输和保险业务,节约程序性费用,这对于出口业务较少、缺乏规模效益的企业是很重要的;③企业可以保持进退国际市场和改变国际营销渠道的灵活性,减少市场风险,如买方的信用风险、汇率波动风险、需求变动风险等,将这些风险都转嫁到中间商身上,在企业自身条件成熟时,可以采用更为积极的营销策略。

间接出口的缺点是:①间接出口可以利用中间商现成的海外关系,但正是如此,企业无法控制中间商的销售行为,无法自主地选择海外的目标市场,产品的国际流向完全取决于中间商的决策。这对于那些不仅想扩大销量,而且想自主选择国际目标市场、实施国际营销战略的企业来说,是非常不利的;②间接出口是利用了中间商的专业人才的丰富经验和成熟网络,不利于企业自身国际营销专业人才的培养和锻炼,也不利于企业在国际市场上树立自身的形象,从长远来看,会限制企业国际营销活动的进一步展开;③由于相对于中间商来讲,出口企业只负责生产环节,而国际市场行情的调研、国际销售价格的制订、销售渠道和广告促销的选择等一系列重要活动和决策都不能参加,随着时间的推移和出口量的增加,企业对中间商的依赖会日益加深,这对想进一步拓展国际市场的企业来说将是极其不利的。

5.3.2 出口贸易模式的优缺点

从前面的表述也可以看出,企业首次走向国际市场,最关心的不是尽量扩大国际营销活动的控制权,而是尽量减少面临的国际市场风险。在这种情况下,企业家认为商品出口是最佳的进入国际市场模式。纵观历史,企业通过出口服务国外客户已是一种颇受欢迎的国际化战略模式,因为这种战略为企业提供了下面描述的多种优势;而与此同时,伴随着经济的飞速发展,出口模式也暴露了它的种种弊端,面临着来自其他进入模式的各种挑战。

1. 出口模式的优点

(1)出口模式可以通过集中化的生产模式产生规模经济效益,大大降低了生产运营成本，同时还能保持对产品质量的严格控制，减少了对国内市场的依赖。

（2）通过使用间接出口模式，企业可以在不增加固定资产投资的前提下出口产品，面临的政治风险最小，而且还不影响目前的销售利润。

（3）当母国的市场潜量未能准确探知时，出口方式可以起到投石问路的作用，企业可以借助在国际市场上销售的成功，逐步增加出口产品系列的品种，进入新的目标市场，进而转为直接出口。

（4）当企业发现目标市场具有吸引力时，采取试探性的方式获得关于国际市场的知识和自己在市场中的竞争能力等方面知识，利用国外经销商和国外商业伙伴的能力和技术，实现杠杆效率，为将来的直接投资积累经验。

（5）当目标市场的政治、经济状况恶化时，企业可以以极低的成本终止与这一市场的业务关系，实现风险最小化和灵活性最大化。

所以说，商品出口可以成为企业进入国际化的途径，成为促使企业从深度和广度两方面进一步国际化的发展途径。由于出口模式具有低成本、低风险的性质，连同可以实现杠杆效率的能力，使得出口模式尤其适合中小企业。这是因为中小出口企业拥有一些有别于大型企业的特殊优势：灵活应对能力（能够迅速自我调整适应国外市场机遇）、快速反应能力（能够快速决策并实施新型运作方式）、提供客制化服务能力（能够按照国外客户要求定制产品）、勇担风险能力（中小企业的经营者往往具有创业精神）。可以看出，中小企业无疑给很多的新兴市场带来了福音。

2．出口模式的缺点

（1）出口作为一种进入战略也是有其缺点的，与对外直接投资相比，由于出口并不要求企业在国外建立一个实体机构。因此，缺乏与国外客户的直接沟通，可能会让出口商面临察觉不到的威胁，也可能无法获得企业长期制胜的必备知识。

（2）出口通常要求企业获得一些新的能力，这样就会要求管理层去投入更多的时间和精力去了解很多知识。比如说，要妥善地把一部分组织资源运用到出口交易中，要持严谨的态度招募精通国际业务并且擅长外语的员工，要准确地理解货运代理、文件、外国货币和新融资法方面的知识等。

（3）与其他进入战略相比，出口对关税等贸易壁垒及汇率的波动敏感得多。比如，汇率的波动和政府贸易政策的变动会给出口企业的收益带来负面效果，如果汇率波动造成出口品价格过高，超出国外买方的支付能力，出口商便要承担因价位被迫抬高而失去市场的风险。

5.3.3 出口贸易的交易管理

出口商进入国际市场的构思和能力是逐步培养起来的。从尚德木业的案例可以看出，在出口的早期阶段，管理层建立起来的仅仅是一个由一名出口经理和几个助手组成的出口业务部，随着出口努力的成功，管理层便可能通过组建由专业人士构成的独立出口业务部来加大对国际化的投入。一旦国际买卖合同成立，履行出口合同的环节是十分重要的，概括起来可以分为货（备货、报验），证（催证、审证、改证以及利用信用证融资），运（装运、报关、保险),款(制单结汇)这几个环节。有些环节是平行展开的,有些是互相衔接的,都必须要按照合同的规定和法律、惯例的要求,做好每一步工作。由于国际贸易实务会详细介绍这方面的知识,本节将从以下几个方面进行简单介绍。

1. 备货、报验

货物是合同的主要标的,卖方不仅要保证货物与合同规定相符合,还必须符合适用于货物买卖合同的有关法律的规定。具体而言,卖方备货要注意以下几个方面。

(1) 货物的品质必须符合合同的规定和法律的要求。合同中表示品质的方法有"凭文字说明"和"凭样品"两种类型。如果卖方所交货物与合同规定的不一致,都构成违约。法律对货物品质的规定有3个方面:货物应适合同一规格货物的通常用途,具有可销性(或称适销品质),这是法律所要求卖方承担的默示条件;货物应适合于订立合同时卖方曾明示或默示地使买方知道的特定用途,这是法律所要求的默示担保责任;货物应符合进口国法律法规所要求的品质标准。这些强制性的要求即使合同中未作规定,卖方也必须保证货物达到标准,否则无法进入目标市场。

(2) 交货数量应符合合同的规定。对于卖方在交货数量上应承担的义务,各国法律都有具体的规定,但并不一致。《公约》规定,如果卖方多交,则买方对于多交的部分,可以拒收,也可以接收一部分或全部。如果卖方少交,则买方有权要求卖方补交,并请求损害赔偿。如果卖方少交货物的后果构成了根本违反合同,则买方可宣告合同无效并有权索赔。买卖双方也可以根据具体情况在合同中规定数量机动幅度。对于合同中的数量机动幅度,《跟单信用证统一惯例》有相应的规定。

(3) 货物包装应与合同和法律的要求一致。《公约》规定,货物按照同类货物通用的方式装箱或包装,如果没有此种通用方式,则按照足以保全和保护货物的方式装箱或包装。在合同包装条款不明确时,这是对卖方包装方面的最低要求。各国国内法对包装及包装上的文字说明也有相应规定,卖方必须在包装方面遵守这些强制性的规定。

(4) 按合同规定的时间交货。交货时间是买卖合同的主要条件之一,延迟装运或提前装运均可导致对方拒收或索赔。

(5) 一切要出口的商品都必须经过检验,未经过检验的或检验不合格的,都不准出口。检验证书(inspection certification)种类很多,分别用以证明货物的品质、数量、重量和卫生条件等方面的情况。

2. 落实单证

1) 单证

单证(documentation)指在是出口交易过程中,运输程序和报关程序所要求的各种正式表格和其他文件。出口商通常应潜在客户的要求,出具报价单,这种单据可以被做成标准表格,向潜在买方介绍出口产品或服务的价格、种类和性质等。商业发票(commercial invoice)是出口商开立的发货价目清单,是发货后签发的有约束力的付款要求凭证,并且是全套货运单据的中心。它的主要内容包括对商品的描述、出口商地址、交货地址和支付条件。出口商也可以在商业发票上加列装箱单(packing list),装箱单列明了货品的详细情况,尤其适用于大宗船货,是商业发票的补充说明。运输单据因不同贸易方式而不同,有海运提单、海运单、航空运单、铁路运单、货物承运收据及多式联运单据等。企业通常采用海运配发出口商品，这样的话，海运提单(bill of lading)就是出口商和承运人之间签订的基本合同，它授权运输公司承运商品至买方目的地。提单用作进口商购买商品后获得的收据和凭以提取进口货物的物权凭证。承运人的出口声明书(export declaration)列明了与进出口商取得联络所需要的各种信息及对商品的全面描述、申报价值和承运货物的目的地，出口声明书是国家海关及其他港务机关用以确定货物内容、控制出口量和编写进出口商品类别统计资料的文件。原产地证明(certificate of origin)是发运商品的"出生证"，用以证明货物原产地或制造地，它表明了产品的原产国，是进口国海关计征税率的依据。出口商通常需要购买保险凭证(insurance certificate)，转移出口商品可能遇到的各种风险，如毁损、丢失、偷窃或者延误。保险单是保险人与被保险人之间订立的保险合同的凭证，是被保险人索赔、保险人理赔的依据。另一个重要单证是许可证(license)，即一种表示允许出口的凭证。国家政府有时出于国家安全和对外政策的考虑，有时因为出口产品供应不足，要求出口商获得许可证方可出口。

2) 制单结汇要准确及时

上面所提到的单证种类繁多，具体要取决于出口国和进口国的规定。单证的缮制必须准确无误。出口商通常把单据的缮制工作交给国际货运代理来做，除了精通单证业务以外，货运代理还是国际运输专家，进出口国际贸易规制的专家。在物流、包装等方面需要考虑战术和程序的出口环节，货运代理也为出口商出谋划策。对于信用证的落实，更是需要出口商的仔细审核。催证→审证→改证，都必须要仔细检查，保证单证相符，如果单证存在不符点，那就要及时采取有效的处理方法。

3. 装运、保险和报关

国际运输使出口商的货物暴露在种种不利的环境之中，过去，在买卖双方发生的运费和保险费由谁来付的问题上各执一词。为了解决这些争议，国际商会制定了一套通用的标准术语，这套术语被称为《国际贸易术语解释通则》（International Rules for the Interpretation of Trade Terms，INCOTERMS），它明确了买卖双方应如何分摊运费和保险费，明确了在哪一点上货物处于买方的处理之下。企业必须遵守每个市场特定的法律和程序。运输标志必须准确无误，以确保货物在运输途中得到妥善装卸，并按时到达准确地点。为了解决运输种可能发生的货损、货失等问题，还需要出口商办理保险等业务。

 阅读案例 5-2

NBA 电视转播：许可贸易的魅力

NBA 目前被大家奉为经典的市场运作模式，经历了大约 30 年的培育期，经过了卧薪尝胆最终取得了今天的成就。从 1946 年至今，NBA 已经走过了近 64 个年头，在这 64 年中，NBA 从一个连电视转播都没有的国内联赛，变成现在世界上最成功的职业联赛之一，其商业运作将体育产业这个概念诠释得淋漓尽致。前 30 年 NBA 的发展历程一直按部就班，真正成就世界范围内的地位，始于大卫•斯特恩在 1984 年入主 NBA，出任第四任总裁。斯特恩创造了很多前所未有的经营推广方式，这其中最重要的就是打造一个优秀联赛，在挖掘大规模的电视转播费用上用心良苦。NBA 开始的时候，就像是一个自娱自乐的业余联赛，没有观众，没有好球队，没有电视转播。直到1953—1954赛季，当时的杜蒙特电视台与NBA签订了一份3.9万美元的合同，一共播出13场比赛。1962—1963赛季起，ABC成为NBA的主要电视合作伙伴，并于1970年首次向全美国观众完整直播了总决赛。虽然在这期间，一直有NBC和ABC两家电视台转播NBA的比赛，但两家都没有付给过NBA一分钱。这种状况一直持续到1973年。从1973—1974赛季，哥伦比亚广播电视台与NBA签订合同，并付给NBA三年2 700万美元的转播费用。这之后，CBS共与NBA续约4次，到1986—1987赛季时，转播费用已经涨到1.74亿美元，几乎是13年前的5倍。而大卫·斯特恩上任之后，NBA的全国电视转播从1984年的每年近2 300万美元，增加到现在的每年4亿美元，有线电视转播从1984年的每年1000万美元，增加到现在的每年3.66万亿美元。除去电视转播这一最主要的收入，NBA的广告收入也与日俱增。NBA现在的服装有阿迪达斯，运动鞋有耐克和锐步，饮料有可口可乐，食品有麦当劳，网络有AOL，就连儿童玩具都有乐高公司赞助。NBA的这些策略使其成为国际上最知名的美国国内联赛之一，他们的成功不仅影响到其他联赛的发展方向，也使美国国内联赛的国际化发展趋势越见明显。

（资料来源：根据《向NBA学习：全球管理内训标本》及相关资料修改整理。）

5.4 契约安排

契约安排模式是指本国国际化企业与目标国家的合作者法人单位之间，在一般不涉及股权或企业产权的条件下，通过明晰的契约约束进行的跨国交易行为，也就是通常所说的非股权经营模式。这是一种长期的非股权联系，通常本国核心企业会向国外合作企业转让知识产权或专有技术等无形资产。契约安排的方式主要有许可证贸易、特许经营、管理合同、交钥匙工程、合同生产等，其中的补偿贸易、加工装配贸易、OEM或ODM等，可以直接参与跨国公司的全球供应链，是发展中国家广泛采用的进入国际市场的方式。契约式进入战略在国际商务领域相当普遍。例如，制药企业通过交换生产某药品的科学知识和在特定地理区域分销这些药品的权力而参与到跨国许可贸易中来。建筑、工程、广告、咨询等专业服务企业也通过契约来渗透到国际领域。同样，像案例中提到的NBA电视转播、零售、快餐等领域的服务企业也依靠许可贸易和特许经营来进行全球运作。

专栏 5-1

国际生产和发展的契约安排（非股权经营模式）

如今，国际生产并不仅仅局限于FDI和贸易。国际生产的非股权经营模式的重要性日益突出，2010年它创造了2万多亿美元的销售额，而其中大部分来自发展中国家。非股权经营模式包括合同制造、服务外包、订单农业、特许经营、技术许可、管理合同，以及其他类型的契约关系，跨国公司借助这种模式协调它们在全球价值链中的活动，并且在不持有东道国公司股权的前提下，影响这些公司的管理。

全球跨境非股权经营模式的活动意义重大，尤其是在发展中国家。贸发组织估计，2010年跨境合约制造和服务外包的销售额为1.1万亿美元至1.3万亿美元，特许经营的销售额为3300亿美元至3500亿美元，技术许可的销售额为3400亿美元至3600亿美元，管理合同的销售额在1000亿美元左右。大多数情况下，非股权经营模式的增长速度超过了其所在产业的增长速度。非股权经营模式在发展中国家创造了大约1400万至1600万个工作岗位。其中合同制造和服务外包更是创造了大量的就业机会。在一些国家，其创造的附加值甚至超过了当地 GDP 的 15%。在一些产业中，其出口额占到了该行业全球出口总额的 70%～80%。总体而言，非股权经营模式可以通过生产能力建设、技术扩散以及促进国内企业发展等方式，推动发展中国家中长期的产业发展，帮助其融入全球产业链，并从中受益。例如，在莫桑比克，订单农业就使近 40 万农民参与到全球产业链中。从发展的角度来看，非股权经营模式合作关系与外国附属机构可以使东道国融入全球价值链。非股权经营模式的一个重要优势是，它们是与本地公司商定的灵活的安排，跨国公司有内在的动力通过传播知识、技术和技巧来为合作伙伴的发展能力投资。这为东道经济体提供了可观的潜力，可以通过许多重要的发展影响渠道，如就业、附加值、创造出口和技术收购等构建长期的产业能力。另一方面，跨国公司通过 FDI 创建本地附属机构，预示了跨国公司致力于发展东道国经济的长期承诺。对那些现有生产能力有限的经济体来说，吸引 FDI 是更好的选择。在敏感的环境下，非股权经营模式也许比 FDI 更合适。以农业为例，与大规模的土地收购相比，订单农业更有可能解决负责任的投资问题，从而做到尊重当地权利、维持农民生计，并且可持续的利用资源。

（资料来源：联合国贸易和发展组织. 2011 世界投资报告[M]. 北京：经济管理出版社，2011.）

由于一纸契约明确了合作双方的权利和义务，这就确保了核心企业对自己知识产权的控制力。企业建立契约式合作关系可以作为对国外市场机遇的一种回应，也可以是为了伴随并支持对外直接投资和出口，所以说，契约战略提供了一种动态、灵活的选择，并且这样也可以使核心企业减少国外目标市场对跨国企业的批评。与对外直接投资相比，契约式合作意味着可变性和风险性的降低，对国外运作的收益水平可以做出预期。这一节将从契约战略的类型、各种类型的优缺点及管理安排等方面来做一简单介绍。

5.4.1 许可证贸易模式

1. 许可证贸易模式的含义

许可贸易协议（Licensing Agreements）明确了许可人与被许可人两者之间关系的性质。是许可人将无形资产使用的权力授予被许可人，并允许被许可人根据协议使用特定的一段时间（5～7 年），作为回报，被许可人以经济上的使用效果（通常按销售额）作为提成基数，以一定的比例（通常为 2%～5%）支付预付款和一笔后续特许权使用费。国际营销活动的深入发展使得许可证已成为一种被广泛采用的进入模式。例如，一些高科技企业常规性地将自己的专利和专有技术许可给国外企业。比如，美国英特尔公司就将自己新开发的计算机芯片生产流程的权利许可给德国的一家芯片制造商。又如，华纳公司将《哈利·波特》小说和电影中的形象许可给世界各地的企业，应用实例中的 NBA 电视转播也是采取了许可贸易的方式让自己赚得了很大的利益。在许可证进入模式下，企业在一定时期内向外国法人单位（如企业）转让其工业产权，如专利、商标、产品配方、公司名称或其他有价值的无形资产的使用权，获得提成费用或其他补偿。许可证合同的核心就是无形资产使用权的转移。

2. 许可证贸易模式的几种形式

（1）从使用权方面来看，许可协议有 5 种不同的形式：①独占许可，即在许可证合同规定的区域，国外被许可者独占技术或商标使用权，而许可者或其他厂商在此区域无使用权；②排他许可，即在规定的区域，许可证合同双方有使用权，而其他厂商被排斥在外；③普通许可，即在规定的区域，合同双方有使用权，而且许可者有再转让权；④区分许可，即在规定的区域，合同双方都有使用权，而且被许可者有再转让权；⑤交叉许可，即合同双方互相交换各自的技术或商标使用权。在上述 5 种许可形式中，合同双方所享受的权利和所承担的义务是不一样的，企业在进行相关决策时，要予以注意。

如果许可人是一家跨国公司，那么它可能与其全资或合资联营公司签订许可协议。在这种情况下，许可贸易就成为在正式法律框架下向联营公司转移知识产权，从而对其进行补偿的一个有效途径。跨国公司常常把许可贸易作为一种创新的占领国际市场的方法，对国外子公司或联营公司进行补偿或转移知识产权。另一些企业则将许可贸易作为一种附加战略，对其他进入战略加以补充。浏览 120 家跨国食品公司的年度报告，其中至少一半参与了某种形式的国际品牌产品的许可贸易。

(2) 从许可的无形资产类型来看，许可协议有两种不同的形式：①商标和版权的许可，即一家企业授权另一家企业在一定期限内使用自己所有的名称、人物形象或标识，以换取特许使用费，例如，迪士尼公司就将自己的商标人物(米老鼠、灰姑娘、白雪公主等)许可给全世界的服装和消费产品制造商；②专有技术许可，即核心企业签署的一项负责提供关于如何设计、生产、交付某产品或服务的技术知识或管理知识的合同，例如，在制药、化工、半导体等行业，通常就是通过这种许可实现技术的获得。

3. 许可证贸易模式的优缺点

(1) 许可证贸易的优点：①许可证贸易模式是一种低成本的进入模式，许可人无须在国外市场投资或建立实体机构；②最明显的好处是绕过了进口壁垒，如避免关税与配额制的困扰，当出口由于关税的上升而不再盈利时，当配额限制出口数量时，制造商可以利用许可证模式，当目标国家货币长期贬值时，制造商可由出口模式转向许可合同模式；③许可合同的另一个长处是其政治风险比股权投资小，适用于进入国家风险很大的市场，当企业由于风险过高或者资源方面的限制而不愿在目标市场直接投资时，许可证不失为一种好的替代模式；④能够通过现有的知识产权创造出更多收入，有助于企业先发制人，抢在竞争对手之前打入一个新市场。

(2) 许可证贸易的缺点：①企业不一定拥有外国客户感兴趣的技术、商标、诀窍及公司名称，因而无法采用此模式；②这种模式限制了企业对国际目标市场容量的充分利用，它有可能将接受许可的一方培养成强劲的竞争对手；③许可方有可能存在丧失对重要知识产权的控制权的风险，失去对国际目标市场的营销规划和方案的控制；④还有可能因为权利、义务问题陷入纠纷、诉讼，并且争端解决的过程十分复杂而且可能无法产生满意的结果。鉴于许可证进入模式存在的这些弊端，企业在签订许可证合同时应明确规定双方的权利和义务条款，以保护自身的利益。

5.4.2 特许经营贸易模式

1. 特许经营贸易模式的含义

特许经营是许可贸易的一种高级形式。这种模式是指企业(许可方)将商业制度及其他产权诸如专利、商标、包装、产品配方、公司名称、技术诀窍和管理服务等无形资产许可给独立的企业或个人(特许方)。被特许方用特许方的无形资产投入经营，遵循特许方制订

第 5 章　企业进入国际市场的战略选择

的方针和程序。作为回报，被特许方除向特许方支付初始费用以外，还定期按照销售额的一定比例支付报酬。和许可贸易一样，明晰的特许合同明确了这种合作关系的具体条件。在通过特许经营模式进入国际市场的企业中，美国的企业最多。美国的可口可乐、百事可乐、麦当劳、希尔顿饭店、联邦快递等，都把特许经营作为进入国际市场的主要方式。

尽管特许经营的类型多种多样，但是最典型的安排是商业模式特许，有时称作系统特许。商业模式特许领域首屈一指的典范恐怕要数麦当劳了，其遍布世界的特许加盟网成绩斐然。特许经营模式与许可证模式很相似，所不同的是，特许经营比许可贸易更加全面。特许方要给予被特许方以生产和管理方面的帮助，例如提供设备、帮助培训、融通资金、参与一般管理等。在许可贸易方式下，合作关系常常是短期的；而在特许经营方式中，双方通常建立一种维系多年的持续关系，因此，特许经营要稳定得多，是一种长期的进入战略。例如，宜家、家乐福等大型零售企业，在进行海外扩张时，常常兼用特许经营和对外直接投资。

2. 特许经营贸易模式的优缺点

(1) 特许经营贸易模式的优点：①特许经营模式的优点和许可证模式很相似，在这种模式下，特许方不需太多的资源支出便可快速、有效地进入外国市场并获得可观的收益，而且它对被特许方的经营有一定的控制权；②它有权检查被特许方各方面的经营，如果被特许方未能达到协议标准的销售量或损害其产品形象时，特许方有权终止合同；③这种模式政治风险较小，且可充分发挥被特许方的积极性，因而它是广受欢迎的一种方式；④企业可以利用被许可人的知识，发挥杠杆作用，知名品牌还可以激发国外已有的和未来的销售潜力，高效地进入目标市场。

(2) 特许经营贸易模式的缺点：①特许方的盈利有限，很难保证被特许方按合同所约定的质量来提供产品和服务，这使得特许方很难做到各个市场品质形象保证一致，可能会导致冲突，包括法律争端；②许可方也易于把被许可方培养成自己未来强劲的竞争对手；③许可方可能难以维持对被许可方的控制力，这需要对被许可方的绩效进行监控和评估。

5.4.3　其他契约模式进入战略

在国际贸易中，许可贸易和特许经营是常见的两种贸易模式，国际商务领域还有其他几种契约模式，其中包括合同制造贸易模式、管理合同贸易模式、工程承包进入模式（其中的全球采购特殊形式在后面用一章的篇幅来研究）、租赁贸易模式。下面将分别从这几种模式的含义、类型和优缺点来讨论。

1. 合同制造贸易模式

1) 合同制造模式的含义及类型

合同制造贸易模式是指核心企业与国外企业订立长期供销合同，核心企业提供零部件，由国外企业按照提供的详细规格标准仿制，由核心企业自身负责营销的一种方式。合同制造有几种不同的类型：①合作双方分别生产不同的部件，再由一方或双方装配成完整的产品在一方或的双方的所在国销售；②一方提供关键部件和图纸以及技术指导，另一方生产次要的部件和负责产品组装，并在所在国或国际市场销售；③一方提供技术或生产设备，双方按专业分工共同生产某种零件、部件或某种产品，然后在一方或双方市场销售。

2) 合同制造贸易模式的优缺点

利用合同制造模式，企业将全部或部分生产的工作与责任转移给了合同的对方，以将精力集中在营销上，因而是一种有效的扩展国际市场方式。这种模式的优点还在于，实行合同制造的企业不仅可以输出技术或商标等无形资产，而且可以输出劳务和管理等生产要素以及部分资本，因而可以比许可证模式和特许经营模式更全面地发挥国际营销企业的要素优势。但这种模式同时存在以下缺点：①由于合同制造涉及零部件或生产设备的进出口，有可能受贸易壁垒的影响；②有可能把合作伙伴培养成潜在的竞争对手；③有可能失去对产品生产过程的控制；④有可能因为对方的延期交货导致本企业的营销活动无法按计划进行。

2. 管理合同贸易模式

1) 管理合同贸易模式的含义

这种模式是指管理公司以合同形式承担另一公司的一部分或全部管理任务，以提取管理费、部分利润或以某一特定价格购买该公司的股票作为报酬。这种模式可以保证企业在合营企业中的经营控制权。

2) 管理合同贸易模式的优缺点

管理合同贸易模式具有许多优点，企业可以利用管理技巧而不发生现金流出以获取收入，还可以通过管理活动与目标市场国的企业和政府发生接触，为未来的营销活动提供机会。但这种模式的主要缺点是具有阶段性，即一旦合同中约定的任务完成，企业就必须离开东道国，除非又有新的管理合同签订。

3. 工程承包进入模式

1) 工程承包贸易模式的含义

工程承包贸易模式是指企业通过与外国企业签订合同并完成某一工程项目，然后将该项目交付给对方的方式来进入国际市场。工程承包合同实际上是工程建设所需的非资本要素的转让合同，其中主要是劳动力、技术和管理等的转让。工程承包合同还可能涉及工程建设所需的原材料和设备的进出口贸易。承包企业的责任一般包括项目的设计、建造以及在交付项目之后提供服务，如提供管理和培训工人，为对方经营该项目做准备。

2) 国际工程承包合同的类型

国际工程承包合同有几种不同的类型：①分项工程承包合同，即只承包国外总工程中的部分项目；②"交钥匙"工程承包合同，即承包国外工程的全部项目，包括勘察、可行性研究、设计、施工、设备安装、试运转和试生产等，整个工程试运转和试生产合格后，再移交给外国工程业主，即所谓"交钥匙"合同；③"半交钥匙"工程承包合同，即不负责试生产的"交钥匙"合同；④"产品到手"工程承包合同，即不仅负责"交钥匙"所包括的所有项目，而且负责工程投入使用后一定时间内的技术服务，如技术指导、设备维修、技术培训等，使产品质量达到稳定后，再移交给工程业主；⑤BOT贸易方式，工程承包合同除了发生在企业之间外，还有许多是在某些大型公共基础设施如医院、公路、码头等与外国政府签订的。

目前在国际工程承包领域颇为流行的 BOT 方式,它是许多发达国家的企业进入发展中国家市场的重要方式。BOT 就是"Build-Operate-Transfer"的缩写,译为"建造—运营—转让"。BOT 工程承包方式在工程建设方面与上述"交钥匙"工程承包基本相同,所不同的是:①BOT 是一种带资承包,即承包者需要负责工程项目的筹资;②BOT 是一种经营承包,即承包者在完成工程后要负责经营一段时间,待所付投资和应得利润收回后,再转让给工程业主。一般而言,BOT 的发包者通常是东道国政府。BOT 对发展中国家的吸引力主要是:①由工程承包方负责筹资,既完成了基础设施或公益性项目的建设,又不必增加政府的财政负担;②合同期满后,东道国政府拥有该项目的所有权或部分所有权;③在项目实施过程中,东道国可以学习国外先进的技术和经营管理经验。

3) 工程承包贸易模式的优缺点

工程承包进入模式是劳动力、技术、管理甚至是资金等生产要素的全面进入和配套进入,这样有利于发挥工程承包者的整体优势。工程承包贸易模式最具吸引力之处在于,它所签订的合同往往是大型的长期项目,利润颇丰。但正是由于其长期性,就使得这类项目的不确定性因素增加,如遭遇政治风险。对企业来说,预期外国政府的变化对项目结果的影响往往是很困难的。

阅读案例 5-3

中国水利水电集团海外工程承包面临的主要困难和战略选择

中国水利水电集团是水电产业国际化发展的开拓者和实践者,在 ENR225 强排名中从 2010 年的第 41 位上升至 2013 年的第 20 位。业务领域已拓展到火电、机场、路桥、市政基础设施、房建与房地产基础设施、疏浚吹填与港航、矿业、咨询服务、建材等方面,并进一步拓展到农业、生态园综合发展等领域,形成了"大土木、大建筑"的多元拓展格局。承包模式由单纯的工程施工向设计、施工、采购总承包(EPC)、带资承包(EPC+F;出口信贷、资源项目贷款一揽子合作、双边和多边合作)、特许经营(BOT、PPP)和海外投资等业务模式升级发展,形成了施工承包业务、EPC 总承包和投资业务有效互补协调、可持续发展的格局。

中国水利水电第十三工程局有限公司是一家以水利水电建设和国际工程承包为主,具有综合建筑施工能力的大型国有企业。1962 年始建于山东德州,1987—2002 年初涉国际,经营规模有限,2008 年将注册地变更为天津,2010 年开始在天津办公,期间该公司走出国际困境,实现了跨域式发展。2012 年其营业收入为 71.06 亿元,其中海外收入占比达 60.66%;新签合同总额为 113.98 亿元,其中海外总额为 66.52 亿元。可见,其在海外工程承包经营中已进入以国外为主,国内国外协调持续发展的战略调整阶段。并且,公司先后在亚洲、非洲、欧洲 25 个国家开展工程承包业务;建立 17 个职能管理部门以及 6 个海外区域经理部;涉及英、法、俄、葡、阿拉伯语五大语系地区;涉及水务、交通基础设施、场地、房建、电力等业务领域;累计中标海外工程合同 180 余个,总额超过 75 亿美元。

在海外工程承包过程中,主要遇到了九大困难和挑战。第一,中国公司在国际承包市场是后发者和市场追随者。国际市场技术标准、运行规则以及运行模式仍是由西方发达国家主导;第二,西方企业在其强大的金融体系支持下向工程承包产业链上下游延伸,占领高端领域,不利于中国工程承包企业向一体化发展和提供总包服务;第三,中国企业资本实力和融资能力较弱,难以用投资和进一步本土化的模式来持续国际承包市场扩张和市场占有;第四,资产负债率过高,经营杠杆过大,融资规模受到限制;

第五,中国承包商与金融机构的关系远远没有达到国外承包商和金融机构的那种"水乳交融"的关系(国外银行和承包商相互握有股权,如日本银行);第六,在社会文化和企业文化两个层面,中西方都有较大的差异;第七,海外工程承包面临的政治风险不断加剧;第八,汇率风险日本突出;第九,国内的一些财政、税务和金融政策还存在一些不利于企业走出去的规定。

针对这些困难,公司提出了八大战略选择。第一,在巩固核心业务市场优势基础上,多元化程度进一步加强;第二,非施工类业务比重上升,如投资、开发、咨询业务、特许经营等;第三,一体化水平与集成能力显著提高,集咨询、施工、采购、运营于一体的一揽子总承包服务;第四,本土化与属地化程度加深,海外分支机构能够独立营销、资源配置;第五,技术研发、技术引进、科技创新支出占企业总支出比例逐渐上升;第六,风险管理达到科学化、规范化,风险管理、知识管理、HSE、社会责任等成为企业的核心部门;第七,与其他国家企业的战略联盟关系不断巩固和扩大,增强全球流动性和全球的竞争力;第八,进入 HSE 管理概念内部全面推广的阶段,从而达到转变管理思路,由"被动式"管理转变为"主动式"管理。

(资料来源:杨韬.中国海外工程承包企业竞争力分析[J].国际经济合作,2014,1:17—24.)

4. 租赁贸易模式

1) 租赁贸易模式的含义

国际租赁又是一种契约进入战略,是核心企业(出租人)将自己的机器或设备出租给国外企业或国外政府(承租人),而且租期常常就是几年。对于缺乏财力购买所需设备的发展中经济体来说,国际租赁是非常适用的。

2) 租赁贸易模式的优缺点

在整个租赁期内,出租人对租赁的资产保留所有权。从承租人的角度来看,租赁有助于降低所需机器设备的使用成本。从出租人的角度看,租赁的一大好处就是能够迅速进入目标市场,同时又利用自有资产创造了收益。所以说,租赁已经成为一种重要的以契约为基础的国际化战略。

5.4.4 契约贸易模式的管理安排

首先,契约贸易模式的经营是比较复杂的业务,在调研、策划和实施方面都要求有技术性,并且核心企业要对东道国各方面的法律进行前期研究。企业若想成功地实施契约贸易模式以进入国际市场,就需要有坚持不懈的精神,例如,必胜客首次登陆中国市场就失败了。其次,契约模式取得成功的关键因素就是要找到合适的合作伙伴,所以,对于那些不可能成为未来的竞争对手的企业,核心企业要仔细甄选合格的合作伙伴,认真培训。挑选一个有实力的合作伙伴对国际特许经营尤为重要。它可以帮助企业加速打入国际市场,还可以帮助企业实现启动成本最小化。再次,由于契约模式只能使核心企业对国外合作者实施适度的控制,所以,核心企业要在管理上保护知识产权和国外运营。由于管辖契约的法律并非总是十分明晰,文化差异、语言障碍等非常明显,造成的冲突也时有发生。为了应付这些情况的发生,核心企业就要把合同制订得详细周全,还要把合作者团结互信的关系培养起来。最后,当契约模式被证明不尽如人意或没有效率时,核心企业可以进一步采取控制力更强的所有权收购战略,而这往往就伴随着下面要介绍的对外直接投资。

阅读案例 5-4

占领美国市场的日本汽车销售策略：对外投资

有人说要想赢得世界，首先要赢得美国。从一定意义上来说，日本汽车也正是赢在美国，赢得世界。日本汽车在美国销售以来，一直致力于提升产品竞争力。他们的销售策略从来不是针对某个竞争对手，而是面对消费者，不断研究市场需求。正因如此，日本汽车在美国的市场份额越来越大，而美国本土的汽车公司份额越来越小，所以在20世纪80年代以来，美日出现了严重的贸易摩擦。

为了回避正面的贸易摩擦，日本的汽车工业通过采取当地生产的方式，越过贸易壁垒进入美国市场来保持自己的利益。日本对美国连年有贸易顺差，日美贸易摩擦加剧，美国不仅设置进口障碍，而且在政治上对日施加压力，包括迫使日元升值、采取"自愿"出口限制政策等，这使得日本汽车对美国出口困难加大，于是纷纷到美国设厂生产。1983年本田公司（Honda Motor Co.）在俄亥俄州曼利斯维尔（Marysville）设厂；1984年日产公司（Nissan）在田纳西州施缪尔纳（Smyrna）设厂；1984年丰田公司（Toyota）与美国通用汽车公司在加州佛瑞芒（Fremont）合资设厂，采用丰田方式生产，从日本进口一些零部件，生产与Corolla型相似的小轿车；1986年丰田又在美国肯塔基州和加拿大建立工厂；1987年马自达（Mazda）在密歇根州平岩（Flat Rock）设厂。

（资料来源：王林生.跨国经营理论与实务[M].北京：对外经济贸易大学出版社，1994.及相关资料修改整理。）

5.5 投 资 战 略

跨国公司对世界经济的影响日益加深，已经成为最重要的国际生产的组织者和国际技术转让的提供者，跨国公司的发展促进了国际直接投资理论的繁荣，从而为理论的综合创造了条件。这一部分将对较为流行的对外投资理论进行研究。简单地讲，就是通过介绍跨国公司理论来解释采用投资战略的动因以及动力机制。本节还将涉及投资战略采取的类型以及采取投资战略的利益分配等问题。

5.5.1 采用投资战略的动机

1. 跨国企业对外投资理论

跨国企业对外投资理论中较有影响的是海默的垄断优势理论、弗农的产品生命周期理论、巴克利和卡森的内部化理论、小岛清的边际产业扩张理论、邓宁的投资发展水平理论、投资诱发要素组合理论、国际生产折中理论以及迈克尔·波特的战略管理理论。为解释发展中国家企业对外投资的动因，美国哈佛大学教授威尔斯提出了小规模技术理论，英国经济学家拉奥提出了技术地方化理论。下面将分别对这些理论进行简单的阐述。

1）发达国家的对外投资理论

1960年，斯蒂芬·海默（S. Hymer）在其博士论文《国内企业的国际经营：对外直接投资的研究》中率先对传统理论提出挑战。之前，人们对跨国公司海外直接投资理论的解释是以要素禀赋论为基础的国际资本流动理论，认为各国的产品和生产要素市场是完全竞争的，国际直接投资产生的原因在于各国间资本丰裕度的差异。但是海默认为，国际直接投资是市场不完全性的产物，要建立国际直接投资理论，必须摒弃传统理论的完全竞争假设。因此，海默以市场的不完全性作为理论前提，将产业组织理论中的垄断原理用于对跨国公司行为的分析，形成了独树一帜的垄断优势理论。认为市场的不完全性导致跨国企业获得了垄断优势，并通过对外直接投资的方式来利用自身的垄断优势[①]。海默的垄断优势理论得到了他的导师金德尔伯格(C. P. Kindleberger)的大力宣扬和推崇，在西方经济理论界产生了重大的影响，被公认为现代国际直接投资理论的开山之作。

在海默提出垄断优势理论之后，大量的西方学者参与到这一领域的研究中来，进行了进一步的补充和发展，较为突出的有约翰逊(H. G. Johnson)的核心资产论(Johnson, 1970)、凯夫斯(R. E. Caves)的产品特异论(Caves, 1971)和尼克博克(F. T. Knickerbocker)的寡占反映论(Knickerbocker, 1973)。约翰逊的核心资产论认为，知识[②]的转移是国际直接投资的关键，垄断优势主要来源于跨国公司对知识资产的控制，一般来讲，知识资产的生产成本变高，但通过利用对外直接投资的方式，使得知识资产的边际成本很低，并且知识资产的供给富有弹性，可以在很多不同的地方同时使用。这样，跨国公司国外子公司可以不花费或花费很少来利用总公司的知识资产，而东道国当地企业则无此优势。凯夫斯的产品特异论认为，拥有使产品发生差别的能力[③]是跨国公司所拥有的重要优势。为了扩大产品销量，适应不同层次和地区消费者的偏好，利用这些垄断优势，使得跨国公司获得对产品价格和销售额一定程度的控制。尼克博克的寡占反映论认为，企业的寡占反应行为是对外直接投资[④]的重要优势。寡占是指由少数几家大公司组成的或由几家大公司占统治地位的行业或市场结构。在实现必要利润的前提下，寡占公司都紧盯着竞争对手，如果对手采取对外直接投资，自己则紧随其后，做出同样的反应，以维护自己的相对市场份额。寡占反应行为的主要目标在于，抵消竞争对手率先行动带来的好处，避免给自己带来风险。

美国经济学家弗农(R. Vernon)对早期国际直接投资理论的发展作出了特殊贡献。1966年5月，他在《经济学季刊》上发表重要论文《产品周期中的国际投资和国际贸易》，提出了独具特色的产品生命周期理论。弗农认为，垄断优势理论还不足以说明企业出口、许可证和国外子公司生产之间的选择，其理论是静态的，应该将企业的垄断优势和产品生

---

① 跨国公司的垄断优势具体表现在5个方面：一是技术优势，包括生产秘密、管理组织技能和市场技能；二是工业组织优势，主要包括规模经济、寡占市场结构和行为；三是易于利用过剩的管理资源的优势；四是易于得到廉价资本和投资多样化的优势；五是易于得到特殊原材料的优势。

② 知识包括技术、专有技术、管理与组织能力、销售技能等一切无形资产。

③ 这种能力是指跨国公司可以充分利用其技术优势的能力，使其产品在实物形态上与其他生产者的产品发生差异(如过硬的质量、漂亮的包装、品牌等)，或者使其产品对消费者的心理产生深刻印象而产生差异。

④ 对外直接投资划分为两大类：进攻性投资和防御性投资。进攻性投资是指寡头公司在国外建立第一家子公司所进行的投资；防御性投资是指同一个行业的其他寡头公司追随进攻性投资，在同一地点所进行的投资。

命周期以及区位因素结合起来,从动态的角度考察企业的海外投资行为。他把产品生命周期分成 3 个阶段:产品的"崭新"阶段和"成熟"阶段和"标准化"阶段。在产品的"崭新"阶段,由于产品的特异性或垄断优势,其价格的需求弹性低,企业有选择在国内生产出口到国外的倾向;在产品的"成熟"阶段,由于技术的扩散和竞争者的加入,成本因素变得越来越重要,对外直接投资比产品出口更为有利,因而企业倾向于到海外需求类型相同的地区投资设厂,以增强产品的竞争能力;在产品的"标准化"阶段,技术因素已退居次要地位,竞争的基础变成了价格竞争,因而企业倾向于把生产和装配业务转移到劳动成本低的发展中国家,原来的出口国变成了产品的进口国。可见,跨国公司的对外投资活动与产品的生命周期和区位的特殊优势密切相关。产品生命周期理论将企业的垄断优势和区位优势相结合,动态地描述了跨国公司对外直接投资的原因,这一思想为后来折中理论的兴起奠定了重要的基础。

英国学者巴克利和卡森在 1976 年合作出版了专著《跨国公司的未来》,系统地提出了内部化理论。该理论来源于科斯(R. H. Coase)的交易费用理论,其认为市场仍然是不完全的,同时更强调了市场的不完全性是如何使企业将垄断优势保留在企业内部,并通过企业内部的使用而取得优势的过程,当这一过程跨越国界时就形成了跨国公司。中间产品①市场的不完全竞争是企业内部化的根本原因。由于中间产品市场的不完全性,企业在进行知识产品的外部交易时,存在着泄密的危险和定价的困难,为了克服这些困难,需要付出高昂的交易费用,企业不得不以内部交易机制来取代外部市场,将知识产品的配置和使用置于统一的所有权之下,并在对外直接投资中加以利用,从而降低交易费用,使企业的技术投资获得充分的补偿。

日本学者小岛清在 1977 年出版了《对外直接投资论》,他认为垄断优势论和产品生命周期理论只能解释美国型跨国公司的对外投资行为,并不具备普遍意义。同时现有的跨国公司理论忽略了对宏观经济因素的分析,尤其忽略了国际分工原则的作用。于是运用赫克歇尔—俄林的资源禀赋原理来分析日本的对外直接投资,提出了边际产业扩张理论。认为对外直接投资应该从本国(投资国)已经处于或即将处于比较劣势的产业(边际产业)依次进行转移。投资国与东道国的技术差距越小,国际直接投资所导致的技术转移就越容易转移、普及和固定下来,从而可以把东道国没有发挥的潜在优势挖掘出来,扩大两国间的比较成本差距,进而创造更多的国际贸易机会。

英国学者约翰·邓宁(J. H. Dunning)在 1977 年发表了论文《贸易、经济活动的区位和跨国企业:折中理论探索》,提出了国际生产折中理论。他认为,对外直接投资、对外贸易以及向国外生产者发放许可证往往是同一企业面临的不同选择,不应将三者割裂开来,应该建立一种综合性的理论。邓宁将 3 个特定优势综合在一起,系统地说明跨国公司对外直接投资的动因和条件。这 3 个特定优势是所有权优势、内部化优势和区位优势。所

---

① 这里的中间产品,不只是半成品、原料,更为重要的是专利、专用技术、商标、商誉、管理技能和市场信息等知识产品。

谓所有权优势[1]，是指跨国公司拥有的各种资产及其所有权形成的特定优势；所谓内部化优势，是指跨国公司将其拥有的资产及其所有权加以内部使用而带来的特定优势，其根源在于外部市场的不完全性[2]；所谓区位优势[3]，是指跨国公司在对外投资的区位选择上所拥有的特定优势。折衷理论的形成，标志着国际直接投资理论进入了一个相对成熟的、稳定的阶段。

在20世纪80年代初期，邓宁针对折衷理论缺乏动态分析的严重缺陷，提出了投资发展水平理论。他认为一国直接投资的流出量或流入量与该国的经济发展水平呈现高度相关的关系，并把这种关系称为投资发展周期。一国的经济发展水平决定了它所拥有的所有权优势、内部化优势和区位优势的强弱，3种特定优势的动态组合及其消长变化决定了一国的国际直接投资地位。

20世纪80年代后期到90年代初期，许多经济学家把研究的重点转向外部因素对跨国公司行为的影响方面，形成了具有较大影响的投资诱发要素[4]组合理论。该理论认为间接诱发要素在当今国际直接投资中起着越来越重要的作用，对外直接投资的动因应建立在直接诱发要素和间接诱发要素的组合基础之上。对于发达国家企业的对外直接投资，直接诱发要素起主要作用，而对于发展中国家企业的对外直接投资，间接诱发要素则起主要作用。

在20世纪90年代，迈克尔·波特（Michael E. Porter）提出了战略管理理论，这一理论对国际直接投资理论的发展方向产生了重大影响。这一理论研究的核心问题是国际竞争环境与跨国公司的竞争战略和组织结构之间的动态调整及相互适应的过程。波特认为，跨国公司的各种职能可以利用价值链的构成来描述，价值链是跨国公司组织和管理其国际一体化生产过程中价值增值行为[5]的方法。企业在国际竞争中确定并开拓构成价值链的各种活动和联系的能力是企业竞争优势的重要来源。比如，许多行业的跨国公司都倾向于采用更加一体化的策略和结构，公司在全球战略的驱动下会赋予某一子公司一些重要职能和责

---

[1] 包括两种类型：一是通过如对外直接投资、对外贸易或发放许可证等均能给企业带来收益的所有权优势，比如技术、生产规模、商标、管理技能等；二是只有通过对外直接投资才能给企业带来收益的所有权优势，比如交易和运输成本的降低、产品和市场的多样化、生产过程的一体化以及对销售市场和原材料的垄断等。

[2] 邓宁把市场不完全性划分为结构性市场不完全性和知识性市场不完全性。结构性市场不完全是指由于竞争壁垒、交易成本高昂而导致的市场不完全；知识性市场不完全是指由于生产和销售的有关知识信息不容易获得而导致的市场不完全。

[3] 包括直接区位优势和间接区位优势。直接区位优势，比如低廉的劳动力成本、广阔的销售市场、政府的优惠政策以及获得原材料的便利等；间接区位优势，比如出口运输成本过高、贸易壁垒等。

[4] 这里的诱发要素分为直接诱发要素和间接诱发要素。直接诱发要素是指投资国和东道国拥有的各种生产要素，比如技术、资本、劳动力、管理和信息等要素，它们是对外直接投资的主要因素。间接诱发要素是指生产要素之外的政策和环境要素，主要包括投资国的鼓励性投资政策及其法规、东道国的投资环境及其优惠政策、世界经济一体化及其科技革命的影响等方面。

[5] 在价值增值的活动中，有些是垂直联系的，比如生产地点的选择、生产的装配、产品的运输、广告和销售、售后服务等；有些是水平联系的，比如人力资源管理、研究与开发、采购、财务、会计以及其他管理活动。

第 5 章 企业进入国际市场的战略选择

任,而不是留在母公司内部。两个或更多的子公司可以联合进行产品开发,通过公司的价值链将这类产品的开发与整个公司的价值增值活动联系起来,以实现企业全球利润的最大化。

2) 发展中国家的对外投资理论

20 世纪 80 年代国际直接投资理论发展的一个重要标志是发展中国家跨国公司理论的崛起。发展中国家对外直接投资理论所要回答的核心问题是:发展中国家的企业为什么要向海外投资?为什么这种跨国企业在与发达国家跨国公司的竞争中能够生产并日益发展?在这一领域做出过开创性贡献的是美国哈佛大学商学院教授刘易斯·威尔斯(Louis T. Wells)和英国经济学家拉奥(Sanjaya Lall)。

威尔斯在 1983 年出版了其代表作《第三世界跨国公司》,系统地分析了发展中国家对外直接投资竞争优势的来源,并对发展中国家对外直接投资的动因和前景进行了深入的分析。他认为发展中国家的企业对外直接投资竞争优势的来源是发展中国家的技术优势。由于大多数发展中国家制成品的市场规模较小,在许多产品的销售市场较小的情况下,发展中国家的企业只有使技术适合于小规模制造,才能增加利润。这些企业一般在开始时是使用从工业国引进的技术,然后逐渐对其进行改造使之适合于当地市场,这种为适应小规模市场而发展的技术有一个显著的特征,那就是劳动密集。尽管第三世界的企业普遍地推行适合于发展中国家需要的小规模技术,但它们的革新活动绝非仅限于此,它们也会使用目标市场国当地资源、种族产品①等这些方面的优势来革新技术;发展中国家的企业对外直接投资的动因大多数是出于防御理由而到国外建立外向型工厂,保护自己的出口免受配额的影响或借助低廉的成本对付攻势凌厉的竞争对手,使自己生存下去,寻求廉价原材料;发展中国家的跨国公司的前景非常乐观。发展中国家跨国公司的对外投资是在不断增长的,而且造成这种增长的条件还将长期存在。较富裕的发展中国家的企业对发展程度比其低一级的国家的企业具有借鉴意义,较先进的发展中国家对发展程度较低的国家起着技术过滤器的作用,这种作用几乎会继续,甚至还会扩大。

英国经济学家拉奥在其著作《新跨国公司——第三世界企业的发展》中指出,发展中国家的企业不仅能够简单地模仿先进技术,同时也能对外国技术的局部环节进行大幅度调整,这种技术地方化的过程,使发展中国家的跨国公司具有竞争优势。拉奥列举了发达国家的跨国公司与发展中国家跨国公司竞争优势来源的不同方面(表 5-2)。

拉奥认为,发展中国家企业通过对进口技术和产品进行一定的改造,使产品适合于它们自身的经济条件和需求,能够更好地满足当地或邻国市场的需要,这种创新活动②形成了发展中国家的跨国公司特有的竞争优势。在产品特征上,第三世界国家的企业仍然能够

---

① 与发达国家投资者拥有的工厂相比,它们的优势并不在于规模小或劳动密集型产品,而主要在于制造当地同一种族居民社区所需要的产品。与大多数外国投资者的情况相比,制造种族产品的企业的竞争优势,不在于工艺技术上,而在于产品的特殊性上。

② 拉奥强调,企业的技术吸收过程是一种不可逆的创新活动,这种创新往往受当地的生产供给、需求条件和企业特有的学习活动的直接影响。发展中国家的企业在技术引进的过程中,对外国技术的改进、消化和吸收不是一种被动地模仿和复制,而是对技术的消化、改进和创新,正是这种创新活动给企业带来了新的竞争优势。

开发出与名牌产品不同的消费品,特别是当国内市场较大、消费者的品味和购买能力有很大差别时,来自第三世界国家的产品仍有一定的竞争能力。

表5-2 发展中国家跨国公司竞争优势的来源

发达国家跨国公司	发展中国家跨国公司
企业/集团规模大	企业集团
靠近资本市场	技术适合于第三世界的供求条件
拥有专利或非专利技术	产品差异
产品差异	营销技术
营销技巧	适合当地条件的管理技术
管理技术和组织优势	低成本投入(特别是管理和技术人员)
低成本投入	"血缘"关系
对生产要素和产品市场的纵向控制	东道国政府的支持
东道国政府的支持	

(资料来源:谭力文,吴先明.国际企业管理[M].武汉:武汉大学出版社.2004:112.)

2. 企业对外投资的动机

当企业从事国际化经营时,需要考虑自己的经营目标和资源及其经营环境,在综合平衡各种内外部条件以后,根据自身的实际情况,选择不同的国际化经营方式,采用这些战略的最终目标是提高企业在全球市场上的竞争力。国际企业之所以往往选用直接投资的方式进行跨国经营,其主要的影响因素是出口、契约等战略方式存在明显的局限性。小岛清认为对外直接投资的动机可以分为3种类型,即自然资源导向型、市场导向型和生产要素导向型。邓宁则将对外直接投资的动机归纳为4种类型,即资源导向型、市场导向型、效率导向型和战略资产导向型,并认为前两种类型是公司初始对外直接投资的两个必要动机,后两种类型是现有对外直接投资增长的主要方式,其目的在于促进公司区域化或全球战略一体化。美国学者凯利(Marre E. Kelly)和菲利帕图斯(George C. Philippatos)对225家美国制造业跨国公司的对外直接投资动机进行调查,结果显示,对外直接投资的一般性动机有增加利润、降低生产成本、增加市场份额等,特定性动机有克服贸易壁垒、获得规模经济等。

因此,综合来看,跨国公司采用的直接投资策略主要有资源导向型、市场导向型、效率导向型、风险分散型、追求优惠政策型及高新技术研发型等投资动机。

1) 资源导向型投资动机

该动机是指企业为获得稳定的资源供应和成本低廉的生产要素而进行的对外直接投资。一种是寻求自然资源,比如获取采掘业或农业所需的原材料;另一种是寻求人力资源,例如,通用汽车公司和丰田汽车公司初次联手创立了位于加利福尼亚州的新联合汽车制造有限公司,通用借此学到了丰田在高品质汽车制造方面的生产技术,而丰田也获得了通用在技术与设计方面的专长,以生产出更适合美国消费者的车辆。

2) 市场导向型投资动机

该动机是指企业可能由于国内市场的"推力"或者是国外市场的"拉力",为了开辟和保护国外市场进行的对外直接投资。一是开辟新市场,抓住新机遇;二是保护和扩大原有市场;三是克服贸易限制和障碍;四是跟随竞争者,追随大顾客。例如,丰田汽车在德国莱比锡举办的机动车国际展销会上展出的普锐斯混合动力车,通过其对节能与清洁型汽车技术的投入,丰田展示了自己的社会责任感,抓住了市场机遇。根据科尔尼公司统计的对外直接投资信心指数(FDI Confidence Index),当前接受外国投资最多的国家是中国和印度。中国和印度之所以有吸引力,也有跨国公司战略上的原因,作为目标市场和竞争优势的新源泉,这两个国家拥有无限的长期潜力。

3) 效率导向型投资动机

该动机是指企业进行对外直接投资的目的在于降低成本,提高增值活动的效率。一是通过获得廉价劳动力或其他生产投入物,降低生产成本;二是在实现范围经济的同时,获得规模经济效应。例如,企业可以将最佳实践散播给遍布全球的子公司的新产品开发环节或采购环节,全球品牌能够为产品创新收获更多的红利。

4) 风险分散型投资动机

该动机是指企业进入国际市场面临着种种风险,主要有经济风险(如汇率风险、利率风险、通货膨胀风险等)和政治风险(如政治动荡风险、国有化风险、政策变动风险等),通过对外直接投资企业与当地企业的合作不仅降低了进入风险,还使企业在设立自己的全资运营机构之前获得了当地的技术专长。

5) 追求优惠政策型投资动机

该动机是指许多国家为了吸引外资,政府可能向外资企业提供补贴或税项宽减等优惠政策,同时有些国家为了激励国内的企业到海外某个国家和地区进行国际化经营,往往也会给予一系列优惠政策,以鼓励它们对海外进行投资。政府鼓励内向对外直接投资的原因在于这些投资可以为当地创造就业机会,还能转移技能与技术等。

6) 高新技术研发型的投资动机

该动机是指在发达国家投资设立高新技术研发中心或高新技术产品开发公司,将开发出来的产品交由母公司的企业进行生产,然后再将产品销往国内外。在知识经济时代,这种类型的对外直接投资可以缩短新产品的开发周期,降低成本,获取最新技术。

5.5.2 投资战略的类型

对外直接投资是指企业通过拥有资本、技术、劳动力、土地、生产工厂、设备等生产性资产的所有权而在国外建立起一个实体机构的国际化战略。对外直接投资是一种高控制度的国外市场进入战略,其目的就是建立或收购工厂、子公司、销售办事处或其他所需的机构,在海外维持自身生存,与国外客户和合作者有直接接触的机会。对外直接投资这种进入战略在跨国公司中很常见,丰田、索尼、诺基亚、摩托罗拉、雀巢及可口可乐等大型企业在世界各地拥有很多以对外直接投资为基础的运营机构,并且大部分制造商企业更倾向于在国外建立生产机构,而服务商则更倾向于建立代理和设立零售机构。

国际企业采取直接投资策略的形式:按投资形式,分为绿地投资模式与并购模式;按所有权性质,分为独资公司模式与合资公司模式。下面将分别从这两种不同的分类形式加以介绍。

1. 绿地投资与并购

1) 绿地投资与并购的含义

绿地投资(Green Field Investment)是指企业在目标市场投资建立新的生产工厂、营销分公司或其他供自己使用的管理设施,而不是收购已有的设施。企业的兼并与收购(简称并购,M&A)是商品经济发展到一定阶段的必然产物。收购(Acquisition)是指企业购买目标市场现有的公司或设施。例如,中国的联想正是通过收购战略进行了国际化,2004年联想收购了IBM的个人电脑业务部,使联想获得了品牌、经销网络等宝贵的战略资产,从而迅速扩大了自己的市场范围,并且成为一个全球性企业。兼并(Merger)是收购的一种特殊形式,通过兼并两家企业联合组成一家规模更大的新企业。由于跨国兼并会面临不同国家文化、政策、价值观和运营方式的诸多差异,所以在兼并成功之前要进行大量的前期调查研究、策划和投入。

2) 绿地投资与并购的优缺点及选择

在并购和绿地投资之间选择并不是一件容易的事,两种模式都有其优缺点。一般来说,选择进入模式取决于企业所面临的形势。如果企业寻求进入的市场已经建立有良好的企业,并且全球竞争者也有进入之意,那么选择并购是更好的选择。如果没有可收购的现有竞争者,那么绿地投资可能是唯一的模式。如果企业的竞争优势是建立在技术、规则和文化的基础上,那么选择绿地投资进入市场是合适的选择。

从东道国政府的角度来看,通常是希望跨国公司采取绿地投资的形式,这样可以创造新的就业机会和生产能力,以促进先进技术和专有知识流入本国,实现"溢出效应",改善与世界市场的联系。许多国家的政府都会提供激励措施来鼓励跨国公司的绿地投资。

从跨国公司的角度来看,跨国公司更倾向于收购的形式,这样可以通过收购已有的公司,获取企业的丰富经验,拥有对原有企业人力资源、设备工厂等的所有权,还能获得已有的供应商和客户资源。相对于绿地投资而言,收购还可以提供迅速的收益流,加速跨国公司的投资回报。

2. 合资公司与独资公司

1) 合资公司与独资公司的含义

合资公司是指该企业与目标国的企业联合投资,共同拥有国外运营机构的全部所有权、共同经营、共同分享股权①及管理权、共担风险。这种投资方式可以采用外国公司收购当地公司的部分股权或当地公司购买外国公司在当地的部分股权,也可以采用双方共同出资建立一个新的企业,达到资源共享、利润按比例分配的目的。

独资公司是指企业独自到目标国家去投资建厂进行产销活动,独立拥有国外运营机构的全部所有权,独自享有经营利润和承担经营风险②。这种投资方式可以是收购当地公司,

---

① 在合资公司中,股权可分为多数股权(大于50%)、对半股权(50%)和少数股权(小于50%)。所有权往往意味着控制权。

② 独自经营的标准不一定是100%的公司所有权,只要拥有完全的管理权与控制权就可以。一般只需拥有90%左右的产权便可以。

也可以是直接绿地投资。

2) 合资公司与独资公司的优缺点

合资公司的优缺点：①合资进入由于有当地人参与了股权和经营管理，因此在当地所遇到的心理障碍和政治障碍要比独资进入小，更容易被东道国所接受，但相反，由于股权参与及管理权的分散，当合资双方对企业的战略有不同的看法时，合资双方在决策、营销和财务等方面容易发生争端，阻碍了跨国公司执行全球统一协调战略；②合资进入可以利用合作伙伴的专门技能和当地的分销网络，有利于开拓国际市场，学习掌握先进的技术和管理技能，提高自己的水平，但相反，合资企业难以保护双方的技术秘密和商业秘密，拥有先进技术或营销技巧的国际营销者的这些无形资产有可能无偿地流失到合作伙伴手里，将其培养成为未来的竞争对手；③由于当地资产的参与，合资企业可以和当地伙伴分摊风险、共享优惠，可以避免东道国政府没收、征用外资的风险，还可以分享东道国政府对当地合作伙伴的某些优惠政策，但相反，合资公司使企业无法获得为实现经验曲线经济和区位经济①所需要的对公司的控制。

独资公司的优缺点：①独资企业可以完全控制整个管理与销售，可以独享在东道国的营销成果，其经营利益完全归其支配，内部的矛盾和冲突比较少，这种控制对于企业协调全球战略是必要的，但相反，独资公司的投资费用由本企业独家承担，投入资金多，财务上的压力比较大；②当企业竞争优势以技术为基础的时候，独资公司通常可以降低对技术失去控制的风险，独资进入可以保护国际营销企业的技术秘密和商业秘密，从而保持在东道国市场上的竞争力，正因为如此，许多高新技术企业选择了独资经营作为向海外扩展的方式，但相反，这样的独资公司易遭到排斥，可能遇到较大的政治与经济风险，如货币贬值、外汇管制及政府没收等；③独资公司可以试图实现区位经济和经验曲线经济，当成本压力很大时，企业应该对它的价值链进行合理安排，从而使每一个阶段的价值增值最大化。因此，位于某个国家的子公司有可能仅仅专门生产某个产品系列的部分产品或者只生产某个最终产品的某个部件，然后用这些部件和企业全球系统的其他子公司的产品进行交换，要建立这样的一个全球生产体系，企业必须对每一家子公司都要保持一定程度的控制，但相反，因为得不到像合资伙伴那样的当地合作者的帮助，在利用当地原材料、人力资源和销售网络方面不如合资那样便利，且某些东道国对独资公司和合资公司实行差别待遇，往往对独资子公司给予较少的优惠，所以市场规模的扩大容易受到限制。

3) 合资公司与独资公司的选择

从国际企业自身的条件这方面来看：①应清楚本企业在技术、管理、产品、市场营销方面是否具有独特的优势，如果有，那么宜选择独资公司的形式；②如何选择在于国际企业对子公司的重要性和地位的认识。如果国际企业认为该子公司在其整个战略规划中占有重要的地位，那么就应选择独资公司的形式，反之则可选合资公司；③要注意国际企业领导人的个人偏好与企业的传统做法。

---

① 经验曲线由学习、分工、投资和规模的综合效应构成，当积累的经验翻一番，增值成本就下降约20%～30%。独资公司能够在新市场上迅速获取较大的市场份额，由于它能够提供比竞争者更为便宜的产品，通过成本优势来实现经验曲线效应。

从东道国的投资环境来看：①应清楚在法律和政策上对外资设立子公司的形式有无规定，譬如有无直接的限制或者以差别的待遇形式出现的间接限制；②当地是否有合适的合作伙伴，它能否提供本企业所缺少的在当地开展经营活动所需的资源。如果对上述两个方面的问题回答是肯定的，那么应该考虑选择合资公司，反之则选择独资公司。

3. 跨国战略联盟

国际合作企业是对外直接投资的一种形式，核心企业通过这种形式与一个或一个以上的公司合作，共同在国外建立一个实体机构。跨国战略联盟也是一种国际合作企业，参与联盟的各方企业将各自拥有的资源聚合到一起，对新创企业的成本和风险实行共担制度。这一部分内容第 4 章有比较详细的介绍，本章不再赘述。

5.5.3 采用投资战略的利益分配

国际直接投资无论是对投资母国还是对东道国的经济都产生了深远的影响。就东道国而言，外国直接投资可以带来资源转移效应、增加就业效应、国际收支效应和促进产业结构调整效应。对投资母国而言，也有很多好处。当然，对外直接投资在带来好处的同时，也给东道国和投资母国带来了一些不利的影响。下面将分别从东道国和母国的角度来介绍有利和不利的影响。

1. 对东道国经济发展的影响

1) 对东道国经济发展的有利影响

(1) 资本形成(Capital Formation)。很多跨国公司规模大，财力雄厚，它们可以获得东道国公司无法获得的资本来源，从国际资本市场融资，通过对外直接投资使得东道国在一定程度上弥补资金和外汇缺口。

(2) 技术和管理技能转移[①](Technology and Management Skills Transfer)。对外直接投资对东道国的技术升级具有动态累积的作用。东道国既可以通过外资企业的生产和销售直接获得生产所需的硬件技术和信息，也可以通过对当地国内企业的观察、模仿学习的间接渗透，获得生产创新能力，并掌握技术设计、技术发展和技术管理所需的知识，这也解释了现在许多国家愿意让跨国公司在本国建立研发中心的现象。

(3) 地区和产业部门的发展(Regional and Sectoral Development)。对外直接投资可以有效地提高地区经济的发展和产业结构的调整。在国内新建立一个行业的成本通常很高，时间很长，而且有所限制，在许多发展中国家，对外直接投资可能是改变行业基础的一个方法。对外直接投资可能会对与经济增长和发展相关的 3 种类型的结构有所调整：①产业部类间的升级调整，即由初级农业向制造业再向服务业的升级；②产业部类内的调整，即由低劳动生产率、劳动密集(低技术密集)型产业向高劳动生产率、高技术密集型产业的调整；③行业内部调整，即由低技术、低附加值产品或服务向高技术、高附加值产品或服务的调整。用于分析一国产业发展和经济发展的关系的模型主要包括：在 20 世纪 30 年代

---

① 技术转移不仅包括硬件的转移，还包括技能和管理等软件的转移。

初,日本的赤松要(Kaname Akamatsu)提出的"雁行模式"①;在20世纪90年代,小泽辉智(Teretomo Ozawa)在雁行模式的基础上发展出的增长阶段模型②(Stages of Growth Paradigm)。无论是雁行模式还是增长阶段模型都提示对外直接投资可以有效地开发东道国比较优势的特征。直接投资带来的一揽子资源,尤其是技术资产和管理技能不仅有助于东道国建立新的产业,使原有产业升级,使内向型的产业向出口导向型、更具国际竞争力的产业过渡或转移,更为重要的是,大部分直接投资的引导者(跨国公司),通常具有资本、技术或管理要素密集的优势,可以通过当地生产要素与外来生产要素的融合最大限度地吸收和利用直接投资的正向效应。

(4) 国际竞争和企业家精神(Internal Competition and Entrepreneurship)。从公司发展的水平来看,对外直接投资会增大竞争的压力,通过提高生产率或可能采取的降价策略,对经济的整体发展和消费者都是有益的。很显然,竞争可以引进新技术、新产品和服务,还有新的营销观念,它会促进企业现有模式的发展。

(5) 国际收支平衡的有利影响(Favorable Effect on Balance of Payment)。对外直接投资可以通过替代部分产品或服务的进口来改善东道国的国际收支往来项目状况。当跨国公司利用在东道国的子公司向其他国家出口产品和服务时也会对东道国的国际收支产生好处。但是,由于统计口径的误差,衡量国际收支是有一定困难的。

(6) 增加就业(Increased Employment)。外国的跨国公司可以通过直接聘用东道国的人员创造直接就业效应,也可以通过间接地增加就业机会创造间接就业效应。一方面,跨国公司拥有广泛的前后向联系,从而能在它们给供货方、销售方及服务代理人之间创造就业机会;另一方面,跨国公司刺激了东道国的经济增长,也为东道国间接地创造了就业机会。同时,对于发展中国家而言,跨国公司通过就业政策和就业习惯的改变,也促进了发展中国家东道国就业质量的变化。

2) 对东道国经济发展的不利影响

(1) 行业主导(Industrial Dominance)。由于跨国公司往往是实力比较强大的国际性企业,这样外国跨国公司就会利用它们在资金、技术和管理方面的优势,占领东道国的国内市场,从而造成外国公司对东道国行业市场的垄断。一旦垄断了市场,外国跨国公司就会将价格提高到自由竞争时的价格水平以上,这将对东道国的经济造成损害。同时,由于跨

---

① 这一理论最初被用来分析一国某一产业的发展过程,某一产业随着进口的不断增加,国内生产和出口出现,其图形就如高飞的雁群。雁行模式先是在低附加值的消费品产业中出现,然后在企业资料产业中出现,继而整个制造业的结构调整都会呈现雁行变化格局。赤松要论证的重点是后进国家的"赶超式"产业发展的周期。在开放经济条件下,通过与先进国家的外部联系,抓住向先进国家的学习机会,后进国家可以实现自己的工业化,并使自己的产业升级换代。

② 小泽辉智通过引入了跨国公司和直接投资因素,从而使雁行图发生变化。在他看来,跨国公司可以在产品生命周期的一开始就在国外投资生产,而无需通过出口开放东道国市场,相应地就会使东道国进口的重要性有所削弱。如果东道国采取出口导向型政策并获得成功的话,那么在经济发展的最初阶段,生产资料产业的生产与出口曲线就几乎与消费品生产曲线同时出现。跨国公司的直接投资帮助东道国建立起自己具有竞争力的消费品工业,并缩短了向资本货物生产产业升级的时间,从而成为东道国产业结构调整的助推器。

国公司的垄断，使得东道国的幼稚工业不能很好地成长，长此以往将会使东道国过分依赖于外国直接投资的跨国公司，不利于东道国民族工业的发展，进而阻碍东道国的进步。

(2) 技术依赖(Technological Dependence)。外商直接投资企业的竞争给国有企业的改革与发展带来了很大冲击，特别应该注意的是，跨国公司与国内"行业排头兵"合资后，大多数跨国公司通过其所拥有的控制权取消原有企业的技术开发机构，而利用跨国公司本部的研究机构提供技术，大大削弱了东道国的技术自主开发能力，造成了东道国对国外技术的依赖。

(3) 干扰经济计划(Disturbance of Economic Plans)。政府也看到了跨国公司对它们经济计划的干扰，有的决定超过了它们能够控制的范围。当东道国本地的供应商可以参与竞争的时候，东道国想要进口更高质量的商品，这就会让跨国公司对其经济产生不利影响。

(4) 文化变迁(Cultural Change)。跨国公司不仅改变了商业方式，还通过它们的产品、服务和营销方式，改变了产品市场范围内消费者的生活方式。例如，中国台湾市场快餐行业的引入加剧了饮食模式的改变，尤其深受青少年的喜爱。

(5) 跨国公司会受到母国政府的干涉(Interference by Home Government of Multinational Corporation)。一些东道国的跨国公司越来越关注母国政府对其经济和政治上的干涉。由于母国担心东道国的跨国公司会成为影响其政权的工具，所以在资本流动、技术控制和竞争力方面建立一些防御性的对外投资政策。

(6) 环境污染。环境污染转移型投资是外商直接投资的重要动因之一。通过对外直接投资，将国内已经禁止或严格限制生产的高污染产品转移到东道国进行生产，从而将环境污染转嫁给东道国。联合国跨国公司中心的研究表明，在发达国家对外直接投资中，尤其是在制造业对外直接投资中，化工、石油和煤炭、冶金、制浆造纸这四大高污染行业所占的比重是相当高的。

2. 对母国经济发展的影响

1) 对母国经济发展的有利影响

尽管人们最重视东道国的利弊，但外国直接投资对母国的利弊也应得到关注。美国公司在国外市场的投资对美国经济是有利还是不利？日本公司在国外的投资对日本是有利还是不利？有些人认为，外国直接投资并不总是符合母国利益的，因此需要对其进行限制。另一些人则认为，外国直接投资对母国的好处大于不利，对其限制将违反国家利益。那么，究竟是怎么样的呢？先来看一看对外直接投资对母国的好处。

(1) 如果外国子公司能在投资地创造对母国的资本设备、中间产品和零配件的需求，并且将外国子公司收入汇回给母国，那么，对母国国际收支的资本项目将会带来好处，并且会相应地给母国创造就业机会。

(2) 如果跨国公司通过在国外市场开展业务，从外市场学到一些先进的管理技术和生产技能，并将它们带回国内，那么对母国的经济自然产生有利的影响，这是一种反向的资源—转移效应。这种反向的资源—转移效应不仅体现在发达国家之间的相互对外投资之中，更多地是体现在发展中国家向发达国家的投资中，如我国以联想公司为代表的高新技术企业纷纷在美国硅谷投资，其目的之一就是在信息技术超前的美国获取技术信息、学习先进技术，以使国内的企业跟上世界信息技术发展的节拍，从而有力地推动整个行业的发展。

2) 对母国经济发展的不利影响

(1) 如果对外直接投资的目的是在一个低成本的地点进行生产然后将产品返销到母国，那么母国的贸易状况就会恶化，对母国的国际收支有着不利影响。如果对外直接投资替代了直接出口，这对母国的国际收支往来项目也将产生不利影响。

(2) 对于资金缺乏的国家来讲，对外直接投资不能不算是一种打击。本来就缺乏资金用于国内的投资和发展，还要到国外市场上去投资，这对那些资金缺乏的国家而言无疑是雪上加霜。因此很多国家有时会采取税收政策鼓励本国公司在国内投资。

5.6 进入模式的比较与选择

进入国际市场模式的选择是国际企业必须反复斟酌的主要问题。从前面的学习中了解到对于企业来说有很多进入国际市场的模式可供选择，从出口进入到契约进入再到投资进入，每一种进入模式都与一定的控制程度、资源承诺以及风险相联系。比如出口进入模式，它的控制程度最低，但是资源承诺与风险也低。而建立独资公司的进入模式，控制程度最高，但是同时资源承诺和投资风险也高。一般来说企业希望通过尽可能低的资源承诺和风险，获得尽可能高的控制程度，因此企业在进行国际市场进入模式选择时，会权衡这三者之间的关系，选择最合理的结合点。

5.6.1 选择进入模式的常见方法

通过前面几节的学习，已经了解到了企业国际化进程可以使用的几种进入模式，这里要提出的问题就是，对于既定的产品和既定的目标市场，如何来决定正确的进入模式？从跨国经营的实践来看，企业在选择市场进入方式上通常采用下面 3 种方法。

1. "一刀切" 方法[①]

从多数企业的经验来看，在选择市场进入方式的过程中，往往不自觉地采用了简单的"一刀切"方法，也就是对于不同的目标市场，一律采取一种进入外国市场的方法。比如"我们只做出口贸易方式或只做许可贸易方式"，"我们只允许独资经营"等，这种方式无视目标市场和进入条件的差异。

这种方法的好处在于简单，不必付出调查分析成本，对决策人员来说决策压力很小。但是，这种"以一敌百"的方法存在的问题也是很明显的。由于缺乏灵活性，可能迫使企业放弃或错过很多适合其他目标市场更有利的进入方式，付出的代价也许是惨重的，致使企业无法充分利用外国市场的机会。

---

① 源自梁能的著作《跨国经营概论》中的说法。在鲁特所著的《如何进入国际市场》中，称其为"幼稚规则"。

2. "实用主义"方法①

实用主义方法并不是固定在某种特定的模式上,而是主张采取"由易而难,逐步升级"的步骤,什么方式行得通就用什么方式。大多数企业着手国际业务时都采用这种方法,其基本主张是按照风险最小的原则考虑市场进入模式。

这种方法的好处在于可以使错误的模式进入目标市场的风险尽量得到减少,也可以最大限度地减少收集别的进入模式所需要的费用和评估所花费的时间,能够得出虽然不是最佳但也切实可行的进入模式。但缺点也是有的,这种方法只根据进入本身的难易和目标市场的容许程度作为取舍标准,完全忽视对企业长期战略和竞争优势的考虑,往往并不符合企业的能力和外部环境的最佳配合,造成的机会成本损失也是很大的。简言之,可行的进入模式不一定是正确的进入模式。

3. "战略决策"方法②

采用"战略决策"方法比起"实用主义"方法来说,对管理人员做出全球市场和企业本身可供选择的模式决策更为困难,因为这要求管理人员做出系统的比较分析。从理论上来说,各种市场进入模式的投资额、投资回收期限和投资回收率各不相同,按照投资分析的要求进行系统的分析,选取投资净回收率最大的方式。

这种方式很明显的困难就在于调查分析工作量大,需要对各种模式的投资、销售、成本、盈利贡献、市场份额、撤回、控制、风险等其他标准做出衡量,对管理人员的素质要求很高,往往只能靠管理人员的主观估计以期望值来代替,进而转向了"实用主义"方法,并且由于现在的进入模式类型过多,各种模式的变体和混合模式的形成,使得管理人员不一定总是知道可供选择的最佳进入模式。但正因为一般企业做不到,这就为那些能做到的企业提供了竞争优势的潜力,战略方式的精华不在于精确地分析各种因素的数值,而重要的是找出主要相关的因素,认识到这些因素的现实潜力和长远影响,进行综合考虑。所以面对这种方法的复杂性,需要的不是放弃战略决策方法,而是要提出更加方便选择各种模式的系统方法③。

5.6.2 影响企业进入模式选择的因素

在前面有关各种进入模式优缺点的分析中可以看出,运输费用、贸易壁垒、政治风险、经济风险、生意风险、成本以及企业战略等对进入模式的选择有着重要的影响。依照这些因素,最佳进入模式各不相同。

1. 进入时机

一旦确认了有吸引力的市场,重要的是考虑进入时机(Time of Entering)的选择,这

---

① 在鲁特的著作《如何进入国际市场》中,称其为"实用规则"。有兴趣的读者可以根据书后参考文献提供的信息查阅此书。下同。

② 在鲁特的《如何进入国际市场》中,称其为"战略规则"。

③ 在鲁特的《如何进入国际市场》一书中,就提出了一种灵活的比较分析方法,比较企业在战略决策期间能获最大盈利贡献,比较风险分析,比较非盈利目标分析以及根据全面比较评估排队。

里要考虑的因素主要有两条：快速进入的经济成本和"进入过晚"的机会成本。对于一些新生市场，进入越早，成本越高。在其他国际企业进入之前提前进入，会造成"先行者劣势"，这种劣势主要就是先进入可能必须要承担开拓成本（Pioneering Cost）。例如，莫斯科的第一家麦当劳，前前后后的准备工作花了15年的时间。但是进入早也会带来"先行者优势"，这种优势通过建立强大的品牌名称挤掉竞争对手并控制需求，也可以在竞争对手之前实现经验曲线效应，这使早期进入者比后期进入者有更多的成本优势。

同时等待也有其成本，"进入过晚"会导致过高的机会成本。等到市场发育成熟，当地竞争也发展起来了，进入市场的战略窗口也就关闭了。例如，日本丰田对华一直采取出口政策，不愿直接投资，在1994年提出了帮助中国汽车工业改进技术，合资生产。但是，这个时期中国政府宣布两年内不再考虑新的合资企业的申请，给丰田吃了闭门羹。因此，市场进入时机的选择，是在"过早进入"的经济成本和"过晚进入"的机会成本之间选择一种合理的平衡。一些学者认为比较理想的进入时机是"早期进入，但是不打头炮"。

2．核心竞争力

通常企业为了进行全球扩张，从其核心竞争力中获取更大回报，企业就要权衡利弊，选择合理的进入模式。对这些企业来说，最优进入模式在某种程度上取决于核心竞争力的性质，这里的核心有技术的核心，也有管理的核心。

1）技术核心的企业

假如一个企业的竞争优势是基于对公司技术的控制，那么该公司就会避免许可证和合资经营方式，因此，一个高科技技术企业在外国进行绿地投资，它可能会通过建立独资公司来达到这一目的。当然，这并不能被看成是一成不变的。当企业认为其技术优势只是暂时的，在这样的情况下，这个企业可能希望尽快地将其技术授予外国企业，以在模仿出现前得到全球技术的认可。

2）管理核心的企业

从一些进入国际市场的企业来看，其优势在于管理组织优势，如快餐行业。对于这样的行业，企业有价值的资产是品牌名称，而一般品牌名称又受到专利权的保护，所以让特许经销人或合资伙伴得到管理技术的风险并不大。因此，许多服务企业愿意把特许经销权和子公司结合起来以控制特许经销人，这里的子公司可以是独资的，也可以是合资的。

3．成本压力

如果企业对于降低成本的压力越大，那么企业就越愿意采取出口和独资公司相结合的方法，通过在成本条件最优的地区生产，然后再出口到世界各地，企业可以实现区位效应和经验曲线效应。这种情况下，建立独资公司比建立合资公司或利用外国销售代理商更有利。因为它能使企业严格控制销售，这种控制可能会提高企业在全球的价值增值，它还可以使企业利用在一国市场所获得的利润来改进它在另一国市场的竞争状况。这样来说，采用全球化标准和跨国经营战略的企业往往愿意选择建立独资公司。

4．国际经验

国际经验是企业国际化阶段模型关注的焦点，是影响企业选择国外目标市场和进入模式决策的重要因素。缺乏国际经验的企业往往倾向于选择合资模式，但是随着管理国外公司经验的不断提高，投资者在目标市场建立独资企业的可能性也相应增加。当企业第一次进行国际化决策时，企业会较严格地按照心理距离来选择进入模式，心理距离越远，企业就越倾向于选择绝对控制权模式。但随着国际化进程的深入，企业的国际经验越来越丰富，心理距离因素的重要性越来越低。在对进入模式的研究中发现，决策团队的国际经验对资源投入较高的模式决策均存在更加明显的正面影响。所以对企业整体而言，国际经验无疑是影响企业进入模式决策的重要因素。

本章小结

本章从企业市场范围扩大的地理顺序以及企业跨国经营方式的演化发展，探讨了企业开展国际化经营活动具有阶段性的特征，这个过程是由去国外发展的不同动机引起的。其大致的规律是从简单到复杂，从风险小到风险大。企业一般喜欢回避不必要的风险，而国际化的进程在客观上也存在着大小不一的风险。针对不同的发展时期采取不同战略选择的利弊进行了分析，讨论了企业国际化战略选择最适宜采取的方式。国际企业可以通过转移核心能力、实现区位经济和实现经验曲线经济等从全球扩展中获益，也可以通过全球采购、自由贸易区来降低采购成本。

国际商务活动有多种形式。一个从事国际经营经验丰富的企业，可以从中选择最为有利的经营方式。选择的主要标准是企业自身的条件、产品的特点以及所开发的外国市场的状况。国际企业在制定出口战略时，可以借助于政府信息流、出口管理公司的帮助，并结合自己的实际情况，遵循一定的原则，制订可行的出口战略。本章还介绍了契约安排、投资战略等几种国际企业的进入战略，并且从各种战略所采取的原因、类型及利弊来分析如何选择进入国际市场的模式。

国际收支平衡表　承包制造　成本领先　出口许可证　外国直接投资　特许经营
解释性知识　股东价值最大化　心理距离　战略联盟　技术转移　交钥匙工程
外向国际化　内向国际化　松散结合体　干中学　场理论　合同生产　BOT
国际租赁　开拓成本　核心竞争力

综合练习

1. 如何判断一个企业在国际化的进程中所处的阶段？
2. 分别叙述几种企业进入国际市场战略选择方式的优点和缺点。
3. 根据对外投资理论的主要观点，阐述跨国公司从事国际经营的主要动机。
4. 为什么在契约安排战略选择下，国际化公司相比于其他模式更倾向于选择管理合同？
5. 哪些因素影响了企业选择进入国际化市场的战略模式？如何选择与比较？

根据以下的案例分析，试回答下列问题。

第5章 企业进入国际市场的战略选择

1. 浙江华立集团国际化之路是很成功的，那么具体采取的进入战略模式有哪些呢？
2. 浙江华立集团主要是依托资本运作成功获得了收益，那么它的这种经营战略模式是否是万能的？试从生活中举出两个例子来说明。
3. 从浙江华立集团的案例，找出影响企业进入国际市场的因素。

浙江华立集团的国际化之路

最初只是杭州余杭县只能生产雨伞、竹器、毛笔管等简单产品的一家竹器雨具厂，经过40年的不懈奋斗努力，发展成为了今天的浙江华立集团。该公司运作规范、产权清晰，总资产达30亿元人民币，是一家通过跨地区、跨行业以及多元化发展拥有了17家装备先进、管理一流的生产制造企业和两家上市公司的大型民营企业集团。并且在2000年获得了中国电器工业百强首位，并获得了"具有核心竞争力十强"的称号。"国内吃不饱，海外觅食去"。越来越多的中国企业为拓展生存和发展的空间，加入了拓展国际市场的行列。对于中国的民营企业来说，进行跨国经营、国际合作是企业提升管理水平以及走向成熟的重要手段。由于民营企业具有灵活多变的特点，而且往往缺乏大型跨国公司所拥有的丰富的社会、政治、经济资源，使得民营企业在实际操作过程中必须对传统的国际运作方法不断加以发展和创新。

纵观国际市场，跨国公司成功的案例不计其数，例如宝洁、可口可乐、肯德基等，它们的跨国经营运作模式是值得借鉴的，无论是品牌输出，还是资本控股、技术垄断等，都是很好的成功模式。但是这些模式是否是万能的呢？对于我国民营企业来说，无论在规模、实力，还是技术管理上，都与它们存在着巨大的差距。但如果等民营企业的实力适合去跨国经营的时候，恐怕就会遇到所谓的"后进劣势"的机会成本问题。所以说找出适合我国民营企业实际情况的跨国经营进入与运作模式是非常重要的，而浙江华立集团就树立了一个很好的民营企业选择进入国际市场模式的榜样。

从1996年收购重庆电度表开始，就开启了华立并购的先河。之后在1999年收购了川仪，2000年收购了ST恒泰。在进入国际市场时，华立集团参与国际竞争的主力就是依托进出口公司，建立国际销售网络。2000年华立公司进入美国，在加利福尼亚州硅谷地区投资设立了独资企业——华立控股（美国）有限公司，并以该公司为母体在美国发展。根据产业发展的整体战略，利用资本经营的手段，借助于战略伙伴NASDAQ进入低谷时期的契机，在2001年低成本收购了NASDAQ上市公司——太平洋系统控制技术公司，形成了"研发基地在北美、产业化基地在中国"的最佳资源配置模式。同时，在2001年9月，经过数月的艰辛谈判，正式收购了飞利浦CDMA移动通信部门，获得了飞利浦在CDMA无线通信方面的全部知识产权、研发成果、研发设备、研发工具和一大批有经验的研发人员，在此基础上设立了美国华立通信集团公司，专业从事手机芯片软件和手机整套技术解决方案的设计开发，并通过浙江华立通信技术有限公司直接面向中国市场，为中国及世界各地的手机制造商提供核心芯片及整套技术解决方案。不难看出，资本运作一直伴随着华立集团的产业扩张和企业壮大。同时，华立电能表依托质量及服务的保证，通过了ISO 9001国际质量体系认证，2001年投资了100万美元在泰国建立了华立集团（泰国）电气有限公司，率先突入了东南亚市场，以此为基础跨出国门的步伐更加深远。面临着全球产业结构的调整，一些产业巨头们开始实行战略转移，在全球范围内进行着新一轮的资源优化配置。华立抓住了这次机会，以资本运作为纽带，通过企业并购，整合产业，并为产业引进新技术、新产品和人才资源等来增强其核心竞争力，实现了一次成功的跳跃。因此从华立介入资本市场的那天起，便以一个民营企业的身份建立了金融资本与产业资本相结合的体系。实践表明，华立的战略策略是比较稳妥的，也让股权转让者和中小股东获得了满意的效益。

经验表明，随着市场开放度的进一步提高，中国如果仅仅依靠中国劳动力低成本的比较优势，仅仅满足于产业链最低端的制造环节的比较优势，那么命运将永远掌握在别人手中。所以说，中国的企业必须主动走出国门，华立公司就以实际行动证实了这一点，从企业的实际情况出发，制订明确具体的战略目标,运用现代化的资本运营方式,选择正确的进入市场模式,这是值得众多民营企业学习和借鉴的地方。

(资料来源:根据周永亮,《华立并购飞利浦CDMA研发中心所引起的思考》及华立集团网站相关信息修改整理。)

第 6 章

企业国际化运营中的生产与供应链管理

教学目标

通过学习本章,详细了解生产管理过程中各要素对企业生产地点选择产生的重大影响,明确影响企业货源决策的因素,理解如何有效地协调全球生产网络和供应链的管理。

本章技能要点

知识要点	能力要求	相关知识
生产地点选择	了解企业进行生产地点选择的必要性 掌握影响企业生产地点选择的因素 掌握如何根据已知因素选择企业的生产方式	企业进行生产地点选择所考虑的因素及其相互关系 集中生产、分散生产的特点及选择
货源决策	了解企业货源决策的内容 理解企业在全球生产中对供应链的运用 掌握企业如何进行自制与外购的决策	供应链的含义及主要内容 影响企业自制选择的因素 影响企业外购选择的因素
协调全球生产系统	了解全球生产系统的含义及目的 掌握如何协调好全球生产系统	协调全球生产系统的方式 准时生产制(JIT)的内容及含义

导入案例

波音787的全球化生产

波音公司在2011年9月向全日本航空公司交付首架波音787客机，而原计划应在2008年5月交付使用。787是波音历史上被拖延交付使用日期最长的飞机，一共宣布过8次延后。波音787一再推迟交付时间，与其实施错综复杂的全球供应链战略，进行广泛外包密切相关。

在787项目上，波音总部的大量工作外包给全球供应商，波音只与全球23个一级供应商直接联系，核心供应商数量大幅减少，赋予了供应商极大的责任。波音787是不折不扣的国际化产物，波音公司本身只负责生产总价格的大约10%——尾翼和最后组装。787是波音公司在全球外包生产程度最高的机型，零件供应商遍及全球，形成一个错综复杂的全球供应链，其全球生产布局主要根据客户和市场的需求而制定。日本生产机翼，意大利和美国等国家生产碳复合材料机身，法国生产起落架，波音公司加强了与中国的供应商之间的合作伙伴关系，中国的沈飞、哈飞与成飞都参与了787的制造，是相应部件的唯一供应商。沈飞负责垂直安定面前缘，哈飞生产飞机前裙板，成飞生产飞机的垂直尾舵。

波音不再是一家单纯的飞机生产商，而是一家从正确的地方、在正确的时间拿到所有部件，然后快速组装起来的高端的系统集成商。波音采取全球供应链战略有助于它集中精力于自己的设计研发、最后组装、供应链管理、营销和品牌这些核心业务。这有助于缩短飞机的开发周期，降低公司的供应成本，减少自身投资和削减成本，分散研制的风险，提升生产效率，满足全球客户的需求。但这也是一次充满风险的尝试，只要某个环节耽误都会制约整个制造流程，甚至推迟交货日期。波音787复杂的全球供应链出现多起故障导致一再延迟交付，其原因有供应商众多，零部件短缺，分包商执行不力，创新的复合材料结构出现缺陷和工人罢工等。例如，787的机翼由日本制造，而机身大部分来自意大利，二者在西雅图组装在一起。一些部件在抵达西雅图最终组装时达不到正常的状态，导致最终组装延迟。而供应链把原本各自为营的企业整合到一起，系统在发生危机时就犹如"多米诺骨牌"一样，一环环接连"倒下"，导致广泛的负面影响。

而且波音787的全球供应链模块化生产在最终总装时带来了更大的风险。波音飞机以前多采取业务转包模式，即"下订单模式"。波音委托供应商进行零部件的制造和加工，然后统一交给波音总装，这样波音把最大的权力和最小的风险掌控在自己手中。在787项目中，波音改变了飞机产品供应链结构与内容，采取了全球供应链并行生产的模块式组装模式，对供应商任务内容和交付流程做了大幅的创新。波音赋予了一级供应商全面的设计、开发、生产权限以及项目责任，相互之间形成了一个关联交错复杂的网。一级供应商又与它的次级供应商建立了类似的关系。例如，负责波音787发动机研发的罗罗公司和GE公司又把发动机挂架、短舱以及反推装置外包给自己的供应商。

这就使得在波音787项目中供应商不但要完成所承担的部件和系统的生产，还要完成相关部件的整合和系统的集成，最后把一个组装件交给波音公司的总组装厂。例如，精灵航空系统公司要负责机头41段和前机身的制造，还要承担安装驾驶舱、前起落架、通用计算机系统以及布线、液压和控制器等其他功能部件的责任，并使之与中机身段相连接。这导致供应商在分工界面上定义不清，汇集到组装厂的部件经常出现尺寸误差超标的问题，致使各部分机体无法接合，严重影响了整个787项目的进度。

（资料来源：李政.基于波音787的全球供应链战略模式研究[J].科技促进发展，2012，5：97—103.）

试回答：

1. 波音公司选择生产外包的依据是什么？
2. 波音公司是如何协调和管理全球生产网络和供应链的？
3. 企业在进行供应链管理时应注意什么问题？

第6章 企业国际化运营中的生产与供应链管理

在导入案例中,波音公司所处理的一系列业务问题也是许多其他公司在当今全球激烈竞争中面临的问题。为此,本章将着重探讨类似于波音公司这样的企业国际化运营、生产中所面临的问题,包括如何选择生产地点,多少生产活动在国内进行,多少生产活动又是通过外包及如何协调好全球的生产网络和供应链的管理等问题。

6.1 生产地点选择

在当今的世界经济中,国际企业扮演着重要角色。无论是从企业数量、企业规模,还是投资规模来看,国际企业都占据了举足轻重的地位,尤其是外商直接投资(FDI)的大量增加。据世界投资报告(World Investment Report)统计,2005 年外商直接投资流入量达到 9 160 亿美元,比 2004 年增长 29%;而 2013 年全球经济虽然没有完全走出经济低迷的阴影,但外商直接投资的流入量依然达到了 1.45 万亿美元,比 2005 年增长了 58%。伴随着国际贸易的蓬勃发展和 FDI 的急剧增加,国际企业正积极参与国际分工,充分利用国际资源,开展国际合作与竞争。为此,如何选择生产地点以实现利润最大化和谋求产品质量的提升便成为企业国际化运营的首要难题。

企业对生产地点的选择是一个复杂的过程,必须考虑一系列因素,经过归纳这些因素主要包括:国家因素、技术因素、内部异质化因素和产品因素。

6.1.1 国家因素

在本书第 3 章曾探讨了国与国之间的政治、经济、文化和制度的差异对企业国际商务活动的影响,这里就不再赘述了。但对企业生产地点的选择产生影响的国家因素远不止这些,企业要在全球寻觅能使其利益最大化的生产地点还要受一国要素禀赋差异、分工水平、贸易壁垒和预期汇率变化等因素的影响。因此,只有处理好这些因素间的关系才能使企业充分参与国际分工和国际竞争,从而利用国外资源使自身获利。

1. 分工水平的差异

无论是重商主义时期的分工思想还是斯密(Adam Smith)、李嘉图(David Ricardo)的分工思想亦或是海默(Hymer)、邓宁(Dunning)的分工思想,无不认为分工水平的差异是产生贸易和投资行为的重要原因之一。分工水平的差异,会使国家间具有不同的比较优势,从而会有不同的生产成本,并以此推动了国际商务活动的进行。与此同时,分工水平的差异也使经济发展程度不同的国家处于全球生产价值链的不同阶段。在当今全球经济后危机时代,以"金砖五国"为代表的新型经济体在全球化分工中的地位不断上升,国际商务活动的中心也随之从发达国家之间向发达国家与发展中国家之间转移。据 2014 年世界投资报告统计,2013 年全球对外直接投资流入量达 1.45 万亿美元,比上年增长 9%。发展中经济体在 2013 年全球 FDI 流动中保持了领先地位,FDI 流入量再创历史新高,达到 7780 亿美元,占总流量的 54%。发展中和转型经济体对外投资达 5530 亿美元,占全球 FDI 流出量的 39%,而这一比例在本世纪初只有 12%。从区域分布看,流入亚洲发展中国家的 FDI 保持全球第一的位置,远超过同期欧盟的水平。我国仍是全球最具吸引力的投资目的地之一,全年吸引外资达 1239 亿美元,较上年增长 2.3%,居全球第二位且与美国的距离进一步缩小。因此，分工水平的不同决定了一国参与国际分工的程度，而这也直接影响了本国企业"走出去"对外投资和外国企业"引进来"招商引资。

2. 要素禀赋的差异

一般而言，不同的生产工序所需要的要素投入是不同的，而不同国家要素的相对价格不同，这使得分解生产流程，将各工序分别放在成本最低的国家进行有利可图。一国可能在某些投入品价格上具有优势，而使得其生产成本较低。这些投入包括土地、劳动力及原材料等传统要素，也包括技术、人力资本及研发等新要素，这实际就是要素禀赋理论的观点，只不过在这里各国间的分工不再是基于商品，而是基于要素。该理论分析认为，如果两国的要素禀赋差异不是特别大，那么通过自由贸易就能达到一体化均衡，公司没有将其总部服务和生产活动分离的动力，因此将不会有跨国生产活动。但如果两国的要素禀赋差异很大，那么仅仅自由贸易就可能不足以实现均衡。此时，将公司的活动进行分解，把资本密集的部分放在资本丰裕的国家，而将劳动密集的部分放在劳动丰裕的国家就可能是有利可图的。这也从一个方面解释了自我国改革开放以来，凭借劳动力要素禀赋优势吸引了众多跨国企业，迅速成为世界工厂的原因。跨国公司的分布动机使公司活动散布于不同国家，从而通过在全球选择要素组合最优的生产地点来谋取利益。

3. 贸易壁垒的存在

贸易壁垒种类繁多，有正式的贸易壁垒和非正式的贸易壁垒，如关税、补贴、反倾销、最终产品的运输成本以及日益增多的技术壁垒和绿色贸易壁垒等。当存在贸易障碍时，贸易就不能完全消除各国间要素价格的差异，这也将促进公司的跨国生产。另一方面，生产过程的分散会造成附加成本，又使跨国生产受到限制。因此，综合起来考虑，一个公司是否要进行跨国生产，选择哪些国家进行生产，将取决于这些因素的相互作用。在生产分解成本和贸易障碍时生产分布的影响方式有所不同。前者更多地影响生产过程分解的程度，而后者除影响跨国生产的程度外，还影响到生产地点的选择。日本的丰田公司就是一个很好的例子，很长一段时间内，丰田公司一直在日本本土生产汽车，然后出口到世界市场。然而，到 20 世纪 80 年代，美国和欧洲开始向丰田汽车征收惩罚性关税及国产化要求，还不断向日本政府施加压力。随着贸易壁垒日渐严重，丰田公司也不得不重新思考它的出口战略。1981 年丰田同意对美国实行"自愿"出口限制，结果使丰田汽车的出口一度陷入停滞。于是丰田开始考虑在海外建立制造业务，在国外寻觅合适的生产制造地点。丰田公司将其本土的业务进行拆分，将部分研发和组装业务移到美国和欧洲，而将汽车零部件的生产外包到东南亚和中国内地，这样既降低了生产成本又规避了贸易壁垒。到了 2006 年，在海外装配生产的丰田汽车占丰田汽车年产量的比例已超过 2/3，还创造了享誉全球的"丰田模式"。

4. 预期汇率的变化

随着经济全球化的深入发展，通过贸易、技术和投资的跨境转移形式，全球生产活动依靠汇率变动紧密联结在一起。牙买加货币体系后，浮动汇率制成为当今国际货币制度发展的主流，各国汇率的频繁变动增加了双边贸易和投资的风险，进而会影响到国际企业对生产地点的选择。未来预期汇率的变化可能会对一国贸易和投资活动产生重要影响，尤其是汇率的不利变化能很快消除一国作为生产基地的吸引力。一国货币的升值可能造成本国生产成本的急剧提高，从而使该国对生产活动的吸引力下降，导致大量外资撤走。20世纪90年代的日本就是一个很好的例子。众所周知，第二次世界大战以后，日元在外汇市场的相对低谷形成并加强了日本制造业大国的地位，也推动了日本经济的快速崛起。然而，20世纪80年代末到90年代中期，日元相对美元的升值提高了日本出口产品的成本，削弱了日本制造业大国的地位，从而也使大量的生产活动转移到东南亚和中国等生产成本较低的国家。当前我国也出现了类似的状况，2008年全球经济危机后我国人民币汇率受制于种种压力不断升值，推升了国内生产的成本，部分劳动密集型产业向东盟各国转移。因此，预期汇率的变动也日益成为国际企业在选择生产地点时更为看重的因素之一。

阅读案例6-1

人民币升值对我国吸收FDI的影响

自2005年开始，尽管中国政府开始采取更为灵活的汇率制度，至今人民币已累计升值近26%，但国际社会认为人民币仍存在被严重低估的现象。因此，考察对中国近年来经济高速增长起重要推动力的FDI不能够忽视汇率因素。

国内已有许多学者对人民币升值对我国吸收垂直型FDI[①]的影响作了深入研究。邢予青（2003）基于1989年到2001年日本在中国9个主要制造业部门的面板数据的经验研究显示，实际汇率和日本对华FDI有显著的正相关关系。于津平（2007）的研究结果表明，东道国货币升值能够减少资源导向型外商直接投资，增加市场导向型外商直接投资。王自锋等（2009）利用向量误差修正模型，基于1999—2004年的11个行业27个省市的面板数据研究表明人民币升值显著阻碍市场导向型FDI，却能够显著促进出口导向型FDI。众多研究表明人民币实际汇率贬值可激励垂直型FDI的进入，升值则抑制FDI的进入（表6-1）。

（资料来源：江霞，石莹．汇率升值、跨国投资生产效率阈值及垂直型FDI质量[J]．产业经济研究，2014.1：61—70．）

表6-1 人民币实际有效汇率与垂直型FDI(1998—2011)

年份	人民币实际汇率指数	投资额（亿美元）	年份	人民币实际汇率指数	投资额（亿美元）
1998	114.71	204.58	2005	100.00	248.68
1999	108.48	187.92	2006	101.57	219.97
2000	118.53	181.36	2007	105.69	195.23
2001	113.19	209.56	2008	115.28	216.01
2002	110.57	235.47	2009	119.20	209.61
2003	103.32	241.32	2010	118.66	235.62
2004	100.54	264.64	2011	121.92	247.09

数据来源：中国统计年鉴。

---

① 垂直型FDI为跨国公司投资于和它在母国经营不同，但处于经营所在行业价值链上游或下游的企业。

6.1.2 技术因素

技术是产品生产过程中不可或缺的要素，在当今企业国际化运营中扮演着越来越重要的角色。如果企业拥有生产某种产品的技术，那么它就拥有了某种竞争优势，它就会防范竞争对手的盗取和考虑相关的知识产权保护以长期占有这种竞争优势，而这也会直接影响企业对生产地点的选择。因此，企业要想利用全球生产以节约成本，获取利益，就不得不考虑技术在决定生产地点时的作用，那么至少可以从以下几个方面来考虑：研发创新、最佳生产规模和柔性生产。

1. 研发创新

在当今的世界经济中，企业的研发（R&D）和创新能力已经超越任何其他因素，能为企业带来持续的竞争力。自工业革命以来，技术变革的速度从未减缓，尤其是自21世纪以来，创新的速度明显加快，而与这种趋势相对应的是产品生命周期的急剧缩短和对研发投入的迅速增加。这是因为由技术变革所引起的"创造性毁灭"要求公司保持技术领先地位，否则就会因对手的创新而丧失竞争优势。尤其是意欲全球扩张的跨国企业在布局生产网络时，要充分考虑研发创新因素，选择一个可以维持可持续竞争力的生产地点。越来越多的跨国企业在中国设立研发中心就是一个很好的例子。麦肯锡（McKinsey）在2013年的一份报告指出："过去五年里，在欧美研发中心关闭或者缩减规模的同时，在华研发中心几乎在以同样的速度启动或扩张。"数百家跨国公司在华建立了至少1800家创新中心，这些公司的目的不仅仅是为了更接近消费者，还为了更大程度地利用中国的研发人才资源。2012年11月，食品巨头百事公司在上海建立了其在海外最大的研发中心。化工巨头巴斯夫仅在上海就已拥有10家研发中心及投资巨大的泛亚洲创新中心。这样的例子还有很多，包括微软已在北京设立了微软研究院，英特尔、索尼等也在其母国之外设立了研发中心。因此随着技术在企业全球竞争中战略地位的凸显，作为技术孵化阶段的研发创新必定在企业国际化生产的选择中扮演着越来越重要的角色。

2. 最佳生产规模

在探讨企业的最佳生产规模前，先看一下"规模经济"和"学习曲线"这两个术语。规模经济是指企业通过大量生产某种产品以取得单位成本的下降。学习曲线是用来描绘企业累计产出增加与企业生产既定产出所需投入减少之间的关系的曲线。规模经济的理论认为，随着产品产量的增加，其单位成本会逐渐降低。其原因包括对资本设备的更多利用以及企业员工的专业化带来生产率的增进，尤其是通过员工在实践中的学习效应，不断节约既定产品的单位成本。如图6.1所示，随着对产品生产工序的逐渐熟悉，学习效应日渐明显，生产率不断提高，生产成本也由B点降到A点。不过，在一定的产量水平之上，额外的规模经济几乎不存在。因而单位成本曲线随着产量增加而下降到一定的产量水平，在该点上（Q点），产量的进一步增长并不能实现单位成本的降低，该点也被称为最佳生产规模点，如图6.2所示。

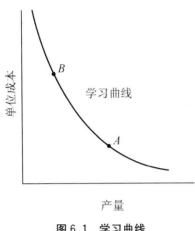

图6.1 学习曲线

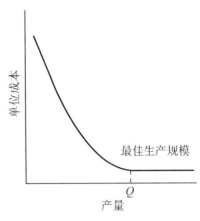

图6.2 最佳生产规模

而对最佳生产规模的选择，则关系到企业全球生产网络的布局。如果企业在最佳生产规模时的产量较大，那么是集中在一个地点生产还是选择多个地点生产就要视学习效应和企业的竞争力而定；而如果在最佳生产规模时的产量较低，则选择在多个地点生产产品可能更具可行性。因此，企业在选择生产地点时要充分考虑最佳生产规模的大小，视实际情况而定，切不可盲目冒进。

3. 柔性生产（精益生产）

根据上述分析可知，规模经济理论强调了企业若要提高生产效率，降低单位生产成本，就必须进行大量的标准化生产，实现以大量标准化的产品来分摊企业的生产成本。这也就意味着企业生产产品的种类越多，每种产品的生产时间越短，就无法达到规模经济。因此，实现规模经济和产品多样化曾一度是众多国际化企业的两难抉择。

而近来出现的柔性生产技术则很好地解决了这个问题。柔性生产（也称精益生产）是指通过更好地安排时间、提高各机器设备的利用程度，减少复杂设备的安装次数，从而提高制造工序各阶段质量控制的一系列制造技术的总称。该技术允许企业以生产标准化产品的单位成本来生产多样化的最终产品。Dell 公司就是一个运用柔性生产技术比较成功的例子。Dell 公司早期运用柔性生产系统，通过网络或电话直销的模式，直接面向每个客户生产，根据不同的客户要求设计和生产多样化的产品。这样在提高生产效率的基础上，实现了 Dell 电脑产品的多样化，从而维持了 Dell 公司在 PC 行业多年的强势地位。当然运用柔性生产技术最经典的案例当属丰田公司。丰田可以说将柔性生产系统发挥到了极致，不仅能开创了丰田特有的"零库存管理"和多样化生产等丰田模式，还将丰田由一个名不见经传的小公司发展成为当今的世界汽车业巨头。也正如例子中所说明的，柔性制造技术提高了企业的生产效率，推动了企业生产制造模式的变革。它使企业能根据客户的需求定做不同的产品，并以曾经只有大量生产标准化产品才能达到的成本进行生产。这样将有利于提高企业对客户的适应能力，并使其为不同国家（或地区）的客户定做产品成为可能。因此，拥有该技术的企业只需选择一个最佳的生产地点便可为不同国家（或地区）的客户提供产品，而不需要很高的成本。

6.1.3 内部异质化因素

传统理论认为企业对生产地点的选择是基于企业同质化的假设,即认为企业在生产率、产品质量和员工技术方面是相同的。但随着国际商务活动的日益频繁,尤其是跨国公司的迅速膨胀,使传统理论对现实失去了昔日的解释力。因此,企业异质性理论便应运而生。该理论打破了传统假设,认为企业在生产率、产品质量和员工技术方面是存在差异的,即认为企业内部是异质化的,并指出这将会对企业的全球生产活动产生深远的影响。因为就单个企业而言,不仅在其生产效率或产品质量上,而且在雇用员工的类型上都有可能与众不同。并且由于不同企业内部的组织结构不同,其生产活动中产生的沉没成本(如信息搜集、现有商品的适应性改进以及国外新的销售网络的构建等)也就不同。因此,并不是所有的企业都能从事全球生产活动,尤其是在海外设立生产地点,只有收益高得足以弥补沉没成本的企业才能选择海外生产。可见,只有当企业已经达到某一必要的生产率水平时,它们才能克服进入海外市场的进入壁垒。Antras 和 Helpman 在 2004 年的一篇经典文献中,研究发现高生产率的企业更愿意雇用高素质的员工并生产出较高质量的产品,从而能在全球生产中获利。所以,企业对生产地点的选择还要受企业生产率、产品质量和员工技能等方面的内部异质化因素的制约。

6.1.4 产品因素

产品因素中产品的价值重量比和产品服务的目标市场决定了企业生产地点的选择。其中产品的价值重量比主要是通过影响运输成本来影响企业生产地点的选择。比如现在很多的芯片产品和药品,它们的单位价值都很高,但重量很轻,因此即使它们运往世界各地也几乎不用考虑运输成本的问题,因为运输成本相对于总成本来说只占很小的部分。那么在其他条件相同的条件下,应选择单一的最佳生产地点生产并供应全球。而对于有些价值重量比较低的廉价啤酒和煤炭化工产品,其单位价值较低而重量较重,若长途运输就会产生较高的运输成本。因此,在同等条件下应选择多个合适的生产地点进行生产。另外,如果产品的特性符合全球市场消费者的需求偏好,那么所有消费者对该产品的消费偏好就几乎没什么差异,因此也就增加了在一个最佳地点集中生产的可能性。

6.2 货源决策

企业自制或外购的决策,是指企业围绕既可自制又可外购的产品、零部件或原材料等取得方式而开展的决策,又称为货源决策。国际企业在生产过程中会经常面临是应该垂直一体化生产自己的产品或零部件,还是从供应商处购买的艰难抉择。因此,自制或外购决策是许多公司制造战略中的重要因素,对自制或外购决策发挥到淋漓尽致的当属运动鞋和服装工业。在运动鞋工业中,以耐克为代表的"虚拟生产"模式被认为是运用自制与外购决策的典范。耐克公司将运动鞋生产工序进行细分,并全部外包给国内外的专业生产商,而自己只负责新产品的研发设计和品牌维护等核心业务。在服装工业中,有"中国的耐克"之称的美特斯·邦威,也是将布料的生产、成衣的生产、销售及产品包装等一系列环节外包给专业工厂和专卖店,而自己则负责新款服装的设计、生产开发及品牌维护等业务,从而成为"无工厂车间"的服装制造企业。

自制与外购决策对企业的传统生产战略提出了挑战,也为企业全球化生产提供了契机。但由于近年来国际金融局势的动荡,政治经济形势不甚明朗等因素的影响,使得企业在全球化生产过程中对自制与外购决策的运用变得日渐复杂。为此,本节在分析影响企业自制与外购决策的各种因素的基础上,着重探讨企业在货源决策中对自制与外购的选择及其存在的权衡关系。

阅读案例 6-2

美特斯·邦威的自制与外购决策

美特斯·邦威企业创始于 1995 年。在 15 年的发展历程中,美特斯·邦威公司以"生产外包、直营销售与特许加盟相结合"的经营模式,通过强化品牌建设与推广、产品自主设计与开发、营销网络建设和供应链管理,组织旗下品牌时尚休闲服饰产品的设计、生产和销售。公司旗下拥有"美特斯·邦威"和"ME&CITY"两大时尚休闲品牌。"美特斯·邦威"通过多年发展已成为国内休闲服饰的领导品牌之一;"ME&CITY"品牌于 2008 年全新推出,主要为职场新贵提供高品质、高性价比的时尚流行服饰。公司拥有国际一流的产品设计开发团队,产品设计开发贴近中国的年青一代;公司拥有强大的渠道资源整合能力,采用直营与加盟相结合的方式进行渠道建设,截至 2007 年底,已经在全国设有专卖店 2106 家。公司拥有能充分适应国内公司、国内现状与未来发展方向的供应链和相应的供应链管理方法,具备缜密的供应链管理能力。

有人把美特斯·邦威称为"中国的耐克",理由是美特斯·邦威和耐克一样属于"微笑曲线"公司——研发、营销两头向上,注重品牌和设计,制造和销售则采用外包方式,而且两者依靠这种虚拟经营模式都登上了行业领导者的宝座。

(1) 生产与外包。美特斯·邦威创立品牌时只是温州的一个服装加工厂,资金非常紧缺,如果不采用虚拟经营模式,它难以突破小规模瓶颈,也走不到今天。当时美特斯·邦威算了一笔账,如果一家工厂年产量是 2500 万件套,自己去建至少需要 5 个亿的投资,这对美特斯·邦威来说可谓难以承受之重,若整合外部过剩的生产能力则没有这方面的烦恼。因此,当 1995 年很多服装企业还在比设备先进性和厂房大小时,美特斯·邦威把原有的工厂卖掉,将生产和销售外包,集中有限的财力强化产品设计和品牌经营——这正是服装产业链条上最核心、附加值最高的两部分。公司把自己定位于服装品牌运营商,而非制造商、经销商或者零售商,但美特斯·邦威随时能了解上游工厂的生产状况,随时能看到全国各地的库存情况和运营情况,并做到及时调货。仅靠品牌组织上下游资源的流通,从了解客户的需求到生产,美特斯·邦威仅需要 10~15 天。

(2) 信息系统掌控上下游。美特斯·邦威公司先后与广东、江苏等地 300 多家外协工厂建立长期合作关系,包括面料、辅料和成衣厂。美特斯·邦威将自己与工厂的业务流程整合在一起。工厂可以通过互联网直接登录美特斯·邦威的电子商务门户,实时查看生产计划、物料需求和往来账结算,实现从服装创意设计、面料采购、生产过程、产品质检入库及出库销售、物流配送和财务对账等整个供应链全过程的协同工作。从 1995 年成立第一家"美特斯·邦威"专卖店起,目前全国市场上美特斯·邦威的连锁店已超过 2200 家,其中绝大多数都是加盟店。通过信息系统,美特斯·邦威实现了对全国加盟连锁店的管理和掌控。加盟店犹如内部的一个部门一样,加盟专卖店的整个业务流程与美特斯·邦威的产供销和财务结算,完全是一体化,实现了网上实时下单、实时配送跟踪、实时结算和对账。公司总部还可以查看全国加盟店系统当天的交易情况，不同地区加盟店经营指标对比分析，同一地区的两个或多个加盟店经营状况对比分析，甚至任何一个加盟店当天发展的VIP会员档案、消费情况及积分情况。

（3）集中核心业务。虚拟经营节省下来的资源，被美特斯·邦威大量投入到产品设计、品牌提升等核心业务上，企业获得了快速发展。在产品设计开发方面，美特斯·邦威与欧洲研究机构合作，培养了一支由133名设计人员和工艺专家组成的强大产品设计团队，每年向市场推出3000多个服装新款，这在国内服装界首屈一指；同时，通过聘请郭富城、周杰伦等明星代言和大打央视广告，美特斯·邦威的品牌价值飞速提升，尤其在年青一代消费者中赢得了不错的口碑。目前，美特斯·邦威通过集中核心业务已取得了领先的市场竞争优势。

（资料来源：美特斯·邦威官方网站 http://www.metersbonwe.com。）

6.2.1 全球生产中的供应链

供应链的概念最早来源于彼得·德鲁克提出的"经济链"，而后经由迈克尔·波特发展成为"价值链"，最终日渐演变为"供应链"。供应链概念的正式提出是在20世纪80年代末，它随着全球制造（Global Manufacturing）的出现得以在制造业中普遍应用，成为一种新的管理模式。所谓供应链（Supply Chain）是指企业通过对信息流、物流、资金流的控制，从采购原材料开始，制成中间产品及最终产品，最后由销售网络把产品送到消费者手中。它是由制造商、供应商、分销商、配送中心和渠道商等构成的物流网络，如图6.3所示。

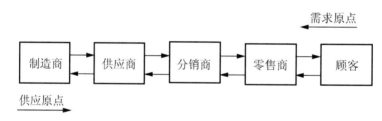

图6.3　供应链管理（SCM）流程图

随着经济全球化进程的加快，通信、运输和信息科学技术的飞速发展，国际市场竞争的方式发生了革命性的转变。跨国公司在生产环节的竞争在很大程度上已经由原来的降低生产成本、提高产品品质等转变为企业供应链管理能力的竞争。跨国公司对供应链的管理能力主要体现为将自己不擅长的业务外包给其他企业，即外购；而自己则集中精力发展比竞争对手更擅长的关键性业务，即自制。从而实现其全球资源的优化配置，适应全球市场的竞争。

适应经济全球化浪潮、提高核心竞争力是跨国公司进行全球供应链整合的直接原因，而现代信息技术和物流技术的高速发展为其奠定了技术基础。借助现代信息技术和物流技术，跨国公司一方面可以将原来分散的各个生产、仓储、销售、运输及配送等环节相互连通成为一个整体，进而实现全面、实时的控制。另一方面跨国公司运用信息技术使其内部、合作伙伴、供应商和客户之间信息沟通交流更方便，从而能够协调一致的进行各项生产经营活动。目前信息技术已经成为跨国公司供应链整合的一个核心技术，如沃尔玛在利用信息技术整合供应链和降低成本的进程中，通过建立著名的零售数据共享系统（Retail

Link)提供给供应商有关销售趋势和库存水平的高质量信息,从而使采购效率得到了空前提高。供应链的全球化趋势也引致了相应的新管理技术的发展,如精益供应链、闭环供应链、6σ、供应链流程标准、供应链运作参考模型等管理技术得到广泛应用。当前跨国公司全球供应链管理主要包括以下几种途径。

(1) 以大型制造企业为核心,依托自身的资本优势、技术优势和品牌优势来影响上下游企业与之形成长期战略合作关系。这种类型的整合主要出现在资本和技术密集型的行业及拥有知名品牌的大型制造企业,如汽车、飞机、信息产品及重型设备等行业中的大众、联合利华、飞利浦和IBM等跨国公司。

(2) 以大型零售集团为核心,利用掌握的市场需求特点和信息来提出定制商品的要求,然后在全球范围内寻找最好的生产者或者供应商。主要出现在劳动密集型的行业和一些消费品行业中,如食品、服装、鞋类、玩具、家庭日常用品以及家电产品等方面,全球最大的零售企业沃尔玛、家乐福、乐购都是这种模式的典范。

(3) 以大型贸易企业、专业化的国际采购组织为核心,利用其具有的强大市场分销能力和与众多中小企业的长期交易联系的优势积极地整合优化供应链。香港利丰集团就是大型贸易企业进行供应链整合和全球采购的代表,其通过供应链的信息化促进系统整体效率的提升,实现按需生产,尽量降低在采购、库存、运输和环节之间的成本,以减少存货积压的风险。

(4) 以大型第三方物流企业为核心的供应链管理已成为一种新的发展趋势。供应链中包括大型第三方物流企业在内的各个企业都专注于自己的核心领域,而大型第三方物流企业为供应链提供物流及信息流服务,在供应链组成企业发生变化时进行协调,从而使供应链整体的竞争能力加强。FEDIX、UPS是这种模式的典型代表。

同时,值得注意的是,跨国公司的全球供应链管理针对不同的国家其考量的侧重点亦不同。跨国公司会综合考虑包括东道国经济发展所处周期、知识产权保护力度、对外开放程度及政府政策的稳定性等诸多因素。比如我国和印度都是全球供应链条中的主要生产承接地,但由于两国的比较优势和主要商业运作流程的不同,跨国公司向两国的发包内容明显不同。其中,中国主要承接制造业外包,而印度主要承接IT外包和离岸业务外包。

如前文所述,供应链管理的理念就是强调企业只专注于自己擅长的核心业务,把非核心业务外包给合作伙伴,以提高供应链的整体绩效。供应链理论很好地诠释了国际企业业务全球扩张的动机,回答了跨国企业自制与外购的选择难题,尤其是IBM公司、可口可乐公司、惠普公司等国际巨头在供应链实践中取得的巨大成就,使人们更加坚信供应链作为进入21世纪后企业适应全球竞争的一种有效途径。但值得注意的是,成功的供应链管理可以帮助企业提高企业效率、提高业务能力、降低成本、提高利润率并改善质量。但是随着供应链的全球化,供应链管理的风险性也不断增加。跨国公司全球化生产体系的整合与价值链重新排列,使得全球供应链的参与主体多、环节增加、风险因素多、涉及面广、地域跨度大、时间跨度长,复杂性和脆弱性更强。

所以实施供应链战略对于跨国企业是一把双刃剑,有可能有利可图,也可能会因为没有规避好风险而遭受损失。因此,企业要根据自身的具体实际情况决定是否实施供应链管理,实施过程中需注意正确地引导和规避风险,才能取得预期的效益。

阅读案例 6-3

小米公司

小米公司成立于 2010 年 4 月,是由来自微软、谷歌、金山、MOTO 等国内外 IT 公司的资深员工所组成的一家专注于高端智能手机自主研发的移动互联网公司。经过 3 年的发展,公司 2013 年全年含税收入 316 亿元,2014 年上半年含税收入 330 亿元,全年有望突破 1000 亿,其产品包括手机、平板、电视、路由器等电子产品,被业界称为"中国的苹果公司"。

小米的成功主要归功于其完备的全球生产网络和良好的供应链管理。以小米手机为例,其产品为全球顶级供应商共同打造,生产原材料全球采购,供应商包括索尼、夏普、LG、高通等世界知名公司。小米的手机的生产模式称为"类 PC 生产",这是一种按需定制的生产模式。公司首先参照"DELL 模式"的供应链管理,通过网络订购的"饥饿营销"模式让用户通过网络下单,是产品直接面向顾客的直销。由于越过分销商和零售商,公司的供应链只有 3 个阶段:顾客、制造商和供应商。由于公司直接与顾客接触,因而有能力很好地将顾客进行分类,分析每个顾客群的需求及赢利空间。与顾客保持密切接触并理解顾客的需求,也使公司能够更好地对消费需求做出预测。

其后,公司根据客户的需求,通过供应链采购核心零部件。小米手机的元器件供应商几乎都是手机行业前 3 名的行业巨头,如第一代小米手机就是使用美国高通公司的全球第一款 MSM8260 1.5GHz 双核处理器,第二代小米手机也同样第一次使用了高通公司全球首发的 APQ8064 1.5GHz 四核处理器。除了处理器外,小米手机的其他硬件也都是在全球范围内选择最主流、最先进的元件供应商供货,例如显示屏的供应商是显示行业大名鼎鼎的日本夏普及日本显示器公司;小米公司的手机 PCB 板也选用行业内排名前列供应商——台湾欣兴电子及台湾华通电脑。

在生产环节,小米手机采用外包形式,将生产业务外包给电子制造服务业的巨头台湾富士康和台湾英业达代为生产。其中模具为富士康代工,组装为英华达代工。这些手机行业巨头们的大力支持和协助能使小米手机的硬件保持世界一流手机硬件标准水平。同时小米公司仿效苹果公司对代工企业的生产和物流环节严格监管,使得产品质量能够得到一定的保证。而后,小米手机依赖非常发达的物流网络,将手机直接快递到用户手中,由于不需要考虑仓储、分货、运输、安保等环节,物流成本相当低。

生产方面的外包让小米公司自身可以专注与"微笑曲线"的两端——研发设计和营销。为"发烧而生"是小米的产品理念,公司在研发设计方面首创了用互联网模式开发手机操作系统、百万小米发烧友共同参与开发改进的模式。2010 年小米公司研发 MIUI 操作系统,其后每周都会根据与客户的互动对该系统进行更新。改善小米手机用户的软件体验极大的强化了小米手机公司与小米手机用户的黏性,也确保了公司的核心竞争力。

小米手机这种按需订制的供应链模式实现了原材料零库存、产品低库存的供应链管理目标。但这种供应链管理并不是一开始就成功的,在最初第一代产品发布时,由于手机上几个 MOS 管和来电显示彩灯货源紧缺、供给电池的泰国工厂受到水灾影响停产和 LG 公司供货不利,最终致使小米手机的订购和供给一度出现停滞的情况。可以看出,小米公司初期在零部件方面过度依赖某一个供应商,对小米整条供应链的影响非常巨大。后期小米公司通过与同一零部件供应商多元化战略摆脱了供应商的束缚。

(资料来源:小米手机官网 http://www.xiaomi.com 及相关资料整理)

6.2.2 企业自制的选择

无论是出于成本因素考虑,还是出于技术保密的需要,自制都曾是传统企业首选的生产决策,尽管随着企业国际化趋势的加快,自制在企业全部生产中所占比重有所下降,但其仍不失为企业应对竞争的一种有效选择。在此我们分析认为,支持企业在生产中选择自制的因素至少有以下几点:低廉的成本、保护专利技术、提升资产专用性程度和保证产品质量等。

1. 低廉的成本

一个企业若要在国际竞争中获胜,就必须具有比其他企业更高的效率和更加低廉的成本。因为高效率和低成本是企业培育核心竞争力的前提。因此,若一个企业在生产活动中比同类企业花费更低的成本,那么该企业选择自制会是有利的决策。我国最大的微波炉制造商格兰仕公司便是一个典型的例子。格兰仕公司从一家昔日的乡镇企业成长为当今的全球化专业家电生产企业,就是恰当、灵活地运用自制与外购决策,极大地降低了生产成本。它在自制与外购选择中,决定将全球销售业务和国外产品研发外包给其他公司,而将产品零部件的生产、包装等环节由自己生产。因为与其他企业相比,格兰仕在零部件和包装的生产方面具有更高的效率和更低的成本,能从自制决策中获利。

2. 保护专利技术

专利技术也就是处于有效期内的专利所保护的技术,它是一个企业长期发展的生命线。如果专利技术能使企业生产出具有卓越特性的产品,专利技术就会给企业带来竞争优势,从而使企业在全球竞争中获胜。但是随着各国经济开放程度的提高,技术外溢程度和侵权案例日趋增加,那么保护专利技术便成为企业重要而艰巨的任务。如果企业将自己的核心业务或者含有专利技术的生产工序外包给其他企业,就会面临专利技术被竞争者模仿或盗用的风险,因此为了保护专利技术,企业宁可将相关的业务放在企业内生产,也不选择外包。第二次世界大战以来,大型跨国公司对广大发展国家国内企业的技术封锁,便很好地诠释了这一点。尽管跨国公司的部分业务可能在发展中国家进行拥有更低的生产成本和更高的效率,但是为了保护专利技术,防止核心技术外泄,跨国公司宁可选择在国内生产。

阅读案例 6-4

苹果公司的技术创新与保护

美国苹果公司是以电脑起家,并以首款个人电脑 Apple I 获得成功。随后几年稳步发展,并取得了相应的成就。但苹果从 1986 年到 1996 年的十年间并没有很好的发展。1997 年乔布斯重掌苹果公司后,苹果公司不断地推出新的产品,并不断地为这些电子产品做全新的定义。iMac 的上市重新定义了个人电脑;iPod 以其精美的外观,独特和人性化的操作方式以及巨大的容量,为 MP3 播放器带来全新的思路;划时代意义的 iPhone 的推出,重新定义了移动电话的功能;iPad 的发布,填补了电脑与手机间的空白。产品的成功不仅为其树立了品牌的形象,更带来了巨大的利润。2010 年 5 月,苹果公司以 2220 亿美元的市值超越微软;2011 年 8 月苹果公司再创纪录,超越埃克森美孚公司,成为了全球市值最高的上市公司,作为全球最具创新力的企业,苹果的利润率也始终保持较高的水平。iPhone 作为智能手机的全新定义,集移动电话、宽屏 iPod 和上网装置于一身,并通过多点触摸技术以及丰富的应用程序迅速得到世界的认可,开创了触摸屏智能手机的新局面。

在手机市场的竞争中,技术创新的实现成为竞争优势最重要的保障,乔布斯时代的苹果是移动互联时期革命性创新的典型代表,并且这种革命性创新是全方位的。苹果收购了 P. A. Semi 以及 Intrinsity,自主研发了适合 iPad 使用的微处理器并独立开发了操作系统 IOS。苹果的创新技术打造了优秀的产品,以 iPhone 为例,其率先应用了多点触屏、重力感应器、光线传感器以及三轴陀螺等超过 200 项专利与技术。苹果更是通过建立 App Store 开放式平台,将商品直接带给客户。通过开设苹果专卖店,让潜在的消费者能够亲身体验苹果产品和服务,增加品牌忠诚度。而这一系列系统的设计开发均是由美国苹果总部直接完成,其核心设计均未外包。通过这一系列的措施,苹果公司强化了对产品核心竞争力的专利保护,从而保证了产品的市场竞争力。

(资料来源:刘林青,雷昊,谭力文. 从商品主导逻辑到服务主导逻辑——以苹果公司为例[J]. 中国工业经济,2010,9:57—67.)

3. 提升资产专用性程度

资产专用性是企业用于特定用途后被锁定很难再移作他用或移作他用的成本较高的资产。如果一个企业投入品的生产关系到专用性资产的投资,则企业能从垂直一体化中获利较多。若资产专用性非常高,即使在原材料的生产表现出强规模经济特征或者企业市场规模小的情况下,自制也会有优势。同时,如果一个企业必须将资产用作专用性资产以供应另一家公司时,就产生了互相依赖,且投入的资产专用性程度越高,越容易出现互相依赖的问题。这是因为资产专用性较高,会带来投入不足,从而影响生产供应,同时双方合作签订合同要花费太多的代理成本和交易成本,会导致企业外购决策失去优势,自制却可以避免类似的问题。

从研发的角度来讲,企业的研发任务需要其他企业投入很多专用设备,这些设备除了自己企业外基本没有其他的用处,因此对方会担心对企业的依赖性太大,而不愿意投入或者将这种风险考虑在内,要求更多的即期利益,从而使企业更多地会选择自制。例如,微软公司需要开发一款全新、独特的软件,而这款软件只支持微软公司的 Windows 操作系统,那么微软必须决定是自己开发全部软件还是部分或全部外包给其他的软件公司。开发这种软件要求成立一个专门的实验室用来编写相关的程序和实验开发,且它不能同时用作开发其他软件程序,这样对该软件的投资便是专用性投资。那么从其他软件开发商的角度来看,一旦对该软件开发进行投资,那么它将很有可能受制于微软,因为微软是该款软件的唯一购买者,这会处于非常不利的地位。而对于微软公司而言,如果它将部分程序外包给其他的软件开发商,它可能会过度依赖那个软件开发商开发的程序。因为由于软件开发的时效性、高科技含量,微软不可能短期内将订单转给其他开发商,于是微软认为这将提高对方的漫天要价的可能性。因此,由于资产的专用性及两者的相互不信任,微软决定自己开发会更有利。

4. 保证产品质量

企业选择自制或外购对产品质量的影响有很大的不同。若企业选择自制,则会通过企业的内部管理,加强对产品或零部件质量的监控,从而会对最终出厂的产品严格把关,保证质量。若企业选择外购,则很难对外购的产品或零部件的质量进行严格控制,不易提升产品质量;而且由于信息不对称,外购企业会故意隐瞒产品的瑕疵以期获得更高的利润。

因此，为了保证产品质量，企业很可能会舍弃部分经济利益，而选择产品自制。例如，海尔集团在旗下家电业务的自制与外购决策中，将竞争力不强、不涉及核心利益的黑色家电（如电视机、电脑、手机等）外包给台湾的代工（OEM）企业；而为了保证产品质量，提升产品的整体实力，将竞争力较强的白色家电业务（如电冰箱、洗衣机等）仍将在未来一段时间内选择自制。

6.2.3 企业外购的选择

随着全球经济联系的日益紧密，生产活动已不再仅仅局限于某一个企业之内，而是超越企业边界，参与行业分工。在企业自制与外购的决策过程中，企业选择从其他供应商处外购可使企业生产更加灵活，结构成本更低，获利更多。而本节分析认为影响企业选择外购决策的因素至少有以下几点：生产专业化、更低的成本及生产的灵活性等。

1. 生产专业化

对大多数企业来讲追求规模经济，寻求超额利润是其对外扩张的主要目的，而专业化生产被认为是有效的途径之一。同时，生产专业化也被认为是企业在进行自制与外购的选择中的重要影响因素。因为企业的生产专业化程度越高，生产工序的划分也就会越细致，也就越容易扩大生产规模，从而也越容易从选择外购中获利。例如，全球两大商用飞机制造商之一的欧洲空中客车公司为了生产更加专业化、成本更加低廉，将旗下新推出的A350宽体飞机的部分零部件实行外部采购，其中中国将分得5%的零部件加工份额，俄罗斯将承担3%的份额。这样空客公司通过全球采购，与专业化的中小企业合作，可以节省设备投资和利用外包方低工资、低成本等便利优势，实现较大利润。

2. 更低的成本

上文分析认为，如果一个企业在生产活动中比同类企业花费更低的成本，那么该企业会选择自制。但根据垂直一体化理论，也可能有相反的结论。若企业外购的交易成本较低，且合作机制健全，风险较小，而企业内部协调管理成本较高，自制的生产效率低下时，选择外购也不失为一个好的选择。

这主要是因为以下原因。

（1）外购可以降低管理成本。一个企业拥有的下属企业越多，协调和控制的费用支出就越高。当企业将所有的生产活动放在企业内部进行时，企业会平添许多下属部门，企业总部将会面临很大的管理挑战。总部的管理人员不能有效地控制下属的所有活动，由此产生的低效率和高成本将会抵消垂直一体化带来的好处，使企业无法从自制中获利。而外购则可以避免类似的问题。

（2）外购可以解决企业内部定价问题。企业采取垂直一体化战略不得不面临的一个重要难题就是如何恰当制定内部各下属企业产品或零部件的价格。尤其是跨国企业，始终要面临不同地区的汇率波动、税制协调及政策风险等问题，这就是企业总部很难根据各下属企业的情况制订出恰如其分的价格。同时各下属企业也总是利用信息不对称来促使总部制订出对自己有利的价格决策。所以，当内部定价问题较为突出时，就需要企业采取外购决策来解决此类问题。

（3）外购可以推动解决企业内部激励不足的问题。若企业选择自制，内部的产品或零部件供应商就不会面临市场的竞争，而直接将产品或零部件供应给企业内其他部门，那么企业就会面临内部供应商激励不足的问题。因为它们拥有稳定的客户源（即企业的其他部门），不需要面对残酷的市场竞争，所以它们没有动力提升效率、改进质量、降低成本。因此，企业选择外购比自制更能提升效率、降低成本。

3. 生产的灵活性

一个企业向其他企业外购产品或零部件，可保持产品的灵活性，可以根据产品加工的需要和成本的变化在不同的供应商之间选择，不用担心投资过时的问题。而自制产品或零部件往往会限制产品的灵活性和降低生产系统的适应能力。如果一家企业在自制零部件上进行了很大的设备投资，就会限制企业在完全不同的新产品方面的灵活转移。尤其是面对诸如2007年下半年以来的全球性金融危机，大多数承担外包任务的加工企业，由于订单急剧减少，且又不能及时转型，调整企业的生产方向，从而使企业日益艰难，甚至濒临倒闭。同时，外部环境的变化往往也会对企业生产系统的灵活性提出更高的要求。当需求增加时，就需要增加生产能力；当产品品种组合发生重要变化时，就需要调整生产过程；当供应来源发生重大变化时，就需要调整生产部门。因此，企业选择外购较在生产系统的灵活性方面也处于有利的地位。

通过以上分析可知企业在自制与外购的决策中，当企业的生产活动比同类企业花费更低的成本，企业的资产专用性程度较高，且需要保证产品质量，并有利于保护专利技术时，选择自制会是一种有效的途径。而当企业外购比自制的成本更低时，为了寻求生产专业化和灵活性，选择外购会对企业更加有利，具体分析见表6-2。

表6-2 自制与外购决策因素

决策变量	自制决策	外购决策
成本	自制成本低与外购成本	外购成本低于自制成本
专利技术	有利于保护专利技术	不利于保护专利技术
资产专用性	较高	较低
质量保证	可以保证质量	有一定风险
生产专业化	较低	较高
生产灵活性	限制生产灵活性	寻求生产灵活性

6.3 协调全球生产系统

企业的生产系统是指企业为提供产品或服务而投入原材料转化为期望产出的一系列过程。企业运用生产系统的目的为：①以尽可能低的成本生产出满足消费者需要的产品；②在一定的成本下生产出尽可能多的优质产品，即通过对原材料的管理来达到降低创造价值的成本和为客户提供高品质服务的目的。

运用企业生产系统，通过更为有效的原材料管理来降低创造价值的成本是可行的。这是因为随着生产技术的革新，在企业的生产过程中人工成本已经大大地降低，甚至在有些自动化高的企业所占不到1%，而原材料成本在制造业中所占比例在50%以上，在其他行业也为30%~70%，而且鉴于这种变化，原材料成本的比例还有不断加大的趋势。因此，原材料成本有很大的降低空间，即便是原材料成本微小的降低，通过生产过程的放大作用，也可以极大地增加利润。

可以再回到阅读案例6-3。小米公司作为电子产品界闪耀的新秀，其竞争优势之一在于其在全行业中较低的成本结构，而此成本结构部分得益于小米公司的原材料管理战略。其建立的完整的信息系统贯穿于整个原材料管理始终，最终目标是除了正在供应商和小米公司之间运送的原配件外，把所有的原料存货剔除供应链，使原配件不经过库存直接分配到生产的各个环节，有效地以信息代替库存。同时其互联网上订货和采购供应系统也使公司做到了需求和供给同步，通过平衡供需将额外过时的存货最小化，为小米带来了巨大的成本优势。对于原材料供应商，小米通过建立多元的采购通道保证产品的出货数量。对于代工厂商，小米通过严格的质量管理体系保证产品质量的达标。

6.3.1 准时生产制

准时生产制（Just In Time，JIT），也称为零库存或丰田生产模式。它是起源于20世纪后半期日本丰田公司的大野耐一等创造的一种生产管理方法，并以追求一种零库存生产系统或使库存达到最小化的生产系统为理想目标的生产经营体系。这种生产模式是对当时美国汽车工业生产系统中存在问题的改进，并在此基础上制订出更加灵活的、适合自身发展特色的全新的生产系统。JIT系统的宗旨是"只在需要的时候，生产所需的产品，所需的量"，并通过节约存储成本、减少浪费、提升质量来追求精确生产和零库存管理。

JIT系统自诞生以来，被全球的众多企业所效仿，并在运用中逐步形成了一整套包括企业的经营观念、管理原则到生产组织、生产计划、控制、作业管理以及对人的管理等的理论和方法体系。JIT系统以及时准确的原材料供应，加速存货周转，来节省原材料的库存成本，从而获取成本利益。同时，在JIT系统的管理下，生产过程省略了零部件库存环节，直接使零部件进入制造程序，这样就可以及时发现并纠正零部件或生产过程中的瑕疵和失误，提升了产品质量。因此，JIT系统，既可以说是一种制造业的较好生产经营方式，也可以说是一种较高的生产管理技术。JIT系统在企业全球生产中，极大地协调了企业的生产设备、员工、原材料及零部件的高效使用，并着力提升企业的经济效益。

但JIT系统并不是一个精致的系统，它还存在一定的缺陷，需要后人不断地补充和完善。首先，JIT系统的目标设定被认为过于理想化，而难以实现。该系统严格要求原材料的供应时间和企业内部各方关系的较好协调，不允许存在偏差，即任何环节的纰漏都有可能影响整个系统的运转和结果的精确性。其次，JIT系统要求的零库存管理，虽然可以降低企业的运营成本，但是它同时也增加了企业货源短缺的风险。由于企业没有可供缓冲的存货，使企业在面临譬如2008年下半年以来的金融危机、货源国的政治风险、地震海啸等自然灾害等风险时会存在货源危机。因此，在全球生产中，丰田公司开创的JIT系统尽管是一个可供选择的良好策略，但是也应该注意到该系统在运作过程中存在的不足，并不断地补充完善。

阅读案例 6-5

丰田汽车公司的准时生产制

自2009下半年持续至今的席卷整个北美、亚洲的"丰田汽车召回事件",再一次将丰田汽车推到了聚光灯下。但对于丰田汽车近80年的发展历程来说,从来就不缺乏风险、变革和受人关注。作为世界十大汽车工业公司之一,全球最大的汽车公司,丰田一直以其赫赫有名的准时生产制为自豪。但是,此次大规模的召回,对一向以高质量、低成本自居的丰田汽车公司来说是一个沉重的打击,同时也是对准时生产制的一次反省。然而并不能就此否定准时生产制在近几十年的良好运用。

20世纪中后期,丰田汽车公司以其产品的高质量、低成本和低油耗,占领北美市场,对美国三大汽车公司形成咄咄逼人的态势。丰田生产方式创造的奇迹,引起美国实业界和理论界的关注。一些研究者纷纷奔赴日本,考察丰田的生产方式,总结出准时生产制(Just In Time,JIT)、无库存生产方式(Stockless Production)、零库存(Zero Inventories)等生产管理思想和运作方法。这些研究推动了丰田生产方式的传播,使各国企业汽车及家电生产效率得到改善和提高。中国第一汽车集团公司和东风汽车公司都极力推行JIT,取得了一定成效。但是,学习者和模仿者与丰田汽车公司始终存在差距。其原因除了环境差别之外,主要是未能把握丰田生产方式的实质,不能做到对丰田生产方式的心领神会。

丰田方式最重要的是它的经营理念,一切具体做法都源自理念。例如什么是浪费?丰田公司所说的浪费比通常讲的浪费概念要广泛得多,也深刻得多。它具有以下两层意思:一是不为顾客创造价值的活动,都是浪费;二是尽管是创造价值的活动,所消耗的资源超过了"绝对最少"的界限,也是浪费。基于这样的理念,他们发现在多数流程中,有绝大部分是浪费。

丰田方式有一个发展过程,这个过程可以简单地概括为:从追求"零库存"到追求"零时间"。日本一些企业的库存已经是世界上最低的了,从降低成本上讲已无多大意义,它们还在不断降低库存,又是为什么?其真实的意图是加速流程,缩短制造周期。正如丰田生产方式的发明者大野耐一先生所说:"我们所做的,其实就是注意从接到顾客订单到向顾客收账这期间的作业时间,由此剔除不能创造价值的浪费,以缩短作业时间。"丰田公司不仅注意缩短制造过程的时间,而且注意缩短研究开发新产品的时间,使它能够在基于时间的竞争中处于优势地位。

对丰田方式较为广义的理解可以是,它仅仅是一个导致在制品与存货低水平的生产时间安排系统而已。但从某种最真实的意义上来说,丰田方式代表的是一种理念,它包含着生产过程的各个方面。在这种理念指导下的系统运行,存货水平最低,浪费最小,空间占用最小,实物量最少。它必须是一个没有中断倾向的系统,根据产品品种及其所能控制的数量范围而具备柔性,其最终目标是达到一个使材料平滑、迅速地流经整个系统的和谐系统。因此,丰田模式更多的是一种思想理念,而非简单的生产系统。

(资料来源:根据网站资料整理 http://blog.sina.com.cn/japstrategy)

6.3.2 组织协调

组织作为企业内部的核心元素,在企业的全球生产布局中扮演着越来越重要的角色。尤其是伴随着企业全球化步伐的加快,组织协调也日益显现出它在原材料采购、运输、产品生产、销售等环节的重要作用。所谓企业的组织协调就是企业的领导者采取一定的战略措施和方法,使其领导的各个组织部门协调一致,相互配合,从而节约企业的运营成本,高效率地实现企业目标的行为。这就要求企业要充分发挥领导者的协调能力,将各个组织部门调动起来,以确定适合企业发展的组织结构来实现价值创造过程各阶段的紧密合作。

因此，企业实施组织协调是企业改善内部治理结构的必然要求，也是企业面对全球生产和市场竞争的有利选择。

在实施组织协调过程中，组织的集权和分权是优化企业内部结构治理的有效途径。它可以使企业的全球战略既保持效率又节约成本，从而保持有利的竞争地位。在集权组织结构中，权力过于集中容易引起企业员工的异议，但对企业整合资源优势，提高资源利用效率有较大的帮助。在分权的组织结构中，可以灵活多变、及时有效地处理企业面临的突发事件，避免贻误恰当时机；并且适当赋予下属一定的权力可以极大地提高员工的积极性。但它却也容易使组织的权力过于分散，不利于决策层的统一决策，影响组织的长远发展。因此，协调好组织的集权和分权将会是影响组织协调效果的重要因素。

通过上述的分析，可以发现组织的集权和分权在组织协调中占据着极其重要的角色，且两者是不可分割的。尤其是随着企业参与国际分工的不断深入，集权与分权相互融合的模式作为一种新的组织结构模式日益引起大多国际企业的关注。该种模式强调组织将部分权利适度下放，即将关系组织全局发展的决策（如决定未来发展方针、投资计划、企业财务预算等）的权力留归组织的高层掌握；而将组织日常运转具体决策权力（如组织的日常管理、控制现金流、进行管理报告与分析、落实财务收支等）可下放给中下层管理人员。

在阅读案例6-5中，可以发现丰田汽车公司在JIT模式中，充分协调公司内部各组织部门和相关原材料供应商的行动，以达到在时间和空间水平上的高度统一。而在大量组织协调的案例中，几乎与"丰田模式"同样成功的美国通用电气公司（GE）的"全球中心体制"模式，也同样值得关注。美国通用电气公司是世界上超大型的提供技术和服务的跨国公司，其组织协调战略是全球大公司的典范。它采取灵活的集权和分权相结合的"全球中心体制"，一方面使公司高层在财务、人事和研发三大关键领域对子公司进行严密控制；另一方面又在营销决策、劳资关系、部门关系等方面赋予各子公司较大的自主权。GE将事关企业发展全局的重大决策权集中在公司高层，而将公司业务发展过程中的具体经营细则分权于各个子公司，从而使集中管理在协作中节约企业资源，提高运营效率，并通过分散经营充分发挥各子公司各级人员的积极性，提高了公司经营的灵活性。GE也正是通过合理的"全球中心体制"，将权力灵活分配，才使其在组织协调中取得了良好的效果。

6.3.3 信息技术支持

随着企业全球生产布局的日益完善，互联网和信息技术在现代生产系统中扮演着极为重要的角色。通过信息技术协调全球价值链的运行，使以往分布在全球各地的地理文化条件迥异的公司联系日益紧密。在此基础上，生产、研发、原材料供应等生产环节的布局遍布全球，以信息技术为平台的全球生产系统不断完善，大大提升了全球生产的效率。

通用汽车公司（GM）便是一个很好的例子。该公司的雪佛兰系列汽车雪佛兰·春分（Chevrolet Equinox）的研发就是有效利用现代信息技术和通信技术的成功案例。2001年，通用汽车公司决定动用其在世界各地的技术研发人员开发一款运动型多功能越野车来与丰田RAV4和本田CR-V竞争。根据通用公司的部署，这款运动型多功能越野车的V6引擎是在中国制造的，但一起合作的工程师却来自加拿大、中国、日本和美国等不同国家。他们通过交换汽车的电脑设计图，共同设计汽车外观和零部件。而通用这款运动型多功能越野车的制造则是在通用汽车公司与日本铃木汽车公司合资的位于加拿大安大略省的工厂里完成的。信息技术系统的运用,使通用汽车公司能熟练地协调其在全球生产部门高效率地运转,创造更大的效益。

阅读案例 6-6

通用雪佛兰的信息技术系统

1909年,通用汽车公司的创始人威廉姆·杜兰特(William Durant)先生邀请声誉卓著的瑞士赛车手兼工程师路易斯设计了雪佛兰汽车,并于1911年正式生产。雪佛兰作为通用汽车集团下最大的品牌,按迄今为止的累积汽车生产量计算,雪佛兰能算得上世界上最成功的汽车品牌。目前,它在美国销售排行榜上位居第二,福特第一。它的车型品种极其广泛,从小型轿车到大型4门轿车,从厢式车到大型皮卡,甚至从越野车到跑车,消费者所需要的任何一种车型,都能找到一款相应的雪佛兰。雪佛兰汽车从1909年发展至今,它走过了将近100年的历程,具有令人骄傲的历史和传统,并将这种历史和传统一直延续到今天。雪佛兰汽车紧追科技发展前沿,勇于创新,并不断地更新信息技术系统,力求使生产运营更加高效。

2010年3月8日,惠普企业服务事业部和Apriso公司宣布通用汽车选择惠普公司部署Apriso的解决方案,以提高电池生产和供应链工序的可视性和可控性。该先进技术将帮助通用汽车改善对全新雪佛兰Volt电池组装工厂的生产和产品质量的管控。作为其新一代生产流程的重要组成部分,通用汽车选择惠普负责部署Apriso公司的生产制造和质量管控解决方案,旨在持续提高产品设计的创新性及灵活性,增强市场反应能力。"新技术和广泛的供应商关系都是雪佛兰Volt成功不可或缺的重要因素,我们需要一种完全不同的生产制造过程。"通用汽车质量体系部总监Kevin Mixer表示,"随着市场需求不断变化,技术飞速发展以及分散式生产网络的新生产流程的普及,只有像Apriso和惠普这样的合作伙伴才能帮助我们迅速地应对这些新变化。""同过去相比,现在的生产商更迫切地需要实时掌控质量问题的通报和可视化,"惠普副总裁企业服务事业部通用汽车业务负责人Mark Collins说道,"基于行业领先的生产运行技术,惠普能够部署标准可升级的解决方案以增强灵活性,从而提高像通用这样的全球生产商的适应能力。"此外,惠普还在美国和中国的其他通用汽车生产基地成功部署了Apriso公司的Flex Net软件,并计划在未来的两年内进一步扩展实施。"我们的客户和合作伙伴越来越将Apriso看成他们可以信赖的、可以帮助他们优化全球生产运营的专家",Apriso公司总裁兼首席执行官Jim Henderson说道,"Apriso对汽车行业面临的特殊问题有着深刻的见解,通过结合业内最佳的质量实践,不断优化和达成卓越生产运营使通用汽车获得显著收益。"通用汽车的新电池生产基地坐落于密歇根州的Brownstown Township,雪佛兰Volt可插电式汽车计划于今年投产。正是通过对信息技术的运用,通用雪佛兰才能较好地协调其生产运营系统,大幅提升生产效率。

(资料来源:根据网站资料整理 http://server.51cto.com。)

本章小结

企业在国际化运营中的生产管理,要面临生产地点的选择,货源决策,全球生产系统的协调等一系列问题。

其中在生产地点的选择过程中,企业至少要考虑国家因素、技术因素、内部异质化因素和产品因素等,并协调好相互关系。

第6章 企业国际化运营中的生产与供应链管理

在进行货源决策时,企业要充分考虑企业所面临的内、外部环境,权衡自制与外购的关系,并做好选择。

企业通过对供应链管理可以专注于自己擅长的核心业务,把非核心业务外包给合作伙伴,以提高供应链的整体绩效。

运用准时生产制、组织协调、信息技术等手段对原材料及产品进行管理,进而协调好企业的全球生产系统。

关键术语

供应链   全球采购   货源决策   准时生产制   柔性生产   供应链外包

综合练习

一、名词解释

货源决策   准时生产制   柔性生产   全球供应链   供应链外包

二、简答题

1. 试简述影响企业全球化生产的因素。
2. 试简述企业在全球化生产中,应如何处理好自制与外购的关系。
3. 为什么高效的原材料管理能帮助国际性企业在全球市场上获得竞争优势?

三、分析论述

请结合阅读案例6-3小米手机的全球生产模式,分析中国企业国际化进程中应如何协调全球生产系统?

案例分析

根据以下案例,试讨论:

1. 根据本章所学知识,试分析华为进行全球运营的动因及其理论依据。
2. 试分析,华为在全球合资战略中是如何处理好本土生产与国际外包的关系的?
3. 根据本章所学知识,试分析华为是如何协调其全生产系统的?
4. 试分析华为的全球化战略对国内同类企业的全球化生产有何启示?

华为的全球生产战略

华为是全球最大的电信网络解决方案提供商,全球第二大电信基站设备供应商,全球第二大通信供应商,全球第三大智能手机厂商,也是全球领先的信息与通信解决方案供应商。其产品主要涉及通信网络中的交换网络、传输网络、无线及有线固定接入网络和数据通信网络及无线终端产品。2013年华为全年营收为2390亿，其中超过2/3的销售额来自国际市场，其产品与解决方案已经应用于全球100多个国家和地区，在海外设立了20多个地区部，100多个分支机构；在美国、印度、瑞典、俄罗斯及中国等地设立了16个研究所。

1. 实现全球运营

1996—2000年是华为实现全球运营的探索阶段。2000年华为老总任正非提出，华为要成为世界级企业，海外市场收入要在5年之内超过总收入的50%。这个目标在最初的两年内收效甚微，但从2003年开始，华为的海外市场增长明显。到2005年，华为海外市场收入达到48亿美元，占公司全年总收入82亿美元的58.5%，海外合同销售额首次超过国内合同销售额。同年成为英国电信（简称BT）首选的21世纪网络供应商，为BT21世纪网络提供多业务网络接入（MSAN）部件和传输设备，跻身世界级电信设备供应商行列。2007年底，华为推出基于全IP网络的移动固定融合（FMC）解决方案战略，成为欧洲所有顶级运营商的合作伙伴。2008年，公司首次在北美提供大规模商用UMTS/HSPA网络，为加拿大运营商Telus和Bell建设下一代无线网络，被商业周刊评为全球十大最有影响力的公司。2012年，华为持续推进全球本地化经营，加强了在欧洲的投资，重点加大了对英国的投资，在芬兰新建研发中心，并在法国和英国成立了本地董事会和咨询委员会。同年和全球33个国家的客户开展云计算合作，并建设了7万人规模的全球最大的桌面云。2013年，华为已成为欧盟5G项目主要推动者，积极构建5G全球生态圈，并与全球20多所大学开展紧密的联合研究。同时公司持续领跑全球LTE商用部署，已经进入了全球100多个首都城市，覆盖九大金融中心。

2. "全球合资"战略

美国是华为开始全球合资战略的基点。1999年，华为在美国的通信走廊达拉斯开设了一个研究所，专门针对美国市场开发产品。2002年，华为在美国得克萨斯州成立全资子公司Future Wei，向当地企业销售宽带和数据产品。就像它在西欧市场一样，华为在美国市场的竞争力首先体现在性价比上。华为芯片以前直接进口需要200美元一片，而自己设计、到美国加工生产，只要10多美元。2003年华为与美国3Com公司宣布成立一家全球性合资公司——华为3Com通信技术有限公司（简称H3C），利用3Com的驰名品牌及其全球性经销渠道，加快华为在新兴企业网络业务的全球化进程。华为在2004年与德国西门子公司组建了另一家全球性合资公司，专注于TD—SCDMA技术及产品的开发、生产、销售和服务，进军欧洲数据产品市场。2006年，华为与电信巨头北电网络（Nortel）宣布成立合资公司，面向全球市场开发超级宽带接入解决方案，帮助华为在北美市场获得更大增长机会。同年以8.8亿美元的价格出售H3C公司49%的股份，与摩托罗拉合作在上海成立联合研发中心，开发UMTS技术。2007年，公司与赛门铁克合作成立合资公司（华赛），开发存储和安全产品与解决方案；与Global Marine合作成立合资公司，提供海缆端到端网络解决方案。通过多家合资公司的发力，华为在2007年底成为欧洲所有顶级运营商的合作伙伴。2011年，华为以5.3亿美元收购华赛，整合成立了"2012实验室"。2013年，公司在英国伦敦成立全球财务风险控制中心，监管华为全球财务运营风险，确保财经业务规范、高效、低风险地运行；同时匈牙利的欧洲物流中心正式投入运营，辐射欧洲、中亚、中东非洲国家。在完成一系列全球合资后布局后，华为建立起了一对多、多对多的全球合资体系，实现了公司全球化运营，以全球视野把握好合资公司短期与长期利益的平衡，在合适的时候能够完成"金蝉脱壳"。

3. 华为的全球架构

截至2013年，华为的主要销售额都来自海外市场。华为的产品和解决方案已经应用于全球100多个国家以及35个全球前50强的运营商；在海外市场设立了20多个地区部，100多个分支机构；在瑞典斯德哥尔摩、美国达拉斯及硅谷、印度班加罗尔、俄罗斯莫斯科以及中国的深圳、上海、北京、南京、西安、成都和武汉等地设立了研发机构，通过跨文化团队合作，实施全球异步研发战略。

华为加入了 83 个国际标准组织，如 ITU、3GPP、3GPP2、OMA、ETSI 和 IETF 等。在过去的几年里，在光纤传输、接入网络、下一代网络、IP QoS 和安全领域，华为已经提交了 1000 多篇提案。华为也已经成为欧盟 5G 项目主要推动者、英国 5G 创新中心(5GIC)的发起者，发布了 5G 白皮书，并在核心网络、业务应用和无线接入领域提出了 2000 多项提案。至此，华为构建了一个全球的研发生产体系，进一步融入全球生产体系并扮演着重要决策者。

(资料来源：华为公司官方网站，http://www.huawei.com/cn/)

第 7 章

企业国际化运营中的市场营销

教学目标

通过学习本章，了解企业国际化运营中的市场营销策略，明确国际市场营销组合策略的基本内容，掌握产品策略、定价策略、分销策略和广告策略等主要业务的操作。

本章技能要点

知识要点	能力要求	相关知识
产品策略	了解国际市场产品计划 理解产品标准化与差异化策略 理解全球品牌管理 掌握新产品的开发过程 掌握国际产品线的管理	产品整体概念 产品系列的选择与适应性 原产地效应 国际市场产品生命周期 新产品的采用与推广
定价策略	了解国际市场产品定价的影响因素 理解跨国公司转移定价 掌握国际市场价格发展趋势	转移价格 价格升级 倾销
分销策略	理解国际分销渠道的设计 掌握国际分销渠道的管理	渠道的长度与宽度 渠道成员的选择、激励与控制
广告策略	了解国际广告的发展趋势 了解国际广告媒体 掌握影响国际广告的限制性因素	标准化策略与差异化策略 推动需求策略与拉引需求策略 国际广告代理制度

第7章 企业国际化运营中的市场营销

导入案例

维珍：没有边界的品牌

从20世纪70年代开始，维珍由音像邮购业务起家，到今天已经成为英国最受欢迎的三大品牌之一，在"英国男人最知名品牌评选"中排名第一，在"英国女人最知名品牌评选"中位列第三。维珍集团共涉足10个互无关联的行业和领域，拥有全球200多家公司和超过25000的员工，年收入超过50亿美元。维珍树立和保持其良好品牌信誉的物质基础是高质量服务以及物超所值地为顾客提供功能性利益。

维珍大西洋航空公司在建立之初就取消了头等舱，其商务舱的水准和一般航空公司的头等舱差不多，经济舱的水准和一般航空公司的商务舱差不多，并且经济舱几乎都能以较低的折价买到，真正体现了物超所值。

维珍蓝航空公司是一家低价飞往澳大利亚的航空公司，它们不设商务舱，只使用电子机票，连登机证也只是张有条码的热感纸。维珍蓝航空公司打破了飞机上提供配餐的传统，乘客们可以自己选择是否需要食物、饮料、娱乐等，当然一切都是分开付费的。乘客可以根据自己的喜好和需要设计真正个人的经济实惠的"飞行套餐"。

维珍在娱乐和旅游方面无可比拟的资源优势给维珍航空以强大的支持。维珍蓝的亨特尼说："我们最不愿意做的事就是被归到运输业里去，我们的事业和旅馆或者餐馆差不多，就是在我们的家里款待客人几小时。"这样的一种定位让乘客们有宾至如归的感觉，维珍航空业因此而变得与众不同。

（资料来源：甘碧群．国际市场营销学［M］．2版．北京：高等教育出版社，2006：334.）

试回答：

1. 结合产品整体概念，谈谈维珍航空公司提供的是怎样的产品？
2. 为什么维珍能成为最受欢迎的品牌？

本章将重点关注企业国际化运营中的市场营销工作，探讨企业如何做才能降低成本以便更好地服务消费者，来达到企业利润最大化的目的。例如，在导入案例中，可以看到维珍航空是如何在不同国家针对不同目标群体调整其市场营销组合的，对产品设计、定价、分销和促销策略都进行不同程度的改变以迎合当地的情况。在营销学中，市场营销组合（Marketing Mix）是企业提供给目标市场的一系列选择，其包含4个元素：产品策略、定价策略、分销策略和广告策略。

7.1 产品策略

产品策略是企业跨国营销中的一个重要决策。对国际化运营的企业来说，产品能否被消费者接受，不仅关系到营销活动的成败，甚至决定了企业的生死存亡。由于消费者偏好的不同，各国又因为文化和经济的差异导致消费者的需求有所差异，所以公司在世界范围内销售产品将会受到不同产品标准的进一步制约。所以，对于企业来说，就应该先做好国际市场产品的定位，之后选择是要采取产品标准化策略还是采取产品差异化策略，同时做好产品系列的选择和适应性。

7.1.1 国际市场产品计划

1. 产品整体的概念

营销学意义的产品是指为留意、获取、使用和消费以满足某种欲望和需求而提供给市场的一切东西,即能够通过交换满足消费者或用户某一需求和欲望的任何有形物品和无形服务。可见,产品的概念具有极其宽广的外延和深刻的内涵。它不仅包括有形产品,还包括服务、劳务、场所、权利、思想和计策等,所以说,产品是一个广义的、整体性的概念。

营销学中一般将产品视为由5个层次构成的一个整体,如图7.1所示。进入国际市场的产品必须树立产品的整体观念,以满足消费者综合的、多层次的利益需求。

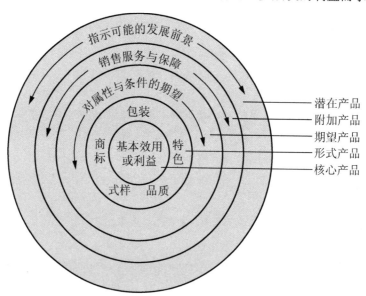

图 7.1 产品整体概念示意图

第一层次是核心产品。核心产品是指产品向购买者提供的基本效用或利益,即消费者真正要购买的服务或利益。如洗衣机的核心产品就是给人们提供一种方便、省力、省时地清洗衣物的方式。

第二层次是形式产品。形式产品是指产品的基本形式,即核心产品借以实现的形式,主要包括产品的品质、式样、特征、品牌及包装和构造外形等。如洗衣机的品牌、颜色、特点、外形等。

第三层次是期望产品。期望产品是指购买者在购买产品时,期望得到的与产品密切相关的一整套属性和条件。如对于购买洗衣机的人来说,期望该机器能省时、省力地清洁衣物,洗衣时噪声小,方便进排水等。

第四层次是附加产品。附加产品是指顾客购买形式产品和期望产品时,附带获得的各种服务和利益的总和,它主要包括运送、安装、调试、维修、产品保证、零配件供应及技术人员的培训等。

第五层次是潜在产品。潜在产品是指产品未来的发展和变化,即现有产品的可能演变趋势和前景,如彩色电视机可能发展成为电脑终端机等。

2. 国际市场产品计划的概念

企业在进入国际市场前,应对进入的产品种类、新产品的开发、品牌、包装、相应的保证策略以及何时进入市场进行系统的规划。进行这种规划的意义在于:尽可能地保证企业进入外国市场时取得成功,减少由于产品选择和设计失误而造成的再调整成本和不必要的损失。国际市场的产品计划主要包括以下内容:企业产品进入哪个国家;原有产品需要做出哪些改变;在原产品线内增加何种新产品;使用何种品牌和包装;为顾客提供何种服务与保证;何时将产品推向市场等。为此,企业需要收集相关资料,制订出产品目标,制订和协调母公司和子公司之间的产品计划。

3. 国际市场产品计划的制订

国际市场产品计划的制订主要包括战略计划制订与日常计划制订。产品战略计划由母公司制订,主要包括制造产品的原材料从哪里进口、母公司与子公司开发新产品的投资比例、母公司与子公司的财务关系、技术与新产品开发战略等;产品日常计划是由当地管理者根据战略计划,结合当地的实际情况而制订和执行的。如在中东国家,由于其气候决定了每户天天要打开窗户,因此销售电视机到这些国家时,当地管理者必须考虑如何防止灰尘进入电视机的问题。

当然,在制订产品计划之前,首先要确定产品的目标。公司产品的目标可根据企业发展目标,并考虑所在国的发展目标来确定。就企业发展目标而言,主要考虑特定产品或出口到特定市场的活动,根据财务指标(如投资回报率)、期望的市场地位(如市场占有率)等来确定。此外,企业还必须考虑母国的发展目标,例如,欠发达国家的主要目标是快速发展经济、创造就业机会和获取更多外汇等。

7.1.2 产品标准化与差异化策略

开展国际营销活动的企业在制订产品策略时,要解决的第一个问题是产品的标准化与差异化问题。即企业是在世界范围内生产和销售标准化的产品,还是为适应每一个特殊市场的需要而设计差异化的产品。

1. 产品标准化策略

1)产品标准化策略的含义

国际产品的标准化策略是指企业向全世界不同国家或地区的所有市场都提供相同的产品,实施产品标准化策略的前提是市场全球化。自 20 世纪 60 年代以来,社会、经济和技术的发展使得世界各个国家和地区之间的交往日益频繁,相互之间的依赖性日益增强,消费者的需求也具有越来越多的共同性,相似的需求已构成了一个统一的世界市场。因此,企业可以生产全球标准化产品以获取规模经济效益。

2)产品标准化策略的意义

在经济全球化步伐日益加快的今天,企业实行产品标准化策略,对企业夺取全球竞争优势无疑具有重要意义。

首先,产品标准化策略可使企业实行规模经济,大幅度降低产品研究、开发、生产和销售等各个环节的成本,从而提高利润。产品的标准化使得企业不必为各个不同市场研究设计不同的产品,从而减少研究开发、设计费用。同时,标准化产品在各国市场所使用的包装、广告及促销方法也基本相似,这也会大大降低营销成本。

其次,在全球范围内销售标准化产品有利于树立产品在世界上的统一形象,强化企业的声誉,有助于消费者对企业产品的识别,从而使企业产品在全球享有较高的知名度。

最后,产品标准化还可以使企业对全球营销进行有效的控制。国际市场营销的地理范围较国内营销扩大了,如果产品种类较多,那么每个产品所能获得的营销资源相对较少,难以进行有效的控制。产品标准化一方面降低了营销管理的难度,另一方面集中了营销资源,企业可以在数量较少的产品上投入相对充足的资源,使得对营销活动的控制力更强。

3) 产品标准化策略的条件

尽管产品标准化策略具有诸多优点,但并不是所有企业都适合采用这一策略。企业应根据以下几方面来决定是否选择产品的标准化策略。

(1) 产品的需求特点。从全球消费者的角度来看,需求可分为两大类:一类是全球消费者共同的、与国别无关的共性需求;另一类则是与各国环境相关的各国消费者的个性需求。在全球范围内销售的标准化产品一定是在全球具有相似需求的产品。

(2) 产品的生产特点。从产品生产的角度来看,适宜于产品标准化的产品类别是在研发、采购、制造和分销等方面能够获得较大规模经济效益的产品。如研究开发成本高的技术密集型产品,这类产品必须采取全球标准化以补偿产品研究与开发的巨额投资。

(3) 竞争条件。如果在国际目标市场上没有竞争对手出现或市场竞争不激烈,企业可以采用标准化策略,或者市场竞争虽很激烈,但本公司拥有独特的生产技能,而且是其他公司无法效仿的,则可采用产品标准化策略。

(4) 收益情况。产品、包装、品牌名称和促销宣传的标准化无疑都能大幅度降低成本,但只有对大量需求的标准化产品才有意义。

此外,还应考虑各国的技术标准、法律要求及各国的营销支持系统,即各国为企业从事营销活动提供服务与帮助的机构和职能。尽管产品标准化策略对从事国际营销的企业有诸多有利的一面,但缺陷也是非常明显的,即难以满足不同市场消费者的不同需求。

2. 产品差异化策略

1) 产品差异化策略的含义

国际产品差异化策略是指企业向世界范围内不同国家和地区的市场提供不同的产品,以适应不同国家或地区市场的特殊需求。如果说产品的标准化策略是由于国际消费者存在某些共同的消费需求的话,那么,产品差异化策略则是为了满足不同国家或地区的消费者由于所处地理、经济、政治、文化及法律等环境的差异而形成的对产品的千差万别的个性需求。

2) 产品差异化策略的优劣分析

实施产品差异化策略,即企业根据不同目标市场营销环境的特殊性和需求特点,生产和销售满足当地消费者需求特点的产品。这种产品策略更多的是从国际消费者需求个性角度来生产和销售产品的,能更好地满足消费者的个性需求,有利于开拓国际市场,也有利于树立企业良好的国际形象。然而,产品差异化策略对企业也提出了更高的要求。要求企业能够鉴别各个目标市场国家消费者的需求特征,能够针对不同的国际市场开发设计出不同的产品,研究开发能力要能跟上。此外,企业生产和销售的产品种类增加,其生产成本及营销费用将高于标准化产品,企业的管理难度也将加大。因此,企业在选择产品差异化的策略时,要分析企业自身的实力以及投入产出比,综合各方面的情况再作判断。

3. 产品标准化与差异化策略的选择

随着经济的发展和人们生活水平的提高,消费者需求的个性化日益凸显,选择产品差异化策略是从事国际营销企业的主要产品策略。然而在营销实践中,企业往往将产品差异化和产品标准化策略综合运用。许多产品的差异化、多样化主要是体现在外形上,如产品的形式、包装和品牌等方面,而产品的核心部分往往是一样的。国际产品的差异化策略与标准化策略并不是独立的,而是相辅相成的,有些原产国产品并不需要很大的变动,而只需要改变一下包装或品牌名称即可进入国际市场;有些原产国产品要想让世界消费者接受则需作较大的改变。由此可见,企业的产品策略通常是产品差异化与产品标准化的一个组合,在这种组合中,有时是产品差异化程度偏大,有时是产品标准化程度偏大,企业应根据具体的情况来选择产品差异化与产品标准化的组合。

专栏 7-1

欧洲消费者对洗衣机的偏好

全美第三大家电生产商美泰公司曾对欧洲洗衣机的消费进行过调查,结果显示,不同欧洲国家的消费者对洗衣机有不同的消费偏好。在尺寸方面,意大利人想要更矮的洗衣机,而其他国家的消费者想要34英寸高的洗衣机。相对而言,法国人、意大利人和比利时人更喜欢窄一些的洗衣机,而德国人和瑞典人更喜欢宽一些的洗衣机,也更喜欢不锈钢内胆。在容量方面,意大利人希望是4kg,比利时人和法国人希望是5kg,德国人和瑞典人则希望是6kg。旋转速度方面,比利时人、瑞典人和德国人喜欢高转速(如700~850r/min),而意大利人则认为400r/min是合适的。比利时人和瑞典人不想在洗衣机中安装水加热模块(这两个国家都有中央热水供应系统),而在意大利、德国和法国,消费者则需要这个特色模块。在外观方面,每个国家都有不同的喜好,意大利人希望色彩鲜丽,德国人希望外表坚固,而法国人喜好优雅。

(资料来源:郭国庆.国际营销学[M].北京:中国人民大学出版社,2008:204.)

7.1.3 产品系列的选择与适应性

1. 产品系列的选择

对于开展国际市场营销的企业来说,要想扩展其经营规模,就要进行地理扩张,将现有产品销售到国外市场或是为国外市场设计新的产品并销售。那么,这种扩张该如何实现呢?美国学者基甘教授把适用于国际市场的产品设计和信息沟通结合起来,总结出5种可供企业选择的策略形式。

1) 产品和促销直接延伸策略

这种策略是指企业对产品不加任何改变,直接推入国际市场,并在国际市场上采用相同的促销方式来销售。如果使用的条件得当,这应该是一种最为经济、便捷的市场扩展方式,它可以大大降低企业的营销成本。不过,能够适用这种策略的企业和产品很少,轻易使用将会面临失败的风险。

2) 产品直接延伸、促销改变策略

这种策略是指企业向国际市场推出同一产品,但根据不同目标市场的国际消费者对产品的不同需求,采用适宜于国际消费者的需求特征的方式进行宣传和促销,往往能达到好的促销效果。另外,由于各国语言文字和风俗习惯的不同,为了让消费者接受,需要在促销方式上作必要的调整。

3) 产品改变、促销直接延伸策略

这种策略是指根据国际目标市场顾客的不同需求,对国内现有产品进行部分改进,但向消费者传递的信息不变。有些产品对国际消费者来说,其用途和功效等基本相同,但由于消费习惯及使用条件有差异,所以企业必须对产品稍作改进,以适应各国市场的需要。

4) 产品与促销双重改变策略

这种策略是指对进入国际市场的产品和促销方式根据国际市场的需求特点作相应地改变,既改变产品的某些方面又改变促销策略。

5) 产品创新策略

这种策略是指企业针对目标市场需求研究和开发新产品,并配以专门的广告宣传。企业通常是在对现有产品进行改进,但仍不能满足目标市场的需求,且目标市场发展前景好,企业又有能力去开发新产品的前提下,采取该策略。

2. 产品系列的适应性

适应目标市场的消费者需求特点,是从事国际营销活动的企业在产品策略上的主导方向。各国消费者对产品的认识是与其所在国的各种环境状况密切相关的。因此,销往国际市场的产品要适应各国营销环境的要求。只有对产品进行改进,企业才能适应目标市场的需求。有些因素会迫使企业或者吸引企业去改变出口产品,主要包括强制性适应改进产品和非强制性适应改进产品两类。

强制性适应改进产品是指企业由于国外市场的一些强制性因素要求它做适应性的改进。各国政府为保护本国消费者的利益,维护已有的商业习惯,会对进口商品制定一些法律、规则或要求,产品出口到这些国家必须遵守这些要求,否则根本无法进入该国的市场。另外,各国对计量标准及某些特殊的技术标准的规定有所不同,这就要求出口产品必须根据目标市场国的计量标准和技术标准做相应调整。

非强制性适应改进产品是指企业为了提高在国际市场上的竞争力,适应目标市场的非强制性影响因素,主动对产品做出的各种改进。非强制性适应改进产品对企业更有吸引力,但其改进难度也更大。因为非强制性适应改进产品因企业而异,是否改变产品、如何改变产品、对产品改变到什么程度,将根据出口企业对目标市场需求特点的了解和掌握程度、企业营销能力的强弱而定。促使企业改变产品的非强制性因素包括各国文化的差异、消费者收入的差异、购买偏好的差异、人们受教育程度的差异等。

7.1.4 全球品牌管理

1. 全球品牌的内涵

全球品牌是指在全世界范围内使用某种名称、术语、记号、符号、设计或以上的组合,旨在标识某一卖主的商品或服务,使它们与竞争对手区别开来。通常,拥有著名品牌的企业会努力在全球使用它们的品牌,事实上,即使只被认为是"全球性"的,也会使产品销量增长。即使是为了适应当地市场条件必须做相应改变的产品,也可以通过谨慎地使用全球品牌而获得成功。品牌包含了市场心目中与产品联系在一起的多年广告、商誉、质量评估、产品经验以及其他价值的特性。成功的品牌是企业最有价值的资产,表7-1列出了2013年全球最有价值品牌排行前10名。

表7-1 2013年全球最有价值品牌排行前10名

1	苹果(Apple)
2	谷歌(Google)
3	微软(Microsoft)
4	IBM
5	沃尔玛(Wal-Mart)
6	可口可乐(Coca-Cola)
7	麦当劳(McDonald's)
8	奔驰(Benz)
9	通用电气(GE)
10	亚马逊(Amazon)

对于使用全球品牌的企业来说,大多会拥有3种优势。

(1)全球化的第一个优势就是庞大的需求。通常,全球品牌在一个国家的销售上升会导致在另一个国家的销售上升。这是因为随着媒体覆盖和网络覆盖的全球化,很容易使全球品牌传播到更多的国家和市场。

(2)全球化的第二个优势就是全球化的顾客。在B2B的市场上,全球性的顾客是共同的,在消费品市场上也是如此。例如,人们为了公务和娱乐而跨国界旅行,对于化妆品、照相机和时尚用品等产品来说,机场商店就变成其重要的销售地点,这些全球性顾客更自然地被全球化品牌所吸引,因为它们能在很多地方被发现。

(3)全球化的第三个优势就是规模经济。标识、包装和生产的标准化降低了企业的制造成本,全球性广告在世界各地进行传播时,制作费用能够分摊,使全球性广告变得非常经济实惠,从而极大地实现了规模经济。

2. 全球化的品牌战略选择

全球品牌并不是从事国际营销企业的唯一选择。其实,企业从事国际营销时关于品牌的第一个决策是用不用品牌。并不是所有企业从事国际营销时都需要使用品牌,其原因可能是没有必要或者是自身资源无法支持这家企业使用品牌。在一段时间内担当 OEM 角色也无可厚非,毕竟,这样做能够获得成本优势,但会面临严峻的价格竞争,更可怕的是缺乏市场身份。显然,如果企业选择使用品牌,才会涉及是否使用全球品牌。

通常供企业选择的全球品牌战略有以下几种。

(1) 世界各地使用一种品牌。当产品广泛分销于世界各地,而且一般不与当地文化发生冲突时,可采用统一全球品牌,例如可口可乐、耐克、微软等。

(2) 针对不同国家的市场改变品牌名称。企业针对不同国家的市场特点,将全球品牌改变,以适应当地市场的需求。例如雀巢咖啡的品牌名称是 Nescafe,但销售到德国的品牌名称是 Nescafe Gold,销售到英国的品牌名称则是 Nescafe Gold Blend。

(3) 在不同国家使用不同的品牌名称。当品牌名称与当地文化发生矛盾或不能译成当地语言时,当产品的生产、销售及消费都在当地发生时,可以在不同国家使用不同品牌名称。例如联合利华一度拥有 2000 多个品牌,就是考虑在不同市场选择不同的品牌名称,尤其是使用在当地市场已有的民族品牌,以利于树立本土企业形象。

(4) 使用公司名称作为品牌名称。当企业在全球市场上享有良好的声誉,知名度高时,可采用企业名称作为品牌名称,例如 3M 公司有 6 万多种产品,就采用公司名称这一较为灵活的品牌形象识别来进行统一。

3. 原产地效应

原产地效应是指消费者由于自身经历、道听途说、新闻报道等而对不同产品和国家持有的某种成见。例如,美国是高科技的代表,德国是机械制造的代表,法国是时尚的象征。同样,法国香水、中国丝绸、意大利皮革、牙买加朗姆酒、古巴雪茄都被认为是优质的,这就是原产地效应。

巴西一家向石油钻探工业提供灵敏科学器材的新公司试图向墨西哥一家石油钻探公司销售其产品时,充分体验到了当地人对外国产品的态度对其产品出售的影响。那家公司发现墨西哥顾客不接受巴西制造的科学器材。为了克服墨西哥人对巴西器材的偏见,这家公司被迫将其产品部件出口到瑞士,在瑞士进行组装,然后产品印上了"瑞士制造"字样。最后这家公司在墨西哥的产品销售情况令人非常满意。

原产地这一概念原先主要用于国际贸易领域。货物的"原产地"通常指货物的"原产国",而其中的"国"可指一个国家、国家集团或地区(独立关税区等)。货物的原产地被形象地称为商品的"经济国籍",在国际贸易中具有十分重要的意义。民族优越感、工业化程度、产品技术含量等是原产地效用产生的主要原因。

总之,原产地能够影响产品或品牌的形象。跨国公司在开发产品和制订营销战略时,必须考虑原产地效应。企业可以通过创建全球品牌,对全球品牌进行有效的宣传,消除消费者对国家及其产品抱有的成见,从而改善消费者对原产地的固有看法。

4. 品牌保护

当企业从事国际营销时,经常遭遇两种品牌侵权:假冒和抢注。假冒是仿造产品的设计和品牌,以至于粗心的顾客误以为它们是真的。世界卫生组织估计全球 10% 的药品是假冒品；美国联邦航空管理局也估计每年有2%的假冒配件被安装到飞机上。随着网上购物的快速发展，假冒行为更是借风起火，越来越猖獗。

商标抢注也是从事国际营销的企业所面临的挑战之一，知名商标在国外被抢注的情况日益严重。2000年11月，海信在德国提交商标注册时，却发现该商标已于1999年被德国博世——西门子家用电器集团抢先注册。企业应充分使用国际商标法和目标国商标法来对自己的品牌进行保护，主要是遵循保护工业产权的《巴黎公约》和关于商标国际注册的《马德里协定》及《商标注册公约》等。这些国际公约对商标的国际注册、商标权利在不同国家互不牵连、驰名商标的保护、商标的转让以及不能作为商标注册的内容等问题都做出了明确的规定。

7.1.5 国际产品生命周期与国际市场新产品开发

1. 国际产品生命周期的含义

20世纪60年代末，美国哈佛商学院的雷蒙德·弗农教授提出了国际产品生命周期理论。国际市场生命周期是指由于不同国家在科技进步及经济发展等方面的差别而形成的同一产品在不同国家的开发、生产、销售和消费上的时间差异。一般来说，发达国家率先研制开发出某种新产品，并在国内市场销售，然后逐步向较发达国家和发展中国家出口，并转向对其他新产品的开发，而要从其他国家进口原产品来满足国内的市场需求；一些发展中国家则是先引进新产品进行消费，然后引进或开发生产技术进行生产，最后又将产品出口到原产国。弗农将国际产品生命周期划分为3个阶段：新产品发明阶段、产品成长和成熟初期阶段、成熟期和产品标准化阶段。由于经济发达国家、较发达国家及发展中国家的科技进步和经济发展水平不同，因此，产品进入这3个阶段的时间先后存在差异。弗农的这一理论为国际市场上诸如纺织品、自行车及电视机等产品的发展过程所证实。

2. 国际产品生命周期的意义

国际产品生命周期理论在国际市场中的运用是企业国际化运营中市场营销的重要组成部分，企业可利用其来不断调整市场结构和产品结构。国际产品生命周期的意义有：①企业可以利用产品在不同国家市场所处的不同生命周期阶段来不断调整市场结构，及时转移目标市场，延长产品生命周期，以达到长久占领国际市场的目的；②企业可以利用国际产品生命周期理论来不断调整产品结构，及时推出新产品，淘汰老产品，加速出口产品的更新换代；③发展中国家可以利用国际产品生命周期理论引进发达国家的新产品，依靠本国自然资源和劳动力优势，以较低成本研制生产，将产品出口到原产国，从而促使本国产品结构的不断提高。

要想在激烈的国际市场竞争中立于不败之地，企业就要适时适地进行新产品开发，使开发新产品成为企业扩展国际市场的一个重要策略。例如，杜邦公司生产了一系列成功的创新产品，如赛璐玢、尼龙、氟利昂等；索尼公司的成功包括开发随身听、光盘以及游戏机等。

3. 国际市场新产品的含义

市场营销意义上的新产品是个广义的概念，它具体可以包括新发明的产品、改进的产品、改型的产品和新的品牌。新产品除包含因科学技术在某一领域的重大发现所产生的新产品外，还包括如下方面：在生产销售方面，只要产品在形态或功能上发生改变，与原来的产品产生差异，甚至只是产品单纯由原有市场进入新市场，都可视为新产品；在消费者方面则指能进入市场给消费者提供新的利益或新的效用而被消费者认可的产品；按产品研究开发的过程，新产品可以分为全新产品、换代新产品、改进型新产品、仿制新产品、市场再定位型新产品和降低成本型新产品。

4. 国际市场新产品的开发过程

国际市场新产品的开发过程是一个复杂的系统工程，它需要营销、开发和生产等各部门的参与及相互配合，而且风险较大，因此遵循科学的开发程序十分重要。新产品设计开发的过程分为8个阶段：构思产生、构思筛选、概念发展和测试、制订营销战略计划、商业分析、产品实体开发、市场试销和商业化。

1) 构思产生

国际市场新产品开发的首要问题是寻找产品构思，即能满足国际目标市场某种新需求的设想。从根本上说，新产品构思来源于国际市场消费者未满足的需求，但要发现这种需求的特征则需要从多个渠道着手搜集情报。企业必须要与构思来源建立起交流渠道，如许多跨国公司都在世界各国设立办事处，专门收集相关资料以作为新产品构思的来源。

2) 构思筛选

新产品构思筛选是采用适当的评价系统和科学的评价方法，对各种构思进行分析、比较，从中把最有希望的设想挑选出来的过滤过程。在这个过程中，要力争做到除去可能亏损很大的新产品构思，选出潜在赢利的新产品构思。

3) 概念发展和测试

经过筛选后保留下来的产品构思还需进一步发展成具体的产品概念。产品构思是从企业自身角度考虑希望提供给市场的可能的产品设想，产品概念则需要在产品构思的基础上，从消费者角度用文字、图形或模型对这种构思作详尽的描述。

4) 制订营销战略计划

企业新产品开发部门对已经形成的产品概念制订营销战略计划是新产品开发过程中的一个重要阶段。这个营销战略计划将在以后的开发阶段中不断完善。营销战略计划包括3个部分：①描述目标市场的规模、结构和行为，新产品在目标市场上的定位，市场占有率及头几年的销售额和利润目标等；②对新产品的价格策略、分销策略和第1年的营销预算进行规划；③描述预算的长期销售量和利润目标以及不同时期的市场营销组合。

5) 商业分析

在新产品进入正式开发阶段以前，还需对已经形成的产品概念进行商业分析。商业分析的主要内容是对新产品概念进行财务方面的分析，即估计销售额、成本和利润，判断它是否满足企业开发新产品的目标。

6) 产品实体开发

新产品的实体开发是将新产品概念转化为新产品实体的过程，主要解决产品构思能否转化为在技术上和商业上可行的产品这一问题。它是通过对新产品实体的设计、试制、测试和鉴定来完成的。新产品的开发过程是对企业技术开发实力的考验,能否在规定的时间内用既定的预算开发出预期的产品,是整个新产品开发过程中最关键的环节。

7) 市场试销

尽管从产品构思到实体开发的每个阶段,企业开发部门对新产品都进行了相应的评估、判断,但最终投放到国际市场上的新产品能否得到国际目标市场消费者的青睐,还需要由市场来检验。通过市场试销将产品投放到有代表性的国家或地区的小范围的目标市场进行试验,企业才能真正了解该新产品的国际市场销售前景。

8) 商业化

如果新产品试销达到了预期的效果,企业就应该决定对新产品进行商业性投放。将新产品投入市场,企业面临着再次的巨额资金投入,一是批量生产产品所需要的生产设备及相应的设施投入,一般应把生产能力控制在所预测的销售额内,以预防新产品销售收不回成本。另一个主要成本是市场营销费用,即在新产品的广告、促销等方面的费用。在商业化阶段的营销运作,应在推出新产品的时机、地点、对象及方法等几方面慎重决策。

阅读案例 7-1

万宝路推出新产品

多孔卷烟纸的使用及在滤嘴周围增加通风孔均能稀释烟气,从而产生了低焦油或者淡味卷烟。由于法律已经不允许烟草再用诸如"淡味"(Light)等可能产生误导的词语,因此制造商们必须找到一个新的词汇来描述产品的特征。这个词能使消费者产生愉快的联想而且并未暗示这种卷烟可能对健康的危害较小。

2006 年,一种被称作"超柔万宝路"(Marlboro Ultra Smooth)的新产品上市了,该公司确信"柔和"(Smooth)不会对消费者产生误导。"超柔万宝路"卷烟使用了炭滤嘴,催化活性炭被用来选择性地氧化卷烟烟气中的气体成分。当然,推出新产品也是为了竞争,主要是与位于北卡罗来纳格林斯博罗的罗瑞拉德烟草公司制造的新港品牌进行竞争。

(资料来源:郭国庆. 国际营销学[M]. 北京:中国人民大学出版社,2008:213.)

7.1.6 国际市场产品线的管理与新产品的采用及推广

1. 开发国际产品线

要想在海外市场取得持续成功,就必须针对不同国家专门设计可行的产品线。增加产品线的方法很多,主要策略有以下 3 种。

(1) 延伸本国产品线。将本国产品线延伸到国外市场符合国际产品生命周期理论的逻辑。一些企业在国内市场开发的产品取得了成功,并获得出口订单;随着出口的增长,企业考虑到国外市场建立分销机构或服务中心;接着,企业发现在东道国组装或制造产品更经济。就延伸产品线而言,在开始阶段,企业可能在国外市场销售几种产品,随着市场的扩大和变迁,可能有机会从国内产品线中再挑选若干种产品,投放到国际市场销售。

(2) 在国际产品线中引入其他产品。在产品线中增加产品有两个原因：一是服务未满足特定海外市场的需求，二是优化当前的营销能力。显然，在现有产品线中增加新产品的决策要受到营销、财务和环境方面兼容性的影响。营销兼容性涉及母公司和海外子公司在产品、定价、促销和分销等方面的现实条件。一般来说，计划新增产品越接近目前的营销策略和手段，该产品的推广就越容易成功。正确的商业判断要求充分分析研究与新增产品相关的财务风险和机遇，判断标准是赢利能力和现金流量指标。环境兼容性包括对顾客、竞争行为和政治法律问题等的关注。

(3) 将新产品引入东道国市场。对东道国是新的但对国际市场并不陌生的产品也是新产品，这是扩充国际产品线的重要方法之一。将新产品导入海外市场的实证研究表明，美国公司通常首先将新产品导入与美国文化背景相似的国家。因此，英国、加拿大和澳大利亚是美国在国际市场推出新产品的首选国家，几乎占美国公司在海外市场推广新产品的一半，其他发达国家占 1/3，发展中国家只占 1/6。

2. 新产品的获得方式和风险

1) 新产品的获得方式

从事国际营销的企业可以采用 4 种基本方式获得新产品：①兼并，它可以把拥有新产品的其他企业整个购买下来；②购买新产品的专利权和特许权；③与其他企业以协议及合作的方式取得新产品；④本身设立研发部门，自行开发新产品。研发是产品创新的关键。随着全球化进程的加快，越来越多的企业可能会开始或加大海外研发投资，市场竞争日益激烈。

2) 开发新产品的风险

开发新产品是企业生存和发展的必要条件，但由于企业内部条件和外部环境的影响，新产品开发往往有很大的风险。具体来说，风险存在于 5 个方面：①对市场容量估计错误；②技术创新程度不够；③市场需求的多变和产品生命周期的缩短；④资金不足导致开发夭折；⑤政治风险和政府限制。

3. 新产品定位

产品定位是指企业开发出适合顾客需要的产品，同时利用各种营销手段，使该产品在消费者心目中树立特有形象的过程。新产品定位的目的是影响消费者的态度和看法，为企业新产品打入市场创造有利条件。国际新产品定位是一个复杂的问题，企业需要考虑的因素很多。企业不仅要考虑自身的情况，如企业在国际市场上的地位、份额、产品特点、产品所处的生命周期阶段、企业规模及实力等，还要注意企业的外部情况，如市场容量、竞争状况等。

一般来说，国际新产品定位策略有以下几种：①产品特色定位，企业强调其新产品与众不同的地方，突出其优势，力图给消费者留下较为深刻的印象；②顾客追求利益定位，企业根据消费者的需求，针对自己产品的不足，进行改进从而赋予老产品新的特色；③使用者类型定位，企业针对自己选定的目标市场，突出强调本企业的产品适合这一类使用者的需要，企业产品就定位于这部分特定顾客的需要上。

阅读案例 7-2

辛格缝纫机在非洲

辛格(Singer)公司在苏格兰制造的缝纫机，其设计被苏格兰工程师做了细微的改动，产品底座上的一个小螺栓的位置有所改变。这种改变对产品性能没有影响，但每台机器节约了几便士的制造成本。不幸的是，当修改后的缝纫机运到非洲时，却发现这种小小的修改对于销售来说是毁灭性的。苏格兰工程师没有意识到，非洲妇女习惯于把包裹等东西(包括缝纫机)顶在头上来运送。改换位置后，那个螺栓正好处于保持平衡时头与机器接触的位置上。结果，这种机器因为无法运送，所以需求大幅下降。

(资料来源：[美]Warren J. Keegan. 全球营销管理[M]. 7版. 段志蓉，钱珺等，译. 北京：清华大学出版社，2004：384.)

4. 新产品的采用

新产品的采用过程是潜在消费者认识、试用、采用或拒绝新产品的过程。从潜在消费者发展到采用者要经历 5 个阶段，即知晓、兴趣、评价、试用和正式采用。企业应仔细研究各个阶段的不同特点，采取相应的营销策略，引导消费者尽快完成采用过程的中间阶段，最终成为新产品的采用者。

不同的潜在消费者对新产品的采用过程所花费的时间长短是不一样的，一般来说，新产品的采用者可以分为 5 种类型：①创新采用者，这类采用者对新事物极为敏感，有较高的收入水平、社会地位和受教育程度，极富冒险精神，信息灵通，他们占采用者总数的 5% 左右；②早期采用者，这类采用者常常会主动搜集有关新产品的信息，善于利用广泛的信息来源，具有一定的舆论领袖能力，他们占采用者总数的 15% 左右；③早期多数采用者，这类采用者考虑问题较为小心谨慎，常在创新采用者和早期采用者勇敢行动之时持观望态度，希望从他们那里获得经验和某些权威的支持，但同时他们也不甘落后，紧跟创新采用者和早期采用者而成为新产品的采用者，他们占采用者总数的 30% 左右；④晚期多数采用者，这类采用者对新事物持犹豫、怀疑的态度，往往是在大多数人都采用新产品，并确信该产品值得消费后才决定采用，他们占采用者总数的 30% 左右；⑤落后者，这类采用者对原有产品的钟情程度较深，是典型的守旧者，通常在新产品进入到成熟后期或步入衰退期才开始采用，他们占采用者总数的 20% 左右。

5. 新产品的推广

国际市场新产品推广及普及过程的速度快慢和所需时间的长短，是衡量该新产品是否成功的重要方面。企业要尽量缩短新产品普及过程的时间，加快新产品推广的速度。影响新产品推广速度快慢的主要因素是新产品的特征。新产品的相对优势、相容性、复杂性、可试性及可传播性会在很大程度上影响新产品的推广。对于新产品的相对优势来说，新产品胜过它所替代的或与之竞争的产品的程度越高，消费者感觉到的相对优势越多，产品被接受的过程就越短；反之，产品被接受的过程就越长。对于新产品的相容性来说，新产品与国际目标市场消费者价值观、消费偏好及行为模式一致的程度越高，产品被接受的过程就越短；反之，产品被接受的过程就越长。对于新产品的复杂性来说，新产品在认识或使用过程中相对困难的程度越低,产品被接受的过程就越短;反之,产品被接受的过程就越长。对于新产品的可试性来说,新产品在消费者不承担风险的情况下可以试用的程度越高,产品被接受的过程就越短;反之,产品被接受的过程就越长。对于新产品的可传播性来说,新产品的使用效果可被观察或向他人描述的程度越高,产品被接受的过程就越短;反之,产品被接受的过程就越长。

7.2 定价策略

定价策略是整个国际营销组合中的重要组成部分。在国际市场竞争中,价格是最为常用也是最为敏感的竞争手段之一。由于企业面临的国际市场营销环境更为复杂,国际市场产品定价也更复杂。因此,企业必须花大力气去研究国际营销中的定价策略。

7.2.1 国际市场产品定价的影响因素

1. 定价目标

定价目标是指企业希望通过价格手段的运用而达到相应的营销结果。由于不同的国外市场环境和不同的企业状况,不同企业的定价目标会有所不同。例如,有些企业开展国际营销的时间不长,自身实力有限,主要将国内市场作为主导市场,而将国外市场看作国内市场的延伸和补充,因此所采取的国际市场定价目标会相对保守;而一些实力雄厚的跨国公司则将世界市场看作一个整体,将国内市场当作国际市场的一部分,他们往往会采取进取型的定价目标。企业在各个国外市场设定的定价目标不同,其定价策略也会有所不同。企业的定价目标主要有以下几种。

1)持续经营

企业的生产能力过剩,在国际市场面临激烈竞争导致销售下滑,以及企业为了确保工厂在继续开工和使存货出手时,必须制定较低的价格,通过明显的价格优势刺激需求和打压竞争对手,以求扩大销量。

2)当期利润最大化

如果企业担心目标国家市场未来有可能会面临政局动荡或是经济波动等风险,希望以最快的速度收回初期开拓市场的投入并获取最大的利润,往往会在已知产品成本的基础上,为产品确定一个最高价格,以求在最短的时间内获取最大利润。采用这种定价策略,会使企业面临两种风险:①当前利润最大化,有可能丧失扩大市场份额的良好时机,损害企业的长远利益;②对产品需求弹性的测定和对产品生产、销售总成本的预计往往会有偏差,由此定出的价格可能不太准确,企业可能会因定价过高而达不到预期销售量或者定价低于可达到的最高售价而蒙受损失。

3)市场占有率最大化

有些企业确信,高市场占有率伴随的大量销售会导致生产与分销单位成本的持续下降,以提高企业的竞争力,因此价格定得较低。但从长远来看,最终能为企业带来长期的最大利润。采用这种策略需具备如下条件:①目标市场的弹性需求较大,偏低定价能刺激市场需求；②随着生产、销售规模的扩大，产品成本有明显的下降；③降价能吓退现有的和潜在的竞争者。

4) 产品质量最优化

在一般情况下，产品的质量和价格是直接相关的。质量优良同时获得市场认可的产品可以以较高的价格为消费者所接受。因此，有的企业通过追求在目标市场上的质量领先地位来达到最终获得较大收益的目标，通过高利润率来弥补质量领先所伴随的高额生产成本和研发费用。采用这种策略，企业需要在生产和营销过程中始终贯彻产品质量最优化的指导思想，并辅以相应的优质服务。此外，有些企业还考虑其产品和公司在国际市场上的形象，并以此作为定价目标。

2. 成本因素

产品的售价至少要能弥补相应的成本和费用，企业才能持续经营下去。因此，成本核算在定价决策中可以作为一个基准。产品的制造和销售所处地域不同，其成本构成也不同。国际营销与国内营销在成本上的差别一方面体现在成本的构成要素上，如关税、报关及文件处理等是国际营销所特有的成本项目；另一方面体现在相同的成本项目对于两者的重要性不同，如运费、保险费及包装费等在国际营销成本中占有较大比重。其中，较为重要的成本项目包括以下几类。

1) 关税

关税是企业跨国运营中最普遍的成本之一，它对进出口货物的价格有直接的影响。关税额的高低取决于关税率，可以按从量、从价或混合的方式征收。事实上，产品缴纳的进口签证费、配额管理费等其他管理费用也是一个很大的数额，成为实际上的另一种关税。此外，各国还可能征收消费税、交易税、增值税和零售税等，这些税收也会影响产品的最终售价。不过这些税收一般并不仅仅是针对进口产品。

2) 中间环节费用

产品从生产地流通到最终消费者的手上，要经历相应的中间环节，其间必然要发生相应的费用。中间环节费用主要包括运输费用和支付给中间商的费用。运输费用主要取决于产品生产地和最终用户之间地理距离的远近以及运输难度的大小，中间商费用则取决于目标市场国家的市场分销体系与结构。另外，如果出口企业在东道国市场上必须借助当地的中间商，同时这些中间商的实力又很强，那么企业的价格政策就会受到中间商的制约，大量的利润经常会被中间商瓜分。

3) 风险成本

在国际营销实践中，风险成本主要包括通货膨胀和汇率风险。由于货款收付等手续需要比较长的时间，因而增加了通货膨胀以及汇率波动等方面的风险。此外，为了减少买卖双方的风险及交易障碍，经常需要有银行、期货交易所等中介机构的介入，这也会增加费用负担。这些因素在国际营销定价中均应予以考虑。

3. 市场需求

产品的最低价格取决于该产品的费用，而最高价格则取决于产品的市场需求状况。各国的文化背景、自然环境、经济条件等因素不同，决定了各国消费者对相同产品的消费偏好不尽相同。在特定市场上，对某一产品感兴趣的消费者的数量和他们的收入水平，对确定产品的最终价格有重要的意义。即使是低收入的消费群体，对某产品的迫切需要也会导致这种产品能卖出高价，但仅有需求是不够的，价格还取决于消费者的支付能力。所以要使制定的价格政策能实现企业定价目标，企业需要深入研究目标市场消费者的消费习惯及收入分布情况。

4. 竞争因素

在上限市场需求和下限成本费用之间，企业能把这种产品价格定多高，取决于竞争者提供的同种产品的价格水平。对许多种类的产品来讲，竞争因素是影响产品价格最为重要的因素。企业在不同的国外市场面对着不同的竞争形势和竞争对手，竞争者的定价策略也千差万别。因此，企业就必须针对不同的竞争状况制订相应的价格策略。竞争对企业的自由定价造成了限制，企业不得不适应市场的价格。除非企业的产品独一无二并且受专利保护，否则不可能实行高价策略。

5. 政府政策

东道国政府可以从很多方面影响企业的定价策略，比如关税、汇率及利息等。一些国家为了保护民族工业而订立较高的关税或设定某些非关税壁垒，会使进口商品成本增加很多。作为出口企业，不可避免地要遇到各国政府的有关价格规定的限制，必须遵守政府对进口商品实行的最低限价和最高限价，因而约束了企业的定价自由。另外，由于价格争议而引发的反倾销诉讼也很常见，它对出口企业的产品价格也会带来较大的影响。即使东道国政府的干预很小，企业仍面临着如何对付国际价格协定的问题。最后，一些国家政府还对出口产品实行价格补贴，这样会降低出口产品的价格，增强企业产品的国际竞争力。

阅读案例 7-3

索尼公司的 U 形价格曲线

20 世纪 50 年代，日本索尼公司派盛田昭夫去美国拓展市场。当时布罗瓦公司一次订货 10 万台晶体管收音机，盛田昭夫自然也高兴，但同时又犯了愁，因为那时索尼公司的年生产能力还不能做到按时交货。如果接受订货，那就必须增加设备，扩大生产规模。但盛田昭夫考虑，如果公司扩大规模以后不再有大量的订货，增加的设备就失去作用，造成企业的亏损。当然，更不能拒绝这项订购。怎样使对方以公司最有利的数目来订货，并能使订货长期持续下去呢？他经过反复考虑，最后决定从价格入手来解决这个问题。按照一般的定价方式，订数越多，单价就越低；订数越少，单价越高。布罗瓦公司也正是根据这一常规来大批量订货的。盛田昭夫根据公司的生产能力，设计了一个"U"价格曲线。5000 台订货时，按原定价不变；多于此数，价格逐渐下降，到 1 万台时，价格降至最低；超过 1 万台后，价格逐渐上升，至 10 万台时价格更高。最后的结果自然是对方首批按 1 万台订货成交，剩下的货分几批订购，索尼便可以从容安排生产，及时交货，又不必盲目增加设备投资。

（资料来源：http://society.mymang.cn/entrepreneur/236—276783.html。）

7.2.2 跨国公司转移定价

1. 转移定价的含义

在跨国公司定价中，转移定价是应用最为普遍的一种做法。转移定价是指跨国公司的母公司与各国子公司之间或各国子公司相互之间转移产品和劳务时所采用的定价方法。

转移定价采取的手段是多种多样的。其中既有有形货物的转移，也有无形资产的转让；支付方式既包括贸易性支付，也包括非贸易性支付。归纳起来，可以将其概括为以下几种：高税国企业向其低税国关联企业销售货物、提供劳务、转让无形资产、提供贷款的时候制定低价；低税国企业向其高税国关联企业销售货物、提供劳务、转让无形资产、提供贷款的时候制定高价。这就是平时人们所说的"高进低出"，跨国企业集团的利润就可以从高税国转移到低税国。

2. 转移定价的目的

由于跨国公司内部管理日益分散化，转移定价成为公司实行全球利益最大化的重要调节机制。其目的有如下几种：①减少税负，通过转移定价，跨国公司可以设法降低在高税率国家的纳税基数，增加在低税率国家的纳税基数，从而减少跨国公司的整体税负；②攫取利润，许多跨国公司在国外的子公司都是与当地企业共同投资兴建的合资企业，跨国公司可以运用转移定价将利润转移出去，损害合作伙伴的利益；③规避风险，为了规避政治、经济、外汇及通货膨胀等生产经营风险，跨国公司可以利用转移定价将资金转移出去，使其将可能遭受的损失降到最低的限度；④对付价格控制，大多数国家对外国公司产品或劳务的价格都有一定的限制，跨国公司可以利用转移定价摆脱东道国政府的这种限制；⑤提高竞争力，跨国公司为提高海外子公司在国际市场或在东道国市场上的竞争能力，在向其子公司供应原材料、零部件时，常常设定极低的转移价格，使子公司能以低价击败竞争对手，并使该公司显示出较高的利润率，提高其资信水平和市场形象；⑥减轻配额限制的影响，配额是国际市场上常见的非关税壁垒，如果配额是针对产品金额，而不是产品数量，跨国公司可利用转移定价在一定程度上减轻限制，出口国子公司降低转移价格，而进口国配额一定，其结果等于不增加配额就扩大了进口国子公司实物的进口量，达到了扩大销售的目的。

3. 转移定价的限制

对转移定价的限制主要来自两个方面。

（1）跨国公司内部。高低价格的利用，虽能使公司整体利益达到最优化，但它以转移部分子公司的经营业绩为前提，在跨国公司实行高度分权的模式下，有些转移定价的政策会受到一些子公司的抵制。在国外的合资企业中，由于东道国一方决策权力的存在，通过转移定价以实现公司整体利益最优化更难办到。为了解决公司集中管理与分散经营相对独立的矛盾，大型跨国公司往往通过设置结算中心来进行统一协调。

（2）东道国政府。各国政府都很重视外国公司通过转移定价来逃税的现象，因而通过税收、审计及海关等部门进行检查、监督，并在政策法规上采取一系列措施，以消除通过转移定价进行逃税的现象。目前国际上普遍采用的是"比较定价"原则，即将同一行业中某项产品一系列的交易价格、利润率进行比较，如果发现某一跨国公司子公司的进口货物价格过高，不能达到该行业的平均利润率时，东道国税务部门可以要求按"正常价格"进行营业补税。此外，很多国家政府还通过调整征税方法，建立严格的审计制度，加强海关的监督管理等措施，防止或限制跨国公司对转移定价的滥用。

7.2.3 国际市场价格发展趋势

1. 价格逐步升级

价格升级是指由于外销成本的逐渐增加所形成的出口价格逐步上涨的现象。产品内销外销价格的巨大差异是由国际销售比国内销售需要增加更多的营销职能所决定的。出口过程中各环节费用的逐渐增加是造成价格升级的根本原因，但价格升级并没有给出口企业带来任何额外的利润。相反，由于价格升级，使得企业目标市场的消费者需要花高价购买同样的商品，高的价格抑制了需求，减少了企业产品的销量，对生产企业本身产生不利的影响。

因此，企业要努力采取措施抑制价格的逐步升级。通常的方法有以下几种。

（1）降低净售价。企业可以通过降低净售价的方法来抵消关税和运费。但因为减价可能使企业遭受损失，同时，企业的这种行为可能被判定为倾销，被进口国政府征收反倾销税，使价格优势化为泡影，从而起不到扩大销量的作用。

（2）改变产品形式。企业可以将零部件运到进口国，在当地组装，这样可以按照比较低的税率缴纳关税，在一定程度上降低了关税负担，从而使价格降低。

（3）在国外生产。企业可以直接在国外建厂生产，这样可以在很大程度上减少运费、关税、中间商毛利等价格升级因素造成的影响，但这需要较高的投入，企业所面临的风险较高。在欧洲，政府对农业部门的补贴使美国加工食品分销商在向欧洲出口时很难在价格上进行竞争。在美国，不是全部的农业部门都享受补贴。例如，美国家禽饲养和加工者没有补贴，这使他们的价格在世界市场上没有竞争优势。一个面向欧洲消费者的美国中西部鸡肉加工商在法国采购产品，然后在荷兰销售。这样，公司既利用补贴的成本降低效应，又减少了由于运费和关税带来的价格升级。

（4）缩短分销渠道。企业可以通过缩短分销渠道来减少交易次数，从而减少一部分中间商费用。在按照交易次数征收交易税的国家，可以采用这种办法来少缴税，从而降低产品售价。

（5）降低产品质量。企业可以取消产品的某些成本昂贵的功能特性，甚至全面降低产品质量，从而达到降低成本、控制价格的目的。

2. 倾销日益严重

倾销是指出口到东道国市场上的产品价格按低于国内的价格销售，致使当地市场上生产和销售同类产品的企业受到实质性的损害和威胁。倾销是一种不正当的竞争行为，世界各国都有关于反倾销的立法和机构。许多公司事实上都曾进行过倾销，它们为了逃避反倾销调查，除了用给进口商回扣以把出口产品伪装成在进口国内生产的产品、开具假文件隐瞒出口产品真实价格等手段外，还经常通过如下措施"合法地"逃避反倾销调查。

（1）设法使出口产品从表面上与在国内销售的产品有差别，即对实质上的同一产品，通过促销宣传，使之差异化，在国内市场上也就没有相应产品作为价格比较的基础，从而使倾销行为被掩盖。有一个汽车附件的例子，一家公司把一个扳手和一本指导书包装在一起，从而变"附件"为"工具"。正好出口地市场在工具上的关税较低，而且公司也因为包装不同于目标市场内的竞争品而从反倾销法规中获得豁免。

（2）采取多种进入国际市场的模式，通过在目标市场国家投资建厂、向当地企业发放许可证进行生产等方式，可以降低成本并低价销售。此外，还可以在与分支机构和分销商协议时，做一些非价格竞争的调整。例如，延长信用期限，其效果实质上也相当于削减价格。

7.3 分 销 策 略

分销是企业国际化运营中市场营销策略的重要组成部分，即向消费者推广产品所采用的方式，而产品推广方式由公司的进入战略决定，这个在第 5 章中讨论过。同时，实施品牌化战略，特别是全球品牌决策也是企业国际化运营的重要课题。本节将考察一种典型的分销体系，来研究为什么在不同国家会有所区别以及针对不同国家的销售战略如何不一样？分别对国际分销渠道的设计、管理及全球品牌的管理进行简单介绍。

7.3.1 国际分销渠道的设计

由于各国的市场环境和市场体系千差万别，因此，国际市场分销渠道的设计远比国内市场复杂得多。例如，对于许多外国公司来说，日本是分销领域的一项特别艰巨的挑战，因为日本的分销体系是一套高度发达的系统，已经发展到能够很好地满足日本消费者的各种需求。日本的人口虽然只有美国的一半，但是日本零售商店的总数达到了 160 万家，比美国还多出 5%。在日本，平均 1 万人中就有 132 家零售商店，而在美国，每万人中只有 65 家商店。与此相对应，日本的中介机构的数量也比较多，这种零散的零售商店系统需要超过 40 万家的批发商为之服务。

企业把自己的产品或服务通过某种途径或方式转移到国际市场消费者手中的过程以及因素构成国际分销系统，其中转移的途径或方式称为国际分销渠道。出口企业管理分销渠道主要有两个目标：一是将产品有效地从生产国转移到产品销售国市场；二是参加销售国的市场竞争，实现产品的销售和获取利润。为实现这两个目标，一次分销过程要经过 3 个环节，如图 7.2 所示。

对从事国际营销的企业来说，进入国际市场，需要考虑以下 3 个问题：是否将国内的渠道模式延伸到国际市场？选择直接渠道还是间接渠道？使用选择性分销还是密集性分销亦或独家分销？销售战略的选择决定公司会采取哪种渠道来接近潜在客户。最合适的战略取决于每个选中的相对成本与赢利，而这在各个国家是不一样的，主要是由下面的几个因素来决定的。

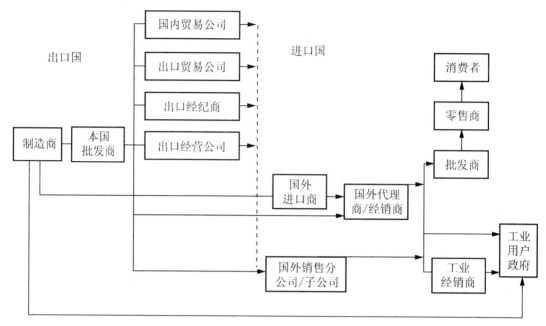

图 7.2　国际分销系统示意图

1. 渠道模式的标准化与地区化

渠道模式的标准化是指企业在国外不同市场上采取相同的渠道模式。地区化则是根据各国各地区的不同情况，采取不同的渠道模式。国际企业喜欢运用标准化渠道模式的原因很多，主要是标准化可以产生规模效益。但是，渠道模式的标准化受到很多因素的限制，因而更多企业采取的是地区化的渠道模式。

首先，由于各国的渠道结构不同会导致采取的模式不同。在一个国家行之有效的渠道，在另一个国家可能根本就不存在。同一种渠道在不同国家发挥的作用也大不一样，这迫使国际企业采取不同的渠道模式。其次，由于各国的市场特性不同会导致采取的模式不同。消费者的数量、地理分布及购买习惯等方面的不同，可能不允许企业实行标准化的渠道模式。另外，产品的储运也必须配合各个市场的特点以及当地的基础设施状况，因而企业无法对渠道加以标准化。第三，由于竞争对手的渠道策略不同会导致采取的模式不同。竞争对手采取某一模式使得消费者已经习惯于这一模式，新进入的企业为了避免消费者对渠道产生不信任的情绪，只好使用与竞争对手相同的渠道。

2. 渠道的长度决策

渠道越短，分销效率及控制程度就越高。因此企业都尽可能地运用更短、更直接的分销渠道。但是，实际的决策必须考虑其他许多方面的因素，如产品特点、市场状况及企业生产情况等。例如对产品特点来讲，鲜活商品应尽量减少中间环节，单位体积或质量大的产品也最好不要经过多个中间环节。有些产品技术性强或需要较多的售前售后服务，对这些产品配以较短的渠道更合适。单价高的贵重商品要求通过尽可能少的中间环节传达给消费者，而单价低的生活必需品通常采用长渠道。例如对市场状况来讲，市场潜量、购买力大小及零售商规模大小与渠道模式有密切的关系。在购买力强的大城市,大型零售商企业可以越过一些批发企业直接进货。在一些购买力弱的城市,中小零售商只能从当地批发企业进货。例如从生产情况来讲,生产分散、消费分散的产品,中间环节会更多一些;反之,对于生产和消费都集中的产品,企业可以减少不必要的中间环节。企业的产品组合情况也影响渠道的长度决策。一般来讲,产品线长而深的产品,适合使用宽而短的渠道。

3. 渠道的宽度决策

企业必须决定每一层次中间商的多少,这就是渠道宽度决策。决策时主要考虑产品特点、市场容量的大小和需求的宽窄。企业通常有3种可供选择的形式:①密集分销。密集分销是企业运用尽可能多的中间商,使渠道尽可能宽。其优点是市场覆盖面广,消费者购买较方便;缺点是中间商的积极性低,对中间商的控制力较弱。消费品中的便利品和工业品中的标准件、通用小工具等,适用于该分销形式。②独家分销。独家分销是企业在一定时间、一定区域内只选定一家中间商经销或代理,是最窄的分销渠道。其优点是有利于企业控制中间商,且中间商的积极性高。缺点是有一定的风险,如果这家中间商经营不善或出现意外,企业在该国的营销计划就要受到很大的影响。通常只有某些技术性较强的耐用消费品或名牌商品适用于该分销形式。③选择分销。选择分销是介于上述两种形式之间的分销形式,即有条件地精选几家中间商进行经营。这种形式对绝大多数产品都适用。它比独家分销宽,有利于扩大销路,开拓市场,展开竞争;比密集分销窄,能够节约费用,较易于控制,不必分散太多精力,且中间商有较高的积极性。

7.3.2 国际分销渠道的管理

国际分销渠道的管理包括渠道成员的选择、激励及控制等内容,其核心是对中间商的管理。由于国际分销渠道管理涉及的因素很复杂,各国的分销体系及政治、经济、文化差异巨大,不存在通用的、一致的方法,因此,企业应根据环境的变化不断动态地调整分销渠道,以保持其较高的效率。

1. 选择渠道成员

寻找中间商有很多方式,如通过外国政府机构、国外领事馆、常驻国外的商务团体等组织来寻找,也可以通过直接发布广告来寻找,还可以通过参加贸易展览会来寻找。此外,企业应根据分销目标和自身条件确定用以评价该市场中间商的标准。所定标准应根据中间商类型及它们同公司的关系而有所区别。

企业选择中间商的主要标准有以下几个方面:①财力和绩效,如果中间商财务状况不佳,流动资金短缺,它就往往很难保证履约、守信,可以通过审查中间商的财务报表,了解其财务状况,特别是其注册资本、流动资金、负债情况及销售额等;②市场覆盖率,市场覆盖率的分析主要包括中间商覆盖地区的大小、销售点数目、所服务市场的质量、销售人员的特点和销售代理人的数目等;③经营的业务,如果某个市场中最适合的中间商已经在经营与自己相竞争的产品,企业就应努力寻找另一个具有相似资历的经营相关产品的中间商,因为产品的互补性可能对双方均有好处;④信誉,中间商的信誉必须审查,企业可以通过中间商的顾客、供应商、主要对手、其他商业伙伴及相关机构等进行分析研究;

⑤合作态度，企业还应评估中间商能否对产品分销给予足够重视，其所提供的货架空间、商品陈列位置能否达到企业要求等。

2. 激励渠道成员

与国内营销相比，致力于国际营销的企业必须从广告预算中拨出更多的金额专门用于与国外中间商的沟通。激励中间商之所以重要，是因为几乎所有中间商的销售额和积极性都是正相关的。

调动中间商积极性的主要方法大致有以下几类。

（1）物质激励。主要是让中间商获取一定的利益。毛利和佣金数目必须能满足中间商的需要，并且可以根据其销售业绩及提供服务的质量进行浮动。另外，降价也是激励中间商的有效方法。授予中间商以独家经营权，也能调动中间商的积极性。在一定程度上，互购也能起到鼓励中间商的作用。

（2）精神激励。中间商也需要精神上的安慰和工作上的认可，对中间商已取得成绩的肯定和适当的赞美能收到很好的激励效果。

（3）良好沟通。企业应该通过信函、业务、通信等方式同所有的中间商保持紧密的联系，并应尽可能地采用个人对个人的方式。一项研究表明，国际企业与中间商联系的越多，中间商的积极性就越高。同样，双方了解越深入，相互之间的摩擦就越少，工作关系也就越融洽。

（4）企业支持。企业应通过各种方式支持自己的中间商，这些支持可以帮助中间商树立起对企业产品和自己经销能力的信心，具体做法包括培训方面的支持、广告方面的支持、调研方面的支持和资金方面的支持等。

阅读案例 7-4

百事可乐对返利政策的规定

百事可乐公司对返利政策的规定细分为5个部分：年折扣、季度奖励、年度奖励、专卖奖励和下年度支持奖励，除年折扣为"明返"外（在合同上明确规定为1%），其余4项奖励均为"暗返"，事前无约定的执行标准，事后才告之经销商。

（1）季度奖励在每一季度结束后的两个月内，按一定的进货比例以产品形式给予。这既是对经销商上季度工作的肯定，也是对下季度销售工作的支持，这样就促使厂家和经销商在每个季度合作完后，对合作的情况进行反省和总结，以便相互沟通，共同研究市场情况。同时百事可乐公司在每季度末还派销售主管对经销商业务代表培训指导，帮助落实下一季度销售量及实施办法，增强了相互之间的信任。

（2）年终回扣和年度奖励是对经销商当年完成销售情况的肯定和奖励。年终回扣和年度奖励在次年的第一季度内，按进货数的一定比例以产品形式给予。

（3）专卖奖励是经销商在合同期内，专卖某品牌系列产品，在合同期结束后，厂方根据经销商的销量、市场占有情况以及与厂家合作情况给予的奖励。专卖约定由经销商自愿确定，并以文字形式填写在合同文本上。在合同执行过程中，厂家将检查经销商是否执行专卖约定。

（4）下年度支持奖励是对当年完成销量目标，继续和制造商合作，且已续签销售合同的经销商的次年销售活动的支持。此奖励在经销商完成次年第一季度销量的前提下，在第二季度的第一个月以产品形式给予。

因为以上奖励政策事前的"杀价"空间太小,经销商如果低价抛售造成了损失和风险,厂家是不会考虑的。百事可乐公司在合同上就规定每季度对经销商进行一些项目考评:如实际销售量、区域销售市场的占有率、是否维护百事产品销售市场及销售价格的稳定、是否执行厂家的销售政策及策略等。

此外,为防止销售部门弄虚作假,公司还规定考评由市场部、计划部抽调人员组成联合小组不定期进行检查,以确保评分结果的准确性、真实性。

(资料来源:李先国. 分销渠道管理[M]. 2版. 北京:清华大学出版社,2014:54.)

3. 控制渠道成员

国际分销渠道往往十分冗长,这常使得企图控制中间商的企业鞭长莫及。有些国际企业通过建立自己的分销渠道来解决这一问题,另一些公司则通过授予独家分销权等办法来保持对渠道中头几个环节的控制。尽管控制渠道会遇到许多困难,但是许多国际企业仍然愿意在这方面进行努力。无论是内部渠道成员还是外部中间商,国际企业都应该尽可能使之明白自己的营销目标。因为一切控制系统都根植于企业的营销计划。需要转达的信息包括销售额目标、市场份额目标、存货周转率、该地区客户数目、增长目标、价格目标和广告宣传目标等。

对渠道成员的控制主要包括以下几个方面。

(1) 业绩评估。企业可以确立一些标准来加以对照衡量。如中间商是否接受配额、销售指标完成情况、是否努力完成既定目标、付款是否及时、市场覆盖面、促销工作的合作情况等。通过这些指标的分析来发现问题,进行诊断和改进。

(2) 要及时调整。渠道各成员之间既存在合作,又存在着矛盾和竞争,企业除了让各中间商了解企业本身的目标政策外,还应平衡各成员间的关系,彼此互相协调,共同受益。国际市场分销渠道的调整方法有增减渠道或中间商、改变整个渠道系统等。

专栏 7-2

韩国航空旅游市场分销渠道

韩国国土面积狭窄,首都首尔汇集了全国 1/4 的人口,是韩国的经济、政治、文化中心。韩国国内的商务旅客相对较少,航空旅客以游客为主,且出境游旅客占较大比重。韩国旅游市场是一个较为统一的市场,地域分隔少,整个国家的旅游市场价格较为统一。

由于韩国航空旅游市场的特殊性,分销航空公司座位的主角是旅行社,专门做票务的代理人较少,航空公司也较少设立面向散客的售票处。韩国有 2 500 家旅行社,其中较为活跃的有 350 家左右,大型的旅行社在 30 家左右,一家旅行社很难依靠设立支店的形式覆盖和渗透到整个韩国旅游市场,大中型旅行社必须依靠小旅行社充当分销渠道的神经末梢以扩大销售量。由于韩国市场的特殊性,构成了韩国航空旅游市场分销渠道的多样性和独特性。

(资料来源:甘碧群. 国际市场营销学[M]. 2版. 北京:高等教育出版社,2006:387.)

7.4 广 告 策 略

营销组合的另一个重要元素就是向未来的消费者通报产品的属性。这些沟通的渠道包括直销、促销、直接向市场推出以及广告宣传。如何选择沟通策略就是要在"推式策略"与"拉式策略"之间做出选择，而广告策略就是一种非常典型的"拉式策略"。国际广告是国际化运营企业的重要促销手段。企业在全球广告业务活动中，要特别重视语言、文化及政策等对广告的限制性因素，在广告策略、广告媒体和广告代理商等方面做出正确决策。

7.4.1 国际广告的含义及发展趋势

1. 国际广告的含义

广告是任何在传播媒体上登出的、付费的、对企业及其产品的宣传，是一种非人员的促销活动。国际广告是为了配合国际市场营销活动，在东道国或地区所做的企业及产品广告。它是以本国的广告发展为母体，进入国际市场的广告宣传，使出口产品能迅速进入国际市场，实现企业的经营目标。

与其他沟通方式相比，国际广告有 3 个优点：①广告公开刊登在大众媒体上，可增加国外消费者对企业和产品的可信度，消除顾虑，对于进入陌生国家的企业和产品来说，尤为重要；②广告可以利用大众媒介的传播渠道，迅速扩大知名度；③广告是一种艺术，具有美的或情感的表现力和感染力，比其他沟通方式更能表现国际产业或企业的价值，更能吸引国外消费者。

2. 国际广告的发展概况

1）各国广告的支出

国际广告是随着国际贸易和市场竞争的发展而逐渐发展起来的。在第二次世界大战结束时，广告活动主要限于国内，随着经济全球化的发展，国际广告迅速发展，许多广告公司也开始向跨国公司发展。广告公司也由广告创作和广告代理发展成为一个综合性的信息服务行业。其中广告业最为发达的美国占全球广告业支出的比例虽然在下降，但绝对支出额上升较快。美国多年来一直占全世界广告费用总额的一半以上，其次是日本和德国。但近年来，中国、巴西、俄罗斯及印度等新兴国家的广告支出增长十分迅猛。

1950 年，全球广告费用约 74 亿美元，其中美国占了 57 亿美元；20 世纪 70 年代末，全球广告费用猛增至 720 亿美元，其中美国为 380 亿美元；2004 年全球广告费用达到 3860 亿美元，其中美国为 1411 亿美元。据尼尔森媒体研究机构预测，中国将在 2015 年左右超过日本，成为全球第二大广告市场。

2）各国广告主要媒体

在全球广告市场中，最重要的媒介依次排列为：印刷刊物、电视和无线电广播。但由于文化背景和教育发展水平的原因，不同地区的广告支出在各媒介上的比重是不同的。例如，西欧由于教育水平较高，广告费在印刷媒体上的支付比例过半，而拉丁美洲由于教育水平较低，广告费在印刷媒体上的支付比例只有 1/4。这种媒介广告支出分配情况，与地区间的产业分工和工业发展水平也有关系。

3. 世界广告业的发展趋势

世界广告飞速发展，目前已进入崭新的阶段，其主要特征如下所述。

(1) 电子信息、高新技术手段已全面渗透广告业。由于大规模应用现代通信技术和计算机信息处理技术，广告日益向为广告主提供完善服务的方向发展，为生产企业在市场调查、产品设计、生产和销售以及售后服务等方面提供全面的咨询服务，并帮助企业进行形象分析和决策分析，从而促进了广告活动整体策划技术的普遍推广。

(2) 高技术成果在广告中得到广泛的运用。广告的宣传手法借助科技发展的新成果，变得更为吸引人，更具有视听效果。高科技所带来的新颖的表达形式，使广告如虎添翼，令人耳目一新。

(3) 广告更加注重树立企业和品牌形象。在20世纪70年代初期，广告都突出独有的销售观点，强调产品特色，只要在广告中把自己的产品比同类产品优胜的地方告诉消费者，便是有效的广告。进入20世纪90年代，产品广告更以独有的美好形象来支持。树立良好品牌形象的广告，会为企业带来长久的收益，是今后广告竞争的重要无形投资。

(4) 广告制作更为专业化。广告在现代社会的高速发展中将变得更为专业化。其中包括广告理论的建立、市场调查、形象设计、媒介运用、竞争策略及专题研究等，所以要有高水准的专业化制作才足以应付。专业化的广告公司将更加注重广告策略的重要性，帮助客户解决市场推广的全部问题，提供全面服务。

(5) 国际广告业的合作进一步发展。随着经济全球化与市场一体化的发展，出现了大量的国际广告活动。国际广告界相继成立了各种行业性协会组织。同时，随着商业贸易的国际化，各国的广告公司或广告组织也经常组织国与国之间的合作。

(6) 国际广告出现了大规模的合并趋势。在当前经济快速发展、竞争日益激烈的时代，巨型跨国企业为了打入更多的市场，鼓励广告公司兼并国外的一些独立广告公司，以形成连环结构或同国外的一些规模相当的公司联合。

7.4.2 国际广告策略

1. 广告策略的含义

广告策略是指企业在分析环境因素、广告目标、目标市场、产品特性、媒体可获得性、政府控制和成本收益关系等的基础上，审慎考虑关于集权和分权，选择一个还是多个广告代理商、广告费的筹措与分配、广告文字以及广告活动的开展方式、媒体选择和宣传劝告重点的总体原则做出的决策。制订国际广告策略，首先必须有一个具体的广告目标。广告目标总的来说，一是通过广告在公众中树立企业或产品的良好形象；二是引起和刺激公众对本企业产品的兴趣并导致其购买，当然最终目标是为了赢利。

但国际广告要实现其目标，必须使广告能适应目标市场所在国的各类环境因素，在此基础上选择广告的方式和广告的媒体。2003年9月2日，麦当劳公司在德国慕尼黑宣布正式启动"我就喜欢"品牌的更新计划。这是麦当劳公司第一次同时在全球100多个国家联合起来用同一组广告、同一种信息进行品牌宣传。新广告为麦当劳树立起前卫、时尚的崭新形象，随着"超级男孩"贾斯汀主唱的广告曲在青少年中的流行，人们逐渐接受了广告传达的信息：光顾麦当劳不仅是因为它便宜，而且是因为"我就喜欢"。

2. 国际广告的策略选择

1) 国际广告的"标准化策略"和"差异化策略"

从事国际化经营的企业都面临着国际广告标准化和差异化的选择。所谓标准化,是指企业在不同国家的目标市场上,使用主题相同的广告宣传;所谓差异化,是指企业针对各国市场的特性,使用不同的广告主题和广告信息。企业采用国际广告的标准化或差异化取决于消费者购买产品的动机,而不是广告的地理条件。以下分别介绍这两种策略的优缺点。

国际广告"标准化策略"的优点首先是可以降低企业广告促销活动的成本。企业只需要确定一个广告主题,就可将其在各国市场不加改动或稍加修改后进行宣传,从而节省许多开支。其次是可以充分发挥企业人、财、物的整体效益。可以集中企业内部各种广告人才的智慧,设计出一流新颖的广告主题,同时能够将企业的广告费用集中使用,充分利用科学技术的最新成果,形成广告手段的竞争优势。最后是可以以统一的整体形象传递给世界各国,从而增强消费者对企业及产品的印象。但标准化策略也有其缺点,由于没有考虑各国市场的特殊性与差异性,因而广告的针对性差,广告的效果也就不佳。所以很多企业采用差异化的广告策略。

国际广告"差异化策略"的优点是针对性强,可以适应不同文化背景的消费需求。因为不同国家的消费者对同一种产品的看法是不尽相同的,因此,广告宣传就要有不同的侧重点。但差异化策略也有其缺点,就是广告企业总部对各国市场的广告宣传较难控制,甚至相互矛盾,从而影响企业形象。

2) 国际广告的"推动需求策略"与"拉引需求策略"

"推动需求策略"是在产品已经上市的情况下,利用广告宣传这些产品,推动需求,使消费者接受这些产品,从而扩大产品的销售。

"拉引需求策略"是在一种新产品上市或一种产品在新市场上市之前,就用广告来宣传这些产品,从而将顾客拉向自己的产品。

3. 国际广告媒体

国际广告"拉式策略"依仗着重要的广告媒体,其中包括印刷媒介(报纸和杂志)、广播媒介(电视和收音机)以及互联网。报纸在许多国家居广告媒体之首,这是因为报纸具有传播面广、反应迅速、制作简单、费用低廉等诸多优点。它的缺点主要是保存时间短、对受众的吸引力较差等。报纸作为广告媒体在不同国家或地区的使用受到限制。例如日本由于全国性报纸数量少,发行量大,刊登广告极为不易。杂志作为广告媒体,具有针对性强、保存时间长、可信度高等优点,但杂志出版周期长、发行范围窄,缺乏灵活性与时效性。同时,许多杂志仅有本国文字的版本,拥有特定的读者,难以在更为广泛的国外市场发行。

电视广告实现了视、听的结合,具有很强的吸引力。电视作为广告媒体,具有传播范围广、表现手法灵活多样以及促销效果好等优点。随着视听技术的发展、生产销售的国际化以及电视普及率的提高,为电视作为国际广告媒体提供了有利的条件。近年来,卫星电视及有线电视的发展,扩大了广告在各国和地区的传播范围。广播具有传播范围广、信息传递及时迅速、方式灵活多样、费用相对低廉等优点。在文盲率较高或者电视机尚未普及的欠发达国家或地区，广播是传递广告信息的重要媒体。即便在发达国家或地区，无线电广播仍拥有许多听众，特别是人们往往利用驾车时间收听广播。

网络具有信息量大、传递信息快速、交互式沟通、储存时间长、视听一体等优点，被称为继电视、报纸、杂志、广播之后的第五大广告媒体。它可以使企业直接同广大用户交互式沟通，具有其他媒体无法比拟的效果。网络广告可以与电子商务结合起来，代表着未来商业的发展方向。

电视广告在欧洲

电视广告在丹麦、瑞典和挪威几乎不存在。每日广告的允许时间也不相同，芬兰是12min，意大利是80min。法国允许每频道每小时播出12min的广告，而瑞士、德国和奥地利允许的时间则都是20min。关于电视广告内容的规定也不相同，有几个国家的广告客户在获得播出时间之前可能要等待两年以上。在德国，广告需要提前1年进行预定和支付费用。

（资料来源：[美]Warren J. Keegan. 全球营销管理[M]. 段志蓉，钱珺等，译. 7版. 北京：清华大学出版社，2004：451.）

4. 影响国际广告的限制性因素

（1）语言的限制。语言是借助广告进行有效交流过程中最大的障碍之一，不同国家语言差异很大，有的国家内部语言差异也很大。在处理多国语言问题时，稍有不慎就可能犯错误。因此，企业在东道国做广告时，可以雇佣当地雇员帮助审核广告稿本，也可以完全利用当地的广告代理商来制作广告信息，使广告能够得到当地消费者的正确理解，达到扩展国际市场的目的。

（2）文化的限制。国际广告最大的挑战之一，是克服在不同文化的交流中遇到的问题。文化因素涉及的范围很广，包括各国的风俗习惯、价值观念、宗教信仰等差异很大。在一个国家很受欢迎的广告，在另一个国家则可能触犯禁忌。因此，企业应特别重视广告信息与东道国文化的适应性。

（3）政策的限制。不同国家对广告的管理法规不尽相同，企业必须了解东道国政府对广告管理的有关政策和法规，才能保证自身的广告活动既达到预期效果又不受处罚。世界各国政府对广告的限制政策主要包括广告商品种类、广告内容、广告媒体及广告税收等方面。

 阅读案例 7-5

争议广告引发缅甸政府加强广告监管

《缅甸时报》2007年7月23日星期一的版面上，出现了一则广告，其中隐藏的信息引起部分缅甸博客讨论。有人认为，在这则看似旅行社刊登的广告中，旅行社的名称(Ewhsnahtrellik)如果倒着读，意思是"杀手丹瑞"(Killer Than Shwe)。要知道丹瑞将军为缅甸军政府领导人。

对此,缅甸新闻检查与注册局局长丁索针对25本杂志、期刊颁布新的禁令,并且警告如果相关的情况再出现,将取消该刊物的发行执照。新的禁令指出,除了英文与缅文的广告之外,其他外国文字的广告一律禁止刊登,同时广告中也必须注明公司全名与地址。

(资料来源:郭国庆. 国际营销学[M]. 北京:中国人民大学出版社,2008:283.)

7.4.3 国际广告代理制度

1. 国际广告管理体制

国际广告管理体制的实质是集中管理还是分散管理。有些跨国公司为了进行全球范围内的广告业务活动而配备了专门的机构和人员,但在多数情况下是依靠广告代理商提供的服务。

国际广告业务的管理体制一般有3种方式。

(1) 集中管理方式。即由公司总部负责全球各地广告的计划、组织和实施。实行集中管理的主要理由是:集中管理可以发挥总公司高级人才的管理才能,节省费用开支,有助于加强总公司对各地广告业务的控制。这些理由都与管理的效力有关,集中管理适合采取标准化的广告策略。但实行集中管理可能脱离当地实际情况,不利于调动当地子公司的积极性,甚至可能导致广告失败。

(2) 分散管理方式。即由当地公司直接负责全部广告的管理和业务实施。主张分散管理的主要理由是:各地的文化背景不同,需要对各地的情况进行专门了解,并根据各国的具体情况有针对性地建立广告管理体制。

(3) 分散管理与集中管理相结合的方式。即由当地公司直接负责广告业务的实施,但广告总的方针政策是实行集中管理。通常的做法是总部的广告经理负责广告政策和方针的确定,并制定目标和广告预算,而子公司主要负责广告媒体的选择,并使广告适应当地市场特点,以吸引顾客。

2. 国际广告代理机构

国际广告代理商主要有两大类型:本国的广告代理商和国外当地的广告代理商。他们各自又具有不同的形式。本国广告代理商可以分为兼营国际广告业务的代理商和专业国际广告代理商,国外广告代理商可以分为当地的广告代理商和合作式广告代理商。

由于国际广告代理机构数量多、业务杂,国际企业在选择时应依照以下标准进行选择:①市场覆盖面,企业应考察代理商是否能够将信息传递给所有目标市场;即便有的代理商覆盖面很广,但如果它不能与企业的目标市场相吻合,也不应该选择;②服务的质量,企业应考察代理商市场调研、公共关系及广告服务质量的高低,其结果直接关系到广告活动的效果;③对沟通的需要程度,如果国际企业想和代理商经常保持联系,并且监督他们的工作,就应该选择有驻外办事处的国内代理商,代理商内部的沟通网络,将使企业的沟通与监督工作更加便利;④对协调的需要程度,如果国际企业想通过协调使各国广告保持一致,就应该选择跨国的大广告代理商,而各国当地的小广告代理商很难做到这一点;⑤目标市场的大小及分布,有些国际企业的国外目标市场多,但每个市场都比较小,

第7章 企业国际化运营中的市场营销

在这种情况下,为每一个市场选择当地的代理商显然是不经济的,而且无法引起当地代理商的兴趣,但是对跨国性广告代理商而言,将所有市场的小量广告加总,其总额还是相当诱人的;⑥涉入国际营销的深度,在合资经营的方式中,当地的合作伙伴往往已有经常来往的代理商,因此他们成为选择广告代理商的实际决策者,在许可经营的方式中,被许可方拥有广告代理商的选择权,在通过中间商的销售方式中,虽然企业与中间商通常会有共同合作的广告计划,但是国际企业对国际广告的控制权也被大大地削弱了;⑦广告费用,服务质量最好的广告代理商并不一定是国际企业最理想的选择,因为他们要价往往很高,企业选择广告代理商时要受到广告预算的约束,必须认真比较各代理商的报价,只要选定的广告代理商能在预算范围内完成企业预定的广告任务,这项选择就是成功的。

本章小结

国际市场产品策略要求对产品计划、产品标准化与差异化策略、产品系列选择方案、品牌策略、国际产品生命周期策略及新产品开发策略等进行制订和协调。

价格在现代市场营销过程中是一个决定性因素。影响产品定价的主要因素有定价目标、产品成本、市场需求、市场竞争及政府政策等。在跨国公司定价中,转移价格是应用最为普遍的一种做法。国际市场定价的发展趋势表现为价格逐步升级和倾销日益严重,企业必须对此高度重视,并采取有效措施消除这些因素给企业定价带来的负面影响。

企业在选择具体的国际分销策略和设计国际分销渠道结构时,有长渠道与短渠道、宽渠道与窄渠道之分。国际分销渠道管理,包括选择、激励、评价、控制渠道成员以及渠道的改进等。

国际广告是重要的促销手段,其使用最多的媒体是报纸、杂志、广播、电视和网络等。企业在全球广告业务活动中,应对采取标准化策略或差异化策略做出选择。企业在选择国际广告代理商进行广告业务活动时,必须对广告代理商情况进行考核,慎重选择适合的广告代理商。

关键术语

本土化 标准化 全球品牌 国际价格升级 转移定价 全球营销战略

综合练习

一、名词解释

产品标准化 产品差异化 全球品牌 国际产品生命周期 新产品 转移价格 倾销 价格升级 国际分销系统 密集分销 独家分销 选择分销 国际广告 标准化广告

二、简答题

1. 产品标准化策略和差异化策略的适用条件是什么?
2. 产品系列的选择方案有哪些?
3. 试述国际产品生命周期的特点。
4. 影响企业定价的因素有哪些?

5. 出口产品为什么会有价格升级现象？企业应采取什么对策？
6. 中国出口企业应如何正确对待反倾销？
7. 企业在选择国外中间商时应考虑哪些基本条件？
8. 企业如何对国外分销渠道进行控制？
9. 举例说明广告标准化策略与差异化策略的优缺点。
10. 影响企业开展国际广告业务的主要限制性因素有哪些？

根据以下案例，试讨论：
1. 自主品牌奇瑞 A5 的国际市场营销有什么特点？
2. 从奇瑞 A5 国际市场受宠的国际市场营销策略中，你得到了什么启示？

奇瑞 A5 国际市场受宠

奇瑞 A5 已经出口到包括东欧、南美、非洲及中东等 20 多个国家和地区，并受到当地消费者的极大欢迎。对于为何奇瑞能够取得这样优秀的市场成绩，奇瑞公司认为，这主要是缘于奇瑞 A5 全面发展的综合素质以及运用得当的国际市场营销战略和适宜的市场运作方式。

奇瑞 A5 之所以在国际市场大受好评，关键是因为其综合素质的全面发展。素有"A+家轿安全领跑"之称的奇瑞 A5 凭借安全、动力、配置、底盘、服务等八大特性赢得了市场的认可。

酒香也要靠宣传，奇瑞 A5 之所以走俏国际市场，离不开其国际化的市场运作方式。首先，奇瑞经过数年的出口，已经积累了一定的销售渠道，为奇瑞 A5 的顺利"走出去"铺平了道路；其次，经销商筛选、考核制度逐渐完善。通过最初的代销、转销、寄卖等方式发展到现在奇瑞在国外培养自己的经销商，通过引进国际先进经验和考核标准，奇瑞 A5 已经拥有了一批高素质、高标准的国外经销商，不但提高了销售水平，也提高了服务质量，得到了国外消费者的赞誉；再次，宣传和推广的本地化转变，通过与当地经销商和专业公关广告团队的合作，奇瑞 A5 的宣传风格更加本地化，更符合当地的民风民俗，并与当地政府和社会团体保持友好往来，使奇瑞 A5 获得了相对宽松平和的市场环境；最后，零部件配套体系日趋完善也不容忽视。汽车销售市场的建立是一个庞大的体系，不是仅仅依靠销售就能完成，为此，奇瑞 A5 加大了国际市场零部件配套体系的建设。

从几百辆到 1000 辆，到如今的每月 3000 辆以上，奇瑞 A5 在短短两年的出口中，完成了积累和渐进的过程。而 3000 辆左右的月出口，为奇瑞 A5 的整体销量起到了非常积极的提升作用。海外市场已经成为奇瑞 A5 销售的重要力量，这也极大地提高了奇瑞 A5 的品牌溢价和产品利润。正如奇瑞汽车董事长尹同耀先生所说："向全球最先进的企业看齐，全力将奇瑞汽车打造成国际名牌。在世界汽车工业中应该有一个中国汽车的著名品牌，这是中国汽车企业必须完成的任务和义不容辞的责任"。

（资料来源：吴健安. 市场营销学[M]. 5 版. 北京：清华大学出版社，2013：334.）

第 8 章

企业国际化运营中的财务管理

教学目标

通过学习本章,了解企业国际化运营中财务管理的目的,明确跨国运营财务管理的基本内容,掌握企业国际化运营中进行财务管理的主要做法。

本章技能要点

知识要点	能力要求	相关知识
会计核算标准的协调	了解会计核算标准协调的目的 掌握进行会计核算标准协调的主要机构	会计核算标准协调的必要性 国际会计准则委员会发布的会计准则
外币财务报表的换算	掌握在外币财务报表换算中运用正确的汇率 根据企业国际化运营的需要选择正确的外币财务报表换算方法	外币财务报表换算的必要性 外币财务报表换算方法的划分 不同换算方法使用汇率的比较
环境报告	识别不同环境报告的使用者和使用原则 选择正确的企业环境报告模式 学会撰写企业环境报告的主要内容	企业环境报告的目的和内容 企业环境报告的发展现状 GRI 指南 日本环境报告指南
国际税收	明确国际税收对跨国运营企业的影响 掌握企业在国际化运营中进行国际税收筹划的各种方式及结合使用	经济全球化对国际税收的影响 跨国运营企业利用国际税收需实现的经营目标 国际税收筹划的方法

续表

知识要点	能力要求	相关知识
转移价格	学会计算运用转移价格减少所得税和关税的一般做法 掌握转移价格在企业国际化运营中的表现形式	运用转移价格的目的 转移价格的表现形式
外汇风险管理	正确区分经济风险、折算风险和交易风险 了解跨国运营企业外汇风险的测算方法及规避途径	外汇风险的含义 外汇风险的类型 跨国运营企业规避外汇风险的方式和做法

导入案例

克莱斯勒的股利政策

1995年4月,金融家科克瑞恩和克莱斯勒的前主席艾可卡提出要以55美元一股的价格收购克莱斯勒的普通股,这一举动使得整个金融界为之震惊。该收购的主要资金来源是负债,但这个出价颇有蹊跷之处。他们还计划使用克莱斯勒自有的55亿美元现金来为该收购融资。他们的出价使得什么是公司合适的现金流量以及公司的财务经理应如何使得股东财富最大化方面的争论愈加激化。

在出价之时,克莱斯勒已积聚了超过70亿美元的现金余额。克莱斯勒的董事会认为,公司需要75亿美元左右的现金来渡过下一个经济衰退期,该目标显然符合股东的最大利益。然而克莱斯勒最大的股东科克瑞恩不同意这一点,他在当时拥有公司不足10%的发行在外股份(价值15亿美元)。他认为公司的现金余额过大,应当通过向股东返还现金的方式来加以削减。

为了了解科克瑞恩的思维角度,确定公司现金归谁所有非常关键。公司的董事会每个季度都会决定如何处置来自运营的多余现金。这些现金可以通过股利的方式发放给股东,也可以留存在企业。如果支付股利,便是流向股东的现金流量,如果将现金留在公司,这些钱仍然归属于股东,但事实上董事们通过增加净营运资本的方法使股东的资金再投资到了公司里。

争论的焦点是净营运资金的增加是否为股东提供了适当的回报。克莱斯勒的董事们认为现金能降低出现财务危机的概率,对于股东来说是有利的,然而,从科克瑞恩的角度来说,克莱斯勒的现金余额增加的同时,它的股价并没有上升。在1994年年末,科克瑞恩说服了克莱斯勒的董事会,用公司的一些多余现金将公司的股利提高了60%,并且进行了一项10亿美元的股票回购活动,这两项措施均给股东带来了现金流入。尽管如此,克莱斯勒的现金余额在1995年初依然上升,股票价格却在继续下跌。科克瑞恩认为,积聚现金并不能增加股东的财富,更好的方法是让股东自行将现金进行再投资。

科克瑞恩与克莱斯勒之间争夺控制权的斗争最终如何结束,并不能解决这一公司究竟应该持有多少现金这个更为普遍的论题,而且克莱斯勒并不是唯一拥有大量现金的公司。1995年4月,《华尔街日报》报道说克莱斯勒的现金持有量约莫等于其股票市场价值的30%,福特为22%,英特尔为9%,这些公司已经为它们的股东们再投资了大量的资金。这些积聚了大量现金余额的公司可能最终需要向一个重要的、有时会发表意见的群体——它们的股东——辩护自己的行为。

(资料来源:http://class.htu.cn/cwgl/xuekedongtai。)

试回答:

1. 克莱斯勒的财务管理目标是什么?

第8章 企业国际化运营中的财务管理

2. 克莱斯勒的股利政策对公司市场价值产生怎样的影响?
3. 克莱斯勒的股票回购活动对股东和公司产生了什么影响?

企业的国际化运营包括生产管理、市场管理、财务管理、人力资源研究与开发等多项管理活动。而财务管理是企业国际化运营中对各海外子公司的筹资决策、投资决策、财务预算、利润分配决策进行控制的重要管理领域和职能。它必须能够适应公司的整体管理系统,适应世界有关国家的金融、财政、税收、财务和会计法规及惯例,按照国际惯例和国际经济法的有关条款以及国际化运营财务收支的特点,组织自身的财务活动和处理各种财务关系。

财务管理是跨国公司实现全球战略的关键,它包括以下3个方面的管理目标。

① 发挥跨国经营的优势,降低财务成本,提高经济效益。跨国公司在不同国家设子公司经营,可以取得不同的资金来源,并可以达到财务上的规模经济,提高规模经济效益。

② 在跨国经营活动中,适应各国或各地区的具体惯例和环境限制。跨国经营活动需要将资金在母国和东道国之间、各子公司之间进行汇寄转移,而各国对资金跨国转移的限制、汇率是不同的,财务管理需适应各国不同的政策环境。

③ 使跨国经营的利益不因财务风险而受损失,保持资产和收入的价值。跨国经营活动会遇到货币贬值或升值的风险,还会受到各国不同的通货膨胀率的影响。财务管理要力求避免币值变化带来的损失,保护企业的资产和收入的价值。

(资料来源:李尔华,崔建格.跨国公司经营与管理[M].北京:北京交通大学出版社,2011:201.)

由于企业国际化运营中的财务管理应包括哪些内容,国内外的财务专家对此还没有形成完全统一的认识。而作为财务管理的一个新领域——跨国公司财务管理,一般认为应包括6个方面:跨国公司财务管理的环境分析、国际筹资管理、跨国投资管理、国际营运资金管理、国际税收管理和外汇风险管理。

跨国公司财务管理和国内企业财务管理是企业财务管理的两个分支,其基本原理和方法是一致的。由于国际企业的经营业务涉及世界许多国家,理财环境复杂,所以,国际企业财务管理呈现出下列特点。

1. 资金筹集具有更多的选择性

无论是资金来源还是筹集资金的方式,国际企业均比国内企业呈现出多样化的特点。从资金来源看,国际企业除了有来自企业内部和母公司地主国的资金以外,还有来自子公司东道国、国际资本市场和有关国际机构提供的资金。从筹集资金的方式来看,国际企业除了通过吸收各种货币、实物、无形资产和发行股票筹集所有者权益资金以外,还可以在世界金融市场向各类金融机构申请贷款、租赁设备和利用商业信用、发行债券等方式筹集借入资金。由于资金来源和筹资方式多样化,所以,国际企业应根据具体情况和实际需要,选择最有利的资金,以利降低资金成本。

2. 资金投放具有更大的广泛性

国际企业可以在母公司地主国投资,也可以在子公司东道国投资,还可以在第三国和其他地区投资,投资行为也极为广泛。但是,各个国家和地区的经济、法律、政治及文化有较大的差别,影响投资收益的因素十分复杂。在地理区域分布广、环境复杂的条件下进行投资，投资者应广泛收集信息，寻求最有利的投资机会，并对投资项目进行认真的可行性研究，以便正确开展投资决策和提高投资收益。

3. 财务活动具有更高的风险性

国际企业与国内企业相比较，财务活动面临的风险更高。这些风险主要表现在：①汇率变动风险；②利率变动风险；③通货膨胀风险；④筹资决策风险；⑤投资决策风险；⑥政策变动风险；⑦法律变动风险；⑧政治变动风险；⑨战争因素风险；⑩其他风险。

由于国际企业财务活动面临着较高的风险，所以，要求其财务管理人员必须具有较高的业务素质和理论水平，以便正确地识别风险、避免风险和利用风险。

4. 财务政策具有更强的统一性

国际企业的财务活动是在不同的理财环境条件下进行的，面临着不同货币种类、金融市场、外汇管制及其他因素的影响。为了及时融通资金、降低费用、减少捐税和获取最大收益，国际企业要对融资、投资、外汇和内部转移定价实行统一政策，严格管理。这就要求财务管理人员不要贪求一时一事的降低费用和避免风险，而要从长远和整体利益出发，在全球范围选择融资渠道和投资机会，以确保全球发展战略的实现。

（资料来源：吴明礼. 新编财务管理[M]. 南京：东南大学出版社，2012：263—264.）

本章根据财务管理的基本职能和跨国运营企业通过国内、国外两个市场配置资本资源，实现价值最大化的特点，重点阐述企业在国际化运营中必须要面对和解决的几个财务管理方面的问题。

8.1 会计核算标准的协调

由于经济发展水平、政治制度、教育水平及法律等不同，各国会计准则、会计制度和会计实务及其提供的财务报表信息也存在较大的差异。虽然目前大多数国家都有发布本国会计标准的机构，区别是有的由官方制定，比如日本由大藏省的"企业会计审议会"公布，有的由会计民间团体制定，比如美国由美国财务会计标准委员会制定等。

但是，随着国际经济合作和国际投资的迅速增长、跨国运营企业的迅速发展，为了使跨国运营企业的会计报表能够便于国际间的经济交流，客观要求其会计能够提供可理解、可比较的财务信息，从而更正确地、客观地反映跨国运营企业的运营成果，并帮助跨国企业制订正确的国际运营战略和国际投资决策，解决不同国家之间财务报表和实务方面的差异，自20世纪60年代以来，在世界范围内逐渐出现了国际会计协调化和会计核算标准协调的新趋势。

企业在国际化运营中，由于涉及不同国家的会计制度和会计标准，而且各国在合并财务报表、外币换算和物价调整等会计处理上采取的方法也有区别。所以，了解会计核算标准协调趋势及各国会计实务中的区别是企业在国际化运营中进行财务管理的首要任务。

会计核算标准国际协调的目标在于减少各国会计准则和会计制度之间的差别，增强其会计实务的和谐与共存，协调的目的在于使跨国运营业务及其他国际经济交往事项得以顺利进行。目前从事国际会计核算标准协调的机构比较多，协调的力量主要包括两个方面：一方面是由政府组成的组织，如国际性的机构有联合国（UN）、经济合作与发展组织（OECD）等，地区性组织有欧洲联盟（EU）和非洲会计理事会（AAC）等，由于得到各国政府的认可,具有超国家的性质;另一方面是由独立会计职业单位组成的民间机构,如国际性民间组织有国际会计准则委员会(IASC)、国际会计师联合会(IFAC)等,地区民间组织机构有泛美会计联合会(AIC)、欧洲会计、东盟国家会计师协会(AFA)、中东会计师协会(MESAA)、经济及财政专家联盟(UEC)、亚太地区会计师联合会(CAPA)等,各个协调机构各自起着不同的作用。

目前,国际会计准则委员在协调国际会计核算标准方面做了大量工作,已发布了近30个国际会计准则,它们是:①会计政策的表达;②在原始成本制度下存货的计价和表述;③合并财务报表;④折旧会计;⑤财务报表应提供的资料;⑥会计对物价变动的反应;⑦财务状况变动表;⑧非常项目、前期项目和会计政策的改变;⑨研究和开发活动的会计;⑩意外事项和发生于资产负债表日期以后的事项;⑪建筑合同会计;⑫所得税会计;⑬反映流动资产和流动负债的方法;⑭按子公司编报的财务资料;⑮反映物价变动影响的资料;⑯财产、设备和厂场资产会计;⑰租赁会计;⑱营业收入的确认;⑲雇主财务报表上的退休金的会计处理;⑳政府补贴会计和政府资助的揭示;㉑外汇汇率变动影响的会计;㉒企业合并会计;㉓借款利息的资本化;㉔关于有关联者应公布事项;㉕投资的会计处理;㉖退休金计划的会计报告。

8.2 外币财务报表的换算

8.2.1 进行外币财务报表换算的原因

企业在国际化运营过程中,子公司设在不同的东道国,子公司、关系公司和关联公司遍布世界各地,表示运营成果的财务报表以各国不同的货币计价。为了使这些财务报表的使用者,包括母公司运营管理人员、持股者及其他有关当事人真正了解包括母公司和各子公司在内的整个公司的生产运营状况、赢利状况,必须把按各个所在国法律和会计准则编制的各个附属机构的会计报表加以合并,提供一套综合性的报表,以反映整个公司集团的运营成果和财务状况。由于合并报表存在许多技术难题,需要耗费大量的时间和费用。虽然各国会计准则和实务的逐步趋于协调有利于节约许多合并报表的时间和费用,但因为国外子公司的财务报表通常都是用其运营所在国的货币编制的,母公司在编制合并财务报表之前,必须首先把用外币编制的国外子公司的财务报表换算为用母公司的报告货币表示,由此就产生了对财务报表进行换算的需要。

外币财务报表的换算不同于外币交易。它不涉及货币的实际交换,也不存在货币兑换的经济业务,仅仅是改换会计报表的货币表示方法,将以各种不同的外币计价的会计报表改换为另一种单一货币来重新表示的报表。而外币交易则是各种不同货币的实际交换,存在货币兑换的经济业务。

由于企业国际化运营复杂程度的不断增加、国际货币体系的不断变化和外币换算会计实务的不断复

杂化,世界各国会计界就外币报表换算研究中出现三大难题:①用什么方法来进行外币换算最为适宜,即用什么中间媒介来实现这一换算;②如何处理由于汇率的变动在换算过程中产生的换算损益;③在汇总各子公司财务报表时,如何把各国的通货膨胀因素考虑进去。

8.2.2 外币财务报表的换算方法

汇率是外币财务报表换算中必须要应对的首要和重要问题,换算外币财务报表采用的汇率通常有3种:现行汇率、历史汇率和平均汇率。现行汇率是指换算日当天的实际汇率;历史汇率是指财务报表上要换算的项目发生时的实际汇率,这两个汇率主要用于换算企业的资产负债表;而平均汇率则是指给定的会计期间内的实际汇率的算术平均值。

外币财务报表的换算方法主要是指在换算过程中使用什么样的外汇汇率,即当记账基础由一种货币转换为另一种货币时,各个财务报表上的项目是按怎样的比率来改变相应的会计数据的。显然,采用的换算方法不同,对同一项目所使用的换算汇率也就不同。

目前,财务管理理论中将外币财务报表换算方法分为两类:①单一汇率法;②复合汇率法。

2006年我国发布了以国际准则为蓝本的新会计准则体系在《企业会计准则第19号——外币折算》中,对于一般外币财务报表的折算,其采用了与IAS21(国际会计准则)相同的方法,即资产负债表中的资产和负债项目。采用资产负债表的即期汇率折算,所有者权益项目除"未分配利润"项目外,其他项目采用发生时的即期汇率折算;利润表中的收入和费用项目,采用交易发生日的即期汇率折算,也可以采用按照系统合理的方法确定的、与交易发生日即期汇率近似的汇率折算。同时,《企业会计准则第19号——外币折算》第四章第十三条对于恶性通货膨胀经济中的境外经营的财务报表的折算,也规定了相关的折算方法。

其中,影响我国外币财务报表折算方法选择的因素主要有:与我国现实环境的适应性、与国际会计准则趋同的适度性以及与会计理论及汇率理论的协调性。

(资料来源:程兰花. 对我国外币财务报表折算方法选择策略的思考[J]. 财会研究,2012:42.)

1. 单一汇率法

单一汇率法又称现行汇率法,由于有的企业使用单一汇率法时,采用的是换算当日的收盘汇率,所以有时又称收盘汇率法,是所有换算方法中最简单易行的一种。

这种方法在换算时,将所有的资产负债表和损益表项目都按现行汇率,即编制报表时的现行汇率换算。用现行汇率换算,实际上就是在外币报表的所有项目上乘一个常数,换算损益则依据经济业务性质的不同分别记入收益和暂存项目。只有公司的实收资本仍按股份发行时日的历史汇率来换算。

这种方法的理论依据是把合并报表和外币换算的目的看做是为对外投资和运营决策人提供以他们熟悉的货币表示的信息以便于比较。有两个优点:①会计部门不用保留各个不同日期的历史汇率和有关资料;②能够保持原来的财务报表上大部分主要的财务比率关系,从而为有关人员进行财务报表的分析提供方便。但单一汇率法没有考虑各个应换算项目的性质及其他情况,对所有项目都按同一种汇率进行换算(指资产负债表上的项目),从理论上说是不合理的。

2. 复合汇率法

复合汇率法是指在换算过程中,对不同的项目使用不同的汇率。复合汇率法在某种程度上弥补了单一汇率法在理论上的缺陷,能够根据所换算项目的性质和其他情况选择不同的汇率;但使用复合汇率法,不仅需要保留大量的历史汇率数据和有关资料,而且不能保持原来财务报表中的各种财务比率的关系。其按照划分标准的不同,可以分为以下几种。

1) 流动与非流动法

这种方法的基本原则是:国外子公司资产负债表上的项目被划分为流动资产、流动负债和非流动资产、非流动负债两大类。对流动资产和流动负债项目的外币金额按现行汇率来换算,非流动资产和非流动负债项目按取得各资产或承担各负债项目时日的历史汇率来换算。公司的实收资本按股份发行时日的历史汇率来换算,留存收益则为轧算的平衡数字。国外子公司收益表上的各个项目,除折旧费和摊销费用要按取得相关资产时的历史汇率进行换算外,其他收入和费用项目均按会计期内的平均汇率进行换算。

这种方法保留了原财务报表中有关流动资金和流动负债的全部比率,对债权人评价公司的短期偿债能力有一定好处,也有利于对公司营运资本的分析,但这种方法在理论上缺乏足够的依据,即不能很好地解释为什么对流动资产、流动负债项目采用现行汇率,而对非流动资产、非流动负债项目采用历史汇率进行换算。而且运用此方法,现行汇率的变化在当期只影响流动资产和流动负债。因此,一个公司净营运资金状况取决于换算过程的结果是收益还是损失。假使公司的流动资产大于流动负债,则在外币贬值时,将遭受换算损失;在升值时,将获得换算收益。

2) 货币与非货币法

这种方法也像流动与非流动法一样,是按资产负债表上项目的不同分类来确定对它们采用什么汇率进行换算。最早由美国密执安大学教授 S. P. Hopworth 在 1956 年其专题研究报告《报告国外运营活动》中提出,并分别于 1960 年和 1965 年得到了美国全国会计师联合会(NAA)和美国会计原则委员会(APB. 第六号意见书)的认可。他从分析汇率变动对资产和负债的不同影响入手,把资产和负债项目区分为货币性项目和非货币性项目两类。

货币性项目的特征是它们的价值是按外币的固定金额来表述的。因此,汇率一有变动,它们的本国货币等值就会发生变动。因此,对现金、应收账款、应付账款以及长期借款等货币性资产和负债项目按现行汇率换算,而对固定资产、普通股本以及存货等非货币性项目都按历史汇率进行换算。对于股东权益部分,公司的实收资本按股份发行时日的历史汇率换算,留存收益则为轧算的平衡数字。对收益表上项目的换算,则与流动与非流动法的方法大体相同。由于存货是按历史汇率换算的,换算本期购货成本的汇率是不同购货时日汇率的加权平均数,所以,销货成本也是按历史汇率换算的。在所有资产负债表和收益表项目换算过程中形成的换算损益,一般不予递延,而计入当期的合并收益,即当期的运营成果中。

应该说,对于货币性项目采用现行汇率来换算这一点而言,货币与非货币法是合理的。但对非货币性项目采用历史汇率换算的观点,却存在着不同的见解。在不同的情况下,非货币性资产和负债是根据不同的基础计量的,都按历史汇率进行换算不一定合适。如果这些项目是按历史成本表述的,按历史汇率换算能得出合理的结果;然而,如果它们是按现行价格表示的,用历史汇率换算得出的结果就会不尽合理。

3) 时率法

时率法正是针对货币与非货币法的上述缺陷,在理论依据上进一步推导出外币换算的全面原则。这种方法最初由美国会计学家L·洛伦森于1972年在他撰写的《按美元报告美国公司的国外运营活动》中提出。他说"货币和按承诺的金额计量的应收款和应付款,应该按照资产负债表日期的实际汇率换算;按照货币价格计量的资产和负债应该按照该货币价格所属日期的实际汇率换算。"

根据这一原则,在时率法下,对外币报表上现金、应收款和应付款项目均按现行汇率换算;按历史成本表述的非货币性资产按历史汇率进行换算;收入和费用项目按交易发生时日的实际汇率进行换算,如果收入或费用交易是大量的,可以用加权平均汇率进行换算。对于股东权益,公司的实收资本总是按股份发行时日的历史汇率换算,留存收益则为轧算的平衡数字。

近20年来,财务会计理论偏重于评价、分析与发展会计准则的理论。具体而言,就是直接为制定会计准则服务。人们将这种会计理论称为财务会计概念框架(Conceptual Frame work for Financial Accounting and Reporting, CF)。

财务会计概念框架是由美国FASB首创的。尽管美国在20世纪60年代就开始探讨财务会计理论体系,例如,AICPA所属的会计研究部(ARD)发表了ARSNO.1和NO.3,同时,APB发表了Statement NO.4;英国1976年也发表了一份《公司报告》(the Corporate Reports),系统地阐述了财务会计的一系列概念特征与理论问题,但是,正式提出CF是在1976年12月FASB发出的一份讨论备忘录"Conceptual Framework for Financial Accounting and Reporting:Elements of Financial Statements and Their Measurement"中。这份备忘录不是讨论财务会计的目标,而是着重阐述财务报表的要素及其计量问题。该备忘录的率先出台有其特殊的经济背景。当时,美国的通胀率高达11%以上,引起了企业界与会计界的普遍关注,他们着重抨击传统的以历史成本为模式的财务报表,认为以历史成本为基础的财务报表所提供的盈利信息不可靠,甚至是"无用的信息"(见Robert Sterling"Companesue reporting useless number"《Forture》,January14,1980)。因此,CF的第一份备忘录先讨论了会计要素及其计量和盈利的确认问题。

SFAC NO.1"企业财务报告的目标"则继承了特鲁伯鲁特报告(Trueblood Report)的主要内容,即"财务报表的目标"。1978年开始,FASB又系统地研究以目标为起点的财务会计概念公告(或称之为概念框架)。从1978年11月至1985年12月,共发表了六份公告,即SAFC NOs.1~6 其中NO.6取代了NO.3。15年后,即2000年2月,FASB又发表了SFAC NO.7 其目的在于推广应用公允价值(Fair Value)。因此,当前美国名义上有7份概念公告,实际发挥作用的则是6份(SFAC NOs.1、2、4、5、6、7)。

 阅读案例 8-1

跨国公司在编制国际会计准则下的财务报表时,会遇到功能性货币确定和财务报表折算的问题,不同的选择会对外币财务报表产生不同的影响,且这种影响在人民币升值背景下会被放大。请通过案例分析,比较在人民币持续升值的背景下,选择人民币或是外币作为功能性货币对外币财务报表所产生的影响。

A 公司是一家由境外 B 集团在中国境内投资设立的外商独资公司,通过与 B 集团签订契约的方式,定向为 B 集团在中国境内的客户提供服务。

A 公司设立后,选用人民币作为记账货币,记录日常经济业务并在 200X 年年末,根据中国企业会计准则要求,编制了以人民币列示的年度财务报表。而 B 集团,选用总部所在地 C 国货币(C 币)作为记账货币和报告货币,并遵循国际财务报告准则,编制集团合并财务报表故在 200X 年年末,A 公司还需按照国际财务报告准则要求,编制以 C 币列示的财务报表 A 公司和 B 集团所在国均不处于恶性通货膨胀的经济环境中。

因为 A 公司的记账货币是人民币,集团报告货币是 C 币,所以 A 公司在准备外币财务报表时,面临着选择何种汇率和折算方法来转换财务报表的问题。

国际财务报告准则针对解决汇率和折算方法选择的问题,明确提出了"功能性货币"的概念,要求报告主体在准备财务报表前,都应先根据该准则第 21 号(IAS21)的规定,确定功能性货币,用该货币计量其财务状况和经营成果。那什么是功能性货币呢? IAS21 给出的定义是:"报告主体日常经营活动所处的基本经济环境下使用的货币。"

因此,在准备外币财务报表时,A 公司需根据 IAS21 提供的指南,确定一种货币作为功能性货币选择何种货币作为功能性货币,将会在人民币报表折算成外币报表时,影响折算汇率和折算方法,从而影响资产负债表上有关资产负债和所有者权益的金额和利润的计算,最终影响公司的财务状况经营成果的公允反映。所以说,确定功能性货币是进行会计报表折算的基础和关键点。

那么,A 公司应如何选择功能性货币呢?

这一点,可以参考 IAS21 第 9 条的规定,主要从下列因素考虑。

(1) 该货币会对公司销售商品提供劳务的价格产生主要影响,通常以该货币作为销售商品提供劳务的计量和结算币种。

(2) 该货币会对劳力材料或其他与销售商品提供劳务相关的成本产生主要影响,通常以该货币作为上述成本的计量和结算币种。

从因素(1)角度分析,A 公司营业收入全部来自于 B 集团双方通过契约约定,以 C 币作为结算币种;

从因素(2)角度分析,A 公司提供服务均在中国境内开展,提供服务过程中发生的成本和费用均以人民币来计量和结算。

通过上述分析发现,在不考虑其他辅助因素的情况下,A 公司既可选择人民币作为功能性货币,也可选择 C 币作为功能性货币。

如果 A 公司确定的功能性货币是记账货币即人民币,A 公司仅需将用人民币列示的财务报表折算成以报告货币(C 币)列示的财务报表,折算产生的汇率变动影响数,将直接作为所有者权益的调整项单独列示;如果 A 公司确定的功能性货币是 C 币,则 A 公司需要按照 C 币重新计量报告年度的经济业务,编制以 C 币列示的财务报表,重新计量产生的汇率变动影响数除准则特别要求外,一般计入损益中第 2 种情况下,因为 C 币是报告货币,所以重新计量后的报表将不涉及报表折算。

除上述讨论的两种情况外,还可能出现报告主体的记账货币功能性货币和报告货币均不相同的情况要求报告主体先用功能性货币重新计量财务报表,再将用功能性货币列示的报表折算成以报告货币列示的报表,这种情况相当于前两种情况的汇总,不作详述。

(资料来源:封静:功能性货币选择对外币财务报表影响的案例分析[J]. 中国新技术新产品,2009:167.)

8.3 环 境 报 告

广义的环境报告包括两个层面——宏观和微观。宏观层面是指政府环境信息的公开,其中包括在国民经济核算和报告中对该国企业总的环境情况综合性所作出的报告;微观层面的环境报告是指企业环境报告,是企业在法规强制要求或自愿的情况下,通过各种媒介采取科学合理且比较正式的方式,对其环保目标与政策、资源消耗、污染物排放和治理、环保收入和支出、可能的环境负债及其改善、环保措施和实施效果等环境信息进行公开披露,让广大公众了解、监督和评价,促使其加强企业环境管理,改善环境行为,提高企业公众形象和市场竞争能力的行为,这样做有利于企业、环境和社会的可持续发展。

日本环境报告指南中定义的环境报告为:与其名称及发布媒体没有关系,环境报告书是企业在为促进环境交流、履行产业的活动中,有关环境保护活动开展情况的信息公开责任时,为相关方的判断提供信息的产物。企业遵循报告的一般原则,综合地、系统地汇总并向社会定期发布有关其产业活动中环境行动方针、目标、活动内容、实际成效以及为此而建立的管理体制;伴随产业活动而产生的环境负荷情况以及所开展的环境保护活动状况信息的载体[①]。

本节阐述的重点是国际化运营企业环境报告的相关问题。

8.3.1 企业环境报告的目的

经济快速发展带来了环境污染和生态失衡的负面影响。据分析,在目前自然环境所遭受的污染物中大约有80%来自企业,企业的环境问题在经济发展中扮演着十分重要的角色,如何解决经济发展与环境保护的矛盾成为世界各国共同关注的全球性问题,如何在可持续发展战略的框架下谋求企业、社会、经济和环境的共同协调发展,成为传统财务报告面临的新课题。在会计实务领域,西方发达国家的公司,特别是著名的跨国运营企业,迫于政府和市场竞争的压力以及自身发展的需要,在20世纪70年代就开始在财务报告中披露企业的环境信息。在我国,最早的企业环境报告是2000年中国石油天然气股份有限公司发布的《健康安全环境(HSE)报告》。目前,宝钢股份、高桥石化和一些外商投资企业(如上海大众、金光集团等)都已发布了环境报告。

一般而言,企业提供报告的目的在于向那些与企业有关的利益关系人提供其所需要的信息,以帮助其评估报告目标的实现情况和作出相应的决策。环境报告的目的就是企业在受托运营环境资源时要实现社会、经济、环境的可持续发展,同时通过提供环境信息,服务于政府、企业及其他相关利益人,使相关利益人能够作出正确的决策。

---

① 《日本环境报告指南2003》中文版,第11页。

第8章 企业国际化运营中的财务管理

企业环境报告的发展

1. 环境报告发展现状

企业环境信息公开可以提高企业的环保积极性,减少政府环保压力,改善环保绩效。作为环境管理有效手段的企业环境报告在许多国家中已得到运用。

20世纪70年代,发达国家的企业开始在年度报告中披露环境信息,但当时只是对环境信息进行简短的描述,只能算是企业年度财务报告的附注;20世纪80年代,出现了一次性的环境报告,其编制是不连续的,其可比性较差;20世纪90年代,企业开始编制连续性的环境报告书,各个年度之间有了可比性。但是其内容多为记述性的文字,缺乏可支撑的数据资料,可信度较低;20世纪末至21世纪初,出现了含技术性水平的环境报告,此时的环境报告多以年为单位对外披露,一般与企业的会计年度相吻合,其内容更加广泛,既有财务信息也有非财务信息,既有文字说明,也有数据图表,而且增加了第三方的审计,其可信性大大增加;目前,各国正在积极倡导的是可持续性的环境报告,对其设想是不仅报告环境方面的内容,而且也包括社会和经济方面的内容,实现社会、环境、经济的协调发展。发达国家环境报告书发展历程如图8.1所示。

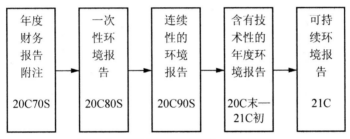

图8.1 发达国家环境报告书发展历程

(资料来源:高历红,李山梅.企业环境信息披露新趋势——独立环境报告[J].环境保护,2007,4B:22、23.)

2. 应用进展情况

自1989年挪威的 Norsk Hydro(主要运营油品与能源、轻质金属、石化及农产品)公司首先发行环境报告书以来,至1999年KPMG公布的调查结果显示,全球已有1000多家企业出版环境报告书。企业环境报告作为环境管理的手段,在发达国家和地区已经得到广泛的应用。

美国企业自20世纪70年代起就开始披露企业环境信息,是最早披露环境信息的国家。随着二氧化硫排放交易计划的实施,各参加交易的美国企业的二氧化硫排放、治理和交易的全部信息均完全向公众公开,并随时可以在网上查到。在欧洲,近10年来,一些公司的环境报告活动发展迅速。特别是随着2002年全球可持续力报告指南的颁布,欧洲一些跨国运营企业,如芬兰 UPM-Kymmene 造纸公司、ABB、壳牌公司等在2002年度的全面责任报告中,除了以往的环境信息外,纷纷加入了经济、社会及健康等方面的内容,扩展了环境报告的内涵及其深度。

我国台湾地区和香港地区的企业在企业环境报告实践方面领先于内地。截至2001年1月,台湾已有3家企业发布独立的环境报告书,13家企业在"中华民国企业永续发展协会"的协助下发布"环境绩效说贴"。在我国香港地区,香港地铁公司在环境报告的实践上较为优秀,曾在2003年第一届"Asia CSR Award"中获得环境报告亚军奖;至2005年5月,中国有4家企业加入了GRI(全球报告行动),即这些企业正在采用GRI指南发布可持续发展报告,而这些企业均在中国香港或台湾地区。企业环境报告也逐渐得到我国内地企业特别是上市公司的重视,然而由于缺乏制度、规范及发展策略的引导,我国大陆企业环境报告仍停留在尝试阶段。

3. 相关法律和规范

美国1986年制定并实施了《紧急计划和社会知情权法案》和《超级基金修正与重新审核法》两部法律,建立了以企业有毒化学品及有毒物质排放为基础的报告体系。1989年挪威对公司法进行修订,修订后的公司法增加了披露环境影响信息的具体要求。至20世纪90年代中期,荷兰等国家相继颁布了要求公司披露环境财务信息和非财务信息的规定,这些规定无疑使企业环境报告成为必然。1995年6月,丹麦通过"绿色报告法"(1996年1月开始生效),是世界上第一个颁布法律并要求大约1000家公司发布年度环境报告的国家。

发达国家政府部门对于企业环境报告发展的作用主要在于引导,而非法律强制。美国证券交易委员会在1993年发布了研究人员会计公告第92号,其中内容包括环境会计和报告。截至2001年10月,美国有20个州制定了自己的电力行为环境信息披露政策,这是少有的有关企业进行环境信息披露的规范;英国环境部在1997年颁布了一份适用于所有企业的文件——"环境报告与财务部门:走向良好实务"的文件,推动企业环境报告制度的执行,起到规范化的作用;日本经济、贸易和产业省1992年发布自愿计划,目的是帮助企业准备环境行动计划,2000年,环境省公布了"关于环境会计体系的建立(2000年报告)",2001年,经济产业省发布了以中小企业为对象的环境报告准则。

鉴于企业环境报告法规多数并不完善,许多企业协会、非营利组织及联合国在企业环境报告制度方面做了积极的探索,制定了各种指南来引导企业进行环境信息的公开与交流,详见表8-1。

表8-1 环境报告指南及其指定机构发展历史

20世纪90年代	21世纪
CERES(环境责任经济联合体,1989)"标准化企业环境报告"	CERES(环境责任经济联合体,2000)
英国财务经理百人会"环境报告指南"(1992)	WBCSD(世界企业可持续发展理事会,2000)
PERI(公共环境报告行动,1993)	GRI(全球报告行动,2000)
CEFIC(欧洲化学工业委员会)欧洲化学工业"环境报告指南"(1993)	ISO/TC207世界标准提案(2001.1)
欧盟"环境管理和审计计划(EMAS)"(1993)	GRI(2002)"可持续性报告指南"
UNEP(联合国环境规划署,1994)	
WBCSD(世界企业可持续发展理事会,1994)	
EMAS(生态管理审计计划,1993,1998)	
ACCA(英国特许注册会计师协会)"环境报告和能源报告编制指南"(1997)	
DIN(德国标准协会,1997)	
GRI(全球报告行动,1999)	
中国台湾"企业环境绩效综合说帖"(1999)	

除发布指南外,一些政府和国际性机构纷纷采取其他措施支持和规范企业报告行动,各国政府和国际机构还设立奖项奖励那些在编制和发布报告方面优秀的企业。我国大陆虽然尚无正式的企业环境报告

法规、计划或指南,但环保部门已做出关于企业环境信息公开的公告或要求,国家环保总局推行的"创建'国家环境友好企业'"活动也有利于促进企业的环境信息公开。

(资料来源:李贞.我国企业环境报告发展策略研究[J].经济问题,2008,2:52、53.)

8.3.2 企业环境报告的使用者及原则

随着国家对低碳经济的大力倡导和信息披露制度的日益健全,社会各界对企业环境报告的关注程度也与日俱增,尤其是相关的使用者。企业环境报告的使用者主要包括:①投资者;②金融机构;③商品市场上的有关各方;④国家管理机关;⑤企业职工;⑥社会公众及其他;⑦企业管理当局。而在其中,投资者和金融机构对环境报告的关注程度则尤为显著,这其中除了金融危机之后人们投资更加谨慎之外,更多的则是对企业、社会、经济和谐发展的关注。2010年4月全球企业环境峰会在韩国首都首尔成功召开便是一个很好的例子。在此次峰会上,包括各国政要、企业领袖以及众多国际组织的代表一致表示了对企业环境和绿色低碳经济的浓厚兴趣。

当然,作为对企业环境系统分析的企业环境报告也有其原则。一般而言,企业环境报告的原则主要包括:透明性、包容性、可审计性。其中,包容性主要分析了企业环境报告内容的完整性和相关性,披露信息的质量以及实用性和可操作性。同时,企业环境报告也要具有可审计性,即要有可对比性和可参照价值,以便为相关使用者提供便利。具体分析,如图8.2所示。

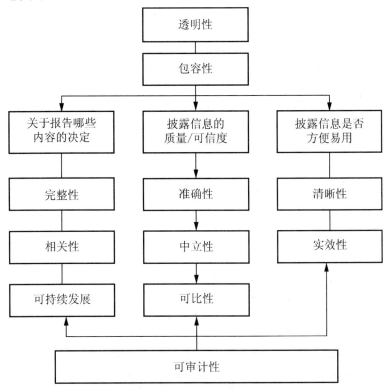

图8.2 企业环境报告的原则

(资料来源:全球报告倡议组织(GRI)发布的《可持续报告指南(2002)》。)

8.3.3 企业环境报告指南分析

基于环境报告的社会需求,部分国家和国际非政府组织制定并发布了有关企业环境报告书的编制指南,以指导企业环境报告书的编写。全球报告倡议组织(GRI)的《可持续发展报告指南》更是成为国际上大多数国家编制可持续报告指南和企业编制环境报告的指导文件。

日本是公认的环境报告发展比较好的国家,其公布的环境报告指南对环境报告的主要内容进行了详细的规定:环境报告书的定义、基本功能、一般原则、报告的基本要点、环境报告书的总体构成、环境报告书的记载项目及信息,可操作性非常强。

从我国的建设实践看,2003年9月22日,国家环境保护总局发布了《关于企业环境信息公开的公告》(简称"公告"),规定了企业"必须"和"自愿"公开环境信息的内容与方式。2007年2月8日,国家环境保护总局通过了《环境信息公开办法(试行)》(简称"办法")。2006年9月,我国深圳证券交易所参照可持续报告指南发布了《深圳证券交易所上市公司社会责任指引》,成为我国证券市场上第一部指导企业发布环境报告的文件,但是这些规定同GRI可持续发展指南和日本环境指南相比差距悬殊(表8-2)。中日企业环境报告导则及指南发展历程,见表8-3。

专栏8-8

表8-2 环境报告指南比较

	GRI指南	日本指南	我国(公告+办法)
制定依据	GRI文件族有4类,除"准则"外还有部门补充、技术规程和问题指南文件	环境报告书准则	2003年《清洁生产促进法》
篇幅	98页	50多页	各2页
报告基本要求	完整性原则指报告应与所声明的报告界限、范围和时间框架3个方面相符	报告主体、报告期、报告范围(是否涉及企业社会责任)	要求环境管理状况,但自公告发布以来一直没有有效执行
原则	11条:透明度、包容性、可审计性、完整性、相关性、可持续发展背景、准确性、中立性、可比性、清晰性、时效性	5条:相关性、可靠性、明晰性、可比性、可验证性	如实、准确,有关数据应有3年连续性
披露内容与业绩指标	应5部分。一是远景和战略,二是简介,三是治理结构和管理体系,四是GRI内容索引,五是业绩指标。区分了核心指标和附加指标。环境指标反映组织对包括生态系统、土地、空气和水的影响,有16个核心指标和19个附加指标	5个部分,25个报告要素:企业简介;环境方针、目标和成效摘要(包括环境会计信息摘要);环境管理状况;降低环境负荷的活动状况;社会业绩状况。其中,第三、四类是最核心的,分别包括6个和11个报告要素	必须公开21项+自愿公开8项(公告);自愿公开9项+4项必须(办法)

续表

	GRI 指南	日本指南	我国(公告+办法)
其他	论述并鼓励对报告进行审核	附录中有多项内容,如第三方的审计	"随时"公布的5种情况

(资料来源:根据高历红(2008),《我国企业环境报告研究——财务报告的新进展》整理所得。)

表8-3 中日企业环境报告导则及指南发展历程

发布时间	日 本	中 国
2001.02	《环境报告书指南(2000年版)》	
2002.03	《环境会计指南2002年版》	
2003.04	《企业环境绩效指标指南—2002年版》	
2004.03	《环境报告书指南(2003年版)》	
2007.04		《环境信息公开办法(试行)》
2007.06	《环境报告指南(2007年版)》	
2008.12		《山东省企业环境报告书编制指南》(DB37/T 1086—2008)
2011.06		《企业环境报告书编制导则》(HJ6 17—2011)
2012.04	《环境报告指南(2012年版)》	

(资料来源:张磊、陈茜等,《中日企业环境报告对比研究》,《中国环境社会科学学会学术年会论文集(第三卷)》,2013年,第1560页。)

8.3.4 企业环境报告的内容

一份完整的环境报告所反映的内容,应包括对企业在生产运营活动中可能或已经涉及的环境问题、采取的环保方针、目标和政策、环境管理系统的组成、预防和处理的措施和方法、处理后的效果、相关法律法规遵循情况、给相关利益群体带来的主要环境影响(利得或损失)以及对环境报告的第三方审核意见等。

随着经济和企业社会责任的发展,一些先进企业的环境报告不断承载企业运营所涉及的其他社会问题,内容不断扩展,逐渐发展成为"环境、工业安全与卫生报告"、"社会绩效报告(或企业公民报告)"和"可持续发展报告"。涵盖经济、社会与环境3个层面信息的可持续发展报告,已成为目前国际上企业非财务绩效报告发展的主流,也是大公司编制非财务绩效报告的发展目标,不过在实务中,现在仍以环境报告数量居全球之冠。

作为企业环境报告目标的具体化,纵观先进国家的企业环境报告,大致包括4个方面的内容:①企业环境报告的范围与远景构想;②企业的环境管理状况;③企业环境活动的财务影响;④企业的环境审计报告。

企业环境报告首先应回答的问题是环境报告的范围,即是否要报告整个公司或某一运营部门或是某一产品的环境影响。在一般情况下,在企业的环境报告书中首先阐述的是企业对发展的理念、远景构想和首席执行官的声明。它包括运营者的理念、报告书的要素、企业概况及与运营相关的指标,这一部分是企业履行环境责任,向相关方提供有助于其决策的信息、开展同社会的环境信息交流所需要的基本内容。

企业的环境管理是企业环境报告的核心,是企业有效地进行内部环境管理,贯彻实施环境目标的保障,它包括企业的环境影响和环境业绩两个方面。

企业运营活动的环境影响可以理解为企业运营活动对于大气、水、土地、植物、动物、非再生资源产生的负面影响,又叫环境负荷。企业通过降低环境负荷来表明企业在环境保护方面的实际行动和努力程度,以减少对环境管理带来的影响。

企业的环境业绩是指企业履行环境保护等活动的相关信息,不仅包括产品的环境保护措施,也包括企业本身为保护环境所采取的一系列活动。它的具体内容包括:环境资源利用方面的业绩;污染控制方面的业绩;环境保护方面的业绩;环境报告方面的业绩等。

阅读案例 8-2

表 8-4 冲电气集团环境业绩的主要项目

项目分类	具体活动
产品的环保措施	信息处理设备遵循降低耗电和全球性化学物控制的规定;打印机遵循长寿命化及全球性化学物质管制的规定;通信设备遵循降低耗电、小型、轻便等节省资源措施;半导体遵循节省资源、降低耗电等要求
	产品评价制度,为降低产品生命周期整体的环境负荷进行评价和提出对策
	产品含有化学物质的管理及控制
	已使用产品的再利用
	环境适应型产品
降低事业活动的环境负荷	开发和生产活动的环境负荷
	削减温室效应气体排放量
	资源的使用控制、再使用、再资源化
	生产基地使用的化学物质的管理、削减
	降低物流、维修、服务等的环境负荷
	环境风险管理、安全管理
环境技术和环境解决方案	环境技术
	环境教育、系统事业
	环境咨询、解决方案事业

(资料来源:根据冲电气环境报告书(2007)整理所得。)

企业环境活动的财务影响是企业环境活动对企业的财务状况、运营成果、运营风险及未来的发展机会等方面所产生的影响,它们可能导致环境成本、环境损失、环境效益的增加或减少。

对环境报告的审计并不是强制性的,但为了保证环境信息的质量,许多企业仍然在环境报告中增加对该报告进行审计的部分。主要内容包括：①企业的环境政策和目标；②企业业务对环境的影响；③企业对外部环境规范的遵守情况；④企业经理人员的环境责任等。

8.3.5 企业环境报告的模式

环境会计信息是企业环境行为和环境工作及其财务影响的信息。根据环境会计信息的特点认为，我国企业可以采用以下两种模式呈报环境信息①。

1. 非独立的环境报告模式

非独立的环境报告模式也就是加上了环境信息的现行财务报告。鉴于传统会计报表不能反映资源、环境运动的全貌，环境会计报表应在传统会计报表的基础上加上有关环境信息，这些环境信息包括环境资产、环境负债、环境成本及环境收益等，它涉及财务报表中的资产、负债、所有者权益、成本及费用支出等项目。具体方法是在会计报表内增加合适的项目，对与环境有关的财务状况和运营成果指标进行单独的披露。例如，在资产负债表中设置若干单独的项目，以反映企业拥有的环境资产、承担的环境负债等；在利润表中增设专门的项目，以反映全部或部分的环境支出，控制环境污染和保护生态环境所获得的收益。在会计报表附注中披露有关环境信息。揭示环境会计信息的资产负债表和利润表中有关环境信息的项目见表 8-5 和表 8-6。

表 8-5 资产负债表

资　产	负债和股东权益
环境资产：	环境负债：
环境资产原值	其中：应付环境补偿费
减：环境资产累计折耗	应交矿产资源补偿费
环境资产净值	应交环境资源税
固定资产	环境负债合计
其中：环境治理设备	股东权益：
其他环境资产	实收资本
待摊费用	其中：环境资本
其中：待摊环境费用	

表 8-6 损益表

项　目
一、主营业务收入
加：环境收益－直接环境收益
主营业务收入净额

---

① 乐菲菲，尹亚红．浅析企业环境报告的基本框架[J]．山东纺织经济，2004，6：17．

续表

项　　目
减：主营业务成本
其中：环境费用
二、主营业务利润
减：管理费用
其中：管理费用－环境费用
三、营业利润

为满足环境会计信息质量的要求，企业必须在环境会计报告附注中披露下列信息：①企业的环境会计政策及目标；②企业的资源环境管理系统；③企业主要的污染物及其处理措施；④企业采用的环境标准及其变化对数据的影响；⑤环境会计价值采用的方法及其变化带来的影响；⑥环境监测制度及监测技术；⑦重大环境事故的说明；⑧重要环境项目的说明；⑨企业实施环境会计审计的情况；⑩与环境会计相关的重要的或有负债；⑪其他需要说明的情况。

2．独立的环境报告模式

编制独立的环境报告，便于信息使用者对企业的环境行为和环境工作有全面的认识。非独立的环境会计报告能反映出企业总体的财务状况、运营成果和现金流量。但其并不能十分明确地反映出哪些属于环境问题所引起的财务影响，而且有些环境信息并不能从非独立的环境会计报告中反映出来，因此有必要编制一份独立的环境会计报告。独立报告模式是当前西方发达国家的跨国运营企业乐于采用的环境报告模式。这种报告模式要求企业对其承担的环境受托责任进行全面的报告，具体内容应包括企业简介与环境方针、环境标准指标和实际指标、废弃物、产品包装、产品、污染排放、再循环使用等信息、环境会计信息、环境业绩信息以及环境审计报告。

独立的环境会计报告并不拘泥于某种形式，因为它既包括财务信息又包括非财务信息，因此它可以采取多种表达形式，如文字叙述、表格及图形等。

8.4　国　际　税　收

8.4.1　经济全球化对国际税收的影响

国际税收是指各国政府与其税收管辖范围之内从事国际经济活动的企业和个人之间，就国际性收益所发生的征纳活动以及由此而产生的国与国之间税收权益的协调行为。

随着经济全球化的发展，各国经济发展超越国界，国际经济联系不断扩大和深化，各国的政治制度和经济制度也不断顺应经济全球化趋势的要求而变化，都对世界范围内的国际税收产生了一系列重要影响：一是国际重复征税，主要是由于有关国家判定所得来源地与居民身份的标准相互冲突，引起国与国之间税收管辖权的交叉重叠；二是国际税收竞争，随着经济全球化的发展，国家之间通过竞相降低税率和实施税收优惠政策，降低纳税人的税收负担，吸引国际流动资本和国际流动贸易，促进本国经济增长的经济和税收行为导致税收竞争越演越烈，从根本上违背了税收的基本原则，不利于世界经济繁荣；三是国际避税，跨国纳税人利用国与国之间的税制差异以及各国涉外税收法规和国际税法中的漏洞，在从事跨越国境的活动中，通过种种合法手段，规避或减少有关国家纳税义务。

随着企业国际化运营的深入以及世界各国在税务政策、税收制度上的差异性，不可避免地导致各跨国运营的企业从其集团整体利益出发，对其国际收入和费用进行全盘考虑，产生了如何合理确定跨国收入与费用，如何对企业的国际收入与费用在有关各国进行分配，如何根据各国的税务政策与税收制度进行纳税计算，如何开展国际避税，如何使企业在全球纳税最小化，如何根据各国的税务政策和税收制度来决定企业投资、销售、资金融通、组织形式等一系列问题。可以说，企业的国际化运营活动与国际税务有着非常紧密的联系。国际税务是对企业国际运营活动有着深刻影响的重要领域，是关于国际收入与费用的确认、分配以及国际纳税核算和合理避税的重要手段，是跨国运营企业尽可能减少其整体纳税，以实现全球利润最大化的重要管理活动。

通过对国际税收的合理调控，进行跨国运营的企业可以实现下列目标。
(1) 根据有关国家的税法、税收协定来避免企业运营中出现双重征税的情况。
(2) 利用投资初始的损失来减少母国的税收。
(3) 利用内部转移价格把利润转移到低税国家和地区，使公司整体纳税总额最少。
(4) 利用各种"避税港"来减少整个公司的所得税。
(5) 利用有关国家为吸引外资而采取的优惠政策，实现最多的纳税减免。

8.4.2 国际税收筹划

为了把公司在世界范围的纳税义务减轻到最低点，最大限度地实现获利目标，跨国运营的企业往往精心研究国际合理减轻税负的办法，充分利用国际税收上的种种差异及国际税收协定的有关条款进行税收筹划，尽量获得税收上的优待。国际税收筹划已成为当代企业跨国运营，实现其全球运营管理战略目标的一种有效的工具。

国际税收筹划是指跨国纳税人运用合法的方式，利用各国税收法规的差异和国际税收协定等，在税法许可的范围内减轻或消除税负的行为。这些税收包括企业跨国运营活动的所在国的当地税收以及公司管理中心所在国的公司所得税。而随着经济全球化进程的加快，诸多因素均为跨国运营的企业进行税收筹划提供了便利的条件，其进行税收筹划的方法越来越多，主要有以下几种[①]。

1. 利用各国优惠政策

企业在跨国运营中，非常重视研究各国税法。往往利用非居住国的税收优惠政策，如投资抵免、差别税率、加速折旧、专项免税及亏损结转等进行税收筹划。如西班牙税法规

---

① 刘耘. 当代跨国公司的国际税收筹划分析[J]. 商业研究，2004，8：98、99.

定在该国的某些费用和投资，有资格获得5%的税收抵免形式的税收减除。一般来说，发达国家税收优惠的重点放在高新技术开发、能源节约及环境保护上。而包括我国在内的许多国家，特别是发展中国家，出于迅速发展本国经济、完善产业结构、解决普遍存在的资金匮乏和技术、管理水平较为落后的矛盾的原因，往往对某一地区或某一行业给予普遍优惠，进而达到调控经济发展，引导跨国投资方向的目的。跨国运营企业正是利用这些税收优惠，结合其居住国和所得来源国之间签署的订有税收饶让条款的双边国际税收协定，用以减轻其在非居住国的纳税负担，减少纳税金额。

2. 利用避税港进行税收筹划

避税港是指为跨国投资者所得财产提供免税及低税待遇的国家或地区。避税港由于其良好的"避税乐园"环境，为世界众多跨国企业所青睐。其诱人之处关键为3点：①无税或税负很低；②银行与商业交易活动的保密制度；③外汇管理没有限制。目前，跨国运营企业主要通过在避税地建立的基地公司，起到减轻税负的作用。这类基地公司实际上是高税国纳税人建立在避税地的虚构纳税实体。

利用基地公司进行税收筹划的主要形式如下。

（1）把基地公司作为虚拟的中转销售公司。通过设在避税港的中转公司将高税国利润转移其下，因此达到减轻税负的目的。

（2）基地公司为控股公司。在这种情况下，跨国运营企业要求子公司将获得的利润以股息形式汇回基地公司，以减轻整体税负。

（3）基地公司作为收付代理。基地公司作为收付代理来收取利息、特许权使用费、劳务费和贷款。现在已有越来越多的跨国运营企业将商标和其他无形资产及所有权转移到在国际避税港注册的控股公司，然后反过来向使用这些无形资产的附属企业收取特许权使用费，以降低税收支出。

（4）基地公司作为信托公司。在高税国的纳税人可将其财产或其他资产委托给避税地的一家信托公司或信托银行，由其处理财产的收益。跨国纳税人利用信托资产的保密性，还可通过信托资产的高割，将其财产转移到继承人或受赠人的名下，则可免予缴纳有关国家的继承税、遗产税或赠予税。

3. 精心选择在国外的运营方式

当跨国运营企业决定在国外投资和从事运营活动时，有两种方式可供选择：一是建立分公司，二是建立子公司。如何在这两者中做出选择，取决于许多财政性和非财政性条件。一般而言，子公司由于在国外是以独立的法人身份出现，因而可享受所在国提供的包括免税期在内的税收优惠待遇，而分公司由于是作为企业的组成部分之一被派往国外，不能享受税收优惠。另外，子公司的亏损不能汇入母国企业，而分公司与总公司由于是同一法人企业，运营过程中发生的亏损便可汇入总公司账上。因此，在跨国运营企业对外投资时，便可根据所在国企业自身情况采取不同的组织形式达到减轻税负的目的。通常，为实现税收计划最优化，跨国运营企业是在初级阶段组建分公司，当运营活动全面开展后再组建子公司。

4. 避免构成常设机构

常设机构是指企业进行全部或部分营业的固定场所，包括管理场所、分支机构、办事处、工厂及作业场所等。目前，它已成为许多缔约国判定对非居民营业利润征税与否的标准。对于跨国运营企业对外投资而言，避免了常设机构，也就随之避免了在该非居住国的有限纳税义务，特别是当非居住国税率高于居住国税率时，这一点显得更为重要。因而跨国运营的企业可通过货物仓储、存货管理、货物购买、广告宣传、信息提供或其他辅助性营业活动而并非设立一常设机构来达到在非居住国免予纳税的优惠。如加拿大多伦多某大公司经研究发现，美国市场特别是其中西部地区，有很大的发展潜力。这家公司通过广告公司在美国的商业杂志上进行广告宣传，不久，公司收到了不少订货单。该公司即以FOB的条件装运自己的产品，并签发发运单，而后又收到买方寄来的支付账单。这家公司在美国并没有设立任何代表处。按照美国的法律，外国公司只要不在美国境内直接从事贸易活动，就不承担美国的税收义务。由于该公司的贸易活动完全适用美国的法律规定，因此，它向美国出售产品的所得不必向美国政府交纳所得税。

5. 利用延期纳税规定

延期纳税，是指实行居民管辖权的国家对国外子公司的利润，在没有以股息形式汇给本国母公司前，不对母公司征税，只有当子公司将其利润汇给母公司时才要求母公司承担纳税义务。这实质上是不能减少跨国纳税人的应纳税款，只能推迟纳税人的纳税时间。而纳税人在纳税延迟期里，就可合理占用本应及时交纳的税款并加以使用，从而使纳税人从中获得较多的利润，达到降低税率的目的。

专栏 8-9

后危机时代国际税收之新趋势

经济全球化及其相伴随的生产要素的自由流动，使世界各国经济发展逐渐成为一个有机的整体。而世界经济的国际化发展，又使得主权国家之间、国家与跨国纳税人之间的矛盾冲突日渐凸显。特别是全球金融危机以来，国家之间的国际税收博弈日益活跃，呈现出新的发展趋势。

1. 国际税收竞争由激烈对抗转向和缓

国际税收竞争的直接结果是税率的持续下降。1993年全球企业所得税的平均税率为38%，到2011年已经降低为24.47%。2005年全球个人所得税的平均税率为15.8%，到2012年已经降低为15.4%。降低税率的直接后果是宏观税负降低，政府收入减少。实践证明，激烈的、对抗性的税收竞争会导致受损害国家的抵制，甚至对抗。任何明显的不合作措施和公开的补贴性税收优惠政策都是有害无益的。因此，国际税收竞争直接导致所得税税率的持续下降，并深刻影响税制结构的变化。税收中性渐成主流，税收竞争方式由对抗性竞争转向柔性竞争。

2. 国际税收协调由双边向一体化方向扩展

国际税收协调的发展趋势可以概括为两个方面：第一，区域共同市场的税制及其协调的影响将是广泛的，其将使共同市场内部各成员国税制的某些方面趋于一致，税收的民族国家属性的色彩趋于削弱并淡化，而税收的跨国家国际条约的特点日益增强。随着区域共同市场的发展，税收一体化越来越广泛，成为可供选择的最佳方案。第二，国际组织在国际税收协调中发挥了越来越重要的作用。国际货币基金组织和世界银行都非常关注各国税制发展动态，支持发展中国家的税制改革。世界贸易组织、OECD和欧盟直接参与了国际税收协调的各种事务。OECD致力于消除影响国际投资的税收问题，成功地推广了协调各国双重征税问题的"OECD协定范本"，目前正在致力于治理国际避税地和跨国避税的问题。欧盟也在税收一体化方面做出了突出贡献。

3. 国际避税与反避税永无宁日

国际避税是跨国纳税人利用合法的方式，在不违反税法的前提下，通过人(个人或法人)、没有独立法人资格的团体或资金跨越国境的流动或非流动，达到减轻或消除税收负担的目的。尽管这种行为可能不直接触犯税收法规，但与税收政策导向相违背，多数受到有关国家和税务部门的抵制，引起避税与反避税的斗争。

各国采取的跨国反避税措施，从一国范围来看，主要是从健全税收立法和加强税务管理两方面着手；从国际范围来看，主要是加强政府间的双边或多边合作，在国际间形成协调和默契。最近几年，国际反避税由高压打击向柔性管理转变，却大大提高了跨国公司及跨国纳税人的税法遵从度。尽管国际反避税措施日臻完善，犹如天罗地网，使国际避税的空间越来越小，但国际避税与反避税的斗争，注定是一场旷日持久的"战争"。

4. 国际税收征管合作前景光明

面对在广阔的国际背景中进行复杂活动的跨国公司，许多国家认识到仅靠一个国家的单边措施，很难奏效。因此，早在1843年比利时就同法国签订了双边税收协定进行税务合作。第二次世界大战以后，国际社会在加强政府间双边合作的同时，开展了更广泛的多边合作。最近几年，国际税收征管合作发挥了更大的作用。例如，2008年全世界仅签订了22份新的税收情报交换协定，而在2009年和2010年，每年都签订了20份以上新的税收情报交换协定。

5. 国际税收组织的影响力日益扩大

长期以来，国际税收组织在协调国与国税收关系中发挥着重要作用，"打击国际避税和偷、逃税，减少直至消除避税地，已经成为国际共识。各国要加强合作，打击国际偷税和避税，并建议OECD编制新的不合作税收管辖地名单。OECD在国际税收领域的引领作用越来越突出。欧盟也不甘落后，2011年提出了"共同统一公司税税基(CCCTB)"。

国际税收组织通过经常、固定化的税收会议取得共识，影响力日益扩大。以OECD为主的发达国家国际组织在国际税收领域占有重要的地位，引领着国际税收发展的方向。而发展中国家的国际税收合作也日益重要。发达国家制定国际税收规则与发展中国家捍卫税收权益的矛盾也将长期存在。

(资料来源：靳东升. 国际税收领域若干发展趋势[J]. 国际税收，2013，1：26.)

8.5 转移价格

转移价格是指跨国运营企业的母公司与子公司、子公司与子公司之间进行商品、劳务或技术交易时所采用的内部价格。这种内部价格的制定以实现公司的全球战略、追求全球利润最大化为根本目标，与同类商品、劳务或技术的市场价格并无必然联系。经济与合作发展组织(OECD)认为转移价格是一个定价制度问题，按照OECD《关于避免双重征税的协定范本》中的定义，转移价格指跨国运营企业把一个联属成员企业之间的所得转移给另

第8章 企业国际化运营中的财务管理

一个成员企业的价格决策[①]。

8.5.1 运用转移价格的目的

各国的税收制度及其他法规不同,加上国际市场存在结构性缺陷和交易性缺陷,为跨国运营企业最大限度地使用转移价格,实现其全球战略提供了诱因和条件。跨国运营企业运用转移价格的目的很多,具体来讲有优化资金配置、减少税负、避开风险和管制、获取竞争优势和调节子公司利润水平等。

1. 优化资金配置

跨国运营企业根据全球战略目标,在全球资本市场以最低的成本筹集资金,合理配置给其他各国的子公司,转移价格成为其配置内部资金的有效工具。例如,母公司为了回收资金,通过转移价格的方式,高价供货给子公司,提高子公司的生产成本,降低子公司的利润,达到回收资金的目的。当然,公司也可以通过压低价格的方式来为子公司提供经费。同样,通过调节子公司卖给母公司产品价格以及子公司之间的交易价格,优化资源配置。

2. 减少税负

运用转移价格减少税负主要包括减少所得税和关税两种。

1) 减少所得税

跨国运营企业在许多国家设立子公司,各东道国的所得税率高低不一,就决定了跨国运营企业可以利用转移价格,把赢利从位于高税率国家的公司转移到位于低税率国家的公司,以减少公司的纳税总额。一般做法是:低税率国家的关联企业向高税率国家的关联企业销货、贷款、提供劳务、租赁及转移无形资产等,采取提价的方法,以增加高税率国关联企业的费用成本,减少其应税所得额和应缴税金;高税率国家的关联企业向低税率国家的关联企业销货、贷款、提供劳务、租赁、转移无形资产等,采取压价的方法,以减少高税率国关联企业的收入,降低低税率国家关联企业的费用成本,将利润转移到低税率国家的关联企业,从而达到在总体上降低跨国企业税负的目的。

【例8-1】某跨国运营企业在不同的国家拥有两个子公司,子公司A的产品卖给子公司B作为原料,子公司A的所得税率为20%,子公司B的所得税率为50%,表8-7表明了两个子公司在不同转移价格情况下的损益状况,其中左半部分为在一个运营年度内,子公司A出售给子公司B原材料的转移价格确定为1500万元,右半部分为转移价格提高为1800万元后的结果。

---

① Transfer Pricing Guidelines for Multinational Enterprises and Tax Administrations. OECD Committee Fiscal Affairs. Paris,1995.

243

表 8-7 转移价格对跨国运营企业的影响　　　　　　　　　　单位：万元

	子公司 A	子公司 B	净利润合计	子公司 A	子公司 B	净利润合计
收入	1500	2200		1800	2200	
成本	1000	1500		1000	1800	
销售利润	500	700		800	400	
其他费用	100	100		100	100	
利润总额	400	600		700	300	
所得税	80	300		140	150	
净利润	320	300	620	560	150	710

从表中数据可以得到：

在一般情况下，子公司 A 向子公司 B 提供产品。

（1）当 $T_A < T_B$ 时，转移价格制定得越高，跨国运营企业整体的运营成果越好。

（2）当 $T_A > T_B$ 时，转移价格制定得越高，跨国运营企业整体的运营成果越差。

式中 T_A ——子公司 A 所在国的所得税率；

T_B ——子公司 B 所在国的所得税率。

可见，表中转移价格的提高产生了两种效果：①提高了子公司 A 的净利润，降低了子公司 B 的净利润；②提高了跨国运营企业整体的净利润水平。

除了利用子公司所在国所得税率的差异之外，跨国运营企业还可以利用避税港的转移价格策略来降低税负总额。例如，一家日本跨国运营企业需要将半成品卖给它在英国的子公司，它可以先以低价售给设在某避税港（如中国香港）的子公司，再由该子公司以高价转卖给英国的子公司。实际上，货物直接由日本运抵英国，并不经过该避税港。但这一会计方法的运用，却使日本母公司因低价出售而无赢利，英国子公司因高价买入也无赢利。双方的赢利都转移到了设在避税港的子公司，从而使公司总体上的纳税负担得以减轻，如图 8.3 所示。

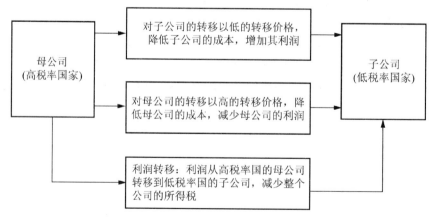

图 8.3 转移价格利润所得税

（资料来源：陈荫枋，唐维霞. 跨国运营财务管理[J]. 贵阳：贵州人民出版社，1995：142.）

第8章 企业国际化运营中的财务管理

阅读案例 8-3

关联企业转移定价的避税筹划

国内 NV 公司年利润为 1000 万元,所得税适用税率为 33%,该公司用转移定价方法将其 200 万元利润转移给与之相关联的 7 个小企业,各小企业适用税率均为 27%。

NV 公司在利润不进行转移的情况下,NV 公司年应纳税额为

$1000 \times 33\% = 330$(万元)

通过转移定价之后,1000 万元利润府纳税额为

$800 \times 33\% + 200 \times 27\% = 264 + 54 = 318$(万元)

公司通过转移定价方法少纳税款为

$330 - 318 = 12$(万元)

如果对此例作进一步的分析,不难发现,如果各关联企业都适用同一比例税率,且在各企业均为赢利的情况下,转移定价对集团公司整体税负将不产生任何影响;但如果各关联企业都实行累进税率,则转移定价又大有可为。因为在累进税制下,所得税适用的边际税率随所得额的大小而呈同一方向变化,即所得额越大,适用的边际税率就越高。这样,如果集团内各关联公司间利润相差悬殊,就有可能利用转移定价的方法,均衡各关联公司的利润水平,以降低平均边际税率,减轻集团的整体税负水平。

(资料来源:http://www.ctax.org.cn/qyhy/ssfd/qsch/t20070619_445852.shtml。)

2) 减少关税

运用转移价格减少关税常用的方法有两种。一是利用区域性关税同盟或某些双边的优惠协定逃避关税。例如,欧洲自由贸易区规定:如果货物是在自由贸易区外生产的,区内成员国把该货物运至另一成员国时,需交纳关税;但如果该产品 50% 以上的价值是在贸易区内增值的,则在区内运销时可免交关税。跨国运营企业利用这一规定,通过转让价格,压低在贸易区外产品的价格,提高该产品进入自由贸易区后在区内增值部分的比例,使该产品能够免交关税。二是对设在高关税国家的子公司销售商品时,以较低的转移价格发货,从而降低从价进口税。

【例 8-2】仍以例 8-1 中的跨国运营企业为例,如果子公司 A 向子公司 B 出售产品的过程中涉及关税,即子公司 B 所在国家向子公司 B 征收进口关税,税率为 10%,则两种转移价格下跨国运营企业的运营成果见表 8-8。

表 8-8 转移价格对跨国运营企业所得税及关税的影响   单位:万元

	子公司 A	子公司 B	净利润合计	子公司 A	子公司 B	净利润合计
收入	1500	2200		1800	2200	
成本	1000	1500		1000	1800	
进口关税	0	150		0	180	
销售利润	500	550		800	220	
其他费用	100	100		100	100	

续表

	子公司A	子公司B	净利润合计	子公司A	子公司B	净利润合计
利润总额	400	450		700	120	
所得税	80	225		140	60	
净利润	320	225	545	560	60	620

在例 8-2 中，如果以 x 表示两个子公司之间的转移价格，则跨国运营企业整体的净利润可以表示为

$NI=(x-1000-100)\times(1-20\%)+(2200-x-10\%\ x-100)\times(1-50\%)=0.25x+170$

可以发现，随着转移价格的提高，跨国运营企业整体利润水平提高。

但是，如果将关税税率提高至 30%，则 $NI=0.15x+170$

如果将关税税率提高至 40%，则 $NI=0.1x+170$

如果将关税税率提高至 50%，则 $NI=0.05x+170$

可以发现，随着关税税率的提高，不一定转移价格越高越好。

如果将关税税率提高至 60%，则 $NI=170$

可以发现，跨国运营企业整体利润水平与转移价格无关。

如果将关税税率提高至 70%，则 $NI=170-0.05x$

可以发现，跨国运营企业整体利润水平与转移价格呈反方向变化，即转移价格越高，整体利润水平越低。

由于关税的作用，跨国运营企业净利润下降了，而且在高转移价格情况下净利润下降得更多。提高转移价格会降低跨国运营企业整体的所得税，但却提高了关税。高关税抵消了所得税减少所带来的好处。

专栏 8-10

对跨国运营的企业总体而言，使用转移价格逃避关税的结果与使用转移价格逃避所得税的结果是互为消长的，即少纳进口税就多纳所得税。这是因为进口关税一般在税前列支，所以一个国家的关税税率高，其所得税率就低，反之征收的关税低，征收所得税就高。跨国运营企业究竟应实行何种转移价格政策，才能达到减少整个企业的关税及公司税支付的目的，还要根据不同国家的具体环境来决定。

3. 避免风险

运用转移价格规避的风险主要包括 3 类。

(1) 外汇风险。东道国实行浮动利率制是导致外汇风险出现的直接原因。在这种汇率制度下，东道国货币的汇率频繁变动，增加了跨国企业运营的外汇风险。为了减少或避免外汇风险，跨国运营企业在预测汇率变动趋向的基础上，运用转移价格，减少汇率波动导致的损失或获取汇率波动带来的好处。例如，跨国运营企业预测其子公司所在国的货币将发生贬值，那么其母公司在向各子公司发货时采用高的转移价格，提前把各子公司的利润抽回或者采用提前或延缓支付、指定交易货币，将损失转移给特定关联企业等途径减少货币贬值造成的损失。

（2）政治风险。跨国运营企业在东道国的投资不仅仅面临着一系列经济上的风险，还可能面临由于东道国的政局不稳定，政府更换或者经济政策重大调整等带来的政治风险。特别是一些政府在特殊时期，可能采取没收或国有化私有财产的政策，或政府违约给跨国运营企业带来损失。针对这种风险，跨国运营企业可以通过转移价格，对售往该国子公司的商品实行高转移价格，而指令该国子公司向其他子公司进行销售时使用低转移价格或向该国子公司收取各种名目的高昂管理费、技术服务费等，从而使投资能及时地从东道国转移出来，将风险降至最低。

（3）国际金融风险。跨国运营企业在世界各地开展业务，使用多种货币，难免会有国际金融风险的发生。通货膨胀使跨国纳税人的名义收入增加，在实行累进所得税时，名义收入的增加会把纳税人适用的税率推向更高的档次。所以，跨国运营企业为尽可能减少这种损失，抬高转让价格，并改变货款结算期，提前将资金从发生通货膨胀的东道国转出，减少货币贬值的损失。

4. 避开管制

运用转移价格主要是避开东道国的价格管制、外汇管制和运营限制。

（1）价格管制。东道国的价格管制主要有以下两类。

① 反倾销法。反倾销法的目的在于保护国内制造业免受非正常低价商品的冲击。为了减少针对产品倾销的诉讼风险，跨国运营企业可以通过降低半成品、原材料转移价格的方法，增加东道国子公司的利润空间，使企业的产品能够在东道国以较低价格销售而免于倾销指控；还可以将产品通过设在避税地的子公司中转，尽量给东道国政府避税地子公司生产的假象，以减少原产国生产制造的色彩而降低被指控倾销的概率。

② 对某些产品限定最高售价。为了避免倾销指控，跨国运营企业通过转移价格提高产品的成本，在提高产品售价的同时，子公司的销售利润并没有相应上升。为避开东道国的最终产品价格管制，跨国运营企业将产品或生产该产品的中间产品以高价转嫁给子公司，形成子公司的高成本，进而提高产品售价，赚取高额利润。

（2）外汇管制。东道国为了平衡国际收支，尤其是一些发展中国家为了增加外汇储备，稳定汇率，实行严格的外汇管制，对于外汇的输出有政策上的限制，但对国际贸易中的外汇支付，限制措施就要宽松得多。因此，跨国运营企业为了逃避东道国的外汇管制，压低税后利润，把资金从成本费用的渠道转移出来。通过调节转移价格，以贸易支付的方式绕过外汇管制。如果外汇管制严的一方是买方，可以提高转移价格，使之提高成本，降低利润，资金就可以通过转移价格的合法方式流出，反之，如果是卖方，可以降低转移价格，使之减少外汇收入。例如，跨国运营企业采取高价向子公司提供产品或劳务的手段，将子公司的资金转移到母公司或其他子公司，从而达到间接调出利润的目的。

（3）运营限制。东道国鼓励跨国运营企业把在本国获取的利润和股息留在本国进行再投资。如我国就有外国投资者将从企业分回的利润进行再投资的税收优惠政策，但是对利润和股息汇出境外则实施一定的限制，如征收利润汇出税。若跨国运营企业在本地追加投资的收益率不理想或对东道国的政治经济环境前景担忧，为了避免企业的经济损失，利用转移价格,高价从子公司进口产品或高价收取管理费、技术服务费等,转移子公司的利润,减少损失。

5. 获取竞争优势

获取竞争优势通常体现在3个方面。

(1) 争夺市场,击败竞争对手。当子公司需要扩大市场或进入新市场时,如果遇到强大的竞争对手,跨国运营企业便可发挥整体优势,集中力量,以转移低价向东道国的子公司供应原材料、零部件、劳务和技术等,使该子公司的生产成本大大降低,从而拥有价格优势,以击败竞争对手。

(2) 扶植新公司,增强新建公司的竞争能力。跨国运营企业可以向新建子公司高价收购,低价销售,使该子公司在当地市场呈现为赢利可观的良好形象,从而帮助子公司迅速在当地市场打开局面。

(3) 子公司的突出业绩会逐渐得到东道国政府的重视,为跨国运营企业争取政府的支持,谋取后期更大的经济利益做铺垫。

6. 调节利润水平

跨国运营企业可以根据运营需要,通过制定转移高价或转移低价来调节子公司的账面利润水平,达到以下效果:①为了避免某个子公司的利润过高诱使竞争对手进入市场,跨国运营企业会利用转移价格来掩盖子公司真实的获利水平;②为了避免某子公司利润过高招致东道国政府的特别注意,诱使其要求重新谈判跨国运营企业进入的条件并制定新政策分享其赢利或者强迫该跨国运营企业分散一部分股权给当地投资者,或避免被征用和没收,跨国运营企业会利用转移价格,使其子公司的账面利润不至于过高;③为了对付当地工会可能提出的增加工资和福利的要求,跨国运营企业也会利用转移价格有意使账面呈现为低利甚至亏损状态;④为了减少当地合资伙伴的利益,跨国运营企业利用转移价格将利润转移到其母公司或其他独资子公司。

8.5.2 转移价格的表现形式

跨国企业在其母公司与子公司间以及分公司之间的转移价格有多种表现形式,至少可以分为以下几个方面。

(1) 通过控制零部件和原材料的进出口价格来影响产品的成本[①]。例如,由母公司向子公司高价供应零部件产品或由子公司低价向母公司或其他关联企业出售零部件产品,以此来提高子公司的产品成本,从而减少子公司的利润。反之,通过母公司向子公司低价出售零部件产品或由子公司向母公司或其他关联企业高价出售零部件产品,来降低子公司的产品成本,使其获得较高的利润。

(2) 通过规定固定资产的出售价格或使用年限来影响子公司的产品成本,使利润在母、子公司之间转移。母公司向子公司提供的固定资产的价格,直接影响着摊入子公司的产品成本。母公司对子公司规定的固定资产折旧期,也会影响折旧费的提取和分摊。若过

---

① 根据刘志杰(2008)关于我国跨国公司转移定价问题的研究及相关资料整理所得。

多地提取折旧费,必然会加大子公司当期的产品成本;若过少地提取折旧费,则会减少子公司的当期产品成本。而成本的高低,决定着利润的多少,直接影响税收。

(3) 通过收取专利、专有技术、商标及厂商名称等无形资产转移时的特许权使用费,并以收取使用费的高低来影响子公司的成本和利润。以专利出口为例,母公司对低税率国家或地区的子公司索取较低的专利使用费,而向设在高税率国家或地区的子公司索取较高的专利权使用费,它们之间就可以利用收费标准的高低,把利润从高税国向低税国转移,尤其是专有技术具有独创性的特点时,缺乏可比性,更难确认其真实价格。而且这种费用可单独反映,也可隐藏在其他价格中,如隐藏在设备或货物价格中,在资金流量很大的交易中更易于利用它来避税。

(4) 通过提供贷款利息的高低来影响子公司的成本费用,达到转移利润的目的。贷款在关联企业之间经常是由母公司直接向子公司贷款,也可以由本企业的金融机构向关联企业贷款。贷款利率的高低影响利息的收支,从而增加或减少子公司的成本,实现利润在高税国与低税国之间的转移。

(5) 通过机器设备融资租赁影响成本费用,实现转移价格。第一种情况是利用自定租金来转移利润,如处在高税国的企业借入资金购买机器设备,以最低价格租给低税国的关联企业,后者再以高价租给另一高税国的关联企业,就可以达到转移利润的目的;第二种情况是利用售后租回的方式影响利润。按照计提折旧规定,当月购进设备当月不提折旧,要等下个月计提折旧,如将投产不久的设备先出售再租回使用,这样买卖双方对同一设备都可享受首月折旧免税额,租用设备的承租方还可享受在利润中扣除设备租金的好处。

当然,跨国企业在国际化运营中转移价格的形式远不止上述几点。例如,在产品销售过程中给予关联企业系统的销售机构以较高或较低的佣金;对技术、管理、广告及咨询等服务收取劳务费用,以劳务费的高低来影响子公司的成本;通过向子公司收取较高或较低的运输装卸、保险费用来影响子公司的销售成本;向子公司收取过多的管理费用或额外将母公司自身的管理费摊入子公司的产品成本内等途径均可能实现跨国企业的转移价格策略。随着跨国企业国际化运营实践的日益丰富,肯定会涌现出越来越多的转移价格形式。为此,本节并未奢求能穷尽所有的转移价格的表现形式。读者要留意搜集这方面的资料。

8.6 外汇风险管理

8.6.1 外汇风险的含义

外汇风险,又称"汇率风险"或"外汇暴露"。一般是指在国际经济、贸易、金融活动中,一个组织、经济实体或个人的以外币计价的资产和负债因汇率变动而蒙受的意外损失或所得的意外收益。

跨国运营企业在跨国运营活动中所发生的外汇收入,如应收账款、应付账款、货币资本的借入或贷出等,均须与本币进行折算,以便结清债权债务并考核其运营成果。由于应收、应付账款的实际收付以及借贷本息的最后偿付都需要一定的期限,这个期限内,外币与本币折算比率有可能会发生变化。所以，把由于各国货币汇率的波动而可能给跨国运营企业带来的赢利或者损失的不确定性称之为跨国运营企业的外汇风险。

例如，中国的跨国运营企业在美国运营所获得的收入为美元，在瑞士运营所获得的收入为瑞士法郎，在每一个运营期末，当跨国运营企业提取投资收益时，都要将各种货币的投资收益兑换成人民币。即使不考虑提取投资收益问题，按照会计准则，在每一个会计报告期末，这些外币收入也都要换算成以人民币为单位的收入。由于母公司所在国货币与子公司所在国货币之间的汇率波动，会导致在子公司收益换算成母公司收益时发生波动。

所以，外汇风险管理是跨国运营企业财务管理与国内企业财务管理的根本区别之所在，跨国运营企业财务管理的其他内容都是在此基础上展开的。识别自身的外汇风险，并根据自身情况采取相应的风险管理措施，规避外汇风险，进行外汇风险管理是跨国运营企业财务管理的最基本内容之一。

8.6.2 外汇风险的类型

根据外汇风险的作用对象及表现形式，跨国运营企业面临的外汇风险可以划分为3类：交易风险、折算风险、经济风险。

1. 交易风险

交易风险也称为兑换风险，是指在运用外币计价收付的交易中，经济主体因外汇汇率波动而引起的损失或赢利的可能性，即在约定以外币计价的交易过程中，由于结算时的汇率与签订合同时的汇率不同而面临的风险。换句话说，交易风险是指汇率变动对将来现金流量的直接影响而引起外汇损失的可能性。它是一种常见的外汇风险，存在于应收款项和所有货币负债的项目中。例如，持有外币应收账款就会因外币对本国货币贬值而遭受损失；反之，持有外币应付账款就会因外币对本国货币升值而发生损失。

跨国企业可能产生交易风险的运营活动是以外币标价进行的，成交与交割不是同时完成的外币业务，主要包括：①商品或劳务的赊销与赊购业务；②外币资金的借贷活动；③以投机为目的而进行的外币期货买卖；④其他可能产生外币债权、债务的外币交易活动。

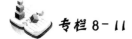

专栏 8-11

美国波音公司向菲律宾航空公司出售波音飞机，售价为2000亿卢比。菲律宾为了减轻进口飞机对其国际收支的影响，要求波音公司每出售一架飞机，须从菲律宾购回价值900亿卢比的零部件。

(1) 如果美元对卢比的即期汇率为每卢比0.005美元，则波音公司的净卢比交易风险暴露为

2000－900＝1100(亿卢比)

换算成美元，等于5.5亿美元。

(2) 如果卢比贬值，汇率变为每卢比0.004美元，则波音公司发生交易损失，交易损失额等于卢比风险暴露乘以汇率的变化，即为

1100×(0.005－0.004)＝1.1(亿美元)

2. 折算风险

拥有外币资产负债的经济主体，在将以外币度量的各种资产和负债按一定的汇率折算

成母国货币以合并财务报表时,一旦功能货币即交易货币(一般指海外子公司所在国货币)与记账货币(一般是母公司所在国货币)不一致,在会计上就要作相应的折算。所以,折算风险又称会计风险,是指经济主体在对资产负债表进行会计处理中,在将功能货币转换成记账货币的过程中,因汇率变动而出现账面损失的可能性。

例如,英国某公司拥有18万欧元的存款,假定年初英镑对欧元的汇率为1英镑等于1.8欧元,在财务报表中这笔欧元存款被折算为10万英镑;1年后,该公司在编制资产负债表时,汇率变化为1英镑等于2欧元,这笔18万欧元的存款就只能折算成9万英镑,账面损失为1万英镑。所以说,折算风险能导致与汇率有关的损失或收益,进而影响跨国运营企业的报告收入及纳税收入。但是,折算风险造成的损失或收益只是会改变公司合并财务报表或外币换算财务报表上所反映的运营成果和财务状况,通常并不会真正实现,即不会影响企业未来的现金流量。

此外,折算损益的大小将取决于所使用的折算方法。采用的折算方法不同,所得到的折算损益也就不同,这一点在本章第2节中已经说明。

3. 经济风险

经济风险也称为运营风险,是指由于外汇汇率的非预期变动使跨国运营企业在将来特定时期的收益发生变化的可能性,是反映跨国运营企业未来现金流量现值影响程度的指标。由于跨国运营企业拥有大量的海外业务,因汇率波动而遭受经济风险损失的可能性远远高于只有本国业务的国内公司,经济风险对跨国运营企业的影响极为长期。

例如,当一国货币贬值时,出口商一方面因出口货物的外币价格下降,有可能刺激出口使其出口额增加而获益;另一方面,如果出口商在生产中所使用的主要原材料为进口品,因本国货币贬值会提高本币表示的进口品的价格,出口品的生产成本就会增加。结果,该出口商在未来的收益可能增加,也可能减少,该出口商的市场竞争能力及市场份额也将发生相应的变化,进而影响到该出口商的生存与发展潜力,此种风险就属于经济风险。

从管理的角度来讲,企业的价值在很大程度上取决于它的现金流量,而汇率的变动影响公司未来的销售量、价格及成本等。所以,汇率变动可能会引起企业未来现金流量的下降,从而引起企业价值的下降。因此,经济风险的大小取决于企业投入产出市场的竞争结构以及这些市场如何受汇率变动的影响,而这种影响又取决于一系列的经济因素,如产品的价格弹性、来自国外的竞争、汇率变动对市场的直接影响(通过价格)及间接影响(通过收入)等。

8.6.3 外汇风险的估测和判断

企业跨国运营的外汇风险根源主要来自于外汇汇率的不确定性,它不仅决定着跨国运营企业面临外汇风险的性质,也决定着外汇风险的范围和程度。因此,防范、化解或消除外汇风险的前提是对外汇汇率的变动进行科学的估测和判断,以防为主,具体表现在以下几个方面[①]。

---

① 李建华. 中国入世:企业跨国发展的外汇风险判断与规避[J]. 经济与管理研究,2002,3:49、50.

1. 估测和判断影响东道国外汇汇率变动的因素

外汇汇率作为一国货币对外价格的表示形式,既受诸多经济因素的影响,也受社会及政治因素的影响,因为货币是国家主权的一种象征。对东道国外汇汇率变动的科学估测与判断,必须密切关注六大影响因素。

(1) 该国对外经济活动中的收支情况。如果支出或对外投资超过了它从国外赚取的出口收入或跨国投资收益,将会迫使该国货币的外汇汇率下跌。

(2) 该国的通货膨胀情况。通货膨胀率越高,实际价值就越低,以这种货币表示的外币价格随之提高,其外汇汇率下降。

(3) 该国的利率差异变动。短期资金总会从利率低的地方流向利率高的地方,国际的资金流动需要货币兑换,造成资金流入国家的货币在外汇市场供不应求或相当数量减少,致使外汇汇率上升。

(4) 该国总需求与总供给的平衡状况。如果总需求中对进口的需求增长快于总供给中出口供给的增长,该国外汇汇率将下降。如果总需求的总量增长快于总供给的总量增长,满足不了的总需求将转向国外,引起进口增长,从而导致本国外汇汇率下降。当总需求的增长从整体上快于总供给的增长时,还会导致货币的超额发行和财政赤字的增加,从而间接导致本国外汇汇率下降。简而言之,当总需求增长快于总供给时,本国外汇汇率一般呈下降趋势。

(5) 该国官方汇率与非官方汇率(即黑市汇率)的差距大小。若差距较大,官方汇率向非官方汇率靠近的可能性也较大。

(6) 该国的国际货币储备。国际货币储备较多,表明该国政府干预外汇市场、稳定外汇汇率的能力较强,因而有助于该国外汇汇率的上升,反之则相反。

2. 估测和判断东道国外汇汇率变动的内容和方法

(1) 内容有3项:①估测和判断外汇汇率升降变动的方向,这决定着货币价值的提高与下跌,它将使跨国企业得到收益或遭受损失;②估测和判断外汇汇率变动的幅度,这影响着跨国企业收益或损失的幅度和程度;③估测和判断外汇汇率变动的时间,这决定着跨国企业收益或损失产生的时间。

(2) 方法有两种:①以调查分析为基础的经验判断法,即依靠预测人员的经验及判断能力,根据已经掌握的相关资料,对东道国外汇汇率变动的未来趋势做出估测和判断,譬如专家会议预测法、德尔菲预测法等,这类方法简便、灵活、迅速、费用省;②以统计资料为基础的分析计算法,即利用积累的有关外汇汇率变动的统计资料和历史数据,结合目前形势的变化,进行分析计算后,推理出外汇汇率估值,譬如,按照时间序列加权平均或加权移动平均进行预测,运用指数平滑建立平滑模型进行预测,用回归分析处理变量与变量之间的相互关系进行预测等,该类方法预测和判断地比较准确,参考价值也高。

阅读案例 8-4

跨国运营企业经济风险的测算方法

假设中国海尔集团在西班牙有一家完全控股的子公司BBQ公司，它在西班牙生产并且在欧洲市场销售电冰箱产品。BBQ公司以每台1570元人民币（即期汇率折合150欧元）的单价从中国购买板材。BBQ公司雇佣西班牙工人并且其他投入资源均来自当地，同时需要向西班牙政府交纳30%的所得税。BBQ公司预计每年在欧洲销售电冰箱产品10000台，售价为每台700欧元，每台电冰箱的可变成本为250欧元，包括150欧元的进口原材料以及100欧元的本地原材料。显然，随着欧元对人民币汇率的波动，进口原材料价格也随之变动，从而影响该电冰箱产品在欧洲市场的销售价格。无论产量多少，BBQ公司在西班牙的固定成本为300万欧元，其中包括房屋租金、公司财产税和其他固定开销。

在欧元贬值、人民币升值（即期汇率由RMB10.4540/EUR波动为RMB9.2457/EUR）的情况下，对BBQ公司运营现金流量的测算如下。

（1）人民币升值。每台电冰箱的变动成本之中的人民币进口原材料成本上升，计算得到BBQ公司以人民币计价的运营现金流量比汇率波动之前的运营现金流量减少RMB2035314元。

（2）欧元贬值带来物价的上涨，BBQ公司的销售价格提升。假定价格上涨未影响到销售量，那么人民币升值、进口原材料成本和销售价格上升，在其他变量不变的情况下，计算得到BBQ公司以人民币计价的运营现金流量增加了RMB4326426元。由此看出，人民币升值、欧元贬值不一定带来BBQ公司运营现金流量的降低。

（3）实际上，欧元贬值对BBQ公司带来的影响体现在许多方面。首先，欧元贬值带来物价上涨造成BBQ公司电冰箱销售量减少到7000台。其次，西班牙物价上涨造成国内原材料从100欧元上涨到150欧元。再次，伴随着西班牙的物价上涨了5%，电冰箱的价格上涨，从700欧元上涨到735欧元。另外，每台电冰箱的变动成本中的1545元人民币进口原材料（折合150欧元）成本上升至170欧元。在欧元贬值，销售量、销售价格、国产原材料、进口原材料四大变量都对外汇汇率非常敏感的情况下，计算得到BBQ公司的现金流量减少了RMB8905994元。

（4）假设未来3年BBQ运营现金流量相同且相同程度地受到外汇汇率波动的影响。按照10%的贴现率计算（3年期年现金系数2.4869），得到BBQ公司经济风险的测算值。例如，由于欧元贬值，在单价、销售量、变动成本等财务变量都敏感时，BBQ公司预计运营损失为RMB22148316.48元。

（资料来源：根据胡齐（2007），《跨国公司外汇风险管理初探》，整理所得。）

8.6.4 外汇风险对跨国运营企业的影响

汇率的波动会对跨国运营企业的财务管理成本、运营战略、企业信用等级和竞争力等方面产生诸多影响，这些影响最终将反映在跨国运营企业所遭受的汇率风险上，具体体现在以下4个方面。

1. 影响跨国运营企业的财务管理成本

汇率波动对跨国运营企业的财务管理成本的影响主要有：①当汇率的变动使得企业无法事先确定从事进出口贸易和对外借贷款业务时，进出口货款或外币贷款清算时的本币数额，而对企业的财务预算带来困难并将增加企业的运营成本；②汇率的波动引起企业合并财务报表时折算风险和折算损益的产生，进而影响企业的市场价值和海外分支机构运营绩效的测定;③汇率的波动不仅使企业的海外资产遭遇汇率风险,而且还有可能给企业持有的本国证券等国内资产带来汇率风险,进一步影响企业资本成本的计算、海外直接投资项目的资本预算以及运营绩效的评估;④汇率的波动影响企业海外借款币种以及规避汇率风险工具的选择和采取避险措施的深度和广度。

2. 影响跨国运营企业的运营战略

汇率波动对跨国运营企业的运营战略影响主要包括以下两个方面:在生产方面,汇率的波动可能会引起进口原料或零部件价格的变动,增加企业生产成本以及原料供应地和产品生产地的选择;而在营销方面,汇率的波动会引起本币价值的波动,会导致以外币计价的产品价格随之变动,从而影响企业产品在海外市场的销量、市场份额的保持和新市场的开拓。

3. 影响跨国运营企业的信用等级

汇率的波动造成账面资产负债的不断变化进而影响财务报表。而且,跨国运营企业因汇率的变动引起账面产生折算收益,所得税相应增加,在累进式所得税下,应税收入变动对跨国运营企业的赢利水平有很大影响,因此,汇率波动可以通过财务报表和税收增减间接地影响公司的信用等级。

4. 影响跨国运营企业的竞争力

外汇风险给跨国运营企业的产、供、销活动带来成本核算的不确定性,不仅会影响企业人、财、物的合理配置及产、供、销的总体安排以及企业的投资安排、生产布局、生产规模、销售渠道及利润分配,而且还会使跨国运营企业正常运营活动的预期收益因汇率波动而面临预料之外的损益、企业现金流的增减和影响公司管理者的运营决策,进而影响跨国企业在国际化运营中整体竞争力的提高。

8.6.5 企业如何规避外汇风险

依据采取措施的时间不同,对商品交易外汇风险的规避可以分为事先防范和事后防范两类[①]。

1. 事先防范方法

(1) 选择有利的计价货币。在外汇货币市场上,大体可将货币分为两类:一类是币值处于上升趋势、比较坚挺的货币,称为"硬"货币;另一类是币值处于下降趋势、比较疲软的货币,称为"软"货币。依据规避汇率风险的原则,在贸易谈判中,应尽量力争出口合同采取"硬"货币计价,以避免汇率贬值造成的汇兑损失;进口合同采用"软"货币,以避免汇率升值造成的汇兑损失;外汇借款合同采用"软"货币,可以避免在将来还款时因汇率升值所造成的汇兑损失。在贸易合同签约时,首先要考虑选择合理的计价货币,同时考虑到商品的购销意图、国际市场价格等因素,既要防止因为选择货币不当遭受汇率风险损失,又要避免因为单纯考虑汇率风险而影响商品出口和急需物资的进口。

---

① 王光磊. 我国涉外企业如何规避外汇风险[J]. 时代经贸, 2008, 11: 219—220.

(2) 适当调整商品交易的价格。在出口贸易中，由于某些条件的限制，使出口不得不采用"软"货币成交时，应采取加价保值方法来防范汇率风险损失。即将估计的汇价损失摊入到出口商品价格中，以转嫁汇率变动的风险损失。其计算公式为：加价后的商品单价＝原单价×(1＋货币升值率)。在进口贸易中，由于特殊条件的限制，买方不得不采用"硬"货币成交时，就要以将存在的外汇风险采取压价保值法来防范损失。即将估计到的汇价损失从商品价格中剔除，以转嫁汇率风险损失，其计算公式为：压价后的商品单价＝原单价×(1－货币贬值率)。

(3) 在商品交易合同中加列汇率风险分摊条款。在签订商品交易合同时，贸易双方确定了采用某种货币计价成交以后，可以在合同内加列外汇风险分摊条款，规定如果合同选定的计价货币到支付日汇率发生变化，可用汇率变化幅度的一半重新调整单价，由买卖双方共同分摊汇率变动带来的损失或收益。其计算公式为：调整后的货价＝原定价±(原定货价×汇率变动幅度)/2。在采用汇率风险分摊条款时，在确定商品交易计价货币的同时，需要确定参照比较的货币，明确签约时两种货币的比率，以保证能够在到期日正确计算调整后的商品交易价格。

在签约前，除了可以采用上述方法防范汇率风险之外，还可以采取提前或推迟结算等方法。在签订贸易合同时，可以结合贸易背景，灵活地选择计价货币。

2. 事后防范方法

(1) 开展远期外汇交易。远期外汇是一种操作简捷的保值避险手段，即在外汇买卖成交时，双方先约定交易的货币币种、数量和汇价，然后在将来的某个时间进行实际交割。远期外汇交易一般有30天、60天、180天和1年等。从签订合同到交割外汇，不管外汇市场的汇率如何波动，交易双方都必须按照远期合约的规定，到期日按照预先确定的汇率进行交割，以确定公司收支数额，排除汇率风险。在远期外汇买卖成交后，也能够计算出未来到期的债权和债务，从而在进行成本和收益比较时，能排除汇率变动所带来的不确定性。在远期外汇交易时，也可以采用外汇择期交易的方法，允许按照合同规定的价格和在合同规定期限内的任何一天进行交割。这种交易与一般的远期外汇交易相比，在交易日期上更加灵活，适用于收付款日期不能够准确确定的贸易合同外汇风险的防范。

(2) 开展外汇期货业务。外汇期货交易是在期货交易所内由交易双方通过公开竞价，达成在将来规定的日期、地点及价格，买进或卖出规定数量外汇的合约交易。外汇期货合约与传统的远期外汇买卖合约一脉相承，但也有自身的特点。凡是想做外汇期货交易的合格成员，都要到交易所进行，一旦成交，买卖双方就立即向交易所登记成交的合同，交纳保证金，登记完后，买卖双方就毫无关系，到期由清算中心负责交割，买卖双方都不用担心对方的信誉。当公司买了若干期货合同后又不想要了，即可卖出同数量的相同合同，轧平头寸，清掉以后应履行的义务，不需要再去收付原来所要买卖的货币。因国际贸易而拥有外汇债权或债务者，可以利用外汇期货市场进行套期保值，以避免或减少汇率变动造成的损失。

(3) 利用外汇期权。外汇期权是指交易双方按照协商的汇率，就将来是否购买或售出某种外汇资产选择权预先达成的合约。期权买方获得的是一种权利而不是一种义务，当行市有利时,有权买入或卖出这种外汇资产;而当行市不利时,可以选择不执行期权。而期权的卖方则必须在买方要求执行期权时,卖出或买入这种外汇资产。外汇期权交易与远期外汇交易相比,具有一定的灵活性,到期可以选择执行外汇交割,既能避免汇率向不利的方向变动带来的损失,又能从有利的变动中获得好处。这种方法对买入期权方来说,需要支付的费用较高,期权买入方在交易最初就能预知最坏的结果,即最大的损失就是所支付的期权费用。

(4) 利用调期交易。调期交易又称时间套汇,是在买进或卖出即期某种货币的同时,卖出或买进远期的同一种货币,也可以是在买进期限较短的某种远期货币的同时,卖出期限较长的同一种远期货币。这种方式的作用是为了解决不同时间的不同货币的资金需求。

(5) 采用"福费廷"业务进行风险转移。"福费廷"就是在延期付款的大宗交易中,出口商把经过进口商承兑并经过进口国银行担保的远期汇票,向银行交付一定贴息元追索权地出售给出口国所在地的银行,提前取得外汇资金现款的一种资金融通方式。通过"福费廷"业务,出口商与进口商之间的信用交易转变为现金交易,使可能发生的外汇风险转嫁给办理"福费廷"业务的银行。"福费廷"业务集融资、结算服务于一身,对防范汇率风险有较大的作用。

运用风险处理的各种手段,在损失发生之前做出有效的安排,能够达到规避风险的目的。跨国运营企业应该建立科学的外汇风险管理制度,设置专门的组织机构,搞好事先和事后管理工作,力争把外汇风险损失控制在最低的程度,以提高参与国际竞争的实力。

阅读案例 8-5

跨国运营企业在期权市场上对外汇风险进行调整

如果预期某种货币升值,那么跨国运营企业以这种货币表示的负债在到期用本币支付时的额度将增加。为了避免这种损失,跨国运营企业可以提前取得将来购买这种升值货币的期权,到期支付时,这种货币真的升值了,以至于执行期权支付负债的成本更小,跨国运营企业就可以执行该期权。下面用一些具体的数字更加形象、具体说明用期权保值的操作。

现期货币市场上,人民币的汇率为$1=¥8,预期人民币在本会计年末将升值汇率变为$1=¥7。美国跨国运营企业子公司负债为¥80000或者为$10000,但是如果人民币升值了,子公司负债将变为¥80000或者$11429(80000/7),在会计年末,跨国运营企业由于汇率的波动将损失$1429。

为了避免或者减小这个损失,可以在国际货币市场上,在会计年末买入¥80000的期权,假设期权所规定汇率为$1=¥7.5,取得该期权需要付总交易额1%的费用,也就是¥800(80000×1%)或者100$(10000×1%),当会计年末执行该期权时,子公司负的利润将为$10667(80000/7.5)。为了支付这¥80000负的利润支付的总成本10767(10667+100=$10767),比不进行这种操作少损失了$662(11429-10767)。

由于$1=¥7只是一个预期的汇率,所以只要按会计年末的即期汇率取得人民币的成本大于执行该期权的成本(此时人民币的汇率满足小于$1=¥7.43,(80000/r>10767),执行该期权就是有利的。

外汇市场瞬息万变,汇率风险管理又相当复杂,跨国运营企业应该成立专门的部门进行外汇风险管理,并且应该把该部门的功能从简单的资产负债的保值扩展到投资赢利上。

(资料来源:刘胜军,张媛媛. 跨国公司外汇风险管理[J]. 黑龙江对外经贸,2009,1:93、99.)

第8章 企业国际化运营中的财务管理

本章小结

企业的国际化运营包括生产管理、市场管理、财务管理、人力资源研究与开发等多项管理活动。而财务管理是企业国际化运营中对各海外子公司的筹资决策、投资决策、财务预算及利润分配决策进行控制的重要管理领域和职能。本章根据财务管理的基本职能和跨国运营企业通过国内、国外两个市场配置对资本资源，实现价值最大化的特点，重点阐述企业在国际化运营中必须要面对和解决的几个财务管理方面的问题。

会计核算标准国际协调的目标在于减少各国会计准则和会计制度之间的差别，增加其会计实务的和谐与共存，协调的目的在于使跨国运营业务及其他国际经济交往事项得以顺利进行。

企业在国际化运营过程中，子公司设在不同的东道国，子公司、关系公司、关联公司遍布世界各地，母公司在编制合并财务报表之前，必须首先把用外币编制的国外子公司的财务报表换算为用母公司的报告货币表示，由此就产生了对财务报表进行换算的需要。外币财务报表的换算方法主要是指在换算过程中使用什么样的外汇汇率，各个财务报表上的项目是按怎样的比率来改变相应的会计数据的。采用的换算方法不同，对同一项目所使用的换算汇率也就不同。

企业环境报告是企业在法规强制要求或自愿的情况下，通过各种媒介采取科学、合理且比较正式的方式，对其环保目标与政策、资源消耗、污染物排放和治理、环保收入和支出、可能的环境负债及其改善、环保措施及其实施效果等环境信息进行公开披露，让广大公众了解、监督和评价，促使其加强企业环境管理，改善环境行为，提高企业公众形象和市场竞争能力的行为。

国际税收是指各国政府与其税收管辖范围之内，从事国际经济活动的企业和个人之间就国际性收益所发生的征纳活动以及由此而产生的国与国之间税收权益的协调行为。随着经济全球化的发展，各国经济发展超越国界，国际经济联系不断扩大和深化，各国政治制度和经济制度也不断顺应经济全球化趋势的要求而变化，都对世界范围内的国际税收产生了一系列重要影响。跨国运营的企业往往精心研究国际合理减轻税负的办法，充分利用国际税收上的种种差异及国际税收协定的有关条款，进行国际税收筹划，尽量获得税收上的优待。

转移价格是指跨国运营企业的母公司与子公司、子公司与子公司之间进行商品、劳务或技术交易时所采用的内部价格。各国的税收制度及其他法规的不同，加上国际市场存在结构性缺陷和交易性缺陷，为跨国运营企业最大限度地使用转移价格，实现其全球战略提供了诱因和条件。

由于各国货币汇率的波动而可能给跨国运营企业带来的赢利或者损失的不确定性称之为跨国运营企业的外汇风险。外汇风险管理是跨国运营企业财务管理与国内企业财务管理的根本区别之所在，识别自身的外汇风险，并根据自身情况采取相应的风险管理措施，规避外汇风险，进行外汇风险管理是跨国运营企业财务管理的最基本内容之一。

关键术语

低碳经济　　环境报告　　转移价格　　国际税收　　外汇风险

综合练习

一、名词解释

平均汇率　　　　复合汇率法　　　　企业环境业绩
国际税收筹划　　转移价格　　　　　外汇风险

二、简答题

1. 什么是企业在国际化运营中的财务管理？财务管理对跨国运营企业有什么作用？
2. 什么是折算风险、交易风险和经济风险，它们的联系和区别是什么？跨国运营企业为什么要区分这3种风险？
3. 外币财务报表的换算方法包括哪几种？
4. 企业环境报告的内容和模式是什么？
5. 跨国运营企业如何进行国际税收筹划？
6. 企业在国际化运营中运用转移价格的主要目的是什么？

案例分析

1. 根据案例所提供的资料分析：

（1）试对财务杠杆进行界定，并对"财务杠杆效应是一把'双刃剑'"这句话进行评述。

（2）取得财务杠杆利益的前提条件是什么？

（3）何为最优资本结构？其衡量的标准是什么？

（4）我国资本市场上大批ST、PT上市公司以及大批靠国家政策和信贷支持发展起来而又债务累累的国有企业，从"大宇神话"中应吸取哪些教训？

大宇资本结构的神话

韩国第二大企业集团——大宇集团，1999年11月1日向新闻界正式宣布，该集团董事长金宇中以及14名下属公司的总经理决定辞职，以表示"对大宇的债务危机负责，并为推行结构调整创造条件"。韩国媒体认为，这意味着"大宇集团解体进程已经完成"，"大宇集团已经消失"。

大宇集团于1967年开始奠基立厂，其创办人金宇中当时是一名纺织品推销员。经过30年的发展，通过政府的政策支持、银行的信贷支持和在海内外的大力并购，大宇成为直逼韩国最大企业——现代集团的庞大商业帝国。1998年底，总资产高达640亿美元，营业额占韩国GDP的5%，业务涉及贸易、汽车、电子、通用设备、重型机械、化纤、造船等众多行业；国内所属企业曾多达41家，海外公司数量创下过600家的纪录，鼎盛时期，海外雇员多达几十万，大宇成为国际知名品牌。大宇是"章鱼足式"扩张模式的积极推行者，认为企业规模越大，就越能立于不败之地，即所谓的"大马不死"。据报道，1993年金宇中提出"世界化经营"战略时，大宇在海外的企业只有15家，而到1998年底已增至600多家，"等于每3天增加一个企业"。还有更让韩国人为大宇着迷的是：在韩国陷入金融危机的1997年，大宇不仅没有被危机打倒，反而在国内的集团排名中由第4位上升到第2位，金宇中本人也被美国《幸福》杂志评为亚洲风云人物。

1997年底，在韩国发生金融危机后，其他企业集团都开始收缩，但大宇仍然我行我素，结果债务越背越重。尤其是1998年初，韩国政府提出"五大企业集团进行自律结构调整"方针后，其他集团把结构调整的重点放在改善财务结构方面，努力减轻债务负担。大宇却认为，只要提高开工率，增加销售额和出口就能躲过这场危机。因此，它继续大量发行债券，进行"借贷式经营"。1998年大宇发行的公司债券达7万亿韩元(约58.33亿美元)。1998年第4季度，大宇的债务危机已初露端倪，在各方援助下才避过债务灾难。此后，在严峻的债务压力下，大梦方醒的大宇虽做出了种种努力，但为时已晚。1999年7月中旬，大宇向韩国政府发出求救信号；7月27日，大宇因"延迟重组"，被韩国4家债权银行接管；8

月 11 日，大宇在压力下屈服，割价出售两家财务出现问题的公司；8 月 16 日，大宇与债权人达成协议，在 1999 年底前，将出售赢利最佳的大宇证券公司以及大宇电器、大宇造船、大宇建筑公司等，大宇的汽车项目资产免遭处理。"8 月 16 日协议"的达成，表明大宇已处于破产清算的前夕，遭遇"存"或"亡"的险境。由于在此后的几个月中，经营依然不善，资产负债率仍然居高，大宇最终不得不走向本文开头所述的那一幕。

大宇集团为什么会倒下？在其轰然坍塌的背后，存在的问题固然是多方面的，但不可否认有财务杠杆的消极作用在作怪。大宇集团在政府政策和银行信贷的支持下，走上了一条"举债经营"之路。试图通过大规模举债，达到大规模扩张的目的，最后实现"市场占有率至上"的目标。1997 年亚洲金融危机爆发后，大宇集团已经呈现出经营上的困难，其销售额和利润均不能达到预期目的，而与此同时，债权金融机构又开始收回短期贷款，政府也无力再给它更多支持。1998 年初韩国政府提出"五大企业集团进行自律结构调整"方针后，其他集团把结构调整的重点放在改善财务结构方面，努力减轻债务负担。但大宇却认为，只要提高开工率，增加销售额和出口就能躲过这场危机。因此，它继续大量发行债券，进行"借贷式经营"。正由于经营上的不善，加上资金周转上的困难，韩国政府于 7 月 26 日下令债权银行接手对大宇集团进行结构调整，以加快这个负债累累的集团的解散速度。由此可见，大宇集团的举债经营所产生的财务杠杆效应是消极的，不仅难于提高企业的赢利能力，反而因巨大的偿付压力使企业陷于难于自拔的财务困境。从根本上说，大宇集团的解散，是其财务杠杆消极作用影响的结果。

（资料来源：http://class.htu.cn/cwgl/xuekedongtai。）

2. 根据案例所提供的资料分析：

（1）为什么海尔集团和东芝集团都要发布环境报告？这对企业走向国际化有什么影响？

（2）谈谈你对环境报告的认识。

海尔与东芝环境报告之比较

以《海尔集团环境报告书 2011》和《东芝集团环境报告书 2012》为研究对象进行案例分析，基本情况对比详见表 8-6。根据各个专题及内容，着重从战略与理念、环境负荷与物质流分析、降低环境负荷及绩效、环境管理、第三方认证及外界评价等五个方面对海尔集团及东芝集团环境报告进行比较研究。

表 8-6 基本情况对比一览表

项　　目	海尔集团环境报告书 2011	东芝集团环境报告书 2012
编制依据	《山东省企业环境报告书编制指南》（DB37/T 1086—2008） 《企业环境报告书编制导则》（HJ 617—2011）	GRI《可持续发展报告指南》第三版 环境省《环境报告指南 2012 年度版》 环境省《环境会计指南 2005 年度版》
报告书时限	2011 年 1 月 1 日至 12 月 31 日	2011 年 4 月 1 日至 2012 年 3 月 31 日
报告对象范围	以海尔集团青岛地区的相关环境信息为主	以东芝集团（东芝株式会社及日本国内外集团公司（554 家集团所属子公司））为报告对象
发布网址	http://www.haier.net/cn/social_responsibility/environmental_Protection	http://eco.toshiba.co.jp/

续表

项　　目	海尔集团环境报告书2011	东芝集团环境报告书2012
发布日期	2012年6月5日	2012年9月
持续发布年限	7年(环境报告书2005—2011)	15年(环境报告书1998—2012)

1) 战略与理念

海尔集团创造性地提出了"绿色设计"、"绿色制造"、"绿色经营"、"绿色回收"的4G战略。在产品开发及其全生命周期过程的设计中，充分考虑对资源、环境的影响，并将环境因素和预防污染的措施纳入产品设计中。将节约资源、保护和改善生态环境、有益于用户的身心健康作为企业经营管理的理念，贯穿到企业经营的全过程。

东芝集团于2012年在提前完成了第4次环境行动计划的基础上，制定了从2012年到2015年为期4年的"第五次环境行动计划"。坚持"绿色产品"、"绿色技术"、"绿色生产"和"绿色管理"的理念。为了进一步推进事业经营和环境经营的一体化，将从销售额和环境两个方面制定具体目标并予以实施。

2) 环境负荷与物质流分析

海尔集团通过物质流分析，对生产、经营活动的各个环节进行环境影响分析，把握物质消耗的状况，并在此基础上，对今后原材料及能源的采购、节约、循环利用等工作进行适当的调整，不断强化环境管理，降低各环节的环境负荷。

东芝集团采用独自开发的物质投入量推定法(EMIOT)依据投入产出表计算资源和原材料的投入。同时实施采用了日本版危害评估型影响评价法(LIME)的综合评价，就所投入的资源能源以及所排放的温室效应气体、化学物质等对环境产生的影响进行了综合评估。

3) 降低环境负荷及绩效

海尔集团在2011年重点推进了生产节能项目改造工程的事实，为低碳环保事业做出了突出贡献，荣获《山东省100家节能环保产业示范企业》的称号。通过对用户需求进行调研，在全国范围内推出家电清洗保养服务，不仅提高了产品运行性能，而且节约用电，延长了家电的使用寿命。

东芝集团立以"防止地球变暖"、"管理化学物质"、"有效利用资源"为切入点，通过基础设施/经营流程的高效化来推进环境负荷的降低，并将综合评价生产经营活动对环境负荷影响的经营流程的"环境效率"作为衡量高效产品制造的重要指标。

4) 环境管理

海尔集团全面深入贯彻落实"节能、降耗、减污、增效"的八字方针，将清洁生产理念贯穿于企业生产经营活动的全过程。积极推动ISO 14001环境管理体系认证，不断降低能源消耗量和温室气体排放量，对固体废物进行统一管理。与多个国际化企业签署战略合作协议，并开展了一系列环境信息公开、交流及环保活动。

东芝集团提出的"绿色管理"，积极培养承担环境活动的人才，继续加强环境管理体系和环境交流、生物多样性保护等基础活动的力度。以遵纪守法为最优先的前提，面向全体员工开展各种环境教育活动。建立针对组织、团队和个人的环境表彰制度以及业绩评价制度。并且在环境交流方面、生物多样性保护方面，做出努力。

5) 第三方验证及外界评价

海尔集团连续10年蝉联中国最有价值品牌榜首，占据全球白电市场首位，根据欧睿国际数据，截至2011年海尔集团已同时拥有"全球大型家用电器第一品牌"等8个全球第一。通过"第三方话海尔"得到了行业专家、环保专家的中肯评价及认可。

东芝集团为提高环境报告中环境绩效数据的可信度,委托必维国际检验集团日本分公司进行第三方验证,针对数据的收集、汇总、内部验证流程及汇总结果准确性等方面,东芝集团全球的数据都接受了验证,2011年度获得了关于产品、技术、事业活动及交流方面的多个大奖。

(资料来源:张磊,陈茜等.《中日企业环境报告对比研究》,《中国环境社会科学学会学术年会论文集(第三卷)》,2013年,第1560页。)

第9章 企业国际化运营中的人力资源管理

教学目标

本章是在全球化趋势下的人力资源管理发展的历史与趋势下,了解国际人力资源的各种模式和跨文化管理的相关内容,理解企业国际化运营中的人力资源管理系统以及管理职能活动,并能较全面地掌握企业国际化运营中的人力资源管理的相关理论与实务。

本章技能要点

知识要点	能力要求	相关知识
人力资源管理概述	了解国际化运营对管理人员的素质和能力的要求 掌握国际人力资源管理视角研究的基本理论	影响跨国运营过程中人力资源管理的各因素 制度比较视角 跨文化管理视角 跨国公司视角
人力资源配置	掌握企业国际化运营中人力资源规划、招聘的程序、标准	人力资源配置的概念、原则、标准
人力资源培训	了解各国人力资源培训与开发的特点、主要策略和操作流程	跨文化培训特征、策略和操作过程
绩效管理	掌握国际人力资源绩效管理系统的设计和绩效管理的方法与应用	绩效管理的特点、绩效管理系统 国际绩效评估体系的应用方法
薪酬管理	了解国际人力资源薪酬与激励的操作流程和要点	国际人力资源薪酬构成、设计流程

第9章 企业国际化运营中的人力资源管理

■ 导入案例

宝洁公司的人力资源管理本土化之路

美国宝洁公司是世界最大的日用消费品公司之一,从1915年首次开展国际化进程,到1980年为止,已在全世界23个国家开展业务。1988年,宝洁公司以合资的形式进入中国,成立了广州宝洁有限公司,随后,陆续在广州、北京、上海、成都、天津等地设立了十几家合资、独资企业。

1988年宝洁公司进入中国时,其合资公司广州宝洁中各部门的经理基本上是由总公司委派。采用这种方式的广州宝洁公司遇到了相当的困难,首先,外商对中国市场的了解跟不上市场变化。其次,由于明显的文化障碍,外方员工短时期内不容易掌握中国复杂的文化背景,中国消费者的心理和行为等,难以对中国文化产生全面而深刻的理解。第三,中外人员劳动力成本相差悬殊,从美国派遣员工的成本比当地员工成本高出几十倍。更重要的是,这种人才配备机制无法形成异质性的知识结构与文化背景的互动与融合,从而降低了宝洁在中国日用品消费市场上的持久性竞争优势的获得。鉴于上述情况,外方提出了在3~5年内实现人力资源本土化的目标,以提高当地承诺、减少运作不确定性及增强企业经济效率。广州宝洁总经理潘纳友先生说:"我们在全球业务发展的快慢程度,取决于我们吸引和培训杰出青年的能力。"

为了解决公司在人力资源使用方面遭遇的巨大难题,宝洁在人力资源本土化目标的指引下,重新调整和确定了在招聘、培训、激励、薪酬等人力资源管理环节上的策略,形成了自己一套独特的人力资源选拔和管理办法。宝洁的目标在于,在不远的将来,逐渐由国内员工取代外籍人员担当公司的中高级领导职位,实现人力资源的本土化。

2010年8月18日,北京宝洁技术有限公司顺义天竺工业园新址开幕庆典的举行,意味着宝洁全球六大研发中心之一的北京研发中心正式宣布落成。就研发领域及品类规模而言,北京研发中心居于六大中心首位,甚至超过了宝洁在美国的"大本营"。据中国宝洁公司人力资源部的统计信息显示,20年内宝洁公司在中国已经招聘了1900名应届毕业生;目前,公司员工中本地员工占98%以上。

(资料来源:根据http://baike.so.com/doc/2741759.html相关资料整理。)

试回答:

1. 如何应对实行企业国际化进程中所带来的一系列人力资源管理问题与挑战?
2. 如何发挥人力资源在当今的国际化竞争中的作用与价值?

  在导入案例中,大家所得到的启示包括:①跨国公司实行"人力资源本土化战略"的动因何在?除了节省交易成本、获得区位优势等之外,更为重要的是通过获取当地人力资源来有效地获得和积累知识,从而有助于企业提高当地承诺、减少运作不确定性及增强企业的经济效率。②跨国公司如何才能有效地实施"人力资源本土化战略"呢?宝洁公司实施"人力资源本土化战略"的经历可以作为一个范例。在人才的选拔上,宝洁以独特的评判标准和招聘体系在人才市场上具有了买方优势;在人才的培养上,通过公平的内部晋升制度和员工职业生涯规划形成了源源不断的人才梯队,满足了人力资源本地化的需要;在人才的激励上,将物质和非物质因素结合起来,形成了完善的激励制度。③对中国企业的建议:首先,要转变观念,真正认识到人才的重要性,形成引才聚才、适才、用才、育才和留才的机制。其次,要创新企业内部管理体制,建立有效的科学的人才管理方法,在人才招聘、考评、薪酬设计、晋升制度等环节中应按市场规则运作,摒弃暗箱操作,建立起公正、透明、合理、科学的人才管理制度,为员工成长创造条件。第三,要以企业的发展来吸引人才,为员工提供广阔的职业发展空间。像宝洁这样的大型跨国公司之所以受到优秀人才的青睐,重要的一点就在于它们有灵活的用人机制、更多的学习培训机会和良好的工作氛围。而这些正是影响到员工在企业中职业发展空间大小的重要因素。

为此,本章将从导入案例出发,着重探讨企业在国际化运营中跨国人力资源的配置(招募、培训及外派)、绩效管理和薪酬管理等问题,并在此基础上探寻企业国际人力资源管理过程中员工工作业绩的评价,而在此之前有必要对企业国际化运营中的人事管理策略、影响因素以及相关研究做一简要概述。

9.1 企业国际化运营中的人力资源管理概述

为了实现全球经营战略一体化与本土市场反应力的双重目标,跨国运营企业有两个基本因素必须得到重视和解决:企业文化多元化和经营地分布扩散。经济全球一体化促进了企业的全球化视野和在全球范围内的人力资源合理配置,也因此使得企业必须建立具有全球适应性的组织文化和人才运作机制,从而获得巨大的生产力和创新性的源泉。

企业国际化运营中不仅要形成与多变的外界环境相适应的灵活的组织构架和战略目标,而且要开发出能有效实施战略的管理人员和相应的企业文化。企业国际化运营过程中,企业必须培育并形成国际化的人力资源观念。这种观念要求企业全球性地思考、系统性地决策、国际化性地整合所有分布在不同区域、具有不同思想意识和文化观念的人力资源,通过全球一体化的开发,构建全球运营的人力资源基础。

9.1.1 经济全球化对人力资源管理影响的因素

在经济全球化的过程中,影响企业国际人力资源管理的因素有许多:经济制度、文化、目标国的人力状况、法律制度、跨国企业的战略、公司的经营价值观等。

下面重点介绍的是文化因素、经济体制、法律和产业关系等相关因素。

1. 文化因素

一个企业的文化往往和经营价值观、投资理念和人才战略紧密交织在一起。首先,公司的经营价值观会影响人力资源管理模式的选择。法国企业在华注册超过1200家,营业额超过200亿欧元,其中大多数企业仍然采取民族中心的人力资源管理模式,这与欧洲公司本身的保守投资理念有关。其次,跨国企业的发展战略以及中国子公司在其战略中所扮演的角色,也会影响人力资源管理模式的选择。如:摩托罗拉中国公司在华投资总额近34亿美元,是中国最大的外商投资企业之一,目前采取的就是本土化模式,公司管理人员以中国内地员工为主,中国子公司是该跨国企业主要的生产基地。由于生产型企业的管理比较容易标准化,所以总公司授权给中国本土的管理人员进行管理。再次,跨国企业的人才战略也会影响其人力资源管理模式的选择。国内和海外的竞争会迫使跨国企业将自己在世界各地的业务看作一个整体,有些跨国企业就采取了全球视野的人才战略。如:可口可乐公司、戴尔公司、微软公司及IBM公司等。最后,当地是否有跨国企业所需要的人才,也是跨国企业在人力资源管理模式选择时需要考虑的问题。

总之，在人的理念、使用及激励等方面加速"跨文化管理"，努力创造出一种能够包容多国文化的企业文化与企业精神。这样，就能推进跨国经营更快地发展。

专栏 9-1

"管理"和"文化"

20 世纪 60 年代，"管理"和"文化"的概念终于因为一个人而被连接了起来，这个人就是霍尔博士。1960 年，他在《哈佛商业评论》上的一篇论文——"沉默的语言"，成为对该问题进行系统思考的起点。根据语言交流时背景信息的强弱，霍尔将世界上的民族划分为"低文化背景"和"高文化背景"。在"低文化背景"的国家里(例如美国和英国)，人们关心的是交流的内容(What)，而在"高文化背景"的国家里(例如中国和日本)，人们关心的是这些内容是由谁(Who)在什么时候(When)和什么场合(Where)下如何(How)提出的。

可以看到企业文化理论的本质特征是推崇以人为中心的人本管理思想，主张"以人为本"的观点。它提出将培育进步的企业文化和提升人的主体作用作为管理的主要环节。企业文化理论构建的人本管理思想体系，意义不仅在于阐明了一套人力资源开发与管理的独特的文化方式，丰富了人力资源开发与管理的文化内容，更重要的是为企业人力资源开发提供了理论依据。高扬人本管理的旗帜，充分开发人力资源，是世界现代化进程新特点对企业提出的新要求，是时代发展的趋势。

2. 经济体制

经济体制的不同也会演化成不同的人力资源管理实践。有些国家比另外一些国家更信守自由企业的信念。例如，法国(尽管它是一个资本主义国家)最近就对雇主解雇工人的权利施加了严格的限制，并且对员工每周法定的工作小时数也作了严格规定。

不同国家的劳动力成本的差异非常大。以美元来计算生产工人每小时的劳动成本，例如，墨西哥是 2.38 美元，中国台湾是 5.41 美元，英国是 17.47 美元，美国是 21.33 美元，而德国为 25.38 美元，还要考虑其他劳动力成本。不同国家的工作时间差别也很大。葡萄牙工人平均每年工作 1980 小时，而德国工人平均工作 1648 小时。欧洲的几个国家，包括英国和德国在内，要求雇主在解雇工人的时候支付高额的遣散费。在英国，通常要支付至少 2 年的服务费，而德国是 1 年。美国工人通常只有 2～3 周的假期，法国工人在一年中每干满一个月，就享有 2 天半的带薪休假时间，意大利工人每年通常有 4～6 周的假期，德国人则是在服务期满 6 个月之后，就可以得到每年 18 天的假期。

3. 法律和产业关系因素

法律和产业关系因素在不同的国家也不相同。例如，美国使用的是自愿雇佣制，与欧洲企业不同。往往欧洲的一个企业要想解雇工人，既费时间又耗成本。在许多欧洲国家，工作委员会替代了美国公司中非正式的或者以员工工会为基础的劳资关系调节机制。工作委员会很正式，是一个由员工选举的工人代表所组成的团体，每月都要与公司经理们会面，讨论从禁止吸烟的政策到裁员的各种问题。在德国和其他一些国家实行的是员工和企业一同决策的有关制度。共同决策意味着员工在公司制订政策的过程中拥有发言权。工人选出自己的代表参加企业主的监事会,在高层管理人员中必须要有一位副总裁代表劳方。而在美国,薪酬和福利等这些方面的人力资源管理政策,大多数是由雇主单方面决定或者是雇主与工会进行谈判后决定的。在不少德国的企业中,共同决策的法律,包括《工人宪章法案》在很大程度上决定了人力资源管理政策的特征。

人力资源管理影响的因素如图9.1所示。

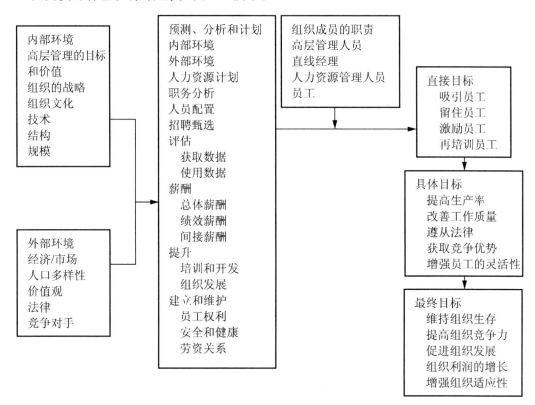

图9.1 人力资源管理影响的因素

(资料来源:李中斌. 国际人力资源管理[M]. 北京:中国社会科学出版社,2008:14.)

9.1.2 企业国际化运营中人力资源管理的特征

人才国际化包括人才构成国际化、人才素质国际化和人才活动空间国际化。人才国际化战略离不开国际化人才。组织的发展远景决定了公司对员工的素质要求:不仅应具备出色的专业技能和管理能力,还要具备良好的适应能力、自我激励、自我学习能力、沟通能力和团队合作精神。企业国际化运营中人力资源管理活动与其国内管理的情况可能不同,具体表现为国际人力资源管理面对更为多变的、多元化的管理环境,需要执行更多的管理职能,同一管理职能的复杂性大大提升,管理活动受到更多和更大的外部制约,管理过程中会更多地影响员工个人和家庭生活。因此,许多企业国际化运营中的人力资源管理已发展成全方位的人力资源管理,承担着人力资源管理与开发的战略性角色。

1. 企业国际化运营中的人力资源管理会更多变和复杂

例如，招聘员工时需要从全球的视角来关注员工的来源，培训过程中还必须注意组织培训的文化适应性，如何在更大的区域范围内更高效地配置各种培训资源。员工来源于各自不同的文化背景，在工作过程中不可避免地会产生文化间的冲突，如何促进不同文化之间的糅合就显得非常的重要。

2. 企业国际化运营中的人力资源管理更注重与企业的发展战略相结合

企业在国际化运营中根据组织的长期发展，转变人力资源管理理念和方式，完善与公司发展相适应的人力资源管理运行机制，加快构建适应公司发展战略和实施国际化运营要求的人力资源管理模式，从而发挥企业国际化运营过程中的人力资源协同优势。上海贝尔阿尔卡特建立了一个叫作 OPR(Organization People Review)的系统，OPR 系统是一个基于企业未来战略和业务发展需要而建立的人才储备系统。公司每年都会通过这个系统，对公司战略、组织结构和员工的现状做一次回顾和整理，在全球范围内制订人才发展和接班人计划。

3. 企业国际化运营中的人力资源管理更重视人力资源的开发与员工素质的培养

管理者必须懂得仅有留学经历或海外工作经历并不能称为国际化人才。国际化人才需要有多方面跨国和跨文化的管理经验和工作积累。在国际化运营的过程中，成功的企业通过有计划、针对性强的实施系统培训项目，培养熟悉国际化业务的专业人才，特别是加大对国际法律、保险、金融、外语及高级财务等国际性人才的培养范围和力度，满足企业国际化运营业务快速发展的需要。同时，激发员工的主动性、积极性、创造性和挑战性，满足其成就感，营造企业和员工共同的价值观、经营理念和企业文化，旨在使员工更有效地进行工作，帮助企业成功地实现战略目标。

4. 企业国际化运营中的人力资源管理更注重企业与员工的协调与沟通

管理层内部、管理层与员工之间、员工与员工之间经常会出现由于文化和语言不同而产生的沟通障碍甚至是误会，从而阻碍了企业的正常运行和发展。例如，在不少合资企业中，不同投资者任命的管理人员在共同进行管理和决策时，管理层内部难以沟通和协调；而大多数的独资企业的沟通问题主要产生在母公司所任命的管理者与其下属员工之间。

5. 企业国际化运营中人力资源管理更注重构建企业发展所需的企业文化

企业文化就是企业成员共同的价值观念和行为规范，就是每一位员工久而久之所形成的一种习惯；再经过一定时间的积淀，习惯成了自然，成了人们头脑里一种牢固的"观念"，而这种"观念"一旦形成，又会反作用于大家的行为，逐渐以规章制度、道德公允的形式成为众人的"行为规范"。在科学技术的推动下，全球经济一体化正在加速，这使得国际化企业的文化必须要有包容性，企业创造的核心价值标准体系是国际化运营的基本。对于那些来自不同的国家，带着不同信仰和政治背景的员工，只有靠企业的核心价值观而不是民族责任感，才能够把他们真正凝聚在一起。企业国际化运营中将遵循国际准则和游戏规则，在国际分工与合作过程中谋求发展，直接与国际同行竞争，整合国际市场的资源。人力资源管理者不断营造和推进企业文化的形成和发展，满足员工实现自我发展的成就感，使公司积聚更多的优秀人才。值得思考的问题是：在企业跨国经营过程中，究竟是应以企业母国文化还是企业所在国文化为主，还是创造一种能承载和包容各种文化的新文化？

阅读案例9-1

国内知名企业的国际化步伐

海尔竞购美泰克、华为和中兴出现在收购英国老牌电信企业马可尼公司名单上……在2005年中国企业海外扩张的道路上，他们虽然并未成为最后买主，但是中国企业海外并购已经势不可挡。

海尔、华为、中兴这样的中国本土企业，他们国际化的第一步是海外品牌产品的销售，在销售能够获得稳步增长的同时，海外并购成为企业寻求国际化突围的必由之路。

而在2005年的参与并购中，不管是海尔的主动退出也好，还是华为、中兴并未对收购事宜做出明确表态，都显示出中国企业在海外并购案中的理智。基于对收购之后风险的评估，海尔主动退出竞购美泰克，业界对此的评论是海尔做出了一个正确的选择；华为也是如此，尽管业界都认为华为收购马可尼可以很好地整合市场、渠道、人力等多方面的资源，但是马可尼沉重的包袱还是让华为没有参与到最后。

如何在收购之后打造一个完全符合国际标准的跨国企业仍然是中国企业"走出去"战略中面对的集体难题。

在海外扩张的第一阶段，企业可以靠产品、靠技术、靠公司盈利说话，但是到了海外扩张的第二阶段，也就是实质性的海外并购之后，企业需要提升的还有企业的责任理念、道德水准等软竞争力，如何在全球范围内做负责任的公司是新课题。只有解决了这些问题，企业在海外并购之后才能真正消化被并购的昔日巨头，在巨人的肩膀上攀登新的高度。

不管如何，具有一定技术门槛，具有一定研发和创新能力的新型企业，诸如海尔、中兴、华为等，他们已经通过跨国投资合作经营的方式，实施了品牌、市场、人才和产品的国际化，从某种程度上说，他们在海外扩张的步伐上，不管通过哪些方式，最有可能成为中国未来的跨国公司。

（资料来源：朱国勇．国际人力资源管理[M]．北京：中国人事出版社，2006：20．）

6．企业国际化运营中更重视员工个人生活

为了对母国员工和第三国员工进行有效的管理，国际人力资源管理需要对员工的生活和工作给予更大程度的关心和重视。人力资源部门需要确保驻外人员的国外住房安排、医疗保险及各种薪酬福利等，许多跨国企业还设有"国际人力资源服务部"负责管理。各国劳动关系的历史背景、政治环境和法律规范等不尽相同，如果不了解东道国的劳动关系现状，就比较容易出现摩擦与冲突，因此劳动关系的问题就成为国际人力资源管理的一个重要而敏感的问题。

7．企业国际化运营中更加注重对薪酬机制的完善

人才流动就和资本流动一样，任何国家的人才都有表现价值的愿望和需求。若企业在国际化运营过程中能够在全球范围内寻找需要的人才时，须做到尽可能地降低成本，提升竞争力；但是由于存在经济体制、发展水平、政治制度情境以及传统、文化方面的差异，企业国际化运营中的薪酬管理的具体手段并无定式，这提升了薪酬问题研究的难度。在薪

酬制度设计中，跨国企业不仅应考虑各国的购买力、劳动力市场竞争状况、财务制度和对派出人员的额外补偿，更重要的是提高员工对公司总体目标和文化的认同和支持水平，从而降低其协调目标、推行企业价值的管理成本。这意味着，企业的薪酬系统不仅须考虑那些直接的物质薪酬，还应重视非物质薪酬的管理作用，如管理人员的职业前景、国际信息交流及参与企业战略计划的可能性等。

9.1.3 企业国际化运营中人力资源管理的研究视角

1. 企业国际化运营中人力资源管理研究的不同视角

1) 制度比较视角

制度比较视角起源于1959年美国纽约出版社的哈比森与梅尔斯在其著作《工业世界中的管理：国际分析》一书中对比较管理学的探讨。为此，本节的制度比较视角主要是基于比较管理学层面对企业人力资源管理的研究。该研究主要着眼于国家之间的管理体系的异同以及由此带来的制度特征，又称为国际比较管理[①]。制度比较视角主要是从制度、体系特征方面对人力资源管理加以阐述。

比较管理学是建立在比较分析基础上对管理现象进行研究的一门管理学分支学科，它使用系统的比较分析方法，对各国的企业管理理论和实践进行综合研究，探讨企业跨国经营管理的规律和最佳的管理模式，为学习和借鉴外国企业的先进管理经验提供理论引导。

在比较管理学的发展过程当中，来自各个领域的很多学者都参与了比较管理学的理论研究，他们运用各种方法、模式研究不同的问题，得出不同的结论，形成了不同的比较管理学的理论学派，主要有经济发展与环境学派、行为学派、折中经验主义学派和应变管理学派[②]。

纵观各国的比较管理学著作体系，现在大致可分为以下3类：①"国别体系"，就是将比较管理学需要比较研究的所有对象国按一定的顺序排列，分别加以论述，阐明各国企业管理的异同、影响与联系；②"分论体系"，就是把比较管理学所要研究的主要问题按某种逻辑顺序排列，再分别阐述；③"混合体系"，即首先分若干章节论述比较管理学的理论问题，然后再分若干章节论述不同国家管理过程的各种要素和环节[③]。

要想有效地运用以上模型开展管理可行性比较研究，就应注意如下几个方面的问题：①被比较对象的可通约性，即不同对象之间的可比性；②管理活动的差异性；③文化的对等性；④要素对比的整体全面性；⑤比较研究的深入性。

2) 跨文化管理视角

所谓的跨文化管理视角，是指要从文化、价值观的角度来关注人力资源管理的各项活动，主要着眼于文化观念的异同及由此引起的行为价值特征，所以又叫跨文化人力资源管理。世界上最著名的研究跨文化管理学者是荷兰人霍夫斯蒂德，他提出的国家文化模型即跨文化比较五维度为各国管理学者所熟悉，而他对IBM公司分布于全球员工所进行的行

---

① 朱国勇. 国际人力资源管理[M]. 北京：中国人事出版社，2006：52.
② 赵景华. 比较管理学研究：现状分析与前景展望[M]. 济南：山东人民出版社，2005：86.
③ 林新奇. 国际人力资源管理[M]. 上海：复旦大学出版社，2004：129.

为、价值观等的比较研究，至今仍是跨文化管理研究的范例。

文化的全球化首先体现着一种世界的秩序，有共同的价值观、财富和组织结构，即国家与文化都更加开放，相互之间的影响更大了；不同群体、种族、宗教信仰的人们的共性和个性都得到足够的认同；不同意识形态和价值观的民族相互合作与竞争，但没有一种意识形态凌驾于其他意识形态之上；从历史的角度看，全球化文化的组成是多元化的，就像现在人们认为的开放、人权、自由和民主是有价值的一样，尽管具体的解释会有所不同，但一些价值观会逐步成为共同的价值观①。

在跨文化环境中，主动创造跨国组织文化变得比只是同化于占主导地位的伙伴民族文化更重要。跨国管理人员必须懂得跨文化的相互作用。事实证明，对存在民族差异的单一文化和比较文化研究在处理跨国管理的问题时为人提供的知识不如针对相互作用研究所提供的知识多。

迄今为止，人们对跨文化管理进行了很多研究，形成了很多一致的结论，主要有：①世界上经济制度不同的地方，文化的意义是不同的，观察得到的结论也是这样；②不同文化群体由于价值观和态度的不同，人群的行为也不同；③文化在形成组织和企业运营的组织环境中的作用是很重要的，所以应该在组织行为的跨文化差异，特别是企业如何管理方面更加注意。

3）跨国公司视角

该视角主要研究跨国运营企业人力资源管理职能活动，着眼于跨国运营企业层面的人力资源管理及由此产生的职能活动特征，所以又叫跨国公司人力资源管理。

在中国，对于跨国运营企业人力资源管理的研究是与中国的改革开放同步的，或者说是与跨国公司进入中国的时间表相一致的。早在20世纪80年代，中山大学的凛文荃教授就通过问卷调查对日资企业的人力资源管理进行了比较规范的研究。20世纪90年代以来，南京大学的赵曙明教授等对合资企业进行了大量的调查研究，其中又以美、日、英、德比较突出，并对跨国运营企业人力资源管理进行了开拓性的理论与实际研究。其他许多学者也对这一领域给予了极大的关注，进行了许多研究。

在研究跨国企业人力资源管理的问题时，其中又主要分两个问题进行讨论：一是探讨国际企业的发展给现代组织的人力资源管理带来的挑战，尤其是跨国企业的跨文化管理问题；二是研究国际企业中人力资源管理的具体问题，它包括人员的配备、培训教育、工资报酬等待遇以及我国企业跨国经营的人才问题。

阅读案例 9-2

华为 VS 联想

联想并购 IBM 的 PC 业务尚未尘埃落定，中国盈利能力最好的电子企业华为却传出与之相反的大手笔。据《金融时报》报道，2月1日，为了提高其国际竞争力，华为将部分业务资产出售给海外买家。

---

① ［瑞士］施奈德，［法］巴尔索克斯. 跨文化管理[M]. 石永恒，译. 北京：经济管理出版社，2006：167.

第9章 企业国际化运营中的人力资源管理

从 TCL 的彩电合资到将阿尔卡特的手机业务收入囊中，再到联想并购 IBM，中国企业的"走出去"战略取得了一系列辉煌的成就，以致于不久前出版的《商业周刊》发表文章指出：也许在不久的将来，来自于东方国家的巨型公司将会逐渐对现在的业界领跑者构成实质性的威胁。我们真的能以此为荣吗？谁才是中国企业走出去的榜样呢？

华为崇尚的是一种利润主导型的企业文化，走的是 GE 路线。记得 20 世纪 80 年代 GE 的 CEO 杰克·韦尔奇刚上任就制订了以利润来衡量是否进入该行业的标准。通过出售微利行业，收购具有良好发展前景的企业，使 GE 所有涉及的行业都能保持良好的利润率。而市场也对此做出了积极地响应——GE 的市值在约 20 年的时间里上涨了 50 倍，这也就是推崇华为的道理所在。对于华为来说，国际化也是如此的重要，以至于他们将业务重心都放在海外市场。但他们海外扩展的过程并不是通过并购没有盈利的或者亏损严重的海外企业，而是一步一个脚印，先从小的市场、不发达的国家、被欧美所遗忘的地区开始，慢慢在取得海外发展经验后再向欧美国家发起猛烈的进攻。在发展过程中，注重的是科研，注重的是产品的科技含量，注重的是利润率，而不是一味强求销售额。而反观国内的一些企业，只要是不亏损，甚至即使亏的不多，都舍不得出售，甚至收购严重亏损的企业，为何？并不是因为他们有足够的能力去扭亏为盈，也不是能实现规模效应，这从联想收购 IBM 的 PC 部门后联想的股价变低这一点就可以看出市场的看法。作为管理层，为了能在提前跨入世界 500 强，提前实现行业第一的梦想而强行收购，市场必定就会用脚投票表示对投资者的不满。世界上没有轻而易举的事，一个只有二、三十年历史的企业，一步就跨入世界 500 强，认为仅凭以前那种简单扩大再生产就能傲视群雄，这未免有点太过自信了。

其实，相比华为，很多走出去的企业对我国劳动力成本低这方面认识不足。往往只看到工人工资的优势，忽视了技术人员也是比国外差一大截的。据统计，中国的科学家平均工资仅是欧美国家的 1/10，而随着外资的进入，中国的科学家在研究能力上逐渐与国际接轨。华为利用研发人员上的优势，在跟国外公司的竞争中，显示出明显的成本优势。反观进行跨国收购的企业，按理说研发实力应该在收购完之后有明显的进步，毕竟这也是当初发动收购的最主要的理由之一。可他们还是仅仅认为我们的优势就是制造业工人的成本低，而将收购定位为外国研发，国内生产，忽视了中国的研究员更是一个未被开发的宝库。因此，也就不能有效降低成本，提高企业的竞争力。这从 2004 年国内手机企业的命运就可见一斑，原本咄咄逼人在收购国外的手机厂商后反倒让位于国外品牌。

从联想和华为的比较中，我们还可以看到另一个问题，国际化的步伐应该以什么为标准？那就是什么样的企业才是真正的 500 强，不管是重视规模还是看重利润，本来是无可厚非的，毕竟都能通向行业冠军。所谓条条道路通罗马。问题在于，我们真的有能力一步走到冠军的宝座吗？我想，华为的踏实至少是成功的保证。从长虹的 40 亿海外呆账到今天的 TCL 手机业务下滑，我们不得不告诫那些给予拓展海外市场的企业，没有一个熟悉的过程，没有国际化的人才，没有中西文化的融合能力，还是慢一点为好。

（资料来源：朱国勇．国际人力资源管理[M]．北京：中国人事出版社，2006：86.）

总之，跨国公司的雏形最早出现在 16 世纪，成长于 19 世纪 70 年代之后，已经成为世界经济国际化和全球化发展的重要内容，其主要特征有：①它必须是在一国以上拥有或控制资产，并从事价值增值活动的企业；②组成这种企业集团的各个企业之间，在人和资金方面拥有统一的核算体制；③一般都应有强大的经济和技术实力，有快速的信息传递以及资金快速跨国转移等方面的优势，所以在国际上都有较强的竞争力；④企业应具有全球性的经营战略；⑤企业的海外资产和海外收益已达到相当的规模；⑥一般都从全球战略出发，安排自己的经营活动，在世界范围内寻求市场和合理的生产布局，定点专业生产，定点销售产品，以牟取最大的利润。

2. 企业国际化运营中人力资源管理的几种模式

一个企业成功的国际化经营首先取决于其人力资源国际化配置的能力和水平。跨国企业人力资源管理一般分为4种模式。

1) 基于文化考虑的国家中心主义

不少跨国企业出于成本考虑采取了本土化的高管人员设置模式,这些跨国企业的本土化程度比较高。子公司根据当地环境采取合适的人力资源政策,其重要管理岗位可以由东道国员工承担,这实质上是本土化的一种做法;如:海尔公司认为,雇用当地人管理海外企业,实行管理人才本土化政策,总体上对母公司来说是符合经济性的。虽然付给外国管理人才的薪酬很高,而当地人利用其自身的优势为企业创造的价值,是中方管理人员难以达到的。海尔在美国的生产中心虽然是海尔的独资企业,但目前除了少数中国派去的人员外,大多数主要管理人员都是美国人。海尔公司在高管人员设置上遵循中国子公司本地的人力资源管理习惯,公司主要雇用或选拔中国人作为高级管理人员,公司60%的高管人员是由中国人来担任的。采用类似配置模式的跨国公司还有通用电气(General Electrics)和联合利华(Unilever)等。

2) 基于成本考虑的本国中心主义

此类型的管理方式多见于海外子公司初建阶段。总部人事部门统一安排国内外重要职位,直接从本国派遣母国公司人员担任分公司的高层管理者,东道国人员升迁到中层管理人员之后,就很难继续有升迁机会。由于补贴、生活水平的差异,外派人员的薪水普遍高于东道国人员,也高于其母国的同事,在其所担任的工作未必多于同事的情况下,外派人员的生活水平明显高于同事,这很有可能引起企业内部其他员工的不满情绪。同时,这也预示着企业必须支付具有很高风险的人工成本。目前,不少在华的外资企业,它们的高级管理人员一般多为本国派遣,很少委任中国人以高级管理人员的职位。如乐天和东芝等在华日本公司都采取了本国中心主义的人力资源配置模式。公司的高管人员都是从日本本部派来的,所以公司里中层以下的本土管理人员流动性很高,很少有中层以下的管理者在公司连续工作两年以上的。

3) 基于地区合作考虑的地域中心主义

人员可以自由流动但仅局限于特定区域,比如亚洲地区的管理人员可以互相交流,但极少会与欧洲地区的人员产生交流。地区的主管不能提升至总部高层,但是享有该地区决策自治权。在一定程度上是前两种战略的糅合,地理边界开始趋于模糊,不过依然存在,某种程度上是一种未来以全球中心主义为最终目的的过渡期政策。缺陷就是一个优秀的区域管理人员,仍然未必具备全球性战略眼光。法国达能集团(Danone)于2000年3月并购了乐百氏公司的54.2%的股权。乐百氏公司遵循地域中心主义模式——按照地区配备人员,各子公司的高层管理人员可以在本地区内部流动,这加强了该地区各子公司间的人才合作,也有利于逐渐向全球中心的人力资源配置模式过渡。

4) 基于战略考虑的全球中心主义

即在全球范围内配置母国人员、东道国人员和第三国人员。出于战略考虑,百事可乐公司在中国采取了全球中心的策略,目前的首位女性首席执行官英德拉·努伊是一位来自印度的传奇女性,各部门的高级管理人员基本上来自世界各地。百事可乐公司的全球中心模式是在世界范围内招聘和选拔雇员,满足当地对高管人员的需求,同时在全球范围内培养和配备人才。百事公司将人力资源管理的重点放在协调全球目标与当地反应能力上,将文化差异转化为企业经营的机会,使用不同国家的高管人员来提高企业的创造力和灵活性,并为有潜质的管理人员提供成长的机会。可口可乐公司(Coca-Cola Company)也在中国采取了全球中心的策略,目前的中国区的总裁是英国人,各部门的高级管理人员基本上都来自世界各地。微软公司(Microsoft Corporation)也是采取全球化的人才设置策略。

人力资源管理模式的对比见表9-1。

表9-1 人力资源管理模式的对比

管理模式 优缺点	国家中心主义	本国中心主义	地域中心主义	全球中心主义
优点	(1) 本土化程度很高 (2) 费用较低 (3) 管理有连续性 (4) 容易得到东道国政府的优惠政策	(1) 意外风险小 (2) 统一管理风格,内部冲突小 (3) 母国人员忠诚度更高	(1) 地理界限开始趋于模糊 (2) 费用降低 (3) 具有区域性战略眼光	(1) 资源共享,全球性战略眼光 (2) 公平、公正 (3) 有利于人才的开发、流动
缺点	(1) 东道国子公司的可控性以及与总公司的一致性减弱 (2) 不适于跨国公司全球一体化的促进	(1) 限制东道国员工的发展 (2) 母国人员适应期较长 (3) 收入分配问题可能引起不满情绪	(1) 属于过渡期政策 (2) 跨文化管理难度大 (3) 仍然缺乏全球性战略眼光	(1) 人员管理的相关费用较高 (2) 员工适应期较长 (3) 跨文化管理难度大

9.1.4 企业国际化运营中人力资源管理的发展趋势

无论从长期的组织建设、研究开发,还是从节约成本的角度看,人员使用的全球化是必然的。近年来跨国公司人员配置国际化趋势已日趋明朗。在企业国际化运营中,人力资源管理的发展趋势当中可以看到这样一些趋势。

(1) 人力资源配置理念由以本国中心主义转向以全球中心主义。跨国运营企业成为经济全球化的主要载体和表现形式,其竞争力主要体现在拥有先进的人才理念和人力资源全球配置的能力。跨国运营企业管理子公司和为子公司配备人员的方法主要有本国中心法、国家中心法、地区中心法和全球中心法。当前,跨国运营企业已经越来越多地以全球为中心配置人力资源。

(2) 科技人才和高层管理人才成为全球化人才战略的中心。随着国际市场竞争的加剧和跨国运营企业自身的全球化发展,只依靠本国的人才已难满足日益发展的国际性研发和企业管理的需求,更难应对高层面的国际市场挑战。因此,跨国运营企业必须广泛招募全球一流的科技人才和高层管理人才,以保持竞争的制高点。

(3) 本土化人才战略成为推动全球化人才战略的主要基础。跨国运营企业在东道国大力实施本土化战略，这种本土化已经从单一生产发展到生产、研发和采购等各个环节，其目的是推动其全球化战略。本土化的核心是人力资源的本土化配置。主要表现在：海外子公司人力资源配置已经由局部本土化发展到全面本土化；由传统的单纯低端人才本土化发展到高端人才本土化。跨国运营企业海外子公司的全部或大部分重要职位都逐渐由东道国的本地人才担任，在其海外设立的研发中心也大量雇用本地的科技人才。

阅读案例 9-3

松下公司与雀巢公司

作为松下电器集团的重要组成部分，松下电器(中国)在不断扩大事业规模、拓展经营领域的同时，十分重视本土人才的培养工作。1995年7月，松下电器(中国)有限公司在北京成立了人才培训中心。该中心根据松下电器在中国各企业人员构成状况和业务需要，每年开设约30项各类课程，先后为60000多名各级经营管理干部及专业人员、业务骨干提供了系统的指导，已成为松下电器集团海外人才培养的重要基地。随着松下电器在中国事业的迅速发展，对人才需求的多样化和人才培训目标的战略性调整，现有的人力资源及其运用方式远达不到要求。因此，利用中国本地优秀的培训资源，培养适合本地发展的优秀人才，已成了松下电器集团在中国事业的新选择。

雀巢公司是跨国化程度最高的公司，其在瑞士以外各地的资产占87%，销售额占98%，员工数占97%。在西门子公司(中国)21000名员工中，仅有1%左右的外籍员工。诺基亚在中国员工总数超过5500人，本地化程度达95%以上，许多中高层管理职务都由本地员工担任。诺基亚中国公司在招聘程序中，一个职位首先向中国内地人才库开放，如果60天内招不到合适的人，再向中国港台地区和东南亚国家区域的人才开放，最后再向全球人才招募。

(资料来源：http://www.dayee.com/book/content.asp? ArticleID=516。)

9.2　企业国际化运营中的人力资源配置

企业在全面推进国际化过程中，从国际惯例出发，总结和吸取世界一流企业的成功经验，展开科学的分析和积极的应对，建立和健全符合国际化要求，具有竞争激励、公正规范和科学高效的人力资源管理平台。为企业迈向国际化，创建世界级的一流企业提供了一个值得借鉴的模式。从而确保公司在参与全球经济价值链分工、合作和竞争中有效地利用人力资源的策略，使企业不断得以发展壮大。

9.2.1　国际人力资源的规划

人力资源规划主要涉及的内容是：企业外部环境因素分析、预计未来企业总需求中对人力资源的需求、预测企业内部人力资源数量、进行人力资源规划的调整等。人力资源规划的最终目的是为了最有效地利用人才，实现企业利润最大化。人力资源规划的目标是随着企业所处的环境、企业战略与战术规划、企业目前的结构与员工的工作行为的变化而不断变化的。在经营计划的层次上，人力资源规划涉及对人力资源需求与供给量的预测，并

第9章 企业国际化运营中的人力资源管理

根据企业人力资源的方针政策,制订具体的行动方案。

通常情况下,首先进行的是人力资源的供给分析。

1. 人力资源供给分析

管理人员对人力资源供给来源的分析不仅要分析当前的情况,更重要的是要分析未来的变化情况,以便正确的决策。

1) 人力资源供给影响因素

人力资源供给包括狭义的供给(包括一个企业、一个行业或一个地区的人力资源供给)和广义的供给(指企业国际化运营中全区域的劳动力供给,包括各个国家、地区、各个行业的劳动力供给)两方面的内容。

(1) 人力资源狭义的供给的影响因素:所在国和附近地区的人口密度;竞争者对劳动力的需求状况;当地的就业水平、就业观念;企业文化和安全保障;当地的文化教育水平;所在地和公司本身对人们的吸引力;公司当地的住房、交通和生活条件等。

(2) 人力资源广义的供给的影响因素:整个区域新增劳动力规模与结构;劳动人口的增长趋势;教育制度变革而产生的影响;各类人员的需求程度;就业法规、政策的影响等。

2) 人力资源的供给来源

为了有效地分析现代企业国际化中的人力资源供给,必须明确目前的人力资源供给情况和流动情况,这两个方面是人力资源供给分析的基础。人力资源供给的来源主要包括两部分:一是组织外部的人力资源供给来源;二是组织内部的人力资源供给来源。

(1) 组织外部供给来源:外部来源是社会供给来源,既包括国家的宏观的人力资源供给来源,也包括地区范围内的中观的人力资源供给来源。

(2) 组织内部供给来源:内部来源是指对组织现有人力资源的有效使用和开发,主要包括对现有工作人员的年龄分布、离退休情况、岗位结构、人员配置、考核晋升、人员流动以及培训开发等方面。

人力供给预测表见表9-2。

表9-2 人力供给预测表

预测范围	预测情况	人员类别				合计
		总监	技术人员	工程师	……	
内部供给预测	现有人员拥有量					
	未来人员变动量					
	规划期内人员拥有量	第1季度				
		第2季度				
		第3季度				
		第4季度				
合计						

续表

预测范围	预测情况	人员类别				合计
		总监	技术人员	工程师	……	
外部供给预测	第1季度					
	第2季度					
	第3季度					
	第4季度					
	合计					

3）人力资源供给预测方法

常用的人力资源供给预测方法主要有以下几种。

（1）能力清单。企业员工的"能力清单"就是建立盘点企业员工能力的系统，在企业拟定招募计划、培训计划及接班计划时，这套盘点系统就成为影响决策的关键。而且，建立能力清单可以协助企业评估自身的能力，也可以用来帮助预测潜在的人力资源供给。如果企业的发展需要与现有员工的能力有差距，就必须透过教育培训或征募合适的员工来补足技能清单上的空缺。能力清单主要服务于晋升人选的确定，职位调动的决策，对特殊项目的工作分配，培训以及职业生涯规划等。能力清单是现代国际化企业人力资源供给预测的一种常用的方法。

（2）人力资源接替计划。人力资源接替计划的关键是分析信息，明确工作岗位对员工的具体要求，然后确定一位显然可以达到这一工作要求的候选员工或者具有潜力且经过培训后能胜任这一工作的员工。在此过程中，企业的人力资源管理部门不仅要首先制订选拔标准和竞聘机制，还要考虑后备人员数量的保持和员工结构的调整。然而，更为重要的是在企业的国际化运营中，员工的跨国接替还要考虑各国的政策、法律因素和文化差异，同时还要关注员工跨国流动所带来的管理成本和运营风险。

（3）马尔可夫法。这种方法目前广泛应用于企业人力资源供给预测上，其基本思想是找出过去人力资源变动的规律，来推测未来人力资源变动的趋势。马尔可夫法又称转换矩阵方法，是一种可以用来进行组织内部人力资源供给预测的方法。它的基本思想是：找出过去人力资源变动的规律，以此来推测未来的人力资源的变动趋势。马尔可夫法实际上是利用马尔可夫链即所谓移动转移概率矩阵来预测。这一矩阵描述的是组织员工流入、流出和内部流动的整合形式，作为预测内部劳动力供给的基础。由于实际的客观事物很难长期保持同一状态的转移概率，故此法一般适用于短期的趋势分析与预测。这种方法的主要步骤是：建立转换矩阵、概率不变性、转换矩阵的拟合及概率的利用。马尔可夫分析法的适用范围包括：人员流动比例相对稳定的公司；每一级别员工人数至少有50人的公司，但人数稍多时也可使用；流向岗位的人数取决于该岗位空缺的数量。

2. 人力资源需求分析

在现代企业人力资源国际化管理中，人力资源的需求分为总量需求和个量需求。所谓总量需求，是指全球在某一阶段或时限内对人力资源的需求总量，包括数量、质量和结构方面的需求;所谓个量需求,则是指某一个企业在某一阶段或时限内对人力资源的需求量,同样包括数量、质量和结构等方面的需求。

1) 人力资源需求的影响因素

人力资源需求的影响因素主要来自两个方面:宏观影响因素和微观影响因素。①人力资源需求宏观影响因素:经济发展水平对人力资源需求的影响;产业结构对人力资源需求的影响;技术水平对人力资源需求的影响;国家对人力资源需求的影响等。②人力资源需求微观影响因素:顾客需求的变化;生产需求;劳动力成本趋势;劳动生产率的变化趋势;每个工种员工的移动情况、社会安全福利保障等。

2) 人力资源需求的预测

职位类人员需求预测表见表9-3。

表9-3 职位类人员需求预测表

填表日期:　　年　　月　　日

人员类别	现有人数	计划人数	空缺	预测人员流失							年度预计人员需求总数
				调动	晋升	辞职	退休	辞退	其他	合计	
总监											
经理											
主管											
一般员工											
……											
合计											

填表人:　　　　　　审核人:

3. 人力资源规划程序

企业人力资源的规划程序主要有以下几个方面。

(1) 分析企业的战略决策及经营环境,是人力资源规划的前提。不同的产品组合、生产技术、生产规模、经营区域对人员会提出不同的要求,而诸如人口、交通、文化教育、法律、人力竞争及择业期望则构成外部人力供给的多种制约因素。

(2) 分析企业现有人力资源的状况,是制定人力规划的基础工作。实现企业战略,首先要立足于开发现有的人力资源,因此必须采用科学的评价分析方法。人力资源主管要对本企业各类人力数量、分布、利用及潜力状况、流动比率进行统计。

(3) 对企业人力资源需求与供给进行预测,是人力资源规划中技术性较强的关键工作,全部人力资源开发、管理的计划都必须根据预测决定。预测的要求是指出计划期内各类人力的余缺状况。

(4) 制订人力资源开发、管理的总计划及业务计划,是编制人力资源规划过程中比较具体、细致的工作,它要求人力资源主管根据人力供求预测提出人力资源管理的各项要求,以便有关部门照此执行。

(5) 对人力资源计划的执行过程进行监督、分析，评价计划质量，找出计划的不足，给予适当的调整，以确保企业整体目标的实现。

9.2.2 企业国际化运营中的人力资源管理的招募与选拔

企业国际化运营中的人力资源管理选聘是人力资源的重要来源，明确国际人力资源的招募与选拔标准，选择恰当的选聘方法可以确保跨国企业获得高素质人力资源。

1．企业国际化运营中的人力资源供给分析

国际化企业使用的人力资源有3个来源：一是母国人员；二是东道国人员；三是第三国人员。母国人员指的是公司总部所在国的人员，东道国人员指的是公司总部雇用东道国的人员，第三国人员指的是既非来自母国又非来自东道国的人员。

1) 母公司员工

母公司员工是指员工来自于母公司所在国。从母公司选拔或在母国公开招聘的人员，经过必要的培训后，派往海外子公司担任经理或其他重要职务。

人员母国化存在很多优点：①母公司员工更熟悉母公司的战略、目标、政策和经营观念等，因而较容易与母公司进行有效的沟通；②母公司员工忠于母公司，从而可以加强母公司对子公司的控制；③母公司员工更了解母公司的生产技术，这就有利于新产品新技术引入海外子公司；④母公司的员工在同样情况下更倾向于母公司的利益和把自己的民族利益放在首位。

人员母国化也存在一些缺点：①母公司员工可能需要很长时间适应东道国文化、语言、政治和法律环境，难以对子公司的日常经营活动做出正确判断和决策；②母公司员工有可能会增加了跨国企业的经营成本；③母公司员工同当地员工之间短期内很难进行合作与沟通；④这种人员配备方法限制了东道国员工的提升机会，可能会导致这部分员工的低生产率和高流动率，也不利于海外分公司的管理层与下属的有效沟通与合作。

2) 东道国员工

东道国员工指的是那些在海外子公司工作的当地员工，东道国员工一般为中层和基层管理人员及一线的操作工人。

从东道国招聘员工有许多优点：①雇用当地人员可以避免因文化差异而造成经营管理方面的问题；②雇用当地人员可以降低人事成本；③可以加深东道国政府和当地社会对分公司的良好印象，进一步与其建立良好的关系；④利用当地人员管理海外子公司，为当地管理人员提供了晋升及实现自身价值的机会，进一步调动了他们的工作热情和积极性。

从东道国招聘员工也存在一些缺点：一是东道国员工与公司总部的其他子公司或外国供应商和客户打交道时就会有许多困难；二是可能受强烈的民族意识的影响，难以做到全心全意为母公司服务；三是管理人员当地化减少了母公司人员到国外任职机会，因而不利于母公司人员取得跨国经营所必需的经验和知识。

3) 第三国员工

第三国员工是指母国和所在国之外，在全球范围内，寻找最优秀的人员担任国外子公司的要职，即管理人员国际化。

从第三国招聘员工的优点有：①从第三国招聘员工的选择面广，容易发现有良好的管理知识和经验的经理人员；②作为职业型的国际经理人员，他们按职业道德、准则和国际惯例办事，不具有民族主义倾向，因而能够被母国和东道国所接受；③招聘第三国员工在薪酬和福利方面的成本要低于母公司的外派人员。在全球范围内合理地调配和使用人力资源，使跨国企业的经营优势得到充分发挥；④有利于公司塑造真正的国际形象。

其缺点主要有：①这种策略要求对人员及其职业实行高度集中化控制，从而削弱了当地经理选择自己所需人员的自主权；②员工可能存在与东道国员工和母国员工之间沟通上的困难；③管理人员国际化策略的花费较大。

近年来，跨国运营企业为了缓和与东道国的关系，纷纷实施本土化经营战略，他们在其东道国的子公司中任用当地的管理人员，沿袭当地的文化传统，最终形成适应当地经营环境的跨国运营企业经营模式。根据研究，企业国际化运营初期的人员本土化程度较低；企业国际化运营中期的人员本土化程度逐步提高；企业国际化运营后期，企业更倾向于在全球范围内挑选合适的人选。

专栏 9-2

招聘会技巧：应聘外企的英语提问清单

春节过后，又是一轮跳槽、求职高峰。想在英语面试中给面试官留下一个非常好的印象吗？首先要听懂对方的问题。为了避免误解面试官的问题，下面准备了一张问题清单，不妨先来看看。

Tell us about yourself.

这是一个有关你个性、背景、学习以及工作经历的非常宽泛的问题。你可以准备一个简洁的回答。

Why should we hire you?

招聘者正在问有关你的特点和强项的问题。当然，对求职的公司也要有所了解，你的加入要给对方带来效益才好。

Why did you leave your last job?

面试人员想要知道你是辞职的，还是被辞退的，或是下岗的，并希望了解原因。你最好实话实说，职场讲究诚信。

Are you willing to relocate?

这代表着你是否愿意移居另一个城市或国家。

Tell me about your subject you have learned in university and your record.

这是指你在学校及大学所学的学科和成绩。

Tell me about your extra-cur-ricular activities and interests.

这是在问你业余都做些什么和你的兴趣，例如运动、音乐或旅游等。一个热爱生活的人也会以很好的热情投入工作。现在，很多企业都比较注意了解求职者的爱好，从外围来考察一个人的综合素质。

How would your last boss describe you?

你的上个老板是如何看待你的。最好做客观陈述，包括前任老板对你的工作和为人的评价。

What salary are you expecting?

招聘者想要知道你对薪资的最低要求。恭喜你，话谈到这里，说明对方对你已经很有兴趣了。注意给自己和对方都留点余地。

（资料来源：http://www.eetek.cn/zhiye_detail_1010.html。）

2. 企业国际化运营中的人力资源管理选聘标准

企业国际化运营中的相关工作与在本国工作还是有些差异的，人力资源选聘的标准也会因此而有不同的要求。

1）专业技术能力和管理能力

近来有关对英国、美国、德国的跨国企业的研究表明，企业在国际化运营中的人力资源甄选时要非常重视技术技能、沟通技能和概念性技能等标准。其中，有3种关键技能值得关注：①自信、自尊的能力；②沟通交流的能力；③抗压能力。

2）文化适应能力

企业国际化运营中的人力资源还需具备一定的跨文化适应能力，能够适应生活、工作和商业环境，以便确保在新的环境中正常开展工作。由此，在对国际化企业工作人员进行面试的时候，应该特别注意应聘者思想的开放性以及对文化差异的接受程度。应聘者应该有能接受不同的风俗习惯、宗教观念、生活环境和人情世故的能力以及很快适应东道国的政治体制、法律法规和管理方式的能力。

3）外语能力

熟练地使用东道国的语言是筛选跨国工作人员的一个重要的标准。因为语言方面的差异是进行跨文化沟通最大的障碍。对中国的跨国企业来说，筛选母公司外派人员或第三国人员时，候选人是否能熟练掌握英语这一世界性通用的语言无疑是一个重要标准。

4）家庭因素

国际企业的员工在国外工作时间可能比较长，家庭所扮演的角色也不容低估（配偶是否支持和适应跨国外派；子女的教育问题；员工与其配偶的双重职业生涯规划的问题等）。研究人员找出了5种有助于国际企业的员工成功工作的因素：工作知识和动机、处理人际关系的能力、灵活性或适应能力、文化上的开放性以及家庭情况（配偶的积极态度、配偶愿意到国外生活等）。一般情况下，家庭情况最为重要，这一发现与其他有关国际性人员配置和工作调动的研究所得出的结论是一致的。

5）应聘者的国外工作经历

跨国企业在挑选外派人员或第三国人员的时候，最好的一条规则通常是，候选人过去的工作经历是对他在将来的工作岗位上能否取得成功的一种最好的预测。公司主要注重选择那些个人工作经历和非工作经历、教育背景和语言技能等方面的特点可以证明其能够在不同的文化环境中生活和工作的人。因此，不少公司在挑选应聘者时，就非常注意考察候选人的工作和非工作经历、教育背景、语言技能等方面，看看这些方面能否表明他们愿意并且容易在一种不同的文化下生活和工作。甚至连应聘人曾经有几次暑期海外旅行的经历或者是否参加过外国留学生的项目等。

3. 企业国际化运营中的人力资源选聘的实施

采用本土化管理政策和第三方国家招聘政策的大型跨国运营企业数量正在缓慢而稳定地增加，同时在母公司总部任职的外国经理人员的数量也在增加。因此，人员选聘已经成为企业国际化运营过程中人力资源管理的焦点问题。由于不同的国家有不同的文化，国际人力资源选聘在不同的企业有不同的做法，不仅招聘人员对象国际化，而且选聘方式、流程也遵循国际化：①建立人才储备库，②优化人才评价指标，③选择有效的招聘方法。

跨国企业还需要了解和适应当地的习惯。在选择招聘方式时需要经常权衡遵循母国习惯，获得他们认为"合适"的职位人选机会与遵循当地传统的成本与收益。当然在东道国仅仅挑选员工常常是不够的，通常在招募新员工以后，需要对其进行培训才能真正成为公司需要的雇员。

9.3　企业国际化运营中的人力资源培训与开发

9.3.1　各国人力资源培训与开发的特点

1. 美国员工培训的特征

美国的各类组织，尤其是大企业非常重视开展广泛的人力资源教育与培训。在美国企业，员工从录用时就要接受系统的职前培训。此后，员工都还需要接受在职培训。在职培训首先必须服从于企业人力资源规划中的再培训战略，依据企业的人力需求以及员工的潜能和可塑性。

专栏 9-3

美国的培训经费支出

美国是世界上教育经费开支最多的国家，2000 年教育经费达 3530 亿美元，占财政总支出的 15.8%，比同一年度的军费开支多 500 亿美元。美国人均教育经费为 966 美元，日本为 555 美元，中国仅有几十美元。美国工商企业界每年用于培训在职职工的经费已达 2100 亿美元。尽管教育培训的实际成功率不尽如人意，但 90% 的公司有正式的教育培训预算，培训预算约占雇员平均薪酬收入的 5%。在美国企业，每个雇员平均每年接受 15 个小时的教育培训，总计达 150 亿小时；小公司教育培训费用每年平均 21.8 万美元，而大公司则平均高达 52.7 万美元；全国每年分别花费 300 亿美元和 1800 亿美元用于正式与非正式教育培训，相当于全国四年制大学的教育经费；大约有 800 万人在公司学习，相当于每年高等院校录取的大学生人数。

（资料来源：赵曙明. 人力资源管理研究[M]. 北京：中国人民大学出版社，2001：86.）

美国人力资源培训与开发有以下两个显著的特点。

首先，美国企业的人力资源培训与开发完全由劳动力市场需求来决定。培训内容和方式的选择均取决于企业需要什么类型、什么程度的劳动力，并随着市场需求的变化而相应调整。因此，美国企业人力资源培训教育与生产力发展紧密联系，并直接为增强市场竞争能力和适应市场需求而服务。

其次，美国企业人力资源培训与开发的内容、形式、资金渠道等多样化，没有统一的模式和标准，完全由各州因地制宜、因材施教，形成灵活多样、分权管理和运行的机制。

阅读案例 9-4

IBM 公司员工培训模式

IBM 公司追求卓越，特别是在人才培训、造就销售人才方面取得了成功的经验。具体地说，IBM 公司决不让一名未经培训或者未经全面培训的人到销售第一线去。销售人员们说些什么、做些什么以及怎样说和怎样做，都对公司的形象和信用影响极大。如果准备不足就仓促上阵，会使一个很有潜力的销售人员夭折，因此该公司用于培训的资金充足，计划严密，结构合理。一到培训结束，学员就可以有足够的技能，满怀信心地同用户打交道。

IBM 公司的销售人员和系统工程师要接受为期 12 个月的初步培训，主要采用现场实习和课堂讲授相结合的教学方法。其中 75% 的时间是在各地分公司中度过的；25% 的时间在公司的教育中心学习。分公司负责培训工作的中层干部将检查该公司学员的教学大纲，这个大纲包括从公司中学员的素养、价值观念、信念原则到整个生产过程中的基本知识等方面的内容。学员们利用一定时间与市场营销人员一起访问用户，从实际工作中得到体会。

IBM 公司市场营销培训的一个基本组成部分是模拟销售角色。在公司第一年的全部培训课程中，没有一天不涉及这个问题，并始终强调要保证学习和介绍的客观性，包括为什么要到某处推销和希望达到的目的。IBM 公司为销售培训所发展的具有代表性、最复杂的技巧之一就是阿姆斯特朗案例练习，它集中考虑一种假设的、由饭店网络、海洋运输、零售批发、制造业和体育用品等部门组成的、具有复杂的国际业务联系。

通过这种练习可以对工程师、财务经理、市场营销人员、主要的经营管理人员、总部执行人员等的形象进行详尽的分析。这种分析使个人的特点、工作态度、甚至决策能力等都清楚地表现出来。

(资料来源：http://www.9669.biz/InformationDetail-1804-85.html。)

2. 日本员工培训的特征

近年来，日本企业的人力资源管理受到国际人力资源管理理论和实践的影响，逐渐引入能力主义的管理方式。首先是终身雇佣制的淡化，虽然终身雇佣制一直是日本企业人力资源管理的首要特点，但随着经营环境的多变和竞争的加剧，经常出现企业之间互相挖人才的现象。目前，许多中小企业甚至大企业广泛采用合同工制、定时工制以及中转职工制等样的雇佣形式。其次，奉行业绩主义，推行职务能力工资制。日本企业的年功序列制正在向能力主义转变，许多企业正在建立以职能为中心的人力资源管理体系，其核心是职能资格制度。第三，员工教育和培训注重适应企业的发展和国际化趋势。

近年来，为适应国际化的发展，日本企业着重培养"经济型"、"未来型"和"国际型"人才，以迎接未来更加激烈的国际竞争。

此外，随着日本企业生产自动化的迅速发展，日本企业更加重视对员工的教育培训，提出"生产产品，先培养人"的口号。日本企业对员工的教育培训主要有以下几个方面特点。

（1）企业员工的教育培训是建立在员工理解支持、双赢互利的功利性基础之上的。在日本企业，员工主动自发学习、努力研修、提高能力、完善自我，企业关心职工、劳资关系融洽、共谋发展的现象是较为普遍的。

(2) 对员工的教育培训体现出素质本位的理念与实践。日本企业对员工的教育培训，实质是建立在提高工作能力基础上的素质培养，是以素质为本位进行的。在对员工分阶段、分层次的系统教育培训中，注重适应性和实效性。

(3) 对员工的教育培训有着人本关怀的色彩。

3. 德国员工培训的特征

德国的"双元制"职业培训，也是举世公认的企业在职培训的成功模式。这种培训层次模式是 20 世纪 60 年代在德国出现的，是种初级职业培训制度。它按照分工合作的原则，把企业在职培训与学校教育有机地结合起来。在培训期间，学员具有双重身份，既是职业学校的学生，又是企业的学徒工人。按照分工合作协议，学校负责理论教育，企业负责实际操作训练。德国企业对员工的教育培训主要有以下几个方面特点。

(1) 德国企业高度注重技能。德国的企业界认为，企业发展长期目标的实现必须依靠受过良好培训并熟悉本企业生产的员工。

(2) 员工培训是德国企业参与高技能人才培养的主要表现。企业建立学习角，每个小组都有学习场地，在新的学习系统中，可使学到的东西很快在实践中应用。2005 年，德国企业用于职工培训方面的费用高达 1.56 亿马克。

(3) 职业教育是德国企业参与高技能人才培养的重要途径。

(4) 政策支持是企业参与高技能人才培养的有力保障。德国通过健全的制度和法规，保障高技能人才培养。

9.3.2 跨国经营中的企业人力资源培训与开发分析

1. 经济全球化条件下国际人力资源培训与开发的跨文化特征

国际人力资源培训与开发需要强化跨文化培训的内容。通过跨文化培训，可以加强人们对不同文化环境的反应和适应能力，促进不同文化背景的人们之间的沟通和理解。将企业共同的文化和价值观传递给员工，凝聚企业强大的文化感召力和文化凝聚力。同时，世界上每一种文化都有自己的精华，来自不同文化背景的员工会用不同的视角来看待同一问题，进行跨文化培训可以促进不同文化背景的员工交流沟通，取长补短。

目前，人力资源已经成为跨国运营企业竞争的核心，跨文化培训正是合理控制和科学管理来自不同国家、民族、地区、组织的员工与生俱来的文化差异，提高人力资源产出效益的重要手段。通过跨文化培训，可以提高企业的跨文化管理水平，可以端正员工对异域文化的态度，使他们能够理解、接受乃至欣赏异域文化、风俗。通过跨文化培训，可以减少员工可能遇到的文化冲突，加深员工对企业经营理念的理解，保持组织内良好稳定的人际关系。因此，成功的跨文化培训能够使企业改变传统单元文化管理的状况，充分发挥文化协同的作用，克服多元文化和文化差异带来的不利影响，使企业在国际竞争中具有相当的竞争力。

2. 经济全球化背景下跨文化培训中存在的问题

在经济全球化即后全球化的时代，大多数组织在日常经营中不可避免地要接触到许多不同的文化,即所谓的跨文化接触,然而,并不是所有的组织都能很好地进行跨文化培训。尽管有些企业的确提供跨文化培训项目,但是它们只是提供给被派往国外的人员,很少向组织中的其他成员提供跨文化培训。大多数组织都没有意识到,在经济全球化的今天,驻外人员以外的其他员工同样会接触许多来自其他文化的人,同样需要对不同的文化具有敏感性,也就是说,文化意识和文化敏感对所有的员工都很重要。

尽管许多组织已经向驻外人员提供了广泛的跨文化培训,但是普遍存在的一个问题是这种培训的效果并不十分显著。最重要的原因之一是,组织中的经理人员自己都没有弄清楚到底什么是文化,文化是如何影响人们的态度的以及文化是如何决定人们的行为的,而且尽管他们意识到文化差异是一个需要解决的问题,但是他们也不会意识到跨文化培训是解决该问题的方法。

3. 经济全球化条件下国际人力资源培训与开发的主要策略

对于推行国际化经营策略的企业来讲,往往要将员工特别是管理人员派往海外,因而这部分员工就将在完全不同于母国文化的另外一种文化环境下工作和生活。为了让他们发挥出应有的作用,必须进行跨文化培训,使其具备跨文化交往和跨文化管理的知识以及驾驭文化差异的能力,克服文化差异给交流和管理带来的障碍。

企业跨国经营中,在东道国的文化环境中,要面临两种不同的适应策略:一种是"被人改变",即追随文化策略;另一种是"改变人",即创新文化策略,由被动适应转向能动改观。当然比较友好的策略当属第一种,这样的结果是使企业的跨国经营成为东道国的"本地化经营"。在这一种过程中,最重要的环节是学习过程,即对东道国文化的学习,因此追随文化策略又称为学习策略。对我国企业的跨国经营而言,其实力远不能与西方大公司相比拟,学习策略无疑是友好而且有效率的方式。

专栏9-4

建设和完善企业文化的八大原则

美国著名管理顾问劳伦斯·米勒提出建设和完善企业文化的八大原则。

第一,目标原则。企业应当以产品、服务和对顾客有益为出发点,制订一个明确而崇高的目标,让员工认同目标并以此为荣,"肯定自我价值"。

第二,共识原则。变"指挥"为"共识",让员工参与管理,实行"共识或决策",运用下属的集体智慧。

第三,卓越原则。"求新求变"是企业的一项持续性要求,追求卓越,在企业中注入"创造性不满足"的文化。

第四,一体原则。在企业中创造一体感,使"管理阶层"和"劳工阶层"合二为一,让员工参与管理决策。同时,在所有权方面,企业也应该创造一体感,形成"我也拥有企业一份财产"的职工心理状态。

第五,成效原则。把职工的利益与其工作联系起来。职工的薪酬应当依据工作成绩来支付,而非年资、专业技术以及其他在组织中的权利。当奖赏与成效联系在一起时,公司的生产力就会提高。

第六,实证原则。要求各级管理人员学会使用科学的方法进行实证分析,研究各方面的情况,了解自己负责的资料并把他们按期绘成图表在工厂公布。企业的兴衰在于管理人员能否有清晰的、批判性的和创造性的思考能力。

第七，亲密原则。管理人员与职工之间建立起亲密感，彼此信任，忠诚相待。所以，公司必须创造一种使职工发挥其才能与创造力的环境，组建创造性群体，让一群志趣相投的人一起工作。创造力只能在一种亲密的文化中才能得到充分发挥。

第八，正直原则。即诚实，以负责的态度采取行动。管理人员要实现管理目标，取得下属的信任，首先必须正直。正直能够激发出职工的信任、效益与献身精神。管理者必须依靠自己的人格力量，通过鼓舞、引导和强化下属应有的行动，与下属形成共同的目标。正直是企业文化赖以建立的基石。

（资料来源：http://info.ceo.hc360.com/2007/03/23074038546.shtml。）

9.3.3 国际人力资源培训与开发的操作

跨国经营企业培训的主要内容有对国际文化的认识、理解，比如敏感性训练、跨文化沟通及冲突处理、语言学习以及地区环境模拟等。这样可减少文化冲突，使之迅速适应当地环境；保证企业内外良好的人际关系，保障高效沟通；提升本土员工对企业经营理念的理解与认同等。在具体培训的过程中，企业可针对具体的情况提出不同的培训方案。

为此，国际人力资源培训与开发在实际操作中应该注意以下几点：①管理者必须重视跨文化培训的重要性；②要注意除了驻外人员需要跨文化培训外，组织内的其他成员也需要培养文化敏感性；③要认识到跨文化培训是一个过程；④要了解到培训的目的除了改变员工的技术、态度和知识外，还要开发员工的潜能，并且需要为员工提供职业安全，提升其就业能力；⑤国际人力资源培训与开发要求更有效、更节约成本的培训。

9.4 企业国际化运营中的绩效管理

9.4.1 国际人力资源绩效管理的特点

企业在跨国经营中的人力资源绩效考核的目的不仅仅是为员工薪酬调整和晋升提供依据，而且还有许多新的因素，比如重视个人、团队业务和公司目标的密切结合，将绩效考核作为把相关各方的目的相结合的一个契合点。同时在工作要求和个人能力、兴趣和工作重点之间发展最佳的契合点。国际人力资源管理中的绩效管理具有其特殊性：①多因性，即绩效跟员工的激励、技能、环境与机会有关；②多维性，即应多维去分析与考评，全面、合理、综合地反映一个员工各方面的业绩；③动态性，企业必须将业绩计划和业绩结果看成是动态的，持续业绩沟通，努力提高绩效。

9.4.2 绩效管理系统的设计

由于国际人力资源管理在员工绩效考核上存在一定的特殊性和复杂性，在操作上需要注意其文化背景及其不同的具体情况。绩效考评将员工的个人目标和企业的经营目标统一起来，从而激发更大的工作热情。绩效管理系统应包括以下几个步骤：①选择科学的绩效评估指标；②确定评估执行者；③制定绩效目标和绩效指标；④进行持续不断的绩效沟通；⑤进行事实的收集、观察和记录；⑥召开绩效评估会议；⑦进行绩效诊断和提高。这是对绩效管理系统的评估，用来诊断绩效管理系统的有效性，改进和提高员工绩效，主要包括以下4个方面：确定绩效缺陷及原因；通过指导解决问题；绩效不只是员工的责任；强调应该不断进行。

9.4.3 绩效管理的方法与应用

绩效评估体系的应用方法有以下几种。

1. 排序法

(1) 简单排序法。简单排序法也称序列法或序列评定法，即对一批考核对象按照一定标准排出"1、2、3、4……"的顺序。优点是简单易行，花费时间少，减少考评中过宽或趋中的误差；缺点是主观比较，有一定的局限性，不能用于比较不同部门的员工，员工也不能得到关于自己的优缺点的反馈。

(2) 交错排序法。人们提出了交错排序法来克服简单排序法的缺点。在实行交错排序法的情况下，评价人在所有测评对象中首先选出最好的员工，然后选出最差的员工，将他们分别列为第一名和最后一名；然后在余下的测评对象中再选择出最好的员工作为整个序列的第二名，选择出最差的员工作为整个序列的倒数第二名；以此类推，直到将所有员工排列完毕，就可以得到对所有员工的一个完整的排序。其优点表现为：交错排序法是一种有效的排列方法，上级可以直接完成排序工作，还可以扩展到自我考评、同级考评和下级考评的其他考评方式中。

(3) 强制分布法。强制分布法实际上是将测评对象进行相互比较的一种排序方法，是对员工按照组别进行排序，而不是将测评对象个人进行排序。强制分布法的优点是可以避免考评者过分严厉或过分宽容的情况发生，克服平均主义；缺点是如果员工的能力呈非正态分布时，该方法就不适合了。

(4) 成对比较法。成对比较法是根据某一标准，将评价者中的每一个员工与其他员工进行逐一比较，并将每一次比较中的优胜者选出，最后，根据每一员工净胜次数的多少进行排序。成对比较法的优点是能够发现每个员工在哪些方面比较出色，在哪些方面存在不足和差距；缺点是只能在涉及人员范围不大、数量不多的情况下采用本方法。

2. 行为法

(1) 关键事件法。测评人员把测评对象在完成工作任务时所表现出来的特别有效的行为和特别无效的行为记录下来，形成书面报告。评价者在对员工的优点、缺点和潜在能力进行评论的基础上提出改进工作绩效意见。优点有：能够提供了比较真实的事实依据；考评的内容是长期的表现；保存了比较连贯的关键事件记录，可以全面了解下属是否消除不良绩效并如何改进和提高绩效的。缺点有：费时费力；偏重于定性分析；很难使用该方法在测评对象之间进行比较。

(2) 行为锚定等级评价法。将同一职务工作可能发生的各种典型行为进行评分度量，建立一个锚定评分表，以此为标准，对员工工作中的实际行为进行测评级分的考评办法。

优点有：效率高，信度高；良好的反馈功能；良好的连贯性。缺点有：设计和实施的费用较高。

（3）关键业绩指标法。关键业绩指标法是指运用关键业绩指标进行绩效考评。优点有：量化程度高；具有可比性。缺点有：费事费力；忽视行为过程；应用范围有限。

（4）观察评价法。行为观察评价法连续记录员工工作行为，并要求测评者对员工在评价期内表现的每一种行为的频率进行评价。优点有：打分容易；核算简单；便于反馈。缺点有：工作量大；适用范围有限。

3. 结果法

（1）目标管理法。目标管理法是员工与上级共同协商制订个人绩效目标，并把这些目标作为对员工评估的基础。企业将目标管理计划看成是管理体系的一个组成部分，并将制定目标的权利下放给员工。优点有：结果易于观测；评价失误少；便于反馈和辅导；员工积极性提高。缺点有：难以对各员工和不同部门间的工作绩效做横向比较。

（2）直接指标法。在员工的衡量方式上，采用可监测、可核算的指标构成若干考评要素，作为对员工绩效进行评估的主要标准。优点有：简单易行；节省成本。缺点有：必须健全原始记录；前期需要做大量统计工作。

4. 360度考核法

360度考核方法是指全方位、多角度的考核，即由被考评人的上级、同级、下级和内部客户、外部客户甚至本人担任考评者，从各方面对被评者进行全方位的评价。考评的内容包括员工的任务绩效、管理绩效、周边绩效、态度和能力等，通过反馈程序，将考评结果反馈给本人，以达到改变行为、提高绩效等目的。

阅读案例9-5

在NEC中国公司做了15年人力资源管理的曹来京认为，绩效考核实际上是企业对员工、同时也是员工对企业的一种目标诉求。双方的这种诉求不是简单的一种要求，对于知识员工来说，这种诉求更是复杂，企业对知识员工的绩效考核的目的是激励其更好地发挥能力，而不是惩罚。

根据美国的知识管理专家玛汉·坦姆仆经过大量实证研究证明：激励知识型员工的4个因素依次为个体成长（约占总量的34%）、工作自主（约占31%）、业务成就（约占28%）、金钱财富（约占7%）。

对于NEC，文化对于绩效还有另外一层作用。"我们都知道，日资企业薪酬与欧美企业相比较低，这些从欧美知名企业过来的企业精英的薪酬必须得到保障，但是这又无疑会成为一件容易产生矛盾的事情，怎样说服日本员工接受这一点显得很重要。我必须告诉他们这些从欧美知名企业过来的员工的价值以及市场行情，这样的沟通最后使招聘工作平稳完成"。曹来京认为，如果没有一个强大文化理念在起作用，仅仅因为待遇这方面的分歧就很难通过任何的绩效考核手段来弥补。

NEC还通常采用平衡记分法，对任何一个工作都从4个方面进行考察，即财务指标、客户满意度指标、流程指标、专业指标，这4个方面如果平衡了，就说明绩效较好。

（资料来源：http://news.cnfol.com/090721/101.1598.6223958.00.shtml）

9.5 企业国际化运营中的薪酬管理

9.5.1 薪酬管理制度的制定原则

薪酬管理与企业的关系：一方面，薪酬管理的目的是为了在保障员工的基本生活的同时，充分激励、发挥员工的能力，实现企业战略发展所需的核心竞争力；另一方面，企业核心竞争力的发挥将促进企业的发展，为薪酬管理提供有力的支持。薪酬管理的原则：①对外具有竞争力原则——支付相当于或高于劳动力市场一般薪酬水平的薪酬；②对内具有公正性原则——支付相当于员工工作价值的薪酬；③对员工具有激励性原则——适当拉开员工之间的薪酬差距。

9.5.2 国际人力资源薪酬管理的特征

国际人力资源薪酬与激励管理面临着相当的复杂性，一个有效的国际薪酬政策应该具有以下特点：①对外派人员来说，能在海外服务工作对人们具有吸引力，并能保留合格的雇员；②对东道国和第三国员工来说，能增强企业对外部优秀人才的吸引力；③使雇员在各个子公司间的调动和子公司与母公司之间的调动能顺利进行；④使各子公司的薪酬制度之间有稳定的关系；⑤使公司的薪酬制度与主要竞争者的薪酬制度相当。

1. 国际薪酬的多样性

国际薪酬的多样性包括由于员工类型的多样性而引起的不同的薪酬待遇问题，由国家差异引起的薪酬货币购买力问题以及由文化差异引起的薪酬福利或激励问题等。薪酬专业人员需要知道东道国员工、第三国员工和驻外人员之间的区别，这些区别需要在薪酬上有所体现。同时，对于各国的生活水平或生活方式以及通货膨胀与货币稳定性甚至于法律以及人际关系水平而体现的货币的购买力，也需要在薪酬体系中有所顾及。例如，货币稳定性的因素使得在用母国货币支付薪酬时，要时常随着两国汇率的变化而变化。此外，由于国家文化的差异，子公司可能采用与母公司不同的薪酬制度，而不同国家企业的福利开支或者激励制度也会有很大的不同，这些都增加了跨国运营企业在海外进行薪酬管理的复杂性。

2. 薪酬成本与公平问题兼顾

如果单纯从驻外人员而言，由于需要吸引总公司员工愿意前往海外工作，给予其一定的补偿，其总薪酬往往需要较高，这对于薪酬管理人员是一种挑战。但是这种高成本需要与跨国企业的全球竞争战略相结合起来衡量，并且可以由雇员所作的贡献而获得弥补。此外，由于受外派人员到国外的薪酬与在国内得到的薪酬（包括内在性薪酬）的比较，驻外人员与公司当地员工的薪酬的比较，甚至所有驻外人员群体的薪酬的比较等诸多因素的影响，兼顾公平就成了跨国企业薪酬管理的一个重要课题。

总之，合理的国际薪酬方案，不但可以吸引全球各地的优秀人才，而且能对企业现有的雇员发挥行为导向的功能，还能对提高工作质量和工作效率、降低经营成本起到重要作用。

9.5.3 国际人力资源薪酬与激励的操作

实际上薪酬管理的原则是一个企业给员工传递信息的渠道，也是企业价值观的体现。目前企业普遍认为进行有效的薪酬管理应遵循以下原则：对外具有竞争力原则；对内具有公正性原则，支付相当于员工岗位价值的薪酬；对员工具有激励性原则；对成本具有控制性原则。由于国际人力资源管理需要面对不同国家的社会文化与法律制度背景，薪酬激励不能照搬本国企业的做法，即使在本公司内部，也要面临文化多样性的矛盾，跨国运营企业需要开发特别的薪酬激励计划，以弥补工作人员及其家人为了国外工作所做的个人牺牲。因此，企业在国际运营过程中，跨国运营企业针对所在国员工而制定的薪酬制度，一般都是以当地薪酬水平与结构为参照标准，并作出适当调整，使子公司在薪酬方面更加具有竞争力。

1. 国际人力资源薪酬的构成

外派人员的薪酬一般由基本薪酬、津贴、奖金和福利构成。

(1) 基本薪酬。外派人员的基本薪酬是与其所任职务相联系的，通常是确定奖励薪金、津贴及其他报酬的基础。基本薪酬可以用母国货币或所在国货币支付。

(2) 津贴。津贴是跨国公司对员工在海外工作支付的补助，通常包括以下项目：住房津贴、生活费用津贴、子女教育津贴及安家补贴等。

(3) 奖金。跨国运营企业外派任职人员获得的奖金通常以津贴的形式发放，主要包括以下项目：海外任职津贴、工作期满津贴、探亲津贴及艰苦条件津贴等。

(4) 福利。与薪酬相比，外派人员福利的管理更加复杂。通常大部分美国企业的外派人员均享受母国的福利计划，而有些国家的驻外人员只能选择当地的社会保险计划。比如，欧洲的母国人员和第三国人员在欧盟内享受可转移的社会保险福利。一般情况下，跨国企业为母国员工退休而制订的计划都很好，对第三国人员则做得差一些。

2. 国际人力资源薪酬的设计流程

下面是薪酬设计的一般过程。

(1) 制定本企业的薪酬原则与策略。在进行薪酬系统设计之前，有必要从企业战略的层面进行分析，确定薪酬原则和策略，这是企业薪酬体系设计的总体思路性内容，是以后各环节的前提，起着重要的指导作用。

(2) 工作分析。工作分析对企业现有岗位进行测评，是薪酬体系设计的基础。通过分析，如果工作的基本内容和负荷都相似，那么薪酬水平也很可能是相同的。如果工作内容和负荷上存在不同，那么薪酬水平也会存在差异。

(3) 职位评价。职位评价可以解决薪酬的对内公平性问题。薪酬结构所关注的是企业内部薪酬水平等级的多少和不同薪酬水平之间级差的大小，这就需要系统地确定各职位的相对价值。通过岗位评价，比较企业内部各个职位的相对重要性，确定岗位的薪酬系数，进而为确定工资分配差别提供量化依据。

(4) 薪酬结构设计。薪酬结构有4个基本构成要素：薪酬的等级数量、薪酬趋势线、同一薪酬等级内部的薪酬变动范围、相邻两个薪酬等级之间的交叉与重叠关系。企业薪酬结构的设计首先要符合公平原则,其次要综合考虑国际市场的薪酬水平、所在国的风俗习惯、经济环境、政策法规、组织战略及工作设计等内外因素的影响。确定人员薪酬时,要综合考虑3方面的因素:一是其职位等级;二是员工的技能和资历;三是员工的绩效。在薪酬结构上与其对应的分别是职位工资、技能工资和绩效工资。

(5) 薪酬调查。薪酬调查主要需解决两个问题:一是明确调查的对象;二是调查和进行数据收集。调查的对象,首先是目标国、目标地区、目标行业,尤其是目标竞争对手的薪资水平和结构。参照同行或同地区其他企业的现有薪资来调整本企业对应岗位的薪酬,可以有效保证企业薪酬体系的外部公平性。

做薪酬调查的主要途径和方法有:跨国企业之间的相互调查、委托国际专业机构进行调查、从目前已公开的信息中分析。薪酬调查需要注意的有3点:①薪酬调查的地域性和行业性非常强,要有一定的针对性;②薪酬调查主要关注本地区同行业企业,尤其是竞争对手的薪酬水平,不要将范围定得过于宽泛;③薪酬调查的途径很多,要注意选取可信度最高的数据。

(6) 薪酬定位。在分析国际同行业企业的薪酬数据后,需要做的是根据公司和地区状况选用不同的薪酬水平。多数企业是通过调查其他竞争对手的薪酬率制订在市场上具有竞争力的薪酬率,并在综合考虑产品市场、劳动力市场和组织因素的前提下,应用市场调查的结果,采取领先、跟随、滞后或混合等策略来定位自己的薪酬水平。这些薪酬决策在不同的企业是不同的,甚至在同一企业的不同职类中也是不同的。

(7) 薪酬体系的修正和调整。在企业跨国经营过程中的内、外部环境发生变化时,随着职务的不断调整、员工的实际技能水平的改变,就会打破薪酬体系的平衡。企业必须对工作岗位以及员工技能和能力进行再次评价和测定,从而调整或修正薪酬结构,使其重新达到内部公正性和外部的竞争性。此外,跨国经营中所面对的各国通货膨胀、行业或地区薪酬水平的变化、国际企业所处竞争地位的改变和企业跨国经营竞争策略的调整等,都会引起企业薪酬结构和水平的不断调整。

总之,企业的薪酬体系是一项系统而复杂的工程,只有对薪酬体系进行多角度、全方位的开发和设计,才能保证薪酬内容和薪酬水平的公平性和科学性,充分发挥薪酬机制的激励和约束作用,使薪酬管理成为一项完成组织目标的、有力的工具。因此,在建立薪酬管理体系时,必须结合企业跨国经营的实际情况,在不断摸索中逐步建立和完善符合企业跨国经营过程特点的薪酬管理体系。

对于当地雇员的薪酬水平,通常会高于这些国家本土企业里相似工作的员工薪酬水平。另外,第三国员工的薪酬问题,在很大程度上应该和驻外人员的薪酬一致。因为第三国员工可能已经熟悉了如何与不同国籍同事交往的一些技巧或者是总公司的战略和文化,所以他们可能有更好的表现。对于他们的薪酬,应当按照驻外期限、职务以及本职工作的完成情况来决定,并给予与母国人员相同的报酬来对待,而无论以前的生活水平如何,并依然有合适的东道国员工作为生活顾问,还要赋予其充分的与职务相对应的一套权利。

9.6 企业国际化运营中的人力资源职业生涯管理

9.6.1 国际人力资源职业生涯管理概述

职业生涯管理是人力资源管理的一个重要环节,是组织和员工对职业生涯进行设计、规划、执行、评估和反馈的一个综合性的过程。通过员工与组织的合作与共同努力,使每个员工的职业生涯目标与组织的发展目标保持一致,使员工与组织能够获得同步的发展。

职业生涯管理一般包括两个方面:一是员工的自我管理,员工是自己职业生涯发展的主人;二是组织为员工规划其生涯发展,并为员工提供必要的教育、训练及轮岗等发展机会,促进员工的职业生涯目标的实现。

从 20 世纪 60 年代末至 70 年代,员工职业生涯管理的焦点一直与员工个人的理想与目标联系在一起。到了 20 世纪 80 年代,重心发生了变化,职业生涯管理的重点已经从个人发展到了组织。在整体改善企业外部条件的商业要求中,有组织的职业生涯管理已经成为一种必要的手段。20 世纪 90 年代以来,员工职业生涯管理的重心在个人和企业两者之间达到平衡。这种局面的出现意味着应该把有组织的职业生涯管理看作是一种战略性步骤,最大化的开发个人的职业潜力是企业取得全面成功的途径之一。进入 21 世纪,这种有组织的职业生涯管理起到越来越重要的作用。

所谓有组织的职业生涯管理,是指由组织实施的旨在开发员工的潜力、留住员工、使员工能够自我实现的一系列管理方法。员工的职业生涯规划不仅仅是培训的问题,还包括了对员工的使用、考核、薪酬、晋升等一系列活动在内,它是一个完整的体系。

9.6.2 各国员工职业生涯管理的比较

以 20 世纪末期进行调查为例,该调查反映出各国家和地区职业生涯管理的一些不同特点,见表 9-4。

表 9-4 各国员工职业生涯管理的比较

国别 问题的类别	美国	澳大利亚	新加坡	欧洲
已有或者正在开发职业生涯开发系统	68%	75%	42%	88%
驱动职业生涯开发系统的三大要素	1. 从内部提升和开发的愿望 2. 缺乏可提拔人才 3. 公司对职业生涯开发的支持	1. 公司对职业生涯开发的支持 2. 公司战略规划的开发 3. 从内部提升和开发的愿望	1. 公司对职业生涯开发的支持 2. 公司战略规划的开发 3. 从内部提升和开发的愿望	1. 公司战略规划的开发 2. 公司对职业生涯开发的支持 3. 缺乏可提拔人才 4. 从内部提升和开发的愿望

续表

问题的类别＼国别	美国	澳大利亚	新加坡	欧洲
职业生涯开发设计频繁瞄准的组群	1. 将获得快速提升的经理候选人或有潜力者 2. 受训管理人员	1. 将获得快速提升的经理候选人或有潜力者 2. 受训管理人员	1. 将获得快速提升的经理候选人或有潜力者 2. 受训管理人员	1. 将获得快速提升的经理候选人或有潜力者 2. 受训管理人员
职业生涯开发责任的分担	员工 51% 经理 25% 公司 24%	员工 42% 经理 30% 公司 28%	员工 29% 经理 36% 公司 35%	员工 38% 经理 34% 公司 28%
职业生涯开发方式	1. 学费补偿 2. 内部培训和开发计划 3. 外部研讨会或者公司开研讨班 4. 员工定向计划 5. 岗位需求信息发布	1. 内部培训和开发计划的咨询或职业讨论 2. 外部研讨会或者公司开研讨班 3. 由主管或生产线经理召集的职业讨论 4. 学费补偿 5. 人力资源管理者召集的咨询和职业讨论	1. 由主管或生产线经理召集 2. 由主管或生产线经理召集的职业讨论 3. 内部培训和开发计划 4. 职务委派 5. 员工定向计划	1. 内部培训和开发计划 2. 由主管或生产线经理召集 3. 外部研讨会或者公司开研讨班 4. 人力资源管理者召集的咨询和职业讨论 5. 面谈方式
评估职业生涯开发系统的两大方式	1. 非正式的口头反馈 64% 2. 问卷 33%	1. 非正式的口头反馈 71% 2. 问卷 25%	1. 非正式的口头反馈 67% 2. 问卷 31%	1. 非正式的口头反馈 67% 2. 问卷 30%
职业生涯开发的益处	改善了员工的留用、技能、士气、能力扩充的状况，表达了公司对员工的信任和支持，完善人力资源规划和选择，更加强化战略优势	促进了人力资源系统更好地发挥其职能。有很强的适应能力的生产力、稳定性、可塑性；提高了员工的自我决断能力和雇佣率，个人和专业的成长	公司的发展方向更加明确；人力资源的管理更加有效；宣传了公司的形象；改善了员工的积极性、对前景的预期以及留用率；公司的与个人的需要之间更加协调	员工的才能得到充分的发挥；优化工作的表现；培训员工更有效地利用人事系统；为员工迎接低增长局面做好准备
准备做些别的什么	更多地培训和充实经理，更多的资金和资源支持，更加系统化的实施、评估和成绩责任制	加强经理的培训和成绩责任制，与其他人力资源系统稳定的联系；更多的资源；更多的市场和更多地利用特别工作组；不间断的指导与评估	加强培训，进一步机构化和正规化	更多地得到高层的支持，增强员工的参与和拥有感，进一步系统化

续表

国别 问题的类别	美国	澳大利亚	新加坡	欧洲
对职业生涯开发系统未来的规划	完善和扩充当前的计划，进一步系统化和一体化	支持和培训生产线经理和员工，稳定与人力资源系统的联系，需求的评价和评估，扩展当前的计划	进一步机构化、正规化和系统化，扩展已有的计划	更好地与公司战略衔接，改善当前的计划、员工—公司的配合、信息系统、规划管理人员的接替计划，使其更加完整和系统，为经理提供更多更好的培训
最近10年职业生涯开发有什么变化	更多地向员工成绩责任制转变，估量公司战略规划的结果，更加正规化和系统化，更加有效和有更多的手法	对职业生涯开发方式及其益处以及与公司战略的关系增加了解，更全面、更正规化的方法，增加对于员工的了解、前景预期和责任分担，对选择发展方向的权衡	充分了解职业生涯开发对留住员工和有效地利用人力资源的重要性	更加人性化，更取决于新的价值观，更受重视、更合理并求得高层更多的支持，更加系统和完整

从表9-4中大家可以看到：

职业生涯开发，特别是有组织的职业生涯开发已经越来越受到各国企业的普遍重视，在需要拓展职业生涯开发并将其系统化、联系公司的战略以造福于公司和员工等基本观点上，各主要国家都有着广泛的共识。

当然不同国家对于职业生涯管理的具体做法还是并不完全相同的，特别是在东方国家与西方国家之间，由于文化传统等背景的不同，其职业生涯管理的差异还是十分明显的。比如美国和日本，虽然都是发达的市场经济国家，但其理念和做法就很不一样。

9.6.3　国际人力资源职业生涯管理的操作

职业生涯管理已经成为人力资源管理和开发的一个重要内容，各国的企业都根据自己的情况在不断探索更适合自己的职业生涯开发系统。面对当前经济全球化和资本越来越受重视的形势，企业需要通过不断地学习、积累和探索，建立起有效的职业生涯开发系统，尤其是国际环境中的职业生涯开发系统，使个人和企业建立起有效的职业合作关系。

跨国企业一般都注重加强职业生涯开发与其他人力资源系统之间的联系。随着员工职业生涯开发系统的复杂程度的提高，人们发现了一些可以与其他人力资源工作相配合的途径。比如员工招聘、绩效评估、薪酬和人员接替规划等均受到职业生涯开发工作的影响，所以，全面的人力资源规划工作包括上述所有的系统，它们必须密切配合，相互合作。

国际人力资源职业生涯管理要求将职业生涯发展规划和企业战略规划融为一体。在企业的各个级别上建立明确的联系，让管理人员和工作人员参加对企业发展方向的分析过程，让他们对职业生涯发展需求与企业战略的意义进行评估。所以，跨国企业让职业生涯开发系统更具有开放性。企业不可能在控制和信息方面自我封闭，管理人员需要支持员工职业生涯的开发工作，员工对个人的职业生涯则承担主要责任。在这里，信息是双向流动的。

跨国企业职业生涯管理注重把员工个人目标和企业目标整合起来，为实现彼此共同的利益而奋斗。企业协助员工发展完善的职业生涯规划，使其在个人生涯成长的过程中有实施新构想的机会。企业一般以年资、岗位、学识、专长等综合要素为考虑因素，规划员工不同的发展方向。

跨国企业对员工职业生涯大多进行分层分类管理，以确定组织未来的人员需要，为不同的员工设计不同的职业阶梯，评估每个员工的职业潜能和培训需要，为组织建立一个职业生涯规划体系。对于新进员工，或协助其制定生涯目标，或直接提供其富有挑战性的任务，创造未来成功的基础。对于工龄介于3年至6年的骨干员工，因其工作心理最为浮动，所以最需要主管或者人力资源部门的职业生涯指导；而年满10年工作者，因为容易进入创新停滞期，所以需要激励生涯发展，以避免影响群体士气；至于面临中年危机者，则需要对其进行再教育，激励其重新学习以培养第二专长；而即将面临退休者，则由人力资源部门相关人员进行个人的生涯辅导。

此外，国际人力资源职业生涯管理还有如下一些具体操作办法。

（1）让职业生涯开发系统更具有创新性。坚持研究全球环境中企业员工职业生涯开发工作的最佳时间，协助员工发展其完善的职业生涯规划，使其在个人生涯成长的过程中有实施新构想的机会。

（2）确定员工的职业性向及基本技能，帮助员工认清职业发展方向。

（3）提供阶段性的培训进修、工作轮换，为员工设计良性发展的职业通道。

（4）强调在岗发展，强调在自己当前的工作岗位上发展和学习的观念，重视工作内容的丰富，同时通过探索本公司内部其他领域来保持工作的挑战性。

本章小结

本章介绍了经济全球化及其对人力资源管理产生的影响，阐述了国际人力资源管理与跨国公司的相关概念，提出了国际人力资源管理的3种研究视角，同时阐述了国际人力资源管理的定义。本章首先提出了组织在走向世界的进程中以及成为跨国企业后，其人力资源管理的原则和实践；接着从管理学和应用科学两个角度介绍了国际人力资源管理的研究目的；最后谈到了跨国运营企业的人力资源管理的内容。

本章首先提出了一个企业要真正构建国际化的人力资源管理系统，必须要有国际化的人力资源战略思维，必须根据全球发展战略确立人力资源的战略与规划。其次，要想成为真正的国际化企业，组织内部就要构建一个能够适应国际化的工作环境，也就是国际化的人才生态。另外，就是要有国际化的管理基础和管理平台，要有能与国际对接的系统和流程。引进国际化的规则体系和基础管理平台。还有，就是要有国际化的知识交流分享系统，员工借助这个共享的知识管理体系可以便捷、顺畅地交流和沟通。

关键术语

全球战略驻外机构　　　　组织文化　　　　工作分析
人力资源规划流程　　　　跨国公司　　　　人力资源开发

综合练习

一、单选题

1. 下列不属于国际人力资源管理一般模式的是（　　）。
   A. 混合中心模式　　B. 单一中心模式　　C. 多中心模式　　D. 全球中心模式
2. 下列属于国际人力资源经营环境外在因素的是（　　）。
   A. 高层主管的态度　　　　　　　　B. 子公司的自主权
   C. 法律环境　　　　　　　　　　　D. 国内资源的聚集程度
3. 下列各项中不是人才本土化目的的是（　　）。
   A. 发挥本土化优势　　　　　　　　B. 加快海外网点的构建和进程
   C. 降低经营成本　　　　　　　　　D. 解决当地的就业问题
4. 下列哪项不属于国际 HRM 的一般模式？（　　）
   A. 本国中心模式　　B. 多中心模式　　C. 他国中心模式　　D. 全球中心模式
5. 国际经营环境不需考虑以下哪种因素？（　　）
   A. 政治环境、经济、社会文化　　　B. 国内资源聚集程度
   C. 高层主管的态度　　　　　　　　D. 基层想法
6. 文化组成要素可分为具体知识要素和领域性知识要素，以下不属于具体知识要素的是（　　）。
   A. 物质文化　　　　　　　　　　　B. 宗教信仰
   C. 审美观　　　　　　　　　　　　D. 对工作和成绩的态度
7. 以下哪个不属于外派人员管理循环的过程？（　　）
   A. 选拔　　　　B. 培训　　　　C. 准备　　　　D. 回任
8. 下列哪个属于跨文化管理的措施？（　　）
   A. 多元文化的认同　　　　　　　　B. 解决文化冲突
   C. 尽量回避文化冲突　　　　　　　D. 采用母国文化的思维形式
9. 下列哪些项目属于外派人员的培训项目？（　　）
   ①管理训练　②实地训练　③语言训练　④文化调整训练　⑤心理训练　⑥沟通训练
   A. ①④⑤⑥　　B. ①②③⑤　　C. ①②③④　　D. ②④⑤⑥

二、多选题

1. 外派人员的特点包括下列各项中的（　　）。
   A. 隐藏性　　　　B. 补偿性　　　　C. 风险性

D. 独立性　　　　　E. 移动性
2. 全球中心模式的缺点有（　　）。
A. 国籍的敏感　　　　　　　　　B. 全球地理范围集中，成本较大
C. 控制能力　　　　　　　　　　D. 雇佣程序烦琐复杂
E. 可能会引起内部矛盾
3. 国际管理者的特质包括（　　）。
A. 间断学习　　　B. 直觉预测　　　C. 坚持己见
D. 团队精神　　　E. 适应混沌多元
4. 下列各项不属于外派人员对母公司的意义的是（　　）。
A. 加强子公司的管理控制　　　　B. 提供文化入侵机会
C. 弥补子公司的人员数量　　　　D. 维持良好的信任关系
E. 降低本国信息的不对称
5. 下列属于跨文化管理措施的是（　　）。
A. 多元文化的认同　B. 跨文化的评估　C. 跨文化的理解
D. 跨文化的培训　　E. 跨文化的沟通
6. 跨文化培训的主要内容有（　　）。
A. 生活信息　　　B. 文化导入　　　C. 文化吸引
D. 语言培训　　　E. 实地体验

三、填空题

1. 冰山模型中，上层为（　　），下层为（　　）。
2. 国际人力资源战略类型：（　　）、（　　）、（　　）。
3. 选拔外派人员的工作因素有专业技术与管理能力、（　　）、独立性和（　　）、文化的敏感度与（　　）以及（　　）。
4. 国际人力资源管理的内涵包括（　　）、（　　）、（　　）和（　　）。
5. 人才本土化的目的：（　　）、（　　）、（　　）、（　　）、（　　）。

四、简答题

1. 简述外派人员外派前的教育训练过程。
2. 简述影响国际薪酬的因素。
3. 简述驻外人员绩效考核困难成因。
4. 简述多中心模式的优点。
5. 你是如何看待各国职业生涯规划管理的差异性的？

五、论述题

1. 试述国际人力资源管理的重要性？
2. 论述选拔外派人员的因素有哪些？

案例分析

结合案例思考：

(1) NEC 公司的团队组成有什么特点，文化在这里有什么影响？

(2) 组建跨国团队时应当如何处理文化差异问题？

NEC 的跨文化管理团队

2004 年 5 月，NEC 通信（中国）有限公司一改多数日本企业保守的作风，大胆启用了此前一直供职于欧美企业的职业经理人卢雷担任公司总裁，并且随之组建了一支跨文化的管理团队。截至今天，这支成员来自美国、加拿大、日本、中国等地的 16 人管理团队已经正式到位就职。

虽然这种多国部队式的管理团队架构在跨国公司中并不算是十分稀奇，但是这类团队构建的过程和其中每个人的感受依然非常令人好奇。

多国部队

企业应该构建单一文化管理团队还是跨文化管理团队，这取决于公司如何定义自己的顾客，如果以顾客为中心，公司就必须采取一种"等距离"的观点，防止"总部主义"，这就需要对世界各地的顾客需求有详细的了解，而做到这点最容易的办法就是建立跨文化管理团队。NEC 通信中国公司的管理团队就是一个比较标准的跨文化管理团队，一共 16 位高层管理者，其中有 3 位分别是美国籍、加拿大籍，5 位是来自 NEC 本部的日籍人员，其他 8 位都是中国人。为什么 NEC 的管理组织会如此构建？已经在 NEC 工作了 13 年时间的 NEC 通信（中国）公司人力资源总监曹来京这样理解："这是市场的需求。"事实的确如此，NEC 在 3G 领域拥有优秀的技术，目前它在全球 3G 终端的占有率达 52%，网络设备的占有率也有 41%，但是处于中国市场 2.5G 时代的 NEC 显得光芒不足。"NEC 一直也想求变，它在日资企业中是一个比较革命的企业。"曹来京说。

由技术导向转向市场导向关键的一个问题就是必须搭配好领导团队，最容易的办法就是建立跨文化管理团队。"这是自上而下的改变，如果是自下而上地构建跨文化团队，恐怕就没有这样顺利了。"曹来京分析说。这个 16 人管理团队成员于最近全部到位，曹来京说，这个规模是 NEC 在华企业绝无仅有的，"以前都是 5、6 个人。成员的增加与扁平化管理有关，公司进行了一系列组织改革，打破了以前几个人各自分摊一部分业务的状况，将各部门职能细分化、专业化。从人力资源角度讲，公司的各个成员如果都只重视自我的发展，无法形成一个集体价值的企业文化，这样的细分也更便于对管理团队进行绩效评估和管理。"

对于这 16 个人的背景、职位以及职能的具体情况介绍，曹来京表示处于商业竞争的原因不便于全部透露，他笑着说："据说一些著名的咨询公司都在分析研究我们这个 16 人管理团队，也包括竞争对手。"

现身说法

NEC 的跨文化管理团队首先选择了了解中国通信市场的卢雷担任 NEC 通信（中国）公司的总裁。曾在摩托罗拉工作了多年的卢雷深受摩托罗拉跨文化管理的影响，"这是一个技术主导的公司，也是一个典型的日本文化主导的公司，我进来以后感觉到 NEC 是过分谦虚了，如果他们有 10 只会说 5"，他说，"我在摩托罗拉的团队也是有欧洲的、亚洲的还有本土的，团队的混合其实很重要，都是一样的人做事也不一定会有很大提高。而混杂型的团队，大家可以从不同的角度考虑问题，不同的想法会让思路更加开阔，应该更能擦出火花。"国际化成为卢雷选择管理团队的标准之一，另外两点则是专业、有抱负。NEC 通信中国公司常务副总裁山崎耕司向记者描述了他在这个跨文化管理团队中的切身感受，他于 2002 年下半年来到中国，一直参与 NEC 手机产品的开发工作。

山崎认为，NEC 通信目前的管理层给他的最大感受就是既国际化又本土化。说是国际化，是因为这个团队由来自美国、日本、中国等不同国家的精英组成，完全发挥多样性的优势。在中国有一个说法是，学技术到美国，学应用到韩国、日本，学商务到中国。我们同时拥有来自这 3 个国家的专家。说它本土化是因为我们都在按照中国的商业方法做事，并不断努力开发适合中国市场的产品。与具有各种各样的价值观和商业经验的精英在一起共事，对他来说是非常宝贵的经验。

NEC通信中国公司副总裁、市场总监王善齐是跨文化管理团队的新成员，在过去十几年中，他一直在欧美著名企业任重要职务。在提到新团队的磨合时，王善齐说："磨合二字给人的开始感觉通常是不配套的东西在一起磨，一起合，其实我们的磨合并不是这样，我的感触是正面的互相配合。"他认为NEC原有的员工与新来的员工不是在划分各自职能地盘，也不是在冷眼旁观新来的员工怎样做，而是积极地参与到这个团队的改革中来。

关键在沟通

在NEC工作多年的曹来京这样总结中日的文化差异：日本人与中国人有本质的区别，日本人善于用右脑，中国人善于用左脑，这是民族的差异。右脑在想象方面有特长，左脑在逻辑推理方面有特长。因此日本人更善于执行，中国人比较善于谋略。他认为这次新公司成立改变了以往日本人当领导中国人做执行的不太完美的组合，由中国人当领导日本人做执行，各得其所。这样至少在理论上说是一个完美的组合，因为现阶段处于市场灵活多变的时期，需要快速反应的机制，谋略性组织能够适应市场，而当处于市场比较稳定的时期，按部就班执行可能更好一些。

谈到文化磨合，曹来京的体会是，自己原来的观念中认为西方文化与日本文化相对，西方企业注重结果、注重个人和注重创新，而日本企业注重过程、注重团队和注重改善，这种跨文化也许会造成合作起来的不便利。但是事实相反，由于实行扁平化管理，分工细致后每个人的团队依赖性更强，每一个人都在强调与谁配合，怎样配合。"好像有一种内在合作的动力促使大家需要更多的沟通，合作的结果是一种互补。"

当然，跨文化管理不仅仅是文化的冲突与磨合，可能会面临一些不可避讳的敏感事实，比如各个国家由于文化不同而导致对工资的态度和政策不同。沟通在此显得很重要。"我们都知道，日资企业薪酬与欧美企业相比较低，这些从欧美知名企业过来的企业精英的薪酬必须得到保障，但是这又无疑会成为一件容易产生矛盾的事情，怎样说服日本员工接受这一点显得很重要。我必须告诉他们这些从欧美知名企业过来的员工的价值以及市场行情。这样的沟通最后使招聘工作平稳完成。"作为人力资源总监的他表示要尽可能做好润滑剂。"增加设计工作之外的沟通机会，通过这种活动增加了解，融洽关系。"

（资料来源：http://wenku.baidu.com/view/f269eb11cc7931b765ce1514.html。）

参 考 文 献

[1] Antras, Pol, Elhanan Helpman. *Global Sourcing*[J]. *Journal of Political Economy*. 2004, 112(3).
[2] Alan M. Rugman. *International Business*[M]. New York: Financial Times Prentice Hall, 2006.
[3] Gerald Albaum, Jesper Strandskov, Edwin Duerr. *International Marketing and Export Management* [M]. Fifth Edition. New York: Financial Times Prentice Hall, 2005.
[4] John D. Daniels, Lee H. Radebaugh, Daniel P. Sullivan. *International Business Environments and Operations*[M]. Tenth Edition. Pearson Education, Inc., 2004.
[6] Johanson J., Vahlne J. E.. *Commitment and Opportunity Development in the Internationalization Process*[J]. *Management International Review*, 2006, 4(2).
[7] Jonathan Hughes, Jeff Weiss. *Simple Rules for Making Alliances Work*[J]. *Harvard Business Review*, 2007(11).
[8] Meyer, Gelbuda. *Process Perspectives in International Business Research in CEE*[J]. *Management International Review*, 2006, 46(2).
[9] Masaaki Kotabe, Kristiaan Helsen. *Global Marketing Management*[M]. Forth Edition. John Wiley & Sons, Inc., 2008.
[10] Michael R. Czinkota, Ilkka A. Ronkainen, Michael H. Moffett. *International Business*[M]. Seventh Edition. Cengage Learning, Inc., 2009.
[11] Steve Steinhilber. *Strategic Alliances: Three Ways to Make Them Work*[M]. Harvard Business School Press, 2008.
[12] Philip R. Cateora, John Graham. *International Marketing*[M]. Twelfth Edition. Richard D. Irwin, Inc. 2005.
[13] Tamer Cavusgil, Gary Knight, John Riesenberger. *International Business*[M]. Pearson Prentice Hall, 2008.
[14] UNCTAD, World Investment Report2014: Investing in the SDGs: An action plan[R]. 2014.
[15] [美]艾尔弗雷德·D·钱德勒. 战略与结构美国工商企业成长的若干篇章[M]. 孟昕, 译. 昆明: 云南人民出版社, 2002.
[16] [美]查尔斯·W·L·希尔. 今日全球商务[M]. 孙建秋, 等译. 北京: 机械工业出版社, 1999.
[17] [美]查尔斯·W·L·希尔. 国际商务: 全球市场竞争[M]. 3版. 周健临, 等译. 北京: 中国人民大学出版社, 2002.
[18] [美]查尔斯·W·L·希尔. 国际商务[M]. 5版. 周健临, 译. 北京: 中国人民大学出版社, 2005.
[19] [美]查尔斯·W·L·希尔. 当代全球商务[M]. 曹海陵, 等译. 北京: 机械工业出版社, 2009.
[20] [美]查尔斯·W·L·希尔. 国际商务[M]. 周健临, 译. 北京: 中国人民大学出版社, 2014.
[21] [美]丹尼斯·R. 阿普尔亚德, 小阿尔弗雷德·J. 马歇尔, 史蒂芬·L. 柯布. 国际经济学(国际贸易分册)[M]. 6版. 赵英军, 译. 北京: 机械工业出版社, 2010.
[22] [澳]道林. 国际人力资源管理[M]. 赵曙明, 程德俊, 改编. 北京: 中国人民大学出版社, 2010.
[23] [美]斯蒂芬·哈格. 信息时代的管理信息系统[M]. 严建援, 等译. 北京: 机械工业出版社, 2011.
[24] [美]富兰克林·R. 鲁特. 如何进入国际市场[M]. 彭威, 葛亮, 编译. 北京: 中国对外经济贸易出版社, 1991.
[25] [美]菲利普·R. 凯特奥拉. 国际市场营销学[M]. 14版. 赵银德, 等译. 北京: 机械工业出版

社，2009.

[26] [美]加里·德斯勒. 人力资源管理[M]. 吴雯芳，等译. 北京：中国人民大学出版社，2005.

[27] [美]约翰·M·伊万切维奇. 人力资源管理[M]. 赵曙明，译. 北京：机械工业出版社，2005.

[28] [美]约翰·D. 丹尼尔斯，李·H. 拉德巴赫，丹尼尔·P. 沙利文. 国际商务：环境与运作[M]. 10版. 北京：中国人民大学出版社，2005.

[29] [美]约翰·D. 丹尼尔斯，李·H. 拉德巴赫，丹尼尔·P. 沙利文. 国际商务：环境与运作[M]. 11版. 石永恒，译. 北京：机械工业出版社，2009.

[30] [瑞士]施奈德，[法]巴尔索克斯. 跨文化管理[M]. 石永恒，译. 北京：经济管理出版社，2006.

[31] [美]劳埃德·拜厄斯，莱斯利·鲁. 人力资源管理[M]. 李业昆，译. 北京：人民邮电出版社，2004.

[32] [美]迈克尔·波特. 国家竞争优势[M]. 李明轩，邱如美，译. 北京：华夏出版社，2002.

[33] [美]Ricky W. Griffin, Ronald J. Ebert. 商务学[M]. 北京：北京大学出版社，培生教育出版集团，2002.

[34] [美]塔默·卡瓦斯基尔，加里·奈特，约翰·雷森伯格. 国际商务[M]. 王欣双，范连颖，卢欣，译. 北京：中国人民大学出版社，2009.

[35] [美]Warren J. Keegan. 全球营销管理[M]. 7版. 段志蓉，钱珺，等译. 北京：清华大学出版社，2004.

[36] [美]沃伦·J·基根. 全球营销管理[M]. 7版. 北京：清华大学出版社，2004.

[37] 安鸿章，岳威，王守志. 企业人力资源管理师[M]. 2版. 北京：中国劳动社会保障出版社，2007.

[38] 保建云. 论产品跨国生产经营网络扩展与产业内国际贸易垄断的新发展[J]. 国际商务研究，2008(2).

[39] 陈维政，余凯成，程文文. 人力资源管理与开发[M]. 北京：高等教育出版社，2004.

[40] 陈建忠. 国际金融[M]. 北京：电子工业出版社，2005.

[41] 陈立敏，谭力文. 跨国企业管理[M]. 北京：清华大学出版社，2012.

[42] 陈建忠. 国际金融[M]. 北京：电子工业出版社，2005.

[43] 陈士俊，等. 科学技术及其发展环境的问题理论思考[J]. 科学学与科学技术管理，2005(1).

[44] 程兰花. 对我国外币财务报表折算方法选择策略的思考[J]. 财会研究，2012.

[45] 邓翔，路征. "新新贸易理论"的思想脉络及其发展[J]. 财经科学，2010(2).

[46] 杜宝贵. 论比较科技政策的"研究范式"[J]. 华中科技大学学报，2011(2).

[47] 甘碧群. 国际市场营销学[M]. 2版. 北京：高等教育出版社，2006.

[48] 高历红. 李山梅. 企业环境信息披露新趋势——独立环境报告[J]. 环境保护，2007(4B).

[49] 国彦兵，西方国际贸易理论历史与发展[M]. 浙江：浙江大学出版社. 2004.

[50] 葛玉辉，许学军，吴承琪. 人力资源管理[M]. 北京：清华大学出版社，2006.

[51] 郭国庆. 国际营销学[M]. 北京：中国人民大学出版社，2008.

[52] 龚卫星. 企业管理基础[M]. 上海：华东师范大学出版社，2011.

[53] 郭羽诞. 国际商务[M]. 上海：立信会计出版社，2007.

[54] 海闻. 国际贸易[M]. 上海：上海人民出版社，2003.

[55] 黄旭. 战略管理思维与要径[M]. 北京：机械工业出版社，2011.

[56] 韩玉军. 国际商务[M]. 北京：中国人民大学出版社，2011.

[57] 金润圭. 国际商务[M]. 上海：立信会计出版社，2006.

[58] 江霞，石莹. 汇率升值、跨国投资生产效率阈值及垂直型FDI质量[J]. 产业经济研究，2014(1).

[59] 靳东升. 国际税收领域若干发展趋势[J]. 国际税收，2013(1).

[60] 联合国贸易与发展会议．世界投资报告[R]．北京：中国财政经济出版社，2005．
[61] 梁能．跨国经营概论[M]．上海：上海人民出版社，1995．
[62] 李坤望．国际经济学[M]．北京：高等教育出版社，2000．
[63] 李中斌，万文海，陈初升．国际人力资源管理[M]．北京：中国社会科学出版社，2008．
[64] 李春顶．新-新贸易理论文献综述[J]．世界经济文汇，2010(1)．
[65] 李先国．分销渠道管理[M]．2版．北京：清华大学出版社，2014．
[66] 李稻葵，尹兴中．国际货币体系新架构：后金融危机时代的研究[J]．金融研究，2010(2)．
[67] 李中斌．国际人力资源管理[M]．北京：中国社会科学出版社，2008．
[68] 李政．基于波音787的全球供应链战略模式研究[J]．科技促进发展，2012(5)．
[69] 刘刚，李峰．跨国公司在华竞争战略演变驱动及实现路径——基于供应链管理的视角[J]．中国工业经济，2008(6)．
[70] 刘林青，雷昊，谭力文．从商品主导逻辑到服务主导逻辑——以苹果公司为例[J]．中国工业经济，2010(9)．
[71] 卢进勇，刘恩专．跨国公司经营与管理[M]．北京：机械工业出版社，2013．
[72] 林新奇．国际人力资源管理[M]．上海：复旦大学出版社，2007．
[73] 彭徽．国际贸易理论的演进逻辑：贸易动因、贸易结构和贸易结果[J]．国际贸易问题，2012(2)．
[74] 裴长洪．全球治理视野的新一轮开放尺度：自上海自贸区观察[J]．改革，2013(12)．
[75] 秦斌．一体化国际经营[M]．北京：中国发展出版社，1999．
[76] 邵芳，陈艳芳．跨国公司人力资源管理述评[J]．经济论坛，2009(2)．
[77] 宋伟．IMF近期决策结构改革及其对中国的影响(2006～2012)[J]．国际经贸探索，2013(6)．
[78] 谭力文，吴先明．国际企业管理[M]．武汉：武汉大学出版社，2004．
[79] 谭力文，吴先明．战略管理[M]．武汉：武汉大学出版社，2011．
[80] 覃川桃，朱元倩．国际货币体系将走向何方——论蒙代尔的理想蓝图和现实障碍[J]．金融发展研究，2009(3)．
[81] 陶慧．科技环境与跨国公司全球技术开发战略[J]．科技管理研究，2001(3)．
[82] 王林生．跨国经营理论与实务[M]．北京：对外经济贸易大学出版社，1994．
[83] 王方华．企业战略管理[M]．2版．上海：复旦大学出版社，2008．
[84] 王涛生．国际贸易前沿问题研究[M]．长沙：国防科技大学出版社，2006．
[85] 王炜瀚，王健，梁蓓．国际商务[M]．北京：机械工业出版社，2013．
[86] 王铁男．寻求中国企业的竞争优势[J]．管理世界，2002(12)．
[87] 王月永，张旭．跨国公司外汇风险管理[J]．国际经济合作，2008(3)．
[88] 王自锋，邱立．汇率水平与波动程度对我国外商直接投资的影响研究[J]．经济科学，2009(5)．
[89] 王聪，等．科技环境与科技型人才聚集效应及其作用机理研究[J]．科技进步与对策，2012(2)．
[90] 吴健安．市场营销学[M]．5版．北京：清华大学出版社，2013．
[91] 吴明礼．新编财务管理[M]．南京：东南大学出版社，2012．
[92] 吴晓云．全球营销管理[M]．北京：高等教育出版社，2008．
[93] 翁凤翔．国际商务导论[M]．北京：清华大学出版社，北京交通大学出版社，2006．
[94] 肖光恩，陈继勇．国际商务概论[M]．武汉：武汉大学出版社，2010．
[95] 席酉民，等．跨国企业集团管理[M]．北京：机械工业出版社，2002．
[96] 熊性美，戴金平．当代国际经济与国际经济学主流[M]．大连：东北财经大学出版社，2004．
[97] 徐飞，徐立敏．战略联盟理论研究综述[J]．工业企业管理，2003(1)．
[98] 谢军．基于企业国际经验的国外市场选择和进入模式研究[J]．国际贸易问题，2007(1)．

[99] 邢予青. 汇率与日本对华直接投资[J]. 世界经济文汇，2003(7).

[100] 杨述奎，叶舟. 向NBA学习：全球管理内训标本[M]. 北京：地震出版社，2005.

[101] 颜爱民，方勤政. 人力资源管理[M]. 北京：北京大学出版社，2007.

[102] 袁林编. 跨国公司管理[M]. 北京：清华大学出版社，2012.

[103] 杨锡怀. 企业战略管理[M]. 北京：高等教育出版社，1997.

[104] 于津平. 汇率变化如何影响外商直接投资[J]. 世界经济，2007(4).

[104] 阎军印，刘连娣. 科技成果转化中环境功能有效性的分析与评价[J]. 商业研究，2004(285).

[106] 张浩. 浅析电子商务对国际贸易的影响[J]. 经营管理者，2009(4).

[107] 张新胜，等. 国际管理学——全球化时代的管理[M]. 北京：中国人民大学出版社，2002.

[108] 朱廷珺. 外国直接投资的贸易效应[M]. 北京：人民出版社，2006.

[109] 朱廷珺. 国际贸易[M]. 2版. 北京：北京大学出版社，2011.

[110] 朱廷珺，李宏兵. 异质性企业国际转移理论的研究路径及新进展[J]. 国际经济合作，2011(6).

[111] 朱廷珺，李宏兵. 异质性企业国际转移理论的动力机制与路劲选择[J]. 国际贸易问题，2011(11).

[112] 朱廷珺，李宏兵. 异质企业假定下的新新贸易理论：研究进展与评论[J]. 国际经济合作，2010(4).

[113] 朱廷珺，等. 国际贸易前沿问题[M]. 北京：北京大学出版社，2012.

[114] 朱勇国，丁雪峰. 国际人力资源管理[M]. 北京：中国人事出版社，2006.

[115] 周建. 企业战略联盟的竞争力研究：核心竞争能力的观点[J]. 南开管理评论，2000(1).

[116] 周小川. 关于改革国际货币体系的思考[J]. 中国金融，2009(7).

[117] 郑秀峰，刘汴生. 同质企业群聚结构及其复杂性研究——基于管理仿生视角的探讨[J]. 管理世界，2009(10).

[118] 赵景华. 比较管理学研究：现状分析与前景展望[M]. 济南：山东人民出版社，2005.

[119] 赵明. 跨国公司分散性全球研发的管理模式研究[J]. 科学学与科学技术管理，2008(5).

北京大学出版社本科财经管理类实用规划教材（已出版）

财务会计类

序号	书名	标准书号	主编	定价	序号	书名	标准书号	主编	定价
1	基础会计（第2版）	7-301-17478-4	李秀莲	38.00	26	财务管理理论与实务（第2版）	7-301-20407-8	张思强	42.00
2	基础会计学	7-301-19403-4	窦亚芹	33.00	27	公司理财原理与实务	7-81117-800-5	廖东声	36.00
3	会计学	7-81117-533-2	马丽莹	44.00	28	审计学	7-81117-828-9	王翠琳	46.00
4	会计学原理（第2版）	7-301-18515-5	刘爱香	30.00	29	审计学	7-301-20906-6	赵晓波	38.00
5	会计学原理习题与实验（第2版）	7-301-19449-2	王保忠	30.00	30	审计理论与实务	7-81117-955-2	宋传联	36.00
6	会计学原理与实务（第2版）	7-301-18653-4	周慧滨	33.00	31	会计综合实训模拟教程	7-301-20730-7	章洁倩	33.00
7	会计学原理与实务模拟实验教程	7-5038-5013-4	周慧滨	20.00	32	财务分析学	7-301-20275-3	张献英	30.00
8	会计实务	7-81117-677-3	王远利	40.00	33	银行会计	7-301-21155-7	宗国恩	40.00
9	高级财务会计	7-81117-545-5	程明娥	46.00	34	税收筹划	7-301-21238-7	都新英	38.00
10	高级财务会计	7-5655-0061-9	王奇杰	44.00	35	基础会计学	7-301-16308-5	晋晓琴	39.00
11	成本会计学	7-301-19400-3	杨尚军	38.00	36	公司财务管理	7-301-21423-7	胡振兴	48.00
12	成本会计学	7-5655-0482-2	张红漫	30.00	37	财务管理学实用教程（第2版）	7-301-21060-2	骆永菊	42.00
13	成本会计学	7-301-20473-3	刘建中	38.00	38	政府与非营利组织会计	7-301-21504-3	张丹	40.00
14	管理会计	7-81117-943-9	齐殿伟	27.00	39	预算会计	7-301-22203-4	王筱萍	32.00
15	管理会计	7-301-21057-4	彤芳珍	36.00	40	统计学实验教程	7-301-22450-2	裴雨明	24.00
16	会计规范专题	7-81117-887-6	谢万健	35.00	41	基础会计实验与习题	7-301-22387-1	左旭	30.00
17	企业财务会计模拟实习教程	7-5655-0404-4	董晓平	25.00	42	基础会计	7-301-23109-8	田凤彩	39.00
18	税法与税务会计	7-81117-497-7	吕孝侠	45.00	43	财务会计学	7-301-23190-6	李柏生	39.00
19	初级财务管理	7-301-20019-3	胡淑姣	42.00	44	会计电算化	7-301-23565-2	童毛	49.00
20	财务管理学原理与实务	7-81117-544-8	严夏海	34.00	45	中级财务会计	7-301-23772-4	吴海燕	49.00
21	财务管理学	7-5038-4897-1	盛均全	34.00	46	会计规范专题(第2版)	7-301-23797-7	谢万健	42.00
22	财务管理学	7-301-21887-7	陈玮	44.00	47	基础会计	7-301-24366-4	孟铁	35.00
23	基础会计学学习指导与习题集	7-301-16309-2	裴玉	28.00	48	信息化会计实务	7-301-24730-3	杜天宇	35.00
24	财务管理理论与实务	7-301-20042-1	成兵	40.00	49	会计学原理	7-301-24872-0	郭松克	38.00
25	税法与税务会计实用教程（第2版）	7-301-21422-0	张巧良	45.00					

工商管理、市场营销、人力资源管理、服务营销类

序号	书名	标准书号	主编	定价	序号	书名	标准书号	主编	定价
1	管理学基础	7-5038-4872-8	于千千	35.00	29	市场营销学：理论、案例与实训	7-301-21165-6	袁连升	42.00
2	管理学基础学习指南与习题集	7-5038-4891-9	王珍	26.00	30	市场营销学	7-5655-0064-0	王槐林	33.00
3	管理学	7-81117-494-6	曾旗	44.00	31	国际市场营销学	7-301-21888-4	董飞	45.00
4	管理学	7-301-21167-0	陈文汉	35.00	32	市场营销学（第2版）	7-301-19855-1	陈阳	45.00
5	管理学	7-301-17452-4	王慧娟	42.00	33	市场营销学	7-301-21166-3	杨楠	40.00
6	管理学原理	7-5655-0078-7	尹少华	42.00	34	国际市场营销学	7-5038-5021-9	范应仁	38.00
7	管理学原理与实务（第2版）	7-301-18536-0	陈嘉莉	42.00	35	现代市场营销学	7-81117-599-8	邓德胜	40.00
8	管理学实用教程	7-5655-0063-3	邵喜武	37.00	36	市场营销学新论	7-5038-4879-7	郑玉香	40.00
9	管理学实用教程	7-301-21059-8	高爱霞	42.00	37	市场营销理论与实务（第2版）	7-301-20628-7	那薇	40.00
10	管理学实用教程	7-301-22218-8	张润兴	43.00	38	市场营销学实用教程	7-5655-0081-7	李晨耘	40.00
11	通用管理知识概论	7-5038-4997-8	王丽平	36.00	39	市场营销学	7-81117-676-6	戴秀英	32.00
12	管理学原理	7-301-21178-6	雷金荣	39.00	40	消费者行为学	7-81117-824-1	甘瑁琴	35.00
13	管理运筹学（第2版）	7-301-19351-8	关文忠	39.00	41	商务谈判（第2版）	7-301-20048-3	郭秀君	40.00
14	统计学原理	7-301-21061-1	韩宇	38.00	42	商务谈判实用教程	7-81117-597-4	陈建明	24.00
15	统计学原理	7-5038-4888-9	刘晓利	28.00	43	消费者行为学	7-5655-0057-2	肖立	37.00
16	统计学	7-5038-4898-8	曲岩	42.00	44	客户关系管理实务	7-301-09956-8	周贺来	44.00
17	应用统计学（第2版）	7-301-19295-5	王淑芬	48.00	45	公共关系学	7-5038-5022-6	于朝晖	40.00
18	统计学原理与实务	7-5655-0505-8	徐静霞	40.00	46	非营利组织	7-301-20726-0	王智慧	40.00
19	管理定量分析方法	7-301-13552-5	赵光华	28.00	47	公共关系理论与实务	7-5038-4889-6	王玫	32.00
20	新编市场营销学	7-81117-972-9	刘丽霞	30.00	48	公共关系学实用教程	7-81117-660-5	周华	35.00
21	公共关系理论与实务	7-5655-0155-5	李泓欣	45.00	49	跨文化管理	7-301-20027-8	晏雄	35.00
22	质量管理（第2版）	7-301-24632-0	陈国华	39.00	50	企业战略管理	7-5655-0370-2	代海涛	36.00
23	企业文化理论与实务	7-81117-663-6	王水嫩	30.00	51	员工招聘	7-301-20089-6	王挺	35.00
24	企业战略管理	7-81117-801-2	陈英梅	34.00	52	服务营销理论与实务	7-81117-826-5	杨丽华	39.00
25	企业战略管理实用教程	7-81117-853-1	刘松先	35.00	53	服务企业经营管理学	7-5038-4890-2	于千千	36.00
26	产品与品牌管理	7-81117-492-2	胡梅	35.00	54	服务营销	7-301-15834-0	周明	40.00
27	东方哲学与企业文化	7-5655-0433-4	刘峰涛	34.00	55	运营管理	7-5038-4878-0	冯根尧	35.00
28	市场营销学	7-301-21056-7	马慧敏	42.00	56	生产运作管理（第2版）	7-301-18934-4	李全喜	48.00

序号	书名	标准书号	主编	定价	序号	书名	标准书号	主编	定价
57	运作管理	7-5655-0472-3	周建亨	25.00	79	企业经营ERP沙盘应用教程	7-301-20728-4	董红杰	32.00
58	组织行为学	7-5038-5014-1	安世民	33.00	80	项目管理	7-301-21448-0	程敏	39.00
59	组织设计与发展	7-301-23385-6	李春波	36.00	81	公司治理学	7-301-22568-4	蔡锐	35.00
60	组织行为学实用教程	7-301-20466-5	冀鸿	32.00	82	管理学原理	7-301-22980-4	陈阳	48.00
61	现代组织理论	7-5655-0077-0	岳澎	32.00	83	管理学	7-301-23023-7	甲文青	40.00
62	人力资源管理（第2版）	7-301-19098-2	颜爱民	60.00	84	人力资源管理实验教程	7-301-23078-7	畅铁民	40.00
63	人力资源管理经济分析	7-301-16084-8	颜爱民	38.00	85	社交礼仪	7-301-23418-1	李霞	29.00
64	人力资源管理原理与实务	7-81117-496-0	邹华	32.00	86	营销策划	7-301-23204-0	杨楠	42.00
65	人力资源管理实用教程（第2版）	7-301-20281-4	吴宝华	45.00	87	企业战略管理	7-301-23419-8	顾桥	46.00
66	人力资源管理：理论、实务与艺术	7-5655-0193-7	李长江	48.00	88	兼并与收购	7-301-22567-7	陶启智	32.00
67	人力资源管理教程	7-301-24615-3	夏兆敢	36.00	89	统计学（第2版）	7-301-23854-7	阮红伟	35.00
68	政府与非营利组织会计	7-301-21504-3	张丹	40.00	90	广告策划与管理：原理、案例与项目实训	7-301-23827-1	杨佐飞	48.00
69	会展服务管理	7-301-16661-1	许传宏	36.00	91	客户关系管理理论与实务	7-301-23911-7	徐伟	40.00
70	现代服务业管理原理、方法与案例	7-301-17817-1	马勇	49.00	92	市场营销学（第2版）	7-301-24328-2	王槐林	39.00
71	服务性企业战略管理	7-301-20043-8	黄其新	28.00	93	创业基础：理论应用与实训实练	7-301-24465-4	郭占元	38.00
72	服务型政府管理概论	7-301-20099-5	于干千	32.00	94	生产运作管理（第3版）	7-301-24502-6	李全喜	54.00
73	新编现代企业管理	7-301-21121-2	姚丽娜	48.00	95	统计学	7-301-24750-1	李付梅	39.00
74	创业学	7-301-15915-6	刘沁玲	32.00	96	企业文化理论与实务(第2版)	7-301-24445-6	王水嫩	35.00
75	公共关系学实用教程	7-301-17472-2	任焕琴	42.00	97	项目管理	7-301-24823-2	康东	39.00
76	现场管理	7-301-21528-9	陈国华	38.00	98	统计学	7-301-25180-5	邓正林	42.00
77	现代企业管理理论与应用（第2版）	7-301-21603-3	邸彦彪	38.00	99	统计学原理（第2版）	7-301-25114-0	刘晓利	36.00
78	服务营销	7-301-21889-1	熊凯	45.00					

经济、国贸、金融类

序号	书名	标准书号	主编	定价	序号	书名	标准书号	主编	定价
1	宏观经济学原理与实务（第2版）	7-301-18787-6	崔东红	57.00	25	东南亚南亚商务环境概论	7-81117-956-9	韩越	38.00
2	宏观经济学（第2版）	7-301-19038-8	骞令香	39.00	26	证券投资学	7-301-19967-1	陈汉平	45.00
3	微观经济学原理与实务	7-81117-818-0	崔东红	48.00	27	证券投资学	7-301-21236-3	王毅	45.00
4	微观经济学	7-81117-568-4	梁瑞华	35.00	28	货币银行学	7-301-15062-7	杜小伟	38.00
5	西方经济学实用教程	7-5038-4886-5	陈孝胜	40.00	29	货币银行学	7-301-21345-2	李冰	42.00
6	西方经济学实用教程	7-5655-0302-3	杨仁发	49.00	30	国际结算（第2版）	7-301-17420-3	张晓芬	42.00
7	西方经济学	7-81117-851-7	于丽敏	40.00	31	国际结算	7-301-21092-5	张慧	42.00
8	现代经济学基础	7-81117-549-3	张士军	25.00	32	金融风险管理	7-301-20090-2	朱淑珍	38.00
9	国际经济学	7-81117-594-3	吴红梅	39.00	33	金融工程学	7-301-18273-4	李淑锦	30.00
10	发展经济学	7-81117-674-2	赵邦宏	48.00	34	国际贸易理论、政策与案例分析	7-301-20978-3	冯跃	42.00
11	管理经济学	7-81117-536-3	姜保雨	34.00	35	金融工程学理论与实务（第2版）	7-301-21280-6	谭春枝	42.00
12	计量经济学	7-5038-3915-3	刘艳春	28.00	36	金融学理论与实务	7-5655-0405-1	战玉峰	42.00
13	外贸函电（第2版）	7-301-18786-9	王妍	30.00	37	国际金融实用教程	7-81117-593-6	周影	32.00
14	国际贸易理论与实务（第2版）	7-301-18798-2	缪东玲	54.00	38	跨国公司经营与管理（第2版）	7-301-21333-9	冯雷鸣	35.00
15	国际贸易（第2版）	7-301-19404-1	朱廷珺	45.00	39	国际金融	7-5038-4893-3	韩博印	30.00
16	国际贸易实务（第2版）	7-301-20486-3	夏合群	45.00	40	国际商务函电	7-301-22388-8	金泽虎	35.00
17	国际贸易结算及其单证实务	7-5655-0268-2	卓乃坚	35.00	41	国际金融	7-301-23351-6	宋树民	48.00
18	政治经济学原理与实务	7-301-22204-1	沈爱华	31.00	42	国际贸易实训教程	7-301-23730-4	王茜	28.00
19	国际商务（第2版）	7-301-25366-3	安占然	39.00	43	财政学	7-301-23814-1	何育静	45.00
20	国际贸易实务	7-301-20919-6	张萧	28.00	44	保险学	7-301-23819-6	李春蓉	41.00
21	国际贸易规则与进出口业务操作实务（第2版）	7-301-19384-6	李平	54.00	45	中国对外贸易概论	7-301-23884-4	翟士军	42.00
22	金融市场学	7-81117-595-0	黄解宇	24.00	46	国际经贸英语阅读教程	7-301-23876-9	李晓娇	25.00
23	财政学	7-5038-4965-7	盖锐	34.00	47	管理经济学（第2版）	7-301-24786-0	姜保雨	42.00
24	保险学原理与实务	7-5038-4871-1	曹时军	37.00	48	矿业经济学	7-301-24988-8	李创	38.00

相关教学资源如电子课件、电子教材、习题答案等可以登录 www.pup6.cn 下载或在线阅读。

扑六知识网(www.pup6.com)有海量的相关教学资源和电子教材供阅读及下载(包括北京大学出版社第六事业部的相关教学资源，同时欢迎您将教学课件、视频、教案、素材、习题、试卷、辅导材料、课改成果、设计作品、论文等教学资源上传到 pup6.cn，与全国高校师生分享您的教学成就与经验，并可自由设定价格，知识也能创造财富。具体情况请登录网站查询。

如您需要免费纸质样书用于教学，欢迎登录第六事业部门户网(www.pup6.com.cn)填表申请，并欢迎在线登记选题以到北京大学出版社来出版您的大作，也可下载相关表格填写后发到我们的邮箱，我们将及时与您取得联系并做好全方位的服务。

扑六知识网将打造成全国最大的教育资源共享平台，欢迎您的加入——让知识有价值，让教学无界限，让学习更轻松。联系方式：010-62750667，wangxc02@163.com，lihu80@163.com，欢迎来电来信。